当 代 中 国 教 育 学 家 文 库

刘海峰 卷

考试历史的现实观照

融 汇 古 今 的 教 育 研 究

北京师范大学出版集团
BEIJING NORMAL UNIVERSITY PUBLISHING GROUP
北京师范大学出版社

图书在版编目(CIP)数据

考试历史的现实观照：融汇古今的教育研究 / 刘海峰著. —北京：北京师范大学出版社，2016.12
（当代中国教育学家文库）
ISBN 978-7-303-21927-8

Ⅰ.①考… Ⅱ.①刘… Ⅲ.①教育研究 Ⅳ.①G40—03

中国版本图书馆 CIP 数据核字(2017)第 015801 号

营 销 中 心 电 话　010-58805072　58807651
北师大出版社学术著作与大众读物分社　http://xueda.bnup.com

KAOSHI LISHI DE XIANSHI GUANZHAO
出版发行：北京师范大学出版社　www.bnup.com
北京市海淀区新街口外大街 19 号
邮政编码：100875
印　　刷：北京京师印务有限公司
经　　销：全国新华书店
开　　本：710mm×1000mm　1/16
印　　张：23
字　　数：364 千字
版　　次：2016 年 12 月第 1 版
印　　次：2016 年 12 月第 1 次印刷
定　　价：78.00 元

策划编辑：陈红艳　　　　　　　责任编辑：齐　琳　韩　妍
美术编辑：王齐云　　　　　　　装帧设计：王齐云
责任校对：陈　民　　　　　　　责任印制：马　洁

自　序

　　在中国教育学界，我的学术路数大概属于有点特别，或者说我的教育研究是属于有点特色的，因为其一是融汇古今，其二是专注考试。

　　先说"融汇古今"方面。我是一个非教育学科班出身的学者，是出身历史学到教育学界行走的学者。1977年考上厦门大学历史系读本科；1982年初又考为厦门大学历史系的硕士生；1984年11月硕士毕业后到厦门大学高等教育研究所任教，从此开始进入教育学界，至今已有30多年了。

　　从事教育研究是我研究方向的重大转变。这种转变跨度是相当大的，既不是一级学科内不同二级学科之间的调整，也不是同一学科门类中一级学科之间的迁徙，而是不同学科门类的跳跃，是人文学科与社会科学之间的跨越。过去我曾应约在《东南学术》2001年第5期"跨世纪学人"栏目中发表《从历史到教育——跨学科研究的学术体验》一文，在《学术月刊》2006年第12期"中青年专家访谈录"专栏中发表《在人文与社科之间——刘海峰教授访谈》一文，都谈到了我的学科转变心路历程和跨学科研究的特点。

起初我的主要研究方向仍为高等教育史或中国教育史，并未真正脱离历史，故介于转行与非转行之间，换句话说是半转行，就研究对象而言是较为专门的历史，从研究方法来说则与历史学没什么不同。之后我逐渐结合教育实际进行研究，并向当代高等教育研究领域转移。这些年来，我从事跨学科研究，也有一些体验，深感要在某一新学科获得好收成，必须在原有学科打下好的基础。只有在一个学科具备较高素养，饱满而充满张力，才能触类旁通，才能顺利迁移至其他学科。如果原先学科就学不好，在新的领域也难以开拓。多年来，我既在《教育研究》《高等教育研究》等教育学刊物上发表现实教育研究论文，也在《历史研究》《中国史研究》等史学刊物上发表教育史研究论文。我能做出较高质量的研究成果，与研读历史学奠定了较扎实的学术功底有很大的关系。

现代科学的发展趋势是在高度分化基础上的高度综合，如果努力得当，跨学科研究也有可能获得某种独特的优势和收获。我的研究领域不仅主要在高等教育学和教育史两个二级学科中耕耘，而且在教育学和历史学两个一级学科中纵横。我发表的论文面也比较宽。例如，从1984年以来，拙文被人大复印资料转载的篇数已经达到70余篇，分布于"教育学""高等教育""中小学教育""历史学""魏晋南北朝隋唐史""中国近代史""新兴学科"等多个专题。如果只是在某个单独领域中发表论文，一个专题的人大复印资料是很难转载一个学者这么多篇论文的。

因此，本书名前半段之所以用"融汇古今的教育研究"，是因为自己从历史到教育，从科举到高考，从过去到现在，在历史与教育的结合点上下功夫。学术研究注重论从史出，史论结合，在一定程度上体现融汇古今的特点。

再说"专注考试"方面。我的学术研究较为专门，即主要集中于从古代科举到当今高考的考试制度研究。最初我之所以到高教所工作，是为了专门从事中国高等教育史研究与教学，第一项任务便是协同潘懋元先生编纂《中国近代教育史资料汇编（高等教育）》。中国教育史研究范围很广，要想超越前人，有所突破和创新，必须进行专题研究。部分是因为博士学位论文的先导，部分是因为自己的持久兴趣，最终我的主攻方向归结到科举史研究。

科举在中国传统社会和政治结构中占有核心的地位，是中国古代人文教育的首要内容，也是中国教育史研究的一个重要研究专题，具有很大的研究价值和学术空间。由于科举与1300年间知识分子的命运息息相关，古代士人的喜、怒、哀、乐往往集中在科考前后表现出来，留下了很多有趣的故事，因此，相对其他专题来讲，我觉得研究科举特别有意思，研究起来兴味盎然。加上科举文献汗牛充栋、科举人物难以胜数，具有很强的挑战性，以往的研究又存在以偏概全或误解之处，因此科举学具有巨大的研究空间，是一门精深的、吸引人的专学，使我乐此不疲。而且，科举研究的意义非常重大，所以慢慢地我就更集中于研究科举。

在我的学术研究中，很重要的一点是倡建科举学。在"学"字满天飞的当代中国，我提出创建科举学是经过深思熟虑的。概括地说，科举学是在全面客观评价科举制和传统文化，或者说是在为科举平反的时代大趋势下，在学术研究环境渐趋宽松自由的氛围中，在学科交融和跨学科研究的学科依托上，在借鉴参考科举的经验教训为考试改革服务的现实需要的呼唤下，应时而生的。科举学的范围涉及历史学、教育学、政治学、文学、社会学等各个学科领域，任何单一学科都无法覆盖或囊括科举研究的所有内容。我之所以会提出科举学，想到将科举的各方面整合起来作为一个专门研究领域来加以研究，是因为自己向来爱好文学。后来，我从学于厦门大学历史系，受过十年正规的历史学教育，毕业后又在教育学界行走。正是由于具有跨学科的学习和工作背景，我才会提出建立科举学这样一门综合性的专学。可以说，科举学是学科交融的产物。

从某种意义上说，科举有如古代的高考，高考有如现代的科举。多年来，批判高考的论著往往也不约而同地将高考与科举相提并论。我在教育学界研究科举，早期又参与了教育部考试中心的杨学为主任组织的中国考试史研究，自然会将科举研究与现代的高考联系起来，研究触角往下延伸。我的高考研究往往是融汇古今的研究，在同时进行古今考试制度研究的过程中，我的一点认识是，虽然科举是一种过去的、离我们越来越远的考试制度，当前现实的考试体制、考试观念、考试方法、考试形式却无不受历史的深刻影响。

作为高校与中学之间的桥梁，高考既是高等教育的起点，也是高校与社会各界联系最密切的方面之一。高考改革历来是教育改革的关节点，不仅敏感而且易引起人们的关注和讨论。由于其影响重大且十分复杂，所以研究起来很有挑战性。高考改革是一个谁都说得上两句话，但谁都不容易讲深讲透的问题。发表一两篇论文不难，要连续推陈出新发表系列论文却不易。有一些博士生曾问我，为什么我能思考一些高考改革中的规律性问题，能写出一些他们想写却写不出来的文章。我的回答是，功夫在诗外，不能就高考论高考，重要的是将高考制度放到中国考试史发展的长河中去考察，放到整个社会大背景中去论述，自然比就事论事看得更深更广。科举研究与高考研究关系密切。古今时代虽变，但人性和许多道理并没有变，大规模选拔性考试所遇到的问题也非常类似，甚至有惊人的相似之处，科举学研究使自己的高考研究具有历史深度和学术底蕴。

一个人的时间精力有限，要将主要的时间做自己最擅长且有价值的课题。对自己认为有价值的专题要不断坚守，持之以恒，深入其中，而且还要不为外物所动，这样必定有所收获。我在考试研究领域耕耘不止，逐渐使论著成系列、学问成系统、影响成气候，获得的11次省级社会科学优秀成果奖一等奖的成果都是考试研究方面的著作。长期坚持研究考试使我的教育研究有点别具一格，因此本书的副标题为"考试历史的现实观照"。

我学术研究的第三个大的方面是高等教育。身在以高等教育研究见长的厦门大学教育研究院，尤其是长期作为机构的负责人，自然少不了进行高等教育研究。我的高教研究比较集中在高等教育史学科建设研究，其他如高校校史追溯、高等教育的国际化与本土化、高等教育大众化与精英性、院校更名问题、大学教师的生存方式、高等教育学科性质、大学排行榜问题、大学章程与教授治学等，也都发表过一些论文。只是高等教育研究方面的论文论题比较宽广，与科举和高考方面的论著相比还不够成系统。

本书3个篇章选编的次序，先是科举制与科举学研究，其次为高考改革研究，最后为高等教育理论与历史。其实，在一定意义上说，科举与高考也有很大部分是属于高等教育的范畴，但又不完全属于高等教育领域。我从事学术研究 30 多年来，已经发表了 300 余篇论文。本书所选论文既涵盖科举、高考、高等教育三个方面，又不与自己过去出版的《中国科举文化》《高考改革论》《高等教育的历史与理论研究》3 本论文集中的论文重复，并希望能够代表本人的学术水平，以不辱这套文库的名称。

选入本书的 32 篇论文，不少曾产生广泛影响，发表后被《新华文摘》《中国社会科学文摘》《高校文科学术文摘》等转摘 13 篇、人大复印资料《高等教育》等专题转载 13 篇。有的论文的难度颇大，如代表性论文《科举制对西方考试制度影响新探》，写作时间前后花了 8 年。科举制对西方考试制度的影响是以往中国人了解较少且相当复杂的问题，也是一个尚无定论的历史之谜。从 1991 年开始，我就想写一篇论文来解决这些问题。带着这些问题，我于 1993 年赴英国伦敦大学东方学院作高级访问学者时，整天到图书馆查阅资料。由于这一问题主要涉及 19 世纪中叶以前的西方文献，在中国基本上无处查阅，而在西方藏有此方面书刊的各大图书馆也多将之列为善本书而很难借阅。经过半年苦苦搜寻，我新发现了 1870 年以前论及科举的西方论著近 50 种。回国后，原本打算尽快将此贵重难得的资料翻译出来写成论文，可这些 17～19 世纪的文献多用近代英文和字体印成，有点类似于我们的半文言文，看起来很费力，且需要大段时间集中精力才能写上一小段文字，结果打打停停，一拖就是 8 年。幸好 2000 年我获得赴日本创价大学教育学部做访问教授半年的机会，才最终得以将此难度极大的论文写出，在《中国社会科学》2001 年第 5 期面世。就我的感觉而言，写这样一篇论文的难度不亚于写一本普通的专著。

"观今宜鉴古，无古不成今。"这是中国古代广为流传的一句格言。鉴古可以知今，知今也有助于通古。关注现实改革中出现的一些争论和问题，能使人们对历史上相似问题有"同情之理解"，更容易认识历史真相。因此，在一定意义上，古与今是互补为用的，将来我的教育研究，还是会坚持融汇古今，彰显考试特色。

目 录

上 篇
科举研究与科举学

科举制对西方考试制度
影响新探[*]

一、问题的由来

科举制是中国的特产，但它却对东亚和西方
国家产生过深远的影响。对东亚国家的影响是指
历史上日本曾一度仿行过科举，韩国/朝鲜、越
南曾长期实行过科举制度；对西方的影响是指
英、法、德、美等国曾借鉴科举建立了文官考试
制度。东亚诸国仿行科举于史有证，不成问题；
而科举制对西方考试制度的影响却是一个以往中
国人了解较少的相当复杂的问题。

20 世纪初，清朝统治者在欧风美雨和坚船
利炮的冲击之下已风雨飘摇，实行了 1300 年的
科举制在中国也走到了穷途末路。为了推广新
学、兴办学堂，清政府不得不于 1905 年废止了
科举制。随后，八股科举被一般人看作和鸦片、

　　* 本文发表于《中国社会科学》2001 年第 5 期。本文为教育部资
助优秀年轻教师基金课题成果。本文得以完成，应感谢教育部资助
优秀年轻教师基金、教育部考试中心及其原主任杨学为研究员、伦
敦大学东方学院远东系贝克（H. Baker）教授、剑桥大学东方学系麦大
维（David McMullen）教授、日本创价大学创始人池田大作先生、伦敦
大学东方学院图书馆、伦敦大学总部图书馆、大英图书馆。

缠足等同类落后丑恶的东西,被人们所唾弃。作为历史陈迹,曾经显赫无比的科举在中国逐渐为人们所淡忘,再谈科举容易被进步人士视为"顽陋"。因此,一些谈及科举考试史的人为避免用"科举"这一很难听的名词,常代之以"中国历史上的考试"的说法。在中国人多对科举加以批判的 20 世纪 20 年代,早年便出洋、长期接受西方教育的孙中山说出的话真是石破天惊:"现在欧美各国的考试制度,差不多都是学英国的。穷流溯源,英国的考试制度原来还是从中国学过去的。所以,中国的考试制度,就是世界中最古最好的制度。"[1]正是在孙中山这一说法的启发下,一些中国学者对科举西传问题进行了艰难的探索。

1943 年前后,在第二次世界大战打得最为激烈、中华民族的命运处在生死存亡的关头,两位中国学者不约而同分别在美国重要学术刊物上用英文发表了关于中国科举考试对英国和西方影响的论文,使当时正与中国一道抗击法西斯和日本侵略者的世界人民知道中国曾对世界文明做出的这一大贡献。这两篇论文其一是当时在重庆国立中央大学任教的张沅长发表在 1942 年 4 月出版的《美国历史评论》上的《中国与英国的文官改革》一文(以下简称张沅长文)[2],其二是旅居美国的邓嗣禹发表在 1943 年 9 月出版的《哈佛亚洲研究学报》上的《中国对西方考试制度的影响》一文(以下简称邓嗣禹文)[3]。尤其是邓嗣禹文长达 3 万余字,旁征博引,论述详赅,长期以来在海外引起了广泛的反响,被收入多种文集,在西方汉学界几乎无人不晓,已被公认为是经典性的论文,至今还经常被引用。其后,还有几位外国学者在邓嗣禹文的基础上对此问题作了一些探讨,如莱茨(Lach)1965 年出版的《16 世纪欧洲人眼中的中国》一书,新发现了几条西方人对明末科举制度的记载,并认为欧洲人曾从

---

① 《孙中山先生演说集》,上海:民智书局,1926 年,第 35 页。后来一些版本最后一句为"中国的考试制度,就是世界各国中所用以拔取真才的最古最好的制度"。

② Y. Z. Chang, "China and English Civil Service Reform", *American Historical Review*, Vol. XL VII, No. 3, Apr., 1942, pp. 539-544.

③ Ssu-yu Teng, "Chinese Influence on the Western Examination System", *Harvard Journal of Asiatic Studies*, Vol. VII (1942—1943), pp. 267-312.

中国科举中学到了笔试形式。[①] 顾立雅（Creel）1970 年在《中国政术之起源》一书中，声称自己在详细研究考试制度史之后，发现中国确实是最早采用考试的国家，并认为中国的考试制度曾在 12 世纪影响过中东的医学考试，进而影响欧洲的学位考试，17 世纪以后又影响了德国、英国考试制度的建立。[②] 但他对科举西传并未作系统全面的研究。其他一些涉及科举西传的外文论著多数只是一般介绍 16～19 世纪西方人所见到的中国科举，中国学者近年来的有关论著基本上是在邓嗣禹文的资料范围内作一些介绍论述。笔者的《科举考试的教育视角》一书[③]有关章节，虽曾利用过一些新资料，但尚未遣作深入的探究。

由于研究"科举对西方考试制度的影响"这一问题主要涉及 19 世纪中叶以前的西方文献，在中国基本上无处查阅，在西方庋藏此方面资料的各大图书馆也多将之列为善本书而很难借阅，加之邓嗣禹等人的研究成果已有相当的深度和广度，要在此基础上作进一步的探讨难度极大，因此在张沅长文和邓嗣禹文问世后半个多世纪，中国学者对这一重要问题的研究未取得大的进展。笔者在研究"科举学"的过程中，一直很想研究"科举西传"这一难题，1993 年，幸得原国家教委公派留英的机会，在伦敦大学访学半年，2000 年又获教育部资助优秀年轻教师基金的资助，并由厦门大学派往日本创价大学访问研究半年，使笔者得以有条件专门进行此问题的研究，本文便是研究的初步成果。

1953 年 7 月，邓嗣禹文以《中国考试制度西传考》为名在台湾出版了中译单行本，随后，中外关系史专家方豪在香港《民主评论》半月刊第 4 卷第 15 期发表了《西方考试制度果真受到中国影响吗？》一文，对邓嗣禹文的论点提出质疑。1965 年，英国学者蒙哥马利出版的《考试：它们在英格兰作为行政措施的演进》一书，认为英国文官考试制度之由来可

[①] Donald F. Lach, *China in the Eyes of Europe*, *the Sixteenth Century*, Chicago：University of Chicago Press，1965，pp. 780-782. 日本学者矢泽利彦也曾于 1959 年在《琦玉大学纪要》第 6 卷发表过《西洋文献中所见明代科举制度》一文。

[②] Herrlee G. Creel, *The Origins of Statecraft in China*, Chicago：University of Chicago Press，1970，pp. 15-27.

[③] 刘海峰：《科举考试的教育视角》，武汉：湖北教育出版社，1996 年。

归因于牛津、剑桥等大学的考试制度，完全不提中国科举制的影响。[①]中国大陆也有个别学者根本否认西方或英国的文官制度曾受到科举制的影响。[②]

西方考试制度是否真正受到过科举制的影响？这一说法能否确立？1870 年前记载有关科举的文献是否仅邓嗣禹文所列的 70 余种？孙中山关于英国考试制度是从中国学过去的说法根据从何而来？弄清楚这些问题，不仅在"科举学"研究中具有重要的学术价值，而且对全面正确评价中国传统文化及为当代考试制度改革提供历史借鉴等方面都具有重大的意义。作为新探，本文将运用新发现的资料，力图在邓嗣禹等人研究的基础上将该问题的研究推进一大步，以得出更为明确的结论。

二、新的探索与发现

作为本问题的拓荒者之一，邓嗣禹在论文中经过详细考证，基本上厘清了西方考试制度的发展脉络，表明 1702 年剑桥大学三一学院实行了书面考试，1802 年才有学士学位考试。而正式的文官考试，法国是1791 年开始实行，大革命后渐趋松弛，1840 年后法国又重新考虑建立文官制度，至 1875 年法国文官系统基本形成。德国约于 1800 年左右实行文官考试。[③] 1806 年，英国成立东印度学院，1829 年为东印度公司选用文职人员实行公开考试，1855 年，英国政府开始推行文官考试，并在 1870 年使其制度化和正规化。1883 年，美国也建立了文官考试制度，并于 1893 年使其进一步完备。对此，本文不再详细追述。

为了证明中国科举制曾影响西方考试制度这一论点，邓嗣禹广泛查寻，细大不捐，力图将 1870 年以前出版的记载中国科举制的西方文献搜罗殆尽。其文末附有"记载中国考试制度之西方论著目录"，收录了

---

①　R. J. Montgomery, *Examinations: An Account of Their Evolution as Administrative Devices in England*, London: Longmans Press, 1965, pp. 17-43.

②　王敬松：《也谈官吏制度与文官制度》，《光明日报》1989 年12 月 20 日史学版。

③　顾立雅、莱茨考证出德国于 1693 年便采用了笔试方式选拔法官，但也曾受到中国科举的影响。参见 Herrlee G. Creel, *The Origins of Statecraft in China*, Chicago: University of Chicago Press, 1970, "The Problem", p. XII, Note 93.

1570—1870 年的 78 本（期）多数是用英文在伦敦出版的西方书刊。从此，海内外论及科举西传的学者都据此说 1870 年前谈及中国科举的西方文献有 70 余种之多。邓嗣禹文的确难能可贵，几乎已将常见的 19 世纪以前关于中国的西方书刊搜遍，要在此基础上新发现一条资料都不容易。但是，也并非不可能，实际上张沅长文所引资料中已有 10 种是在邓文所列 78 种文献之外的，莱茨也找到一些 16 世纪的珍贵资料。只要我们扩大范围认真求索，在邓、张二文所得文献之外，还是能新发现不少 1870 年以前论及科举的西方文献。

经过艰难的搜寻，笔者目前已新发现了 1870 年以前论及科举的西方论著近 50 种，其中多数也是用英文在伦敦出版的，从中我们可以看出当时西方人尤其是英国人对科举考试的知晓和推崇程度。以下我们选取有代表性的史料分三个阶段加以介绍。

（一）17 世纪的记载

在 17 世纪以前，西方所有的出版物并不太多，关于中国的书籍也较有限，谈及科举的主要西文书籍邓嗣禹文已基本收录。但就是在其所列书目之外，笔者还是找到了数种弥足珍贵的文献。

1669 年，约翰·韦布（John Webb）在伦敦出版的《中华帝国古语历史文集》一书中，论述了中国的语言和文字，在第 133～134 页谈到了科举使用笔试的情况，说中国人通过考试获得的头衔"就像我们大学中的博士学位，然而却需更勤奋和严格地用功，而且确实竞争更为激烈"；"他们若不能十分准确地写出好的文字，便得不到学位"，那么只好等 3 年后的下次科举再试。作者在书中还引述了其他学者谈到的中国用同样的科举考试来认可生员身份的情况。①

1671 年，蒙塔努斯（Montanus）编辑出版了荷兰作者《第二、第三次出使大清或中华帝国记》的英文版，其中说道："在中国社会中有几种荣誉学位，每个人要通过写优美的文章才能获得这些学位；一旦获得后，他们在朝廷中便能升迁到很高的职位。"书中还提到各地主持或参与管理科举考试者皆是有硕士以上学位的人士。② 西班牙传教士门多卡

---

① John Webb, *An Historical Essay Endeavoring a Probability that the Language of the Empire of China is the Primitive Language*, London, 1669, pp. 133-134.

② Arnoldus Montanus (Collected), *The Second and Third Embassy to Empire of Taysing or China*, London, 1671, p. 403.

(Meadoca)的西班牙文著作《满清征服中国史》也于 1671 年被译成英文在伦敦出版，此书第八章谈到满清征服中国后，并不禁止汉人学习汉人学术，顺治皇帝认为中国人十分敬重而且很醉心于学术，于是在 1647 年初有 300 多位文士取得了博士学位，600 多人得到了硕士学位，此外还有大量的人得到了学士学位，这说明并非只有欧洲才有众多的博士和学士。①

葡萄牙来华传教士安文思（Magalhaes）的著作《中华帝国历史新编》于 1689 年被译成英文在伦敦出版，书中谈到了中国人获得科名非常荣耀，3 种科名含义相当于西方的博士、硕士、学士，并说："全国的硕士（中国人称之为举人，即有学问的名人）每三年一次集中在北京贡院，一起参加 13 天的考试。一个月后，在作文考试中显示出最富有创造性和独出心裁的 366 人被赐予博士学位。皇帝在年轻的博士中挑选最年轻和机灵者进入一个叫作翰林院的机构……这些翰林在院中成长有年，学习真切的统治艺术和优良举止的方法。"②

以上 4 种书籍有关中国科举制的描述还较为简略，而在杰米里（Gemelli）博士《环球航行记》一书中记载得就更为详尽。杰米里博士此书 1696 年出版，后又收入邱吉尔（Churchill）1704 年在伦敦出版的《航海与旅行著作集》中。此书第 4 部分描述了杰米里在中国看到的许多十分奇异的东西，其中第 8 章详细描述了考进士点翰林的情况、各省学政去主持考秀才的情况、乡试的内容和时间。"在 15 个省市中，北京和南京两个都市可取中 150 名硕士，其他各省或多或少低于 100 名不等。""每场考试从黎明到夜晚，在贡院中饭食是由公府提供的，饭食非常清淡易消化，以免考生的才思变迟钝。到晚上考生折好他们的作文试卷并交与指定收卷的人，每个人都要签名。这些试卷由抄书手誊录另本并与原本校对之后，分发到评卷官那里时，已无法知道试卷的作者，这样可以防止舞弊。"作者还对科举考试所用的"四书""五经"一一作了介绍，并赞叹中国高等教育的普及程度："世界上还有什么国家像中国一样有这

---

① Juan de Palafox Y. Meadoca, *The History of the Conquest China by the Tartars*, London, 1671, pp. 500-503.

② Gabrie de Magalheas, *A New History of the Empire of China*. (Newly Done out of French), London, 1689, pp. 147, 218.

么多的大学？中国肯定有 10000 名以上的硕士，其中 6000 或 7000 人每三年聚集于北京一次，通过艰难的考试，有 365 人可获得博士学位。我相信没有任何国家的大学生人数可与中国那样有如此多学士人数相比，中国大约有 90000 名学士；也没有任何国家像中国的文化知识这么普及，尤其是在中国的南方省份，不论是富人或穷人、市民或农民都能读书或写字。简言之，除了欧洲，世上没有其他地方像中国出版了这么多的书籍。"[1]杰米里博士对中国南方教育普及程度的估计可能过高了一些，而他对科举考试的观察和记载却相当详细。其描述或许有受到 17 世纪初在欧洲广为流传的利玛窦和金尼阁有关中国科举的记载的影响，但也是一份了解清初科举制度的珍贵资料。

(二)18 世纪的记载

如果说 17 世纪以前西方人对中国科举制的了解还不够系统的话，那么到 18 世纪，随着更多的西方传教士和外交使节来华，西方人对科举的了解也就更为全面了。17 世纪以前来华的西方人中葡萄牙和西班牙人占有较重要的地位，而 18 世纪法国、英国人渐居上风，用法文和英文出版的谈及科举制的书籍出版量也更多了，以至许多英、法学者崇尚中国文化，连伏尔泰、卢梭、孟德斯鸠等一代哲人对中国政治制度也赞扬有加。因此，从中西文化交流史上看，在一定意义上，欧洲的 18 世纪是中国文化的世纪。笔者也新找到了一些记载科举的西文书籍。

意大利人铎罗（Tournon）的《罗马与中国基督教状况实录》1710 年在英国出了英文版。该书第 114～117 页描述了中国的庙学制度，说到有的学者认为所有获得科举学位者都要到孔庙，在那里考官与他们一道举行仪式，授予学位。他们并非在那里学习后获得学士学位，而是在此之前已得到学士学位，只是集中到府学（孔庙）中来被授予学位。在中国所有城市中都有一座称为府学的学院，学院有高大的建筑物。该书第 210 页还提到学者参加殿试获得学位后拜谒孔庙的情况。[2] 1740 年，一位佚

---

① John Francis Gemelli Careri, *A Voyage Round the Word*, Part 4, 1696, Book II, Chap. 8, in Churchill, *A Collection of Voyages and Travels*, Vol. 4, London, 1704, pp. 38-361.

② Carlo Tommaso Maillard De Tournon, *Memoir for Rome Concerning the State of the Christian Religion in China*, London, 1710, pp. 114-117, 210.

名作者因阅读杜哈尔德(Du Halde)有关中国的描写而撰写出版了一本名为《一个非正式的学术演讲》的英文著作。在该书中，作者说中国的所有头衔(科名)都与学问有关，与我们学士、硕士、博士相当的3种学位不是授予而是通过严格的考试而获得。作者提到当时江西省有1万名学士，每三年仅有60人获得举人。对秀才、举人、进士的选拔考试程序，进士与官员更新比率等，该书也作了一些描述和评论。[①] 1774年，在伦敦出版的邱吉尔所编的《航海旅行集》中收录有多明戈(Domigo)《关于中华帝国的记述》，其中也说到中国的3种学位的用法如同西方的学士、硕士、博士，这种学位非常古老，一个人如果获得学士，就不再隶属于行政官员而从属于大学，这有如西方的情况。但他在岁试之外，每三年还得参加一次考试，这促使学生终身要钻研读书。[②]

托马斯(Thomas)于1747年在伦敦出版的《新航海旅行集》，其中第4卷所收的第一部书为《中国描述》，该书是在综合整理以往许多论述中国的著作的基础上而撰成的，其第3章第1节专门谈论介绍中国的绅士和官员。对中国没有世袭贵族，科举考试的层次和种类，贡院的布局和规制，童生试、秀才、举人、进士考试及其衣冠、朝考、贡生等均有详细而相当准确的描述，甚至还谈到立进士坊、受生员礼、糊名考试、防止舞弊等问题，最后得出结论说：所有称为文人绅士的人都是学者或学生，所有官员均为绅士，但并非所有绅士都是官员。[③] 该书对科举制某些方面的描述虽非最为详细，但却相当全面而简洁地概括出了科举制的主要程序。当时欧洲读者只要读此一节描述，便可把握以往所有西方人士对科举所作描述的基本概貌。

弗朗西斯(Fransois)的法文著作《中国史》1763年被译为英文在伦敦出版。该书对中国人接受私塾教育后如何通过三级考试获得秀才、举

---

① Anonymous, *An Irregular Dissertation*, Occasioned by the Reading of Father Du Halde's Description of China, With May Be Read at Any Time Except in the Present Year 1740, London, 1740, pp. 9-11, 68-83.

② Domigo Fernandz Nanarette, *An Account of the Empire of China*. in Churchill, *A Collection of Voyages and Travels*, Vol. 1, London, 1744. Book 3, Chap. 1, pp. 48-49.

③ Thomas Astley, *A New General Collection of Voyages and Travels*, London, 1747, Vol. 4, pp. 111-119.

人、进士学位也有描述。由于西方学者均将科名等同于西方学位，因此该书也分别描述了获得不同科名后穿戴颜色、款式不同的学位衣冠，并说进士放榜后每个进士的家乡都欢欣鼓舞，为进士举行庆祝活动。① 与此类似，汤姆（Tome）1781 年在巴黎出版的法文著作《书信集——关于中国的记忆》也对中国科举的三级考试及授予的相关学位作了不少描述。②

另一种译自法文的著作《哲学演讲集》于 1795 年在伦敦出版，该书作者科尼利厄斯（Cornelius）指出，西方作者中的一些人赞美说中国人在担任官职之前要参加奇妙的考试，其实这是由于中国的文字非常难掌握，因此需要花大量的时间来学习并通过考试来鉴别。③

1793 年，英国君王首次正式派遣大使到中国觐见乾隆皇帝，这是中英关系史上的一件大事。在英国使节回伦敦之后不久，大使马戛尔尼伯爵（Lord Macartney）和随从参赞斯当东（Stauton）都分别出版了使华札记，邓嗣禹文对此已作过介绍。但斯当东《由英使华纪实》一书看来于 1797 年在伦敦出版了不止一个版本，与邓嗣禹所见的版本于第 2 卷第 123 页对科举的描述和赞扬略有不同，笔者看到的斯当东《大英使节谒见中国皇帝纪实》一书是在第 12 章第 413～415 页称赞中国的科举制度与政府。在记载他们于 1793 年使华途中曾因没有公共旅馆而下榻于贡院时，斯当东写道："这些考试总是公开的……没有人被排除在外，它对各阶层的人开放。民众因而确信职权是通过功绩而获得，这促使人们尊敬和服从当局，除非是在声名狼藉的情况下，身份和学问才无法永远提供保障。采用这样一种制度的政府对社会具有许多益处。"④马戛尔尼和斯当东等人在出使中国之前已广泛收罗和认真阅读了有关中国的许多

---

① Fransois Marrie de Marsy，*The History of China*，London，1763，pp. 231-234.

② Tome Vingt Quatrieme，*Lettres Edifiantes et Curieuses，Ecrites des Missions Etrangeres，Memoires de La Chine*，Paris，1781，pp. 123-135.

③ Cornelius de Pauw，*Philosophical Dissertations*，London，1795，Vol. 2，pp. 313-314.

④ George Leonard Staunton，*An Historical Account of the Embassy of the Emperor of China，undertaken by order of the King of Great Britain*，London，1797，pp. 413-414.

书籍，他们的使华札记出版后影响很大，使英、法等欧洲国家对中国及其科举制度有了更广泛和真切的了解。

在英国公使访华的次年，荷兰东印度公司也派出使节出访中国。在《1794 年至 1795 年荷兰东印度公司使节访问中国朝廷的真实记录》一书中，作者布朗（Buraum）对中国的科举制也有描述，在该书卷首注释中还写道："中国人对他们参加的考试给予最高的重视，因为及第者注定可以在政府中获得不同的职位，甚至获得最高的声誉。在爱迪芬特（Edifiantes）的信件中，可以发现有关这些考试及其相关的礼节的非常令人好奇的细节。"①

在 18 世纪，钦羡中国文明的欧洲人对科举制赞美有加。他们或从遥远的异地观察，或来中国后将其与本国的政体作对比，往往只看到科举考试的优点和新奇之处，对科举考试的弊端并无切身感受，加上有些人为了促使本国政府仿行，往往过高地赞美科举制。

（三）19 世纪的记载

与 18 世纪推崇中国文明的时代背景不同，随着西方特别是英国与中国商业利益的矛盾加剧和不同系统的文明的冲突，19 世纪许多西方人士不再钦佩古老的中国文明。尤其是中英鸦片战争以后，中国在西方人眼中已不再神秘，声望一落千丈，曾被英、法等国打败的中国人给他们留下的印象往往是男子留长辫、女子缠小脚、众人嗜鸦片，一切都落后原始——唯独科举制是例外。在 19 世纪，科举制还像 17～18 世纪一样被一些西方人赞不绝口，而且欧美国家还纷纷仿效，借鉴科举建立了近代文官考试制度。从 19 世纪西方有关科举制的描述来看，西方文官考试制度曾直接或间接地受到过科举考试制度的影响。笔者新发现的 1870 年以前记述科举的 19 世纪英文书刊已有 34 种（条）之多，以下列举主要的 15 种（条）。

1810 年，《爱丁堡评论》杂志刊载了介绍评论中国《大清律例》的文章，其中说道"在经过行政官员的主考主持的考试之后，文科学位必定

---

① Buraum, Houckgeest Andre Everard Van, *An Authentic Account of the Embassy of the Dutch East-India Company to the Court of the Emperor of China in the Year 1794 and 1795*, London, 1795, p. 31, Notes.

会授予那些将要走上公共官职的人，但那里看来没有与我们的大学相似的机构"，并提到斯当东所说乾隆皇帝特赐科名给满人之事。① 1816 年，汤姆斯（Thoms）编辑出版了一部《英译汉语对话与句子》，其中有大量例句是关于科举的，如对话三列举一位官员对其仆人说："官儿，你到门上伺候，倘有各衙门拜贺，说我老爷连日科场辛苦，懒于接见，止留帖，容日答拜。"随后有一位叫皇甫吟的新进士求见被拒。对话九也有"科场在即，尊驾满腹经纶，今年一定恭喜"的例句。对话十八、十九、二十一中列举的说话对象都是秀才、监生或举人拜访人时常用的句子。② 由于当时科举在中国社会上占有重要的地位，影响广泛，因此一般的汉英词典和教学用书多会举一些与科举相关的例句。

在《1820 年至 1821 年俄罗斯使团经蒙古到中国并在北京居住游记》一书中，作者乔治（George）一一介绍了北京城的主要建筑，其中第 81 号建筑为坐落在京城东边靠近运河旁的翰林院，或称"中国文史院"，他指出翰林院中尽是出色的学者，中国的所有文士和学校都依赖于这一机构，因为科举考试的主考官从其中选任。第 87 号建筑是靠近北京东城墙的贡院，它是一个巨大的建筑，要担任公职的候选者都在其中参加笔试。它包含非常多的单间或号舍，以及给主考官员住得很好的套间。"他们还对考生实行监督，以维持良好的秩序，阻止无才学者从相邻的更有学问的考生那获得帮助；在防止考生带入书籍和他人所作范文方面也同样严格。各省会也有类似的为科举考试而修筑的建筑，皇帝经常派遣翰林去主持乡试，这些翰林拥有很大的权威，等同于最高职位的官员。"③

到 19 世纪 30 年代以后直至 40 年代，西方尤其是英国出版物中介绍或谈及科举的资料更为频繁地出现在书籍和杂志中，本文无法也没有必要一一列举，这里仅择要介绍一下。1834 年，查尔斯（Charls

---

① Cadell & Davies, "Penal Code of China", *The Edinburgh Review*, Vol. 16, No. 31, Aug., 1810, p. 491.

② P. P. Thoms, *Dialogues and Detached Sentences in the Chinese Language; with a Free and Verbal Translation in English*, Macao, 1816, pp. 17-19, 58, 125, 143, 148-149, 261.

③ George Jimkowski, *Travels of the Russian Mission Through Mongolia to China, and Residence in Peking, in the Years 1820—1821*, Vol. 2, London, 1827, pp. 163-165.

Gutzlaff)在《1831、1832 和 1833 年沿中国海岸的航海日记》中说：按照费希尔(Fisher)先生在《君子杂志》所引用 1669 年倪霍夫(Nieuhoff)等人的说法："中国显然在许多世纪中要比欧洲国家更先进——教育更为普及，在某些方面，中国的教育实施状况比 1669 年所写的记述更好，也比当今任何其他国家更好。""政府不仅通过赐予官职，而且通过授予科名来鼓励教育，而科名是荣誉的象征。学政在各省巡行，调查教育状况并考试科举生员。此外，还有每三年一次的考试可以授予最高的科名……"①

1840 年前后在伦敦出版的里奇(Ritchie)所著的《东方的不列颠世界》一书第 2 卷在谈到中国政府时说：吏部最令人感兴趣和独特的职能是主管教育或文士的任用。"每三年一次的考试，由于应举者是来自各阶层的人，因而在中国引起巨大的震动；举行乡试的省城被从全省各地来的人群所挤满；当发榜以后，金榜题名者受到普遍的欢呼，中举者的家庭将喜报贴在家中并向公众宣传他们的好运，在即使是最低贱的农民的小屋中，题名录也被研读。获取较低学位的考试持续 3 天，而获取较高学位的考试持续 9 天。"作者还指出，令人遗憾的是，和其他国家一样，在中国实践与理论也相脱节，贿赂和腐败行为往往比文才对获取官职更为有效，他还举出捐官做法以及有许多进士和举人多年待官的情况。②

在伦敦大学的大学学院担任中国语言文学教授的基德(Kidd)对中国文化颇为了解，1841 年，他根据一些来华西方传教士的原始记载资料和中国文献，编写出版了《中国》一书。该书第 7 部分专门谈及中国的教育与文学等，其中包括科举考试。他指出，中国的地方官学即秀才们所就读的儒学管理不善，除了岁考和科考时，生员几乎不到学校。为获得学位、选才授职的科举考试制度创建于唐代，其原则直到当今很少变更。他还对科举考试不鼓励创发己见、忽视科学实用知识等弊端作了分

---

① Charls Gutzlaff, *Journal of Three Voyage Along the Coast of China*, *in 1831*, *1832 &. 1833*, London, 1834, pp. 15-16.

② Leitch Ritchie, *The British World in the East*：*A Guide Historical*, *Moral*, *and Commercial*, *to India*, *China*, *Australia* … *of Great Britain in the Eastern and Southern Seas*, Vol. 2, London, around 1840, pp. 201-203.

析，并介绍了乡试、会试的情况。尤为难得的是他还仔细描述了八股文的内容和结构，并举例说明。① 与里奇相同，基德对科举制的介绍不再停留于一般探奇描述，而且还看到了科举制的局限。

从 1832 年起至 1851 年止每月出版的英文杂志《中国文库》(Chinese Repository)刊载了许多有关中国科举的文章和消息，邓嗣禹文所附的78 条目录中有 8 条是出自于该杂志，其中有重要的长篇大论，也有的条目仅是个别地方涉及科举的文章。其实，在邓嗣禹文所录 8 条之外，我们还能在《中国文库》中找到内容多少不一的 18 条涉及科举的资料，其中有许多是关于 1835 年至 1851 年广东各科乡试的简短消息报道，包含录取的举人数额和参加乡试的人数，还有一些是关于武举、广州府岁科考试、对考试作弊者的处罚、贡院旁发生火灾等有关消息的报道，科举考试消息已成为该杂志经常性的很少遗漏的报道内容。也有一些资料是较详细地记载科举情况的。例如，《中国文库》第 7 卷第 2 号(1838 年6 月)第 112 页记载了该年会试钦定四书义之题目；第 20 卷第 7 号(1851年 7 月)第 390～391 页记载了全国各直省武举秀才和举人定额，第 508～509 页记载广东乡试 3 场考试题目和广东省各府州举人分布数额，以及赌榜和跑报习俗；第 18 卷第 11 号(1849 年 11 月)第 609～611 页记载了全国各省举人定额和广东各府州举人分布数额；第 15 卷第 4 号(1846年 4 月)第 213～215 页则记载了福州科名盛况及占全省秀才、举人、进士数的比例；等等。总之，从《中国文库》所载资料来看，科举是当时在华西方人经常关注且相当了解的事情。

在 1850 年至 1870 年，也还可以在邓嗣禹文所列 70 余种英文资料以外找到不少记载中国科举的书刊。张沅长《中国与英国的文官改革》一文中已引用了多种邓嗣禹文之外的重要的资料，如 1864 年 12 月 17 日出版的英文周刊《一年到头》(All the year Round)刊载的《中国竞争考试》一文，便对科举进行了全面介绍和深刻的分析。笔者也新发现了一些资料。以下略举数例。

《美国东方学会学报》1851 年第 2 卷发表了布朗(Bram)《中国文化：

---

① Samuel Kidd, *China, on Illustrations of the Symbols, Philosophy, Antiquities, Customs, Superstitions, Laws, Government, Education, and Literature of the Chinese*, London, 1841, pp. 339-344.

或评中国的独特性的成因》一文，其中有对科举各级考试的介绍，甚至还谈到赴京参加会试的举人可以得到官方支给的川资。作者在谈到武举、宗室科举、翻译科举之后指出："这样，政府看来将竞争与考试制度运用到每一个可能的方面。"①

1853 年，莫礼森（Morison）在《中国：过去与现在》一书中，谈到在欧洲人知道中国之前许多世纪，中国人已发明了指南针、火药和印刷术；当全世界还处于野蛮状态时，中国的文明已经存在和持续了很长的时期。作者认为，在中国所有制度中，最重要的是在北京的为政府提供从最底层到最高层官员的巨大的国立学院。"那些被证明具有占据政府官职的求取入仕必须经过考试过程，这使著名的德国大学考试显得黯然失色。因此，这一制度应该得到更多的特别注意。"作者接着介绍了各级科举的办法以及状元鼎甲发榜的荣耀场面。②

《皇家亚洲学会华北分会学报》1866 年 12 月出版的新 3 号刊载了克尔（Keer）的《广东贡院》一文，该文对全国各省划一的贡院的布局、规制、各部分建筑的功能等作了详细的描述，并且认为这种专门而朴素的科举建筑完美地适用于科举考试。"中国的竞争性文士考试制度是该国特有的制度，并且持续了一千多年。长期以来，它得到每一个朝代每一位皇帝的认可和支持，得到人民普遍的赞同和接受。经验毫无疑问地证明，对处于半文明状态、崇拜偶像、民族尚文的独特的中国而言，科举是最好的事物。"③作为西方人，作者从欧洲的角度将中国人视为半开化民族带有其偏见，但他对贡院这种科举制度的具体象征好奇有加，对科举考试的独特性印象深刻，也得出了科举是十分适合中国古代国情的一种制度的结论。

《中国记录与传教士杂志》1869 年 3 月出版的第 1 卷第 11 号，发表了长期在福州传教的夏查理（Hartwell）的《基督教徒与科举考试》一文，

①　Samuel R. Bram, "Chinese Culture: or Remarks on the Causes of the Peculiarities of the Chinese", *Journal of the American Oriental Society*, 1851, Vol. 2, pp. 198-201.

②　A. Morison, *China, Past and Present: A Lecture, Delivered at the Mechanics' Institution*, Melbourne, 1853, pp. 4-5.

③　J. G. Keer, "Description of the Great Examination Hall at Canton", *Journal of the North-China Branch of Royal Asiatic Society New Series*, No. 3, Dec. , 1866, pp. 63-69.

该文针对当时"是否应鼓励中国的基督教徒参加获得科名的科举考试竞争"这一当时摆在西方传教士面前的棘手问题，提出了自己的看法。这篇曾在 1869 年 2 月福州传教士大会上宣读的论文认为，这是一个对当时在华传教士而言是非常现实而重要的问题，因为在中国，当一个文士考虑要接受基督教时，很自然地会想到一个问题："假使我成为基督教徒，我还能参加科举以获得科名吗？"作者在详细介绍中国的科举考试程序尤其是乡试与会试前后皆历时 9 天的情况之后，认为参加科举不仅从时间上会与做礼拜相冲突，而且还会成为信仰基督教真义的障碍，因此主张在当时阶段，不赞成中国的基督教徒参加科举考试。[①] 不过，在华传教士又深知中国的精英人士皆参加科举，要影响中国就不能不影响这些精英人士，因此，后来许多省份的传教士都采取在乡试出场时向应举者分发《圣经》等读物，以期在此关键场域对全省儒士做出广宣流布的有效影响。

以上列举的新史料只是笔者发现的主要部分，限于篇幅，无法一一介绍。总之，16 世纪至 19 世纪 70 年代以前西方记载有关中国科举考试的文献不止为邓嗣禹文所列的 70 余种，而是在 120 种以上。通过这些书刊的介绍，中国科举公开考试、平等竞争的选才方法已为西方知识阶层所熟知，并对西方考试制度的建立产生了间接和直接的影响。

三、确认受中国影响的说法

由于各种有关中国的书刊的介绍和描述，以及欧洲人对中国的兴趣和好奇，在 18 世纪下半叶至 19 世纪上半叶，科举考试制度在欧洲尤其是在英国知识界已为人们所熟知。曾经担任英国驻广州领事馆翻译和领事的密迪乐（Meadows）在 1847 年于伦敦出版的《中国札记》一书中说：中国奉行由贤能之士组成政府的原则，"对于以此原则为基础的科举考

---

① C. Hartwell, "The Relation of Christians to the Examinations", *The Chinese Recorder and Missionary Journal*, Vol. 1, No. 11，Mar.，1869，pp. 217-220.

试制度的存在，每一位受过教育的欧洲人都了如指掌"。① 密迪乐这么说是有根据的。因为 16 世纪至 19 世纪中叶，欧洲人对遥远的中国充满了好奇，对处于另一文明系统的东方古国中国的一切皆感到新鲜，特别是在 18 世纪曾出现过全欧洲范围内的"中国热"或"中国文化热"，而当时有关中国的书刊中又常有描述科举考试的章节，因此，一般欧洲知识分子多知道中国的科举制。在这种情况下，欧洲国家后来出现的考试制度自然多少会受到中国科举制的影响。欧洲国家文官考试制度的建立曾受到大学中竞争性考试的启示，但英国的大学笔试至 18 世纪才开始，而在当时中国采用竞争性的公开考试选拔人才的方法在欧洲已广为人知的情况下，牛津、剑桥等大学 19 世纪初建立的学位考试制度至少间接受到过中国科举制的影响。②

以往邓嗣禹等人的研究虽举出了大量资料说明英、法、美等国建立文官考试制度曾受中国科举的影响，但因为没有举出直接指明"这是借鉴中国科举而来"的资料，因而被一些人认为此说尚不能确立。笔者认为，由于东西方文化和国情之间的差异，18 世纪、19 世纪的欧美国家不可能像 10 世纪、11 世纪的高丽、越南等东亚国家那样照搬中国的科举制，朝鲜科举有进士和状元，越南科举连贡院和八股文也学过去，这种情况只能出现在汉字文化圈的国家。对西方国家，关键是看其是否吸取了考试选才的本质精神——公开竞争、平等择优，至于考试的内容和具体方法不可能会一样，因此，在已证明西方考试制度是将科举考试的平等原则借鉴过去的情况下，如果我们能够找出英、美等国实行文官考试之后的明确的定性说法，则可以使科举西传说得到确立。

英国于 1855 年实行文官考试制度以及美国于 1883 年开始仿行之

---

① Thomas Taylor Meadows, *Desultory Notes on the Government and People of China and on the Chinese Language*, London, 1847, p. 124.

② 1993 年 3 月，因原国家教委考试中心主任杨学为研究员的书信引荐，笔者作为该中心兼职研究员赴剑桥大学访问，由剑桥大学考试委员会委托图书馆中文部主任艾超世（Charles Aylmer）先生负责接待。当谈起中国科举对西方考试制度之影响这一问题时，艾超世认为科举制对剑桥大学 1800 年以后实行的学位考试制度有影响，因为英国人在此之前已熟知科举考试的选才原则，故即使无直接材料证明，至少也可以说剑桥考试制度的建立间接受到中国的影响。

后，有一些资料明确指出科举制曾对欧美国家产生过影响。1884 年 3 月至 4 月出版的《中国记录与传教士杂志》第 15 卷第 1 号，刊载了一篇评论卫廉士（Samuel Wells Williams）《中央王国》一书第 18 章《中国制度恒久的原因》的书评，该文在对《礼记》所载先秦考试办法，以及密迪乐于《关于中国政府与人民之散记》一书中称赞科举制的观点作了介绍之后，特别指出："这一强有力的证据表明，科举考试制度的优点和中国政府的榜样已导致了欧洲和美洲一些最开明的国家采用这种方法以提高其文官的效率。"[①]这是在英国于 1855 年试行并于 1870 年全面推行文官考试，以及美国于 1883 年开始采用文官考试制度后做出的评论，具有很强的说服力。

最为肯定科举制曾影响西方国家并直接主张美国仿行的是美国在华传教士丁韪良（W. A. P. Martin）博士。丁韪良是一名中国通，从 1865 年起担任京师同文馆英文教习，1869 年起任总教习（校长）达 31 年之久，并在 1901 年前后一度出任京师大学堂总教习。他对中国社会、文化、教育和知识分子问题有十分深入的了解，并出版了多部关于中国的著作，同时也翻译了许多西方著作，在当时的中国广为流传。1883 年，清朝政府总理衙门刊印了丁韪良的中文著作，《西学考略》，在该书谈及科举考试制度时，他说："西国莫不慕之，近代渐设考试以取人才，而为学优则仕之举。今英、法、美均已见端，将来必至推广。"[②]他当时的预言后来成为现实。

在 1896 年出版的英文著作《中国环行记》一书中，丁韪良在谈到科举时，认为科举是"中国文明的最好方面"，"它的突出特征令人钦佩，这一制度在千年中缓慢演进；但它需要（就如它将要的那样）移植一些西方的理念以使之适应变化了的现代生存环境。当今在英国、法国和美国

---

① "A Review, Williams' Middle Kingdom, Chapter XVIII, Cause of the Perpetuity of Chinese Institutions", *The Chinese Recorder and Missionary Journal*, Vol. 15, No. 1, March-April, 1884, pp. 130-133.

② 丁韪良：《西学考略》下卷，光绪九年（1883 年）同文馆聚珍版，第 53 页。

正在取得进展的文官考试制度，是从中国的经验中借鉴而来的。"① 作为对清朝政府颇有影响的重要人物，丁韪良曾多次向清朝有关大臣建议改革科举考试内容，引进一些西方近代新学，如增加算学科的考试和其他一些自然科学知识。② 在这里，丁韪良一方面再次提到科举需以西学加以嫁接改良的观点，另一方面则明确指出英、法、美的文官考试制度系借鉴中国科举而来。不过，美国文官考试的建立与英国类似，一开始也遭到不少反对。张沅长文与邓嗣禹文都已提及，英国议会和美国国会在辩论中，竞争考试的观念均与中国相关联。一些人提倡实行政党分肥制而反对以考试决定候选人是否称职，因为他们认为这一方法是中国式的、外国式的，甚至说是"非美国式的"，这种考试在理论上也许正确，但在实践中行不通，而且中国的官吏贪污腐败、卖官鬻爵。然而，反驳者认为，不能因为中国没有实现其理想就完全抛弃这种办法。丁韪良在同书中还带着揶揄的口吻说："柯宗（Curzon）先生以这样的方式对中国表示感恩：'一个缓慢地皈依中国理念的制度预兆着我们自己的国家正开始遭受损害。'"但丁韪良提出反驳："英国肯定既没有因在其东印度公司，也没有因在它极好的驻中国领事人员中采用竞争考试而遭受损失，它们都从'竞争者'中得到补充。假如英国有遭受损失的话，那也不是因为该制度的原因而是由于其判断不当的运用。美国仍然更迟采用竞争考试，现在已使人确信它只是提供政党分肥制下腐败现象的矫正方法。虽然我不能料想我们的军事指挥官或我们的内阁部长也将以此方法选择出来的时代会很快到来，但它扩展至更广范围是毫无疑问的。我们的考试是专业化的，在中国考试的弱点是缺乏专门的适应性。尽管具有其缺陷，科举制对维护中国的统一和帮助它保持一个令人尊敬的文明水准，

---

① W. A. P. Martin, *A Cycle of Cathay, or China, South and North with Personal Reminiscences*, Edinburgh and London, 1896, p. 42.

② 潘懋元、刘海峰：《同文馆与中国近代海关的关系》，《教育史研究》1991 年第 2 期。在《西学考略·自序》中，丁韪良也说"中国倘能稍用西术于科场，增格致一门，于省会设格致书院，俾学者得门而入，则文质彬彬，益见隆盛矣"。

起到了比任何其他制度更大的作用。"①丁韪良在此极力为美国推行文官考试制度辩护，从中也可看出其关于英、美文官考试制度是效法中国科举而来的含义。

丁韪良在京师同文馆任内曾多次返回美国，1868 年 10 月还在波士顿召开的美国东方学会上作专题论文报告，介绍和赞扬中国的科举考试。作为力主美国政府仿行考试选官的在华美国人，他相当关注美国文官考试制度的建立和发展，由他明确指出英、美等国曾受科举考试制度的影响是很有说服力的。到 20 世纪的开端，美国文官考试制度已有相当大的发展。1901 年，时任京师大学堂总教习的丁韪良又在爱丁堡和伦敦出版了《中国的学问，或中国知识界》一书，在该书中，他又对科举考试制度作了不少述评，并说："它不可能适宜我们自己共和国制度中某些类似的特性以被移植吗？它更适应于我们自由政府的精神，在这个国家可以比在中国结出更好的果实。在英属印度它运转得极好，在英国本土亦然，其外交和领事人员的选任已经置于竞争基础之上。假如我们希望我们对外国的影响与我们本国的强大与繁荣相称，我们自己的外交人员也必须采用考试选拔办法。"丁韪良还提到来自罗德岛的詹克(Jenck)在美国众议院最早提出建立文官考选制度法案可视为美国文官考试的肇端，并一再陈述采用竞争考试的理由。他同时指出："自从文官改革以来，它在公众头脑中的印象是如此牢固，以至于没有哪个政党敢于拒绝这一制度。虽然它运用的规模还相当有限，但在 1896 年其运用范围已大为扩展。有理由可以预期竞争考试最终会像在中国已经历的那样成为我们政治制度中的一个重要因素。"②

由此可见，丁韪良十分清楚西方文官考试制度系模仿中国科举制度

---

① W. A. P. Martin, *A Cycle of Cathay, or China, South and North with Personal Reminiscences*, Edinburgh and London, 1896, pp. 42-43.

② W. A. P. Martin, *The Lore of Cathay or The Intellect of China*, Edinburgh and London, 1901, pp. 326-327. 丁韪良是主张美国借鉴中国科举实行文官考试制度的人中最为积极且最典型的一个，因此，1905 年 9 月中国发布废科举诏后，1906 年出版的《美国东方学会学报》第 27 卷在迅速刊载该诏令英文本的同时，还谈及丁韪良以往一再主张美国仿行竞争考试之事。

而来。而特别值得我们注意的是，在包括丁韪良在内的一些人士不断明确指出欧美文官考试制度系从中国借鉴而来的情况下，在当时欧美国家中没有任何人否认过这一点或声称文官考试制度是其自身发明创立的，说明一般西方皆认可这一事实。如果这一说法站不住脚，当时就必然会听到不同的声音。因此，笔者认为，在找到上述当时明确指出英、美等国文官考试制度曾借鉴中国科举制的宝贵资料后，科举西传说可以确立。

科举制从隋炀帝大业元年（605 年）设立以后，经过一千多年的发展，到 19 世纪中叶在中国本土已逐渐走向穷途末路，却在此时正被西方国家所借鉴而建立了现代文官制度。科举制与西方的政治文化相结合，脱胎换骨之后，以一种全新的面貌出现在世人面前。那么，为什么科举制会受到西方人的推崇进而效仿呢？

原来，欧美各国在 18 世纪以前，文职官员的选用，实行个人赡徇制、政党分肥制。这些文官任用办法不可避免地会导致任用私人，带来结构性的贪污腐败，使各种无能之辈充斥政府之中，因政党更迭而大批撤换行政官员还会引起周期性的政治震荡和工作连续性的中断。而科举制实行竞争考试、择优录取，政权向平民开放，标榜公开取士，唯才是举。当西方人知道遥远的东方帝国竟然有这么一种奇妙的文官制度时，不禁产生出特殊的兴趣并大加赞誉，进而仿效。比起贵族等级制或君主赐官制等选官制度来，科举取士无疑具有其优越性。科举考试制度虽然产生于等级森严的中国封建社会，但其"公开竞争、平等择优"的精神却具有超越封建时代的特性，是中国封建社会难得的较为公平的制度。西方在倡导"自由、平等、博爱"的启蒙时期，科举制体现出的"机会均等"原则曾使许多西方人大为惊叹，使伏尔泰、孟德斯鸠、狄德罗、卢梭等一代哲人心悦诚服，法国重农主义经济学家奎奈还曾直接主张欧洲引进中国的科举考试制度。确实，科举从形式上看相当公平，"朝为田舍郎"可能"暮登天子堂"，这种将相本无种、茅屋出公卿的官员选任办法促进了社会阶层流动，可以保证行政管理人员维持较高的文化素质进而提高政府的工作效率，考试选才的公平客观性又可以排除人情关系对官员任用的困扰，因此，科举引起西方人的兴趣并受到赞誉。1878 年，美国外交官卫廉士（亦称卫三畏）认为，当时中国甚至连电话都有了，但除了精细复杂的科举制之外，什么都不完美。① 当然，19世纪以前西方人从遥远的异地观察，往往更多地只是看到科举考试的优点，而来华的西方人士从外部观察，对科举考试的弊端并无切身感受，加上为了促使本国政府仿行，因此虽也看出中国官员实际选用中的一些弊病，但还是侧重于赞美科举制。尤其是他们抓住了科举考试具有公平竞争的长处这一本质特征，确实很有说服力和影响力。

到19世纪四五十年代，英国工业革命已经完成，西方国家政治、经济、文化等各方面都基本上经历了从中世纪向近代化转型。处于上升发展阶段的西方资本主义国家，在官员选用方面也日益要求朝制度化、规范化方向发展。可以说，19世纪中叶以后，英、法、美等国已出现了建立平等择优的文官制度的内在要求和必然趋势，而中国的科举制为他们提供了很好的示范。1888年9月，英国著名的权威刊物《威斯敏斯特评论》刊载的一篇题为《中国：新的起点》的文章开头指出："如果说中国政体中还有什么特别之处会受到欧洲人无条件的赞美的话，那么便是科举制。"② 当时中国在各方面多已落后于西方，在西学东渐的大趋势下，中国人不得不学习西文、西艺、西政，科举制是屈指可数的反被西方人学习的中国特产之一。当然，英、美等国借鉴科举并非生搬硬套，而是取其精华、弃其糟粕，青出于蓝而胜于蓝。西方的文官考试吸取了科举制的合理内核，即考试的平等竞争原则和择优录用方法，而舍弃了科举考试空疏无用的古代经典内容。笔者曾在伦敦翻阅1855年英国文官考试制度初建时的试题，考试的内容均为数学、法律、政治、国际关系等与各种文官职位密切相关的学科学问，避免了中国清代八股科举学非所用、用非所学的弊端。东方古老的科举制移植到西方的文化土壤中后，各国结合本国的国情，化腐朽为神奇，结果确实为各国的政治制度开创了新局面。

---

① Wells Williams, "China and Chinese", *London Quarterly Review*, Vol. 51, Oct., 1878, p. 136.

② R. S. Gundry, "China: A New Departure", *The Westminster Review*, Vol. 130, No. 3, Sept., 1888, p. 294.

四、中国对世界文明的一大贡献

19 世纪下半叶及 20 世纪初，在一些对此问题较为了解的西方人士的印象中，欧美各国文官考试制度的建立曾受到中国科举制的启导是理所当然的、没有异议的事。当时中国的一些有识之士亦然。比如，在戊戌变法时期对八股科举深恶痛绝、将国贫民弱割地赔款都归罪于八股取士的康有为，也说过中国历代科举"虽立法各殊科，要较之万国，比之欧土，皆用贵族，尤为非才，则选秀于郊，吾为美矣，任官先试，我莫先焉。美国行之，实师于我"①。康有为当时还未出过国，而他当时就知道美国实行的文官考试制度是学习中国科举而来，可见此一说法也为当时部分中国上层知识精英所知晓，很可能其中就有丁韪良宣传的因素。另一位在公车上书时为变通科举摇旗呐喊、戊戌变法时为变革科举冲锋陷阵的梁启超，在戊戌变法失败后逃亡日本，耳闻目睹欧美、日本等国借鉴科举实行文官考试之效用，而 1905 年科举制却在中国本土因积重难返被彻底废止，痛定思痛，梁启超于 1910 年发出了如此惊世言论："夫科举非恶制也。所恶夫畴昔之科举者，徒以其所试之科不足致用耳。昔美国用选举官吏之制，不胜其弊，及一八九三年，始改用此种试验，美人颂为政治上一新纪元。而德国、日本行之大效，抑更章章也。世界万国中行此法最早者莫如我，此法实我先民千年前之一大发明也。自此法行而我国贵族寒门之阶级永消灭，自此法行，我国民不待劝而竞于学，此法之造于我国也大矣。人方拾吾之唾余以自夸耀，我乃惩末流之弊，因噎以废食，其不智抑甚矣。吾故悍然曰：复科举便！"②此时科举刚停罢 5 年，梁启超甘冒被时人视为"顽陋"的风险而毅然提出恢复科举的动议，是其反思考试制度在中外不同国家中因革兴替的命运的结果，从中也可见梁启超是深知科举曾影响世界列强的。在某种程度上，可以说孙中山关于欧美各国考试制度是从中国学过去的那个著名论断，只是

---

① 康有为：《请废八股试帖楷法试士改用策论折》，《戊戌变法》第 2 册，上海：神州国光社，1953 年，第 208 页。

② 梁启超：《官制与官规》，《饮冰室合集》文集之 23，北京：中华书局，1989 年，第 68 页。

康梁科举西传说的延续和发展。

科举西传说也为现代西方汉学界和行政学界所肯定，一些西方学者认为科举考试西传欧美是中国在精神文明领域里对世界的最大贡献之一，有的学者甚至认为其重要性还超过物质领域的四大发明。本文第一节所介绍邓嗣禹之后莱茨等西方学者的后续研究都赞同科举西传说。而美国学者柯睿格（Kracke）1947 年在《哈佛亚洲研究学报》发表的论文中更是指出："以科举考试为核心的中国文官行政制度的创立，是中国对世界的重要贡献之一。"①1953 年，他在《北宋前期文官》一书中，在对比科举与欧洲早期文官制度之后，对科举影响欧洲文官制度的史实也表示肯定，并认为邓嗣禹和张沅长两位学者的论文清楚地显示出，19 世纪通过印度的文官制度，英国的文官制度曾受到中国范例的直接影响。②1964 年，顾立雅也发表过这种看法：中国对世界文化的贡献远不止造纸和火药的发明，现代的由中央统一管理的文官制度在更大范围内构成了我们时代的特征，而中国科举制在建立现代文官制度方面扮演过重要角色。可以明确地说，这是中国对世界的最大贡献。③ 早在 19 世纪，当一些人主张英、美仿行文官考试制度时，就曾多次将其与火药、印刷术对西方社会发展的作用进行类比，顾立雅的看法可以说与 19 世纪的一些西方人一脉相承。此说也得到一些当代外国学者的赞同，如日本学者福井重雅便一再引用、附和顾立雅的观点。④ 美国汉学家卜德（Bodde）在《中国思想西入考》一书中则说："科举制无疑是中国赠予西方

① E. A. Kracke, "Family vs. Merit in the Chinese Civil Service Examinations during the Empire", *Harvard Journal of Asiatic Studies*, Vol. 10, 1947, p. 103.

② E. A. Kracke, *Civil Service in Early Sung China*, 960—1067, Cambridge, Massachusetts: Harvard University Press, 1953, pp. 2-3.

③ H. G. Greel, "The Beginning of Bureaucracy in China: The Origin of the Hsien", *Journal of Asian Studies*, Vol. 23, Feb., 1964, pp. 155-183.

④ 《中国秦汉史研究会通讯》1986 年第 3 期所载福井重雅在中国秦汉史第三届年会上的发言；福井重雅：《汉代官吏登用制度研究》，东京：日本创文社，1988 年，序言。

的最珍贵的知识礼物。"①《剑桥中国隋唐史》一书的编者崔瑞德(Twitch-ett)也认为:唐代的科举制度经过以后的长期发展几乎被全世界所接受,"许多世纪以后,这一制度为我们所有西方国家以考试录用人员的文官考试制度提供了一个遥远的榜样"②。确实,从对世界文明进程的影响来说,在一定意义上,科举可称为中国的"第五大发明"③。

科举被废后相当长时间里,在人们印象中科举就是一种落后腐朽的封建制度,尤其是在中国大陆,科举更多的是作为批判的对象而加以介绍的。过去中国人"不识庐山真面目,只缘身在此山中",对外部世界有关科举的评价知之甚少。20世纪80年代以后,欧风美雨再度东来,当人们知道西方汉学界和行政学界对科举制的赞美和评价时,感到相当诧异和新鲜。而当我们准备"引进效率",借鉴西方文官制度以建立公务员制的时候,才发现原来西方文官制度竟然还是从我们中国的科举制学过去的。1983年,美国卡特总统任内的人事总署署长区伦·坎贝尔应邀来北京讲学时曾说:"当我被邀来中国讲授文官制度的时候,我感到非常惊讶。因为在我们西方所有的政治学教科书中,当谈到文官制度的时候,都把文官制度的创始者归于中国。"④中国历史上有不少事物是"失之华夏,得之四夷",在本土未能得到良好的发展,传到外域后却生长为生气勃勃的东西。科举制在清末未能顺利地转型为现代文官考试制度而是走到尽头有其历史必然性,但其考试选才的"公开竞争、平等择优"的精神却为西方文官考试制度所接力传承,现今中国要建立健全公务员制,发明文官制度的古老国家反而需向欧美学习,这真如古语所说的"礼失而求诸野"。

综合全文考述,我们可以得出比以往研究更为明确的结论:1570

---

① Derk Bodde, *Chinese Ideas in the West*, Washington. D. C.: American Council on Education, Fourth Printing, 1972, p. 31.

② Denis Twitchett, *The Birth of the Chinese Meritocracy: Bureaucrats and Examinations in T'ang China*, Printed by Bendles (Torquay) Ltd., 15/16 George Street, Torquay, London, 1974, p. 33.

③ 刘海峰:《科举制——中国的"第五大发明"》,《探索与争鸣》1995年第8期。

④ 桑玉成等:《当代公务员制度概论》,兰州:兰州大学出版社,1988年,第17页。

年至 1870 年主要用英文出版的涉及中国科举的文献远不止邓嗣禹文所列的 70 余种，在此之外至少还可以找到近 50 种相关文献，总数当在 120 种以上。由于这些书刊广为流传，在 19 世纪中叶时中国的科举考试制度已为欧洲知识界普遍知晓，有明确的史料说明英、美等国建立的文官考试制度曾受到科举制的启示和影响，科举西传说可以确立。科举考试"公开竞争、平等择优"原则的合理性，近代欧美国家政治、经济、文化发展的现实需要，文官选用方法发展的内在要求和必然趋势，使得西方国家借鉴科举建立了现代文官考试制度。在孙中山做出英、美考试制度是从中国学过去的论断之前，康有为、梁启超等人也曾说过类似的话，这可能与丁韪良主张美国应借鉴科举和宣传科举制的优越性有关。科举考试西传欧美，是中国对世界文明进程的一大贡献。①

---

①　需附带说明的是，科举对西方考试制度的影响是一个难度很大的研究课题，本文只是在以往邓嗣禹等人研究的基础上将此命题的论证向前推进了一步，尚未穷尽所有的西文资料。若有条件再作更深入的研究，相信还可以发掘出更多的论据证明科举西传这一命题。

东亚科举文化圈的形成与演变[*]

科举文化是中国传统文化中的一个重要方面。作为中国古代人文活动的首要内容，科举的影响既深且远，它不仅在当时中国社会政治、文化生活中占有举足轻重的地位，而且还逐渐影响到东方周边国家。以往许多人只知道科举是中国的"特产"，了解一下日本、韩国（朝鲜）、越南等国模仿实行科举的情况，便知道这种"特产"曾出口过。以往笔者曾论述过中国对日、韩、越三国科举的影响[①]，本文将进一步探讨此问题。古代日本、朝鲜、越南、琉球等国与中国一起形成了一个东亚科举文化圈[②]，其深远的影响，至今从这些国家大学入学选拔时注重考试这一点还可以明显看到。

---

[*] 本文发表于《厦门大学学报》（哲学社会科学版）2016 年第 4 期。

[①] 刘海峰：《中国对日韩越三国科举的影响》，《学术月刊》2006年 12 期。

[②] 1996 年，我在《科举考试的教育视角》一书中提出"东亚科举文化圈"这一概念（湖北教育出版社，第 115 页）。后来发现，此前韩国学者也曾使用过"科举文化圈"的提法。参见韩国历史学会：《科举》，首尔：一潮阁，1981 年，第 192 页。

一、宾贡进士怀柔远人

唐代中国是一个国力鼎盛、蓬勃开放的国度，具有一种"大漠孤烟直，长河落日圆"的恢宏气象。作为先进文化之邦，唐都长安成为四夷向慕、万方辐辏的国际性大都会，许多周边国家都派遣留学生来华学习。这些异国学子修习中国的经籍诗赋之后，可与中国的生徒、乡贡一样参加科举考试。为了优待异邦士人，从唐穆宗长庆元年（821年）以后，在每年的进士科考试中，往往照顾录取一至数名外邦举子，称为"宾贡进士"。

新罗人崔致远曾说唐廷对待异邦士子，"春官历试，但务怀柔。此实修文德以来之，又乃不念旧恶之旨"①。可见唐代在科举中采取怀柔政策，对异域举子有所优惠。由于外国举子才学程度与华人有所差别，为了优待那些异邦举子，特设保障名额，或放宽条件，或单独别试，录取宾贡进士。《册府元龟》卷六四一《贡举部·条制》载，五代后唐天成五年(930年)，中书门下奏文说：中书省按规定复核该年进士所试诗赋，重试发现及第进士中有卢价等七人的诗赋各有不合韵格之处，将其落下，并云：

> 高策赋内于口字韵内使依字，疑其海外音讹，文意稍可，望特恕此。其郑朴赋内言肱股，诗中十千字犯韵，又言玉珠。其宾贡郑朴许令将来就试，亦放取解。仍自此宾贡，每年只放一人，仍须事艺精奇。

高策赋文不合韵律估计是因为"海外音讹"，说明他是海外举子，大概就是宾贡。对待宾贡进士要求一般较低，鉴于其"文意稍可"，特别予以宽待，即放其及第。郑朴诗赋试卷中问题较多，故未放及第。从奏文中可看出，此前每榜可能不止录取一名宾贡进士，此后明确规定每榜进

---

① 崔致远：《与礼部裴尚书瓒状》，见韩国成均馆大学校大东文化研究院编《崔文昌侯全集》。参见党银平：《唐代宾贡进士的放榜方式》，《文史杂志》2000年第6期。

—— 29 ——

士只取一名宾贡。既然有一名保障名额，通常总会出现放宽标准录取宾贡进士的情况。

宾贡进士的放榜方式，通常是与中国进士同榜录取，附在唐朝或宋朝进士之后同榜公布。新罗宾贡进士崔致远说自己"十年观国，本望止于榜尾科第"①，高丽名儒崔瀣《拙藁千百》卷二《送奉使李中父还朝序》云："所谓宾贡科者，每自别试，附名榜尾。"唐穆宗长庆元年宾贡登科的金云卿是以新罗人在唐首名宾贡进士及第者，此后唐五代多数年份都有宾贡进士及第者。以宾贡身份应进士科考试者，主要是新罗及其以后的高丽，其次是渤海国，以及少数长期居留于中土的大食、波斯人，至明代尚有安南、占城、琉球人应试。朝鲜史籍《松南杂识·科举类》将那些高丽登中国唐代和元代科第者统称为"东人唐第"。

关于唐代中国录取域外举子是否设有专门的"宾贡科"问题，学术界存在着争论。严耕望、高明士先生等认为唐代特别设有宾贡科②，而张宝三先生主张中国古书中，从未见"宾贡科"之称，因此唐代并无"宾贡科"，只有宾贡进士。③ 大陆也有学者主张宾贡最初仅泛指上古宾荐之礼或外邦朝贡方式，唐穆宗长庆年间以后乃特指入唐游学应试的异域贡士，其进士及第者便称作"宾贡进士"，以此区别于唐本国进士。唐代并未特设宾贡一科，宾贡进士仅是唐代进士的一种类别称谓，并非科目名称。④ 有的论者则认为，虽然存在对周边诸族士子参加进士科举考试予以优惠待遇的宾贡科，然而，"每自别试"并非唐制，而是宋代才出现的新制度。⑤

其实，是否称之为宾贡科只是观察角度不同而产生的问题。站在中国的立场观察，从中国的史籍来看，历史上确实只有优待异国举子的宾

① 崔致远：《桂苑笔耕集》卷十八《谢职状长启》。
② 高明士：《宾贡科的起源与发展——兼述科举的起源与东亚士人共同出身之道》，《唐史论丛》第6辑，1995年，第68～109页。
③ 张宝三：《唐"宾贡进士"及相关问题论考》，《语文、义理、情性——中国文学的多层面探讨国际学术会议论文集》，台北：台湾大学，1996年，第710～742页。
④ 党银平：《唐代有无"宾贡科"新论》，《社会科学战线》2002年第1期。
⑤ 樊文礼：《宋代高丽宾贡进士考》，《史林》2002年第2期。

贡进士而从无"宾贡科"①，此宾贡进士与乡贡进士一样，只是按考中进士者原来身份不同而用的称呼，与此类似的还有"太学进士""太常进士""成均进士""司成馆进士"②等称法。不能说因有"乡贡进士""太学进士"，就可以称之为"乡贡科""太学科""太常科"或"成均科"等。如果因有"宾贡进士"就说有"宾贡科"，那么有"色目进士"是否也可以称有"色目科"呢？虽然到宋代肯定有别试，但单独考试录取者还是称之为进士，只是根据其考生来源加上"宾贡"二字而已，并不是另设"宾贡科"。这就像唐宋有"别头试""锁厅试"，但也只是因报考进士科的考生来源不同而设立的特别考试，所录取者也还是叫进士，而不是有什么"别头科""锁厅科"一样。

唐代科举考生来源有生徒和乡贡两种，初唐时中进士科者多为学馆出身的乡贡。《唐摭言》卷一《乡贡》载，从咸亨五年至景龙元年之间，在记有乡贡人数的六科进士科榜中，每科只有一名乡贡进士，其余皆为生徒应举者。因为每科只取一名乡贡进士，所以特别甄别于榜中。当后来录取乡贡进士人数增多之后，就不再专门甄别于榜中。唐代的宾贡进士与此有点类似，即每科只取一名左右的宾贡进士，需特别甄别于榜中。虽然两者性质有所不同，但宾贡举子与一般举子一同考试，宾贡进士与一般进士同列一榜的情况，与初唐乡贡在进士榜中的情况有某些相似之处。宾贡之制又与俊士之制有点类似，唐代俊士科是选拔庶民子弟入四门学的考试科目，是一种入学选拔性考试，与秀才、明经、进士科不同，因此从严格意义上说不应称为"科"，而应称为俊士制度。③ 严格地说，中国也只有录取"宾贡进士"之制而无"宾贡科"。

但是，从韩国的史籍和整个东亚世界的视野来看，尤其是从韩国历

---

① 过去笔者也曾以为唐代有专为域外举子设置的"宾贡科"，并在笔者关于科举的论著和对高明士先生《隋唐贡举制度》所作的书评中谈到了宾贡科。(参见刘海峰：《科举考试的教育视角》，湖北教育出版社，1996年，第118页；刘海峰：《评高明士〈隋唐贡举制度〉》，《台湾大学历史学报》2000年第25期。)经过细辨慎思，现在觉得需要修正原来的看法。

② 徐松的《登科记考》卷二七载：《百门陂碑》云："前成均进士陇西辛诒谏文。"张说《平君神道碑》云："始以司成馆进士补卢州慎县尉。"

③ 刘海峰：《唐代俊士科辨析》，《中国史研究》2000年第2期。

史的角度来看，又确实有"宾贡科"之称，存在类似于单独设科的"宾贡科"的说法。此"宾贡科"一词古已有之，并非现代学者为了标新立异而生造出来的，或从研究中抽象概括出来的。以高丽、古代朝鲜人的眼光来看，将在中国考上宾贡进士的人称为"宾贡登科"或"登宾贡科"是不足为奇的事。不过，实际上，"宾贡登第""宾贡登科"与"登宾贡科"的含义有所不同，"宾贡科"并非严格意义上的科目。

《增补文献备考》卷一八四《选举考·科制》条末史臣"补"订曰："丽制贡制有三等：王城曰土贡，郡邑曰乡贡，他国人曰宾贡。"同理，这里的"宾贡"也只是与土贡、乡贡对应的进士来源身份不同而作的区别，不宜解释为科目。高丽和李朝所称的宾贡科更多的时候是称之为"制科"或"中制科"。《高丽史》卷七十二《选举志》二《科目》二，谈到景宗"十一年，罕、琳登宾贡科，授秘书郎"是放在专门叙述"制科"的部分，那些"宋诏举子宾贡""元颁科举诏""大明颁科举诏"的记载也是属于"制科"的内容，崔瀣等数十人在中国登第都是称之为"中制科"。《增补文献备考》卷一八五所虽有载录"宾贡科"的各种史料，但真到将宾贡进士一一列名时，却统一用"制科总目"的名称，将"新罗金云卿"一下在中朝宾贡登科者都列为中制科类。就像我们不能因元代以后高丽人有"制科"的记载就说中国元明两代或从唐到明代设有专门的"制科"一样，也不能因高丽史籍中有"宾贡科"的说法就认为中国唐宋两代设有专门的"宾贡科"。

不过，无论是否存在"宾贡科"这一科目，唐宋两代放宽条件以附名榜尾的方式录取域外举子为宾贡进士，体现了中朝统治者怀柔远人的政策，对吸引外邦士人到中国来求学和应举、对扩大中华文化的影响都起过重要的作用。

"作贡诸蕃别，登科几国同。"①确实，整体而言，传统的东亚地区，可说是一个特定的历史世界。在这个历史世界里，东亚士人扮演着非常重要的角色。中国科举录取宾贡进士，已成为东亚士子共通的出身管

---

① 唐昭宗乾宁二年（895年）进士张蠙《送友人及第归新罗》诗云："家林沧海东，未晓日先红。作贡诸蕃别，登科几国同。远声鱼呷浪，层气蜃迎风。乡俗稀攀桂，争来问月宫。"参见《全唐诗》卷七〇二。

道，由于具有共同的学养（儒家经学），且共同应试，可以达到文化的认同。[①] 设立宾贡进士制度，为东亚国家了解科举制提供了很好的示范。随着中华文化向外邦的渗透，东亚周边国家也或迟或早仿效中国建立了各自的科举制度。

二、日本科举的兴衰

黑格尔在《历史哲学》中有言：山脉一般阻隔人们的交往，而水势则会将人们连通起来。这便是"山势使人隔，水势使人合"的规律。中国的西域多为山脉和高原，而东面则是平原和海洋，水往低处流，因此中国人向来是从西天取经，再向东方传播。就科举制而言，也是对西域较难渗透，对东土则广泛流布。科举制对古代东亚国家的影响是从日本、高丽、越南、琉球等国渐次展开的。

日本是东亚国家中最早仿行科举，同时又是实行科举时间最短的一个国家。公元7世纪与公元8世纪之际，日本引进唐朝的律令制度，仿行与中国大体相同的贡举制度。日本古代法典《养老律·职制律》说："贡者，依令，诸国贡人；举者，若别敕令举及大学送官者，为举人。"日本掌管贡举事务的机构是式部省。按《养老令》所载，日本的贡举（即科举）科目主要有秀才、明经、进士、明法四科和医、针二科。各科的考试内容如下：秀才，取博学高才者，试方略策二条，文理俱高者为上上，文高理平、理高文平者为上中，文理俱平为上下，文理粗通为中上，文劣理滞为不第。明经，取通二经以上者，试《周礼》《左传》《礼记》《毛诗》各四条，余经各三条，《孝经》《论语》共三条，皆举经文及注为问。其答者皆须辨明义理，然后为通。试通二经者，答案通十为上，通八以上为中，通七为上下，通六中上，通五以下，或仅通一经者，《论语》《孝经》令不通者，皆不第。若有通三经或通五经者，每经问大义七条，通五以上为第，以下为不第。进士，取明闲时务，并读《文选》《尔雅》者，试时务策三条，帖《文选》七帖、《尔雅》三帖。评审标准，其策

---

① 高明士：《隋唐贡举制度》，台北：文津出版社，1999年，第168～169页。

文词顺序、义理惬当，并帖过者为通。事义有滞、词句不伦及帖不过者为下。等第区分，帖策全通为甲第，策通二、帖过六以上为乙第，此外为不第。明法，取通达律令者，试律令十条，其中律七条、令三条。识达义理、问无疑滞为通，"粗知纲例、未究指归"者为不通。十条全通者为甲第，通八以上为乙第，通七以下为不第。以上由式部省掌管的四个科目，要求应举者"皆须方正清修、各行相副"。其科目名称、评审标准、等第区分和及第授予的官阶与《唐六典》所规定的唐代科举制度基本相同，日制与唐制相异之处有：日制除进士科以外均无帖试，而唐制除秀才科以外均加考帖试；日制于明经科特别规定《孝经》《论语》全不通为不第，唐制无此规定，而日本似较唐更重视《孝经》《论语》；一般而言，唐制考试内容较日制难，录取标准也比日制较高，尤其是明经、进士两科；及第后授予阶位的制度，只有秀才科相同，而日制明经科上上第授正八位下、上中第授从八位上，进士科甲第授从八位下、乙第授大初位上，明法科甲第授大初位上、乙第授大初位下，一般比唐制高出一个阶次，这说明日本比唐朝更重视科举出身者。[①]

　　唐朝科举还有明书与明算两科，日本书、算两科未列为贡举科目。《养老令·学令》虽规定书学生可以听任贡举，算学生考试得第叙位办法准明法科之例，但两科之学生只要通过大学寮的寮试，即可任官，属于寮内考试范围而不属于式部所管辖，不完全是科举考试性质。不过，日本贡举科目中，却有医科、针科，《养老令·医疾令》规定："医、针生业成送官者，式部复试，各二十条。"而按《唐六典》卷十四《医疾令》条所载，唐朝只将医学列为太医署内部的教育事业，医、针生"若业术过于见任官者，即听补替"。另外，唐代科举允许举子"投状于本郡"，即可以通过自荐参加贡举，而日本的贡举实际上只限于官僚子弟占多数的大学寮学生报考，因而日本的科举平民化色彩较少。日本在天平二年（730年），于大学寮中增置了文章生20人、文章得业生2人，成立文章科。到820年，考试文章生最优秀的5名称为"俊士"，再从中挑选2名翘楚者，称为"秀才生"。827年，文章博士都腹赤在反对使文章科贵族化的

---

　　① 高明士：《日本古代学制与唐制的比较研究》，台北：学海出版社，1986年，第277～278页。

牒状中奏称："依令有秀才、进士二科，课试之法，难易不同，所以元
（即原）置文章得业生二人，随才学之浅深，拟二科之贡举。"①日本的秀
才科也比进士科难度更大，但唐代秀才科因难度过大，在永徽二年（651
年）以后例已废绝，而日本的秀才科，对方略策登第而入仕。但是，由
于贵族干政，加上学官世袭，10 世纪以后，日本的大学寮基本上都被
贵族所把持，大学寮博士推荐学生参加贡举，不是依据被推荐者的才学
高下，而是以资历名望，致使科举考试逐渐流为形式②，尤其是秀才科
更为世业儒术的贵族子弟所垄断，实际上成为一种科名官僚世袭制。到
11 世纪以后，虽然日本在形式上还继续实施式部省试办法，但不仅考
试名目上已有所改变，而且考生皆由权贵人物推荐，通常考试只举行于
行幸、飨宴等际会，其内容一般为赋诗，应试者称为入分学生，基本上
是无条件及第。科举制度至此已完全异化，以致现今许多人误以为日本
从未实行过科举制度。

三、韩国科举的盛衰

韩国科举是中国以外最为兴盛和完备的科举制度。早在公元 9 世纪
初，朝鲜半岛还处于三国朝代时，新罗人唐留学生便十分向往中国的科
第名物。赵在三所著的朝鲜史籍《松南杂识·科举类》在"东人唐第"条中
说："唐长庆初，有金云卿者，始以新罗宾贡。又金夷鱼、金可纪、崔
致远、朴仁范、金渥皆登唐第。"从长庆元年（821 年）金云卿中宾贡进士
开始，新罗人登中国朝廷科第者络绎不绝，至唐末前后有 58 人，登五
代梁、唐科第者又有 31 人。这些宾贡及第者中不乏才学之士，其中以
《桂苑笔耕集》的作者崔致远尤为知名。不少人及第东归后，对传播中国
的科举文化起了重要作用。与此同时，在新罗本土的"读书三品出身法"
已粗具科举制的形式。公元 936 年，朝鲜半岛统一，高丽国建立。高丽
光宗九年（958 年），光宗采纳后周入使高丽并留任为官的中国人双冀的

---

① 《日本文粹》卷二，天长四年六月十三日格。
② 高明士：《隋唐贡举制对日本、新罗的影响》，参见香港大学
亚洲研究中心：《古代中日韩关系研究》，1987 年，第 65～102 页。

建议，模仿唐代科举，建立了自己的制度。朝鲜史籍《增补文献备考》卷一八四《选举考·科制》载：

高丽光宗九年，命翰林学士双冀知贡举，试以诗、赋、颂及时务策，取进士，兼取医卜等业。御威凤楼放榜，赐甲科崔暹等二人、明经三人、卜业二人及第。自是取人之法，专在科举。逐年取士无定数。其法大抵皆袭唐制。冀屡典贡举，奖劝后学，文风始兴。

从此以后，高丽朝科举制度逐渐发展，走向兴盛。高丽科举，总体上模仿中国，也设有制述业（进士科）、明经、明法、明书、明算业（科），并以制述业为重。制述业与明经业的考试内容是诗赋经文之类，而且所用教材也是中国的儒家经典。考试的形式与中国类似，并于显宗二年（1011年）礼部侍郎周起奏定糊名试式，于文宗十六年（1062年）全面实行封弥之法。中国科举制度的演进变动，往往在不久之后便会影响到高丽朝的科举。高丽朝也有金行成等9人在中国宋朝宾贡及第，张良寿在金朝宾贡及第，金禄等20人入元朝宾贡及第，金涛在洪武四年（1371年）入明朝获三甲第六名进士。因此，高丽朝的科举在一定程度上是从属中国科举的。

洪武四年（1371年），明太祖朱元璋遣使到高丽颁科举诏，此后高丽的科举乡试、会试程式依照明朝制度。《高丽史》载："大明颁科举诏，令就本国乡试，贡赴京师至会试，不拘员数选取。"①

李朝太祖元年（1392年），李朝取代高丽朝，统治朝鲜半岛后，当年即定科举法，次年便正式开科举。李朝将三年一试的"大比之科"称为"式年试"，通常录取人数是33名，后期式年试录取人数常达40～50名。式年试除了在世祖二年（1456年）和处于战乱的宣祖二十七年（1594年）、宣祖三十年（1597年）以及仁祖十四年（1636年）停办之外，在其他年份无一例外全都实行过。直到高宗三十一年（1894年）朝鲜王朝废除科举制为止，总共实行了165次式年试。除了式年试，朝鲜时代还实行过奉王命而实行的特别考试。特别考试虽然在朝鲜初期实行次数较少，

---

① 《高丽史》卷七四《选举志》二。

但是之后实行次数逐渐增加，到了 15 世纪后期其实行次数已经超过了式年试。整个朝鲜时代总共实行了 583 次特别考试，达到了式年试的 3.5 倍。最初，由于特别考试是由皇帝亲自主持，所以也被称为亲试。但是没过多久，为了与式年试相区别，而把特别考试称为"别试"，并且在考试形式上赋予了许多变化，因此产生了多种多样的考试。结果在成宗十六年（1485 年）出版的《经国大典》里，科举考试只有一种式年试。但是到了英祖二十二年（1746 年）编辑出版的《续大典》里，科举考试除了式年试之外，还有别试、增广试、谒圣试、廷试、春塘台试、外方别科等多种形式。① 这些式年试以外的科目少则录取 3 名，多则录取 40 余名，通常录取人数为 10 余名。

李朝的科举甚至比明清时期的中国还更为频仍，几乎每年都开科，在社会上占有举足轻重的中心地位。宣祖十七年（1584 年），李珥指出：

> 今世以科举取士，虽有通天之学，绝人之行，非科举无由而进于行道之位。故父教其子，兄教其弟，科举之外，更无他术。②

但是，由于科举频繁，也带来一些问题，有的大臣认为科举常开非但为国家之巨弊，也妨士子着实用功，使业不专一，而且出现不少中国科举类似的弊病。李朝有许多大臣也先后提出科制改革案，或提出"科荐合一说"，即实行考试与推荐结合的办法，朝廷也曾颁布过"科弊纶音""科场救弊节目"，采取一些改革措施，但终究无法根除科举制的固有局限性。与科举在中国的命运类似，李朝末年，科举日益走向衰败，不断受到人们的抨击，在内忧外患的压迫下，李朝科举更是处于风雨飘摇之中，高宗三十一年（1894 年），日本侵略朝鲜，并爆发了中日甲午战争。李朝科举制遭到日本入侵事件的沉重打击，该年 7 月，军国机务处启：

---

① 朴贤淳：《朝鲜前期的别试》，参见刘海峰、胡宏伟：《科举学的历史价值与现代意义》，武汉：华中师范大学出版社，2016 年，第 486 页。
② 《增补文献备考》卷一八七《选举考·科制》四。

科文取士，系是朝家定制，而难以虚文取用实才。科举之法，奏蒙上裁变通后，另定选举条例。[①]

高宗皇帝在此情况下，不得不允准停罢了科举制。这样，从公元958年开始设立的科举制，到1894年走完了936年的历程，比科举制的祖先中国早11年寿终正寝。

四、越南科举的兴废

越南是东亚三国中最迟实行科举也是最晚废止科举的国家。公元975年，宋太祖册封丁部领为交趾郡王，越南从此独立。独立后越南相当长时期中官员主要从佛道僧侣中选任，至李朝仁宗太宁四年（1075年）才引进科举制，《钦定越史通鉴纲目》正编卷3太宁四年条载："选明经博学者以三场试之，擢黎文盛首选，入侍学。"并注云："本国科目自此始。"但此后科举并不正规，至广庆二年（1086年）举行第二次科举，第三次开科则至李高宗贞符十年（1185年），第四次开科在天资嘉瑞八年（1193年）。李朝科举总共只有这4次，且第一、二次仅各取1人，第三次取20人，第四次所取人数又减少，因此，越南李朝科举制度还只是处于探索阶段，影响不大。

陈朝建立后，陈太宗建中八年（1232年）设立太学生科，从太学生中考取进士，也模范中国科举体制，以三甲定高下。到陈睿宗隆庆二年（1314年），陈朝开始设立进士科，首次录取了50名进士，越南进士科至此才正式确立。

比去高丽更早一年，公元1370年，朱元璋遣使颁科举诏，也同时准许安南、高丽、占城士人在本国乡试毕，贡赴京师参加会试。到了黎朝时期，越南科举出现兴盛局面。黎太宗绍平元年（1434年），黎朝定取士科目，诏曰：

得人之效，取士为先，取士为方，科目为首。我国家自经兵燹、英

---

① 《增补文献备考》卷一八八《选举考·科制》五。

才秋叶、俊士晨星。太祖立国之初，首兴学校。祠孔子以大牢，其崇重至矣。而草昧云始，科目未置。朕纂承先志，思得贤才之士，以副侧席之求，今定为试场科目，其以始平五年（1438 年）各道乡试，六年会试都省堂。自此以后，三年一大比，率以为常，中选者并赐进士出身。所有试场科目，具列于后：第一场经义一道、"四书"各一道，并限三百字以上；第二场制、诏；第三场诗、赋；第四场策一道，一千字以上。①

这种科举考试规制明显模仿明朝的科举成式，所不同的一点是明朝科举考三场，而黎朝科举考四场，增加了诗赋这一场。黎朝洪德六年（1475 年）科举会试第三场规定考诗赋各一，诗用唐律，赋用李白体。其他三场的具体考试方法为：第一场，"四书"论（《论语》）三题、《孟子》四题、《中庸》一题，总八题，举子自择四题作文，"五经"每经各三题，独《春秋》二题，举子自择一题作文。第二场则制、诏、表各一。第四场策问一道，其策题则以经史同异之旨、将帅韬钤之蕴为问。此外，黎圣宗光顺三年（1462 年）定乡试法，规定在四场考试之前，要求举子"先暗写一场，谓之汰冗"②，也与中国科举制不同。除了进士科，黎朝也开过 4 次制科和 8 次诸科考试（3 次宏词科、3 次士望科、1 次明经科、1 次选举科）。黎朝开科举 300 多年，科举制度处于鼎盛时期。据越南《李、陈、黎、莫、阮进士科试和考取进士人数综合表》所列，越南历朝总计开科 187 次，取士 2991 人，其中黎朝开科 129 次，取士 1936 人，占三分之二。③ 潘辉注《历朝宪章类志》评述道："历朝科举之盛，迨于洪德（黎灏年号）至矣。其取人之广，选人之公，尤非后世所及。"④另外，黎圣宗洪德十五年（1489 年），命立进士题名碑于国学，此传统为以后历代所遵行。

1802 年，越南改由阮朝统治，阮朝在乡试、会试、殿试之前，创设"核"这一级考试。所谓"核"，即士人乡试前先由州县学校教授、训导考核，再由国子监祭酒、司业或营镇督学进行复核，核的考法依照乡试

---

① 《大越史记全书》卷二《黎纪》二《太宗》。
② 《越史通鉴纲目》正编卷十九。
③ 金旭东：《越南科举制度简论》，《东南亚》1986 年第 3 期。
④ 《历朝宪章类志》卷二六《科目志》。

试法。阮朝乡试与会试有时考三场，有时考四场，当乡试、会试为四场时，核就"略具四场题目"，乡试、会试改为三场后，核也就"略备三场文体"。核的试场规则相当严密，举子应核时，必须在试卷上按上指印、以防冒名顶替。各地的核均按士人多少、文风高下规定取中数额，考中者可免除一年或半载的兵徭，并获得乡试资格。越南阮朝的核实际上相当于中国明清科举中的童试一级，尤其类似于童试中的岁科试，此外，阮朝于明命十年（1832 年）还在科举中引入八股文这种复杂的标准化考试文体。[①]

越南科举不仅采用了八股文体，而且还发展出类似于中国的贡院的专门的试场，因此相比韩国的科举，越南模仿中国的科举更到家。后来阮朝时期也出版了不少制义的备考书籍，如绍治六年（1846 年）出版的吴巨川《初学灵犀》一书，对破题称呼、破题字眼、破题式、破承题式、起讲式、提比式、中比式、后比式、看书法、相题法、命义法、养气法、布格法、行文法等都有专门的论述，并在各种笔法之下列举了八股文的范文。[②] 与中国的乡试录、会试录类似，越南在乡试、会试之后，也立即刊刻载有考官姓名官职、场务人员、举人名录、题目、范文的科举文献，而且通常也在序文中提到应试人数。比如，成泰丁酉科《河南乡试文体》序便说"今科应试数较与前科稍胜（兹河内、南定、山西、比宁、太平、兴安、海防、广安、太原、北江等省道，咨将士数九千九百五十名存……"[③]成泰甲午科《河南场乡试文选》序文还将"圣批"内规定"临读避音、临文改用别字、人名地名不得冒用"的具体规定列出。[④] 越南流传下来的专门科举文献也比韩国的科举文献种类更多。

法国远东舰队 1858 年袭击岘港，开始对越南的殖民侵略。1884年，法、越签订了《顺化条约》。次年，中国清朝也不得不承认越南为法国的保护国，越南沦为法国的殖民地。越南社会发生了深刻的变化，在法国殖民者的统治下，西方资本主义新学动摇了儒学的一统天下。科举

---

① 金旭东：《越南科举制度简论》，《东南亚》1986 年第 3 期。
② 吴巨川：《初学灵犀》，右文堂，绍治六年（1846 年）。
③ 监考高大人：《河南乡试文体》，柳文堂，成泰九年（1897年），序，第 1 页。
④ 钦差主考官：《河南场乡试文选》，柳幢匠目，成泰六年（1894 年），序，第 1 页。

考试也随之改变，考试内容一方面加入法语、越南语和越南、全球历史地理、时事、格物等内容，另一方面停止诗赋和减少儒家经典、中国历史等考试内容。[①] 越南科举制发展到后来也暴露出不少弊病，中国戊戌维新的改革风潮也影响到越南，特别是原先与越南唇齿相依的科举制的大本营中国，于1905年忍痛将科举断然停罢后，越南科举更是唇亡齿寒，内外交困，日渐丧失了生存的基础。1906年，越南成立了教育改进委员会，新型学校纷纷创办，逐步取代了传授儒学的科举教育。到阮王启定四年(1919年)，越南举行了最后一科会试，取中23人。此后，科举制度在越南和东亚历史上终于完全退出了历史舞台，因此越南是世界上科举制度的终结地。

五、东亚科举文化圈的影响

除了日、韩、越三国或长或短实行科举制之外，处于东亚地区的小国琉球也曾实行过科举制度。清代琉球的学校"讲解师"的来源是"久米内大夫、都通事、秀才诸人中择文理精通者"。[②] 学校的教材以"四书""五经"为主，生员分为两类，一类是从缙绅子弟年十六以上者直接选送，另一类需经过考试，如"外府布衣子弟则由法司考取俊秀始得入学肄业"。学习制度也十分严格，每月考试一次，或"四书"文，或五言四韵六韵诗，"其勤学而诗文佳者升为学长，以次入仕籍"[③]。当然，琉球所实行的只是初级的科举，基本上仅相当于明清中国科举中的府州县试。但因其地域狭小，人口较少，这种考试制度也属于科举制的一种形态。可见，科举在当时的东亚世界具有一种"普世化"的趋势。12～19世纪，中、韩、越三国连同琉球构成了一个独特的东亚科举世界或科举文化圈。

---

① 陈文：《试析法国人对越南科举考试的影响》，参见刘海峰、朱华山：《科举学的拓展与深化》，武汉：华中师范大学出版社，2013年，第501页。

② 徐葆光：《中山传信录》，台湾文献丛刊第306种，1972年，第214页。

③ 齐鲲：《续琉球国志略》，冲绳县立图书馆昭和53年影印版，182页。参见谢必震：《中国人眼中的琉球社会》，第四回琉中历史关系国际学术会议琉中历史关系论文，1993年，第1～45页。

近代以后，伴随着欧风美雨和坚船利炮，西学东渐的大潮冲击着东亚的文明体系，东亚国家过去行之有效的教育和考试制度经历了衰弱、解体的过程。在"师夷之长技以制夷"的观念指导下，东亚国家的教育不得不进行了脱胎换骨的转型，从东方型的教育制度几乎全盘转化为西式教育制度。然而儒家思想仍根深蒂固，传统文化的影响充分体现在"中体西用"与"和魂洋才"等东西结合的方式中。部分归因于科举制度的运行，汉字与儒家文化得到迅速的流布，其深远影响至今仍可以深切地感受到。

从世界范围来看，历史上东亚是一个自成体系的文明区域，在教育与考试方面也具有鲜明的特色。在相当长的历史时期中，日本、高丽、越南、琉球等国的人士向中国辐辏，中国的儒家文化则向周边辐射。从公元7世纪至17世纪的一千多年，中国的物质文明和制度文明曾广泛地影响过东亚诸国，东亚国家文化教育的"国际化"实际上便是中国化，以至形成了古代汉字文化圈或东亚科举文化圈。科举是具有世界影响的中华文明产物，在近代以前，其影响主要是在东亚地区。部分是由于科举传统的延续，东亚才演变形成了在世界上颇为独特的考试文化圈。科举时代形成的高度重视（甚至是过度重视）教育和考试的传统，使东亚国家和地区在大学招生和其他社会生活中十分倚重考试。着重以考试成绩作大学招生的主要依据，成为东亚高等教育区别于西方高等教育的一大特色。

解脱欧洲中心论的迷思，用多样性的眼光来观察东亚世界，我们便可看出科举制在古代东亚世界扮演着一种重要的角色。东亚国家和地区重视考试是一个历史与文化现象。虽然日本的科举在11世纪已完全异化直至消亡，但到近代以后，考试在日本教育和社会生活中也占有重要的地位，将缺失的一环补上，形成了完整的东亚考试文化圈。在此考试文化圈中的国家，民众高度重视教育并倚重考试，形成了一种考试社会。考试社会是指重视考试、考试种类繁多无所不在、考试在社会生活中占有十分重要的地位的社会，或者说是考试影响举足轻重、从选才到评价都十分倚重考试的社会。大体而言，中国的大陆、台湾、香港地区，日本以及韩国等都具有某些考试社会的特征。

韩国因为也有深厚的科举传统，也形成了重视教育和考试的风尚，其程度完全可与中国相比。李穑曾说：

三韩人物之盛，虽不尽在科第，然由科第之盛，而一国政理之气象益著而不可掩矣。……所以荣华夸耀，耸动一时，使愚夫愚妇皆歆科举之为美，而勉其子弟以必得之。……是以熏陶渐渍，家家读书取第，至于三子五子之俱中焉。①

有的韩国学者认为，作为民族意识结构核心的现代韩国人价值观的形成，可以从儒教思想和以科举制度为中心的中央集权制的政治制度上来寻找。"在历史上积累下来的韩国人的欲望是做官，所追求的价值是荣华富贵。过去，通过科举考试求得官职才是荣华富贵的唯一途径。人们现在则认为应该同时满足致富欲和扬名欲，要致富就必须出名，要出名就必须要致富。"②从前，科举在韩国历史上的地位不亚于科举在中国历史上的地位，现代韩国人对教育和考试的重视程度与中国也颇为相似。

由于科举传统的延续，将考试作为维护社会公平和实现社会稳定的重要手段，现代东亚国家和地区考试体系大同小异，可以说形成了在世界上颇为独特的考试文化圈。着重以考试成绩作大学招生的主要依据，成为东亚高等教育区别于西方高等教育的一大特色。中国大陆废止统一考试的尝试都以失败而告终，推荐保送直升办法一再出现异化，台湾地区多元入学制度改革出现许多问题，皆说明由于文化环境不同，在欧美一些国家行得通的大学招生办法，在东亚国家和地区却不一定能够顺利推行。

现代东亚各国各地区都不同程度地存在着过度倚重考试的现象。日本有所谓"考试地狱"之称，中国人对考试的迷信程度比日本人则是有过之而无不及，其结果是出现考试领导教学或"应试教育"的弊端。同时科举时代形成的科名崇拜和科场迷信，对当今东亚学历社会的文凭崇拜与考试迷信也还有深远的影响。不过，另一方面，我们应该看到，科举制及其所衍生的科举文化虽有其消极成分，但它是古代东亚文明的重要构成内容之一。而现代东亚考试文化圈的形成，对东亚国家和地区避免教

① 《增补文献备考》卷一八四《选举考·科制》一。
② 《树立韩国经营模式》，《每经周刊》1994年10月19日。参见《参考消息》1994年11月8日，第4页。

育与文化的全盘西化、保持世界文化教育的多元性而言，也具有一定的积极意义。

多学科视野中的科举制[*]

1864 年 12 月，在伦敦出版、狄更斯主编的英文周刊《一年到头》上，刊载了一篇题为《中国的科举考试》的文章，该文谈到科举制的稳定性和独特性，指出科举的独一无二之处在于，"科举这个教育机器几乎是从不间断地实施其功能：它是唯一没有被动摇过基础的制度，是在权威一再崩溃和颠覆中唯一能维持全面而广泛地影响的制度，当其他帝国统治的代表一次又一次被推翻并被践踏为尘土时，它在全民族的眼中却是神圣的唯一避难所"①。然而，科举制在 1905 年最终还是走到了生命的尽头。曾经在中国历史上波澜壮阔 1300 年的科举制，对中国社会历史和传统文化的影响至为重大而复杂，无论是其光彩照人的正面，或是其阴暗灰蒙的背面，都反映出科举时代的政治、教育、文学、社会、文化等各个方面的种种光色。因此，"科举学"可以成为研究中国历史和传统文化的独特视角，从科举政治、科

　＊　本文发表于《厦门大学学报》(哲学社会科学版) 2002 年第 6 期。
　①　"Chinese Competitive Examinations". *All Year Round*. Vol. XII, Dec. 17，1864，pp. 445-453.

举教育、科举文学、科举社会、科举文化等多学科视野观察科举制，可以更清楚地看出科举制在传统社会的中心地位和废科举的深远影响，并进一步认识"科举学"研究的重要意义。

一、科举政治

科举政治是指以考试选拔为官员主要录用方式的官僚政治。科举首先是一种文官考试制度，考试的目的是为了选拔官员。科举制的创立十分有利于官僚政治的发展。王亚南曾指出："科举制像从外部为中国官僚社会作了支撑的大杠杆，虽然它同时又当作一种配合物成为中国整个官僚体制的一个重要构成部分。"[①]从唐代以后，科举出身成为各个朝代首要的做官途径，中高层官员中大部分是进士出身。有的学者认为，到宋代，科举制已成为政治生活中的主要特征，科举制是"帝制时代中国最为重要的一项政治及社会制度"。[②]

"牢笼英才，驱策志士"是科举制的政治功用之一，即让"天下英雄尽入吾彀中"。政权向社会开放，使选才范围空前扩大，扩大了统治基础。能够将社会下层的能人志士网罗进政府中去，既能树立政府的开明形象，又可以消弭社会上的反抗力量。当然，唐末、北宋、明末、太平天国时都有一些落第举子的反叛行为，但总体而言，科举时代多数士人都服膺于科举制度，所谓"国家以科名奔走天下士"[③]，便反映了科举制的政治用意。同时，宋末、金末、元末出现众多死节进士，也说明科举所选拔的人才往往具有精忠报国的精神。史载宋太宗继位后曾说："朕欲博求俊彦于科场之中，非敢望拔十得五，止得一二，亦可为致治之具矣。"[④]科举制的目的是选拔政治人才或从政人才，就这一点来看，应该说科举制的目的是基本上达到了。

---

① 王亚南：《支持官僚政治高度发展的第二大杠杆——科举制》，《时与文》第2卷第14期，1947年12月。

② 李弘祺：《宋代官学教育与科举》，台北：联经出版事业公司，1994年，第14、160页。

③ 徐珂：《清稗类钞》第2册"考试类"《以科名奔走天下士》，北京：中华书局，1984年，第584页。

④ 《宋史》卷一五五《选举志》。

科举与中国官场的关系较为复杂。一方面，考试选官可以澄清吏治与杜绝私人，防止在官场中植党营私；另一方面，因科举结成的座师与门生、同年关系又与朋党之争有关。有的论者认为，回顾古代中国的廉政状况，不难发现，在科举制度以前的秦汉魏晋南北朝以及元朝的贵族政治时期，世家大族利用其世袭的特权，贪赃枉法，腐败之风延及社会生活的各个方面，是中国古代最腐败的时期。而科举制度鼎盛的宋明清时期，是科举制度全面推行的时代，也是吏治相对清明的时期。在秦汉魏晋南北朝以及元朝，监察、回避、考核制度同样存在，而且元朝的监察制度从形式上和表面来看，还远比宋朝的健全。但由于没有科举制度的配套，它的吏治实在是糟糕得透顶。[①] 所谓"非科举毋得与官"的规定，使官员的文化素质得到保证。19 世纪末，丁韪良在谈到一些年前，会试主考官因为作弊授予两三个学位而被处死时说："作弊的范围虽然有限，但它的威胁却是不可估量的，它将动摇人民对这唯一获得荣誉和入仕的途径以及对政府的信心。即使是皇帝也无法损害科举制而不带来风险，他可以按多数人的愿望而降低科举的要求，但他不能取消它而不引起剧烈的动荡，因为科举是人民的投票箱和权利的特许状。"[②]

顾颉刚 1936 年在为邓嗣禹《中国考试制度史》一书所作的序文中曾指出：隋创进士科之后，"历代踵行，时加修正，以迄于明清，防闲之法益密，取人之道益公，所举中原与边域之人才益均，既受拥护于人民，又不遭君主之干涉，独立发展，蔚为盛典，盖吾国政制中之最可称颂者也"。明清时期科举实行区域定额取中制度也是出于地缘政治的考虑，这虽与"一切以程文定去留"的考试公平原则不一致，但对维护国家统一，缩小各地政治、文化发展的不平衡状态却有积极的作用。曾有学者认为，科举制是古代中国式的代议制度，除了考试官吏之外，更重要的作用是代议（representation）。由于明代以后实行分区或分省定额录取进士，且许多科举出身者未做官而成为乡里或地方与官府打交道的代言人，而各地考上的官员参与"廷议"，这类似于西方的议会制度。实行现代选举制度、国会制度须花很多的钱，中国是个穷国家，只有用穷国家

---

① 屈超立：《科举制的廉政效应》，《政法论坛》2001 年第 5 期。

② W. A. P. Martin, *The Lore of Cathay or the Intellect of China*, Edinburgh and London，1901, p. 326.

的办法，考试制度(科举制度)是一部不花公家多少钱而能多多少少达到代议目的之一部机器。①

当不再用考试为选官办法后，更显出科举制的政治功用。1905年废科举后出现官员选任的制度真空，导致政府用人全无标准，人事奔竞，派系倾轧。民国初建，孙中山便说："任官授职，必赖贤能；尚公去私，厥惟考试。"②他深刻地认识到中国的社会特性，认为只有通过考试才能做到公平取才。为此，孙中山提出五权宪法，主张建立考试院，使考试在民国时期的政治架构中占据着十分重要的位置。另一方面，科举对西方文官考试制度曾产生过重要的影响，这是中国对世界文明进程的一大贡献。现代中国重建公务员制度反过来要向西方借鉴，正应验了古话所说的"礼失而求诸野"。

二、科举教育

科举教育是指以科举为重心的教育，即以考促学、以考促教的教育，也可以说是考试领导下的教育，用今天的话来说就是"应试教育"。不过，科举教育虽以应试为中心内容，却包含了提高文化素质、促进知识水平提高的内涵。科举与教育有着不可分割的内在联系。作为一种古代的考试制度，科举制牵涉面很广，性质至为复杂。科举首先是一种文官考试，但也具有教育考试性质。科举是一种考试取士制度，学校则以养士为目标。取士与养士两者互为依存，取士必有赖于养士，二者不可分割，犹如一枚硬币的两面。从《新唐书》立《选举志》以后，历代正史《选举志》皆包括了科举和学校两方面的内容。研究古代教育、学校，不能不言及科举，同样，论说科举也不能绕过古代学校教育。

如何处理好学校育才与科举选才的关系，是历代一直困扰着统治者的难题。从历史发展趋势来看，大体而言，隋唐以后各个朝代初期都重视学校教育，或至少是学校与科举并重，但久而久之学校日渐被轻视，

---

① 何永佶：《中国式的代议制度》，《观察》1948年第4卷第11期。

② 《孙中山全集》第2卷，北京：中华书局，1982年，第134页。

教学往往流于形式，而科举的地位在社会上越来越显得突出崇高。这种由重学校转变为重科举而轻学校的演变过程，几乎成为历代学校与科举互动发展的一般规律。明清两代为了协调学校与科举的关系，将学校教育与科举考试整合为一条龙，使学校科举化、科举学校化，二者浑然一体，难分难解。在明清科举考试系统中，乡试以下的府州县试就是入学考试，岁试和科试则是学校教育进行过程中和结束阶段考核选拔人才的重要环节。在以入仕为士人实现人生抱负的唯一途径的传统的中国社会，科举对知识分子来说是一个有效的指挥棒，因此，学校教育必然要受科举的制约和影响。从唐宋至明清学校与科举的关系的演变，体现出中国古代科举与学校的轻重消长关系，遵循着一种从离散到聚合的发展规律。

在科举时代，办学的目的是"储才以应科目"，学而优是为了仕。除了很短暂的例外，1300 年间无论是中央还是地方学校的学生，只有通过科举才能走上仕途，科举考试成了学校教育的强大指挥棒，指导和操纵着学校教育的发展方向。科举成了学校的目标，考试内容便成为学校的教学内容，取士标准自然成为学校的培养标准。学校追求的是中举及第率。官学如此，民间私学绝大多数也以应举为办学目标。即使是书院，也是因科举盛而产生，随科举废而消亡。清代一些大书院也分配有科举生员的名额，甚至有所谓"洞学科举"的名目。纵观千余年的中国书院史，书院与科举关系密切的是长期的、普遍的，而较不重视科举的书院是短暂的、少数的。总体而言，科举确已成为当时整个教育的重心。

到了清末，学校完全沦为科举的附庸，官学往往形同虚设，科举的向心力大到严重地阻碍新式学堂的建立与推广，以至于不推翻科举就无法真正普及新教育，最后不得不废科举以兴学堂。穷原竟委，科举因学校而起，又因学校而废；书院因科举而兴，亦因科举废而导致脱胎换骨的转型。二者具有休戚相关、兴衰互动的特征。废科举促使中国教育走上近代化也即西化的道路，但科举制的长期实行使中国人养成了一种重视考试的"遗传性"。现代高考制度和自学考试制度的创立都与科举考试重视公平竞争的传统有关，而现代教育中的应试教育（所谓的"科举幽灵"）也与科举传统密切相关。

三、科举文学

科举文学是指因科举考试而产生的文学作品和体裁及与科举相关的文学，它包含"科文"和以科举为题材的文艺作品。前者如试帖诗、策、论、科场律赋、表、判、诰、箴、铭、八股文等，后者如唐人行卷、内容涉及科举的唐诗、传奇小说、宋元戏曲话本、明清小说，还有现代的传统戏剧和电视连续剧等。有的学者认为，"科举文学"是指科举制度下的文学应用，而试策研究又是科举文学研究的第一个课题。那些受考试制度间接影响以及与之产生各种各样联系的文学，也可以纳入"科举文学"予以考虑。比如，平时为应考所作的"习作"，举子间所进行的"私试"，以及反映个人或群体围绕科举所展开的社会人生及其相关思想感情的作品，等等，都是"科举文学"应该关注的对象。①

"科文"即"科举之文"的简称，是指在科场考试中产生的各类文体和文章。《元史》卷八一《选举志》载：元仁宗皇庆二年十一月下诏恢复科举，并规定："乡试中选者，各给解据、录连取中科文，行省移咨都省，送礼部，腹里宣慰司及各路关申礼部，拘该监察御史、廉访司，依上录连科文申台，转呈都省，以凭照勘。"这里所说的"科文"，便是指科举考试中的答卷文章。过去中国文学界受制于西方近代文学观念，往往脱离中国古代文学的特质和实际，以至于把某些中国文学史上特有的样式简单地排除在外，因而忽视科举文学尤其是"科文"的研究。近年来，对"科文"中影响最大的八股文出现一股研究热，不仅研究八股文本身的文学价值，而且分析它与律赋，与明清古文、戏曲、诗学的关系。科场试策也开始引起研究者的关注。② 确实，科举考试策论与唐宋古文运动、古代散文都有密切的关系。韩国历史上的"科文"与中国类似，现代还有人研究韩国科文的出题倾向、科文的文学意义。③

唐宋和清中叶以后科场要考试帖诗，这与当时诗歌的繁荣有很大的

---

① 陈飞：《唐代试策考述》，北京：中华书局，2002 年，第 2～15 页。

② 吴承学：《策问与对策——对一种考试文体的文学与文化研究》，参见《新国学》第 1 卷，成都：巴蜀书社，1999 年，第 92～111 页。

③ 李炳赫：《韩国科文研究》，（韩国）《东洋学》1986 年第 16 辑。

关系。唐代科举考试诗赋对诗歌创作也起到某些好的促进作用，科举制度引发唐代文人对其科举生活的歌吟叙述，产生了与此有关的大量诗文，全面地展现了科举生活的方方面面，诸如读书习业、乡举里选、投文干谒（行卷风尚）、漫游邀名、场屋省试、及第落第、慈恩题名、曲江杏园游宴、送行赠别，等等。① 正是因为唐代进士科要考五言八韵律诗，才促使人们努力钻研写诗技巧，平时注意收集素材和写作诗歌。省试诗的目的是考察举子的作诗技巧掌握程度，并不要求写出传世名篇。举子在考场按命题仓促作诗，一般也不可能写出上佳诗作，祖咏的《雪霁望终南诗》和钱起的《省试湘灵鼓瑟》算是例外。而且，省试诗的文学价值虽不如平日推敲创作的诗歌高，但如果扣除了这一类诗作，《全唐诗》便要减去相当大的一部分内容。而唐代被称为诗歌的朝代，这与诗作数量的繁多也是有关的。

语言学方面，科举考试与古代音韵学、韵图也有密切的关系。日本京都大学平田昌司教授对科举制与汉语史作过系列的研究，他认为中晚唐时期严格要求在科场中遵守有关声韵的规则，应试士人就需要参考实用的诗律指南，这种需求给韵学、诗学著作带来了一些变化，如迫使《切韵》改变韵序、出现了分韵编排的类书、诗格赋格流行等。② 有的学者根据梁启超的《中国近三百年学术史》、王力的《中国语言学史》、何九盈的《中国古代语言学史》三部书，统计出述及清代可以确定生卒年份的小学家 81 人，其中进士、举人 57 人，举孝廉、鸿博 9 人，诸生、贡生17 人，于是可知他们中的大多数（87％）参加过科举而且获得了生员以上头衔。③ 另一方面，成千上万的科举术语和大量的科举成语也表明科举与中国语言的深刻联系。

"文学、政事，本是异科，求备一人，百中无一。"④ 科举取士的本意不是为了选拔文学家，而是为了拔取政治人才。但因为以文取士，结

---

① 吴在庆：《科举制对唐代文学的影响》，《厦门大学学报》1999年第 4 期。

② 平田昌司：《〈切韵〉与唐代功令——科举制度与汉语史第三》，参见潘悟云：《东方语言与文化》，上海：东方出版中心，2002年，第 327～359 页。

③ 姚小平：《也谈康乾盛世——文字狱、学者的待遇及其他》，《中华读书报》2002 年 8 月 28 日。

④ 王溥：《唐会要》卷六九《县令》。

果实际上培养和造就了大量的文学家。古代文学家中科举出身者占多数。隋唐以后绝大多数文学家即使未中过进士或举人，至少也参加过科举考试，冯梦龙、凌蒙初、吴敬梓、蒲松龄、曹雪芹等人之所以会在小说中经常描写有关科举的情节，就是因为他们都有或长或短的应举经历。中国古代文人具有浓得化不开的科第情结，几乎每位文学家的文集中都可以找到有关科举的内容。另外，唐宋科场中长期存在着考试内容方面的经术与文学之争；科举制与古代文选学，与唐宋传奇小说、宋元戏曲话本等都有不可分割的联系，考科举中状元成为古典戏曲中长盛不衰的题材。明清小说与科举也有千丝万缕的联系，应考举子与青楼文学，"私订终身后花园，落难公子中状元"的才子佳人小说的情节模式，也都说明科举对中国古典文学具有广泛而深刻的影响。甚至在当代的传统戏剧和电视连续剧的科考情节中，我们都还可以经常看到科举文学的现代版本。

四、科举社会

科举社会是指科举在政治生活和社会结构中占有重要的地位、科举的影响无所不在的社会。有的西方学者认为科举制"在中国政治理论和社会实际结构中居于中心的地位"。[①] 的确，无论是从社会结构的变化、社会的区域流动方面，还是从社会习俗、社会心理等方面来看，科举的影响都无所不在、无孔不入。多数学者认为，宋朝以后，中国基本上是一个科举社会，朝廷、士大夫及学术文化经由科举而紧密结合。钱穆曾说："科举进士，唐代已有。但绝大多数由白衣上进，则自宋代始。我们虽可一并称呼自唐以下之中国社会为'科举社会'，但划分宋以下特称之为'白衣举子之社会'，即'进士社会'，则更为贴切。我们亦可称唐代社会为'前期科举社会'，宋以后为'后期科举社会'。"[②] 本来魏晋南北朝时期是一种门第社会，自从隋唐实行科举考试制度以后，到宋代逐渐演

---

① E. A. Kracke，"Religion，Family and Individual in the Chinese Examination System". In John K. Fairbank（eds.），*Chinese Thought and Institutions*. Chicago：University of Chicago Press，1957，pp. 252-268.

② 钱穆：《中国历史研究法》，北京：生活·读书·新知三联书店，2001 年，第 46 页。

变为一种科第社会，人们的社会身份和地位的高低不再以血统和出身来划分，而代之以是否考中科名并以科第的高低为依据。

科举与社会阶层流动的关系已成为"科举学"五大热点和公案之一。不管科举造成的社会阶层流动到底有多大，有一部分社会下层的人通过科举考试跻身社会上层总是不争的事实。传统社会所谓"茅屋出公卿""朝为田舍郎，暮登天子堂"等格言，不仅是统治者对读书人的利诱和鞭策，也是当时科举造成社会阶层流动的历史的真实写照。科举时代的社会阶层流动能使社会保持一定的活力，使官僚结构不断得到更新。同时士阶层的扩大不一定意味着寄生阶层的扩大或游手好闲者的增加，只是从事知识生产和学习的人增加，或者说只是扩大了精神文明领域中的活动者而相对减少了物质文明领域中的活动者。

由于实行科举，还促进了相当范围的社会区域流动。区域流动（或区位流动）与阶层流动相关，区域流动可以说是社会阶层和职业流动的必要条件，也可以说是它们的先决条件。居住地区的改变往往是一个人生活和事业进程中的组成部分。[①] 科举实行全国范围内的统一选拔，会试是各省举人在京城的大聚会，乡试是全省各地秀才在省城的大聚会，府州县试则汇聚了各地前来赶考的童生。每次科考都是一次知识阶层的区域大流动，而考上后所有人都是异地为官，有力地促进了各地人才的交流。因科举考试兴起的会馆、试馆既是区域流动的有形体现，也与籍贯观念的保持和延续有密切的关系。

在一定程度上，"科举考试演化为一种惯例式的全民动员，已接近于一种宗教行为。它将考试演化为程序、规则、禁忌，以及庆典仪式，使其彰显为民众生活的中心，也淡化了一切与其无关的活动选择"[②]。科举时代的金榜题名与跑报、游行等科举习俗，宋代的榜下择婿风尚，清代广东盛行的"闱姓"赌榜风气，大量的科举俗谚，都说明科举对社会各方面的影响程度。因科举而兴起的考试迷信与文昌信仰在全国各地都曾长期存在。1866 年，有位西方人士在英国出版了一本《中国人的社会

---

① 周荣德：《中国社会阶层与流动》，上海：学林出版社，2000年，第 273 页。

② 吴刚：《知识演化与社会控制——中国教育知识史的比较社会学分析》，北京：教育科学出版社，2002 年，第 283 页。

生活》，其中第 13 章中谈到当时士人祈求保佑中举的习俗："文曲星通常被举子们看成一种可以祛除坏运，或防止那些阻碍他们在获取各种文科学位的定期考试中的影响的特定星座。有时做一个偶像或用纸写明其身份，进行崇拜时还烧香和点蜡烛。"①这种考试迷信的遗存至今在大陆高考和台湾大学联考前都还经常可以看到。

1816 年，一位名叫汤姆斯（Thoms）的外国人编辑出版了一部英汉对照《英译汉语对话与句子》，其中列举恭贺新年最常用的话有 5 句，第一句对士人为"恭喜老爷今年高登金榜"，第二句对农民为"恭喜你今年五谷丰登"，第三句对商人为"恭喜你今年发财"，第四句对老人为"恭喜你今年身壮力健"，第五句对学童为"恭喜你今年读书聪明乖觉"。② 恭喜科举考试高中的例句放在新年见面贺词的首条，可见当时科举在中国社会上的地位和影响之一斑。正是由于科举制对中国传统社会具有整合作用，所以当 1905 年废科举时，不啻发生一场"社会大地震"，导致知识分子的边缘化与社会整合的弱化，同时也使城乡之间的流动减弱。③中国过去是一个科举社会，由于考试在当代中国社会生活中越来越占有重要地位，实际上中国又逐渐朝一个考试社会方向在发展。

五、科举文化

广义的科举文化是指因科举制的长久实施所形成和衍生的文化，包括注重考试竞争、读书做官的价值观，重视教育、学优则仕的传统，与科举考试密切相关的儒家经学、史学、文学、教育乃至社会习俗，甚至物质形态的科举文物等，实际上涵盖了本文所述的所有内容。由于本文已将科举政治、科举教育、科举文学、科举社会单独出来加以论述，这里所说的乃狭义的科举文化，即与科举相关的经学、史学、艺术和文化

---

① Justus Doolittle, *Social Life of the Chinese*. London，1886，p. 317.

② P. P. Thoms, *Dialogues and Detached Sentences in the Chinese Language；with a Free and Verbal Translation in English*，Macao，1816，pp. 261-262.

③ 萧功秦：《从科举制度的废除看近代以来的文化断裂》，《战略与管理》1996 年第 4 期。

遗存等，还有科举与科技的关系，以及学优则仕的价值观和追求公平的传统等。曾有西方学者认为："科举制度为中国文化很显著的特点，且形成一种为世界上其他国家所不能及的社会制度。……无论从哪一方面研究中国文化的进化，都不能不注意科举制度。"[①]

从隋唐至明清，科场成为人文活动的首要场域，科举对文化的各个方面都产生过重大而深远的影响。儒家经学向来是科举考试的主要内容，独尊儒术的文化政策与广义的科举（汉代的制诏举人和分科举人）是同时出现的。唐代进士科以文学为重，明经科以经学为重。北宋学者或主张取士当先经术而后词采，或主张以诗赋为首要考试内容，争论平衡的结果，是将进士科一分为二，并立"经义进士"与"诗赋进士"。但从元代以后，儒家经学在科举考试中占统治地位。明清时期流传极广的《神童诗》中便有"学乃身之宝，儒为席上珍""遗子黄金宝，何如教一经"之类的说法。"四书""五经"为普通中国读书人所熟知，经学得以不断传承和繁衍，很大程度上得力于科举制的倡导利诱。儒学成为中国传统文化的基干和主体，主要是因为具有科举制的制度化支撑。

科举与史学也有千丝万缕的关联。所谓"六经皆史"，便是指许多儒家经典本身就是先秦的历史记载。科举中试"论"的体裁往往以史论为重，因而科举在以经术和文学取士的同时，实际上还以史学取士。尤其是"五经"中的《春秋》是分量较大的考试教材，历来被视为"大经"，而《春秋》实则为史书，可见经书中纯史学的分量也占有相当大的比重。另外，唐宋时期有三传科目，便是以《春秋》的《公羊》《穀梁》《左传》专门设立考试科目。而一史、三史（《史记》《汉书》《后汉书》）科则更是以史设科。重视以史取士的直接后果便是保证了入仕的政府官员具有一定的史学素养，知晓历代兴衰成败得失，有助于鉴古知今、鉴往知来，并进一步推动了中国古代史学的繁荣和发展。

书法的繁荣也与科举以书取士相关。唐代科举中有专考文字和书法的明书科，而且投考明经、进士科的举子也须擅于书法，加上铨选考试"身、言、书、判"，其中"书"要求"楷法遒美"，促进了一代书风的形成。北宋中叶以后科举考试实行糊名誊录制度，书法相对不受重视。而

---

① Paul F. Cressey：《科举制度在中国文化发展上之影响》，雷震译，《师大史学月刊》1931 年第 1 卷第 1 期。

清代殿试及朝考后试卷不再誊录，评卷重书法，也形成了朝野重视书法的社会风尚。清代状元陆润庠、刘春霖等人都是小楷名家，凡是进士出身者多写得一手优美的小楷，甚至许多应考的文童也会写"馆阁体"，说明科举考试对推动练习书法具有巨大的作用。

另外，唐宋科举中设有明法科，历代科举三场考试中第三场都要考判文，促进了中国古代法律知识的普及；古代印刷业的兴盛也与科举推动文化的普及有关；科举与中国古代"至公"观念的形成与发展，与读书至上、学优则仕的价值观也都息息相关；而科举文物及科举文献更是科举文化的现代遗存。限于篇幅，本文不再展开。总之，无论科举制的是非功过如何，它已成为中国传统文化的一个要素，或者说是中国历史与文化中的重大存在。不管我们是否意识到或是否承认，科举文化这种存在照样在起作用。因此，充分认识并深入研究科举文化，在今天还有明显的现实意义。

以上从多学科的视野进行观察，只是提纲挈领地勾勒科举政治、科举教育、科举文学、科举社会、科举文化五个方面，但已可以看出科举制是一个具有多方面重大影响的制度，"科举学"具有非常丰富的内涵，其研究内容极其广博。在风云变幻的 20 世纪，对科举制及与之息息相关的中国传统文化的评价跌宕起伏，随着科举制百年祭成为一个越来越近的话题，学术界日益重视反思科举制的功过和废科举的影响。而如何对待科举制百年祭，确实值得我们未雨绸缪认真筹划。

科举停废 110 年祭[*]

科举是一个影响重大且利弊都十分显著的考试制度，对其评价向来都有激烈的争论，即使中国在 1905 年废止科举之后，这种争论还无休无止。尽管科举至今已被废止 110 年，但还不断被人们重提和反思，它给人们留下的印象不时被翻新。废科举后对科举制的评价观点，依出现时间先后，大致可以分为以下三个阶段：全盘否定阶段、在总体否定中肯定其中某些值得肯定的因素阶段、在总体肯定中否定其中某些应该否定的因素阶段。2005 年中国掀起了一场科举百年祭的文化大争论以后，开始逐渐进入第三个阶段。2005 年，我曾发表《科举制百年祭》等系列反思论文。^① 在科举停废 110 周年的时刻，进一步反思科举制的千秋功罪，回顾 1400 多年间科举评价的沧桑巨变，具有特别的意义。

---

　*　本文发表于《厦门大学学报》(哲学社会科学版)2015 年第 5 期。
　①　刘海峰：《科举制百年祭》，《北京大学教育评论》2005 年第
4 期。

一、"科举是国家取人材第一路"

从隋唐到明清的 1300 年间,科举在当时社会上占有重要地位。"凡国之大柄,莫先择士。"①科场连着官场,科场的风云变幻,往往与官场息息相关,因此科举是"帝制时代中国最为重要的一项政治及社会制度"。② 两宋统治者高度重视科举,即使在激烈的宋金战争、宋蒙战争过程中,科举考试一如既往。南宋建炎元年(1127 年)高宗开科取士诏曾指出:"国家设科取人,制爵待士,岁月等阴阳之信,法令如金石之坚。"③所谓"岁月等阴阳之信",就是说开科的时间非常固定,其准确可信等同于自然界昼夜季节的变化,具有高度的稳定性和规律性。有关科举的法令则有金石般的刚性,得到普遍的贯彻。④ 到明清两代,科举制更是进入超稳定性阶段,每三年开科一次的社会活动已经成为类似于岁月和季节一样轮回的自然现象。如果遇到战乱和重大天灾等不可抗拒的变故,则选择次年补行或易地开科。科场无小事,无论是科举改革还是科场案,科举一有风吹草动,往往就会惊动朝廷。历代统治者也高度重视科举取士,明代永乐皇帝曾说:"科举是国家取人材第一路,不可滥。"⑤

"事至久而后精,谋以众而加详。"⑥科举制度的发展体现出历史与逻辑的统一。这就像中国瓷器的发展历程,唐代瓷器较为古朴,宋代仍是清一色居多,元代开始出现青花瓷,明代瓷器开始走向五彩缤纷,清代瓷器则达到成熟绚烂的程度。科举制也是在隋唐时期变动改革中逐步发展完善,到明清时期臻于鼎盛严密,科场长期成为中国社会政治和人

---

① 《旧唐书》卷一一九《杨绾传》。

② 李弘祺:《宋代官学教育与科举》,台北:联经出版事业公司,1994 年,第 14 页。

③ 马端临:《文献通考》卷三二《选举》。

④ 清人李渔为贡院明远楼所题的著名对联:"矩令若霜严,看多士俯伏低徊,群嚣尽息;襟期同月朗,喜此地江山人物,一览无余。"其中的"襟期同月朗",也是与"岁月等阴阳之信"同样的意思,指科举周期的规律类似于日月和季节变化的自然现象。

⑤ 《明实录》第 10 册《明太宗实录》卷二八永乐二年二月。

⑥ 曹彦约:《昌谷集》卷一四《栖贤进士题名序》,参见《四库全书珍本初集本》。

文教育活动的一个关键场域。

科举是一种高利害、高竞争、高风险的选拔性考试，一旦登科及第，便风光无限。盛唐时期，"进士为士林华选，四方观听，希其风采，每岁得第之人，不浃辰而周闻天下"①。到晚唐时期，朝野进一步重视进士科，"朝廷设文学之科，以求髦俊，台阁清选，莫不由兹"②。进士科出身者日益成为中高层官员的主流。到宋代，绝大多数宰相都由进士出身者担任。即使是辽、金、元这样的少数民族统治的朝代，也通过科举选拔了许多才智之士。史载"辽起唐季，颇用唐进士法取人。……金承辽后，凡事欲轶辽世，故进士科目兼采唐宋之法而增损之。其及第出身，视前代特重，而法亦密焉。若夫以策论进士取其国人，而用女真文字以为程文，斯盖就其所长以收其用，又欲行其国字，使人通习而不废耳。终金之代，科目得人为盛"③。明代中叶以后，非进士不入翰林，非翰林不入内阁。清代科举考试的影响更是无所不在。1851 年，来华西方人士布朗（Bram）在考察包括武举、宗室科举、翻译科举等各类科举之后指出："这样，政府看来将竞争与考试制度运用到每一个可能的方面。"④

作为国家"抡才大典"，科举考试具有权威性和严肃性，考官和举子也都高度重视，多数时候科场中也秩序井然。欧阳修《礼部贡院阅进士就试》诗云："紫殿焚香暖吹轻，广庭清晓席群英。无哗战士衔枚勇，下笔春蚕食叶声。"⑤将科举考试的庄严和答卷时的静穆情形生动地描述出来。与此说法类似，1903 年光绪癸卯科河南乡试，河东总督陈夔龙入闱监临，也描述了贡院中的考试情状："比时场内人数以万计，灯笼火伞以数千计，堂上堂下火光烛天。而凡百执事视动俱寂，几若衔枚战士，万马无声。亦似有文昌魁斗，临在上而质在旁者。此无他，功令本极严肃，人心先存敬畏。奋多士功名之路，实隐寓天人感召之机。"⑥可

---

① 杜佑：《通典》卷一五《选举》。

② 王溥：《唐会要》卷七六《进士》。

③ 《金史》卷五一《选举志》。

④ Samuel R. Bram, "Chinese Culture: or Remarks on the Causes of the Peculiarities of the Chinese", *Journal of the American Oriental Society*, 1851, Vol. 2, pp. 198-201.

⑤ 《欧阳文忠公集》卷十二《礼部贡院阅进士就试》。

⑥ 陈夔龙：《梦蕉亭杂记》卷二。

见尽管当时科举制已经风雨飘摇,但在河南贡院内举行的末科乡试仍然十分严肃认真。

由于科举在当时社会上居于非常重要的地位,实行科举制的时代通常被称之为科举时代。何德刚在《客座偶谈》中曾说:"有清时代,一科举时代也。二百余年,粉饰太平,祸不作者,不得谓非科举之效,所谓英雄入吾彀中是也。大抵利禄之途,人人争趋,御世之术,饵之而已。乃疏导无方,壅塞之弊无以宣泄,其尾闾横绝至不可收拾。末季事变纷歧,何一不因科举直接间接而起?"正如一位西方人说所的:"科举考试制度的确给中国人带来了好处。毫无疑问,它是整个行政制度中的最大亮点,例如它和政府其他部门的联系。……他们全体一致毫不犹豫地宣称,他们的科举制度是无可置疑的,而我们的确也没有确凿的证据说明我们不该接受这一结论。"①因此,可以说科举制是适应中国传统社会的一种重要制度。

历史的长河不息地奔腾,涛飞浪卷,汹涌澎湃,挟千年风云,淘万古泥沙,从遥远的汉唐,迅速进入 20 世纪。在曲折的历史进程中,有峡谷,有平川,而在西学东渐的大潮中,有如惊涛拍岸,卷起千堆雪,中国社会面临"数千年未有之大变局",遇到了旷古未有的难于应付的挑战,面临着生存的危机,科举制也面临着不得不变革的困境。清朝末年,积贫积弱、国力日衰的中国面临列强侵略,在见识到西方各国的强大、寻找自身衰弱的原因与寻求追赶东西方大国的途径的时候,人们认识到科举考试的内容和文体,尤其八股文脱离实际,浪费士人的才智,于是废止八股文被提上议事日程,在 1901 年首先被废去。同时规定乡试、会试头场试中国政治史事论 5 篇,二场试各国政治艺学策 5 篇。

废止八股文、采用与当时内政外交有关的问题为策问题目,这是清末科举考试的重大改革。随后便有西方人士说这"毫无疑问是科举考试制度中的一次革命","此次改革实际上是非常完全的"。② 这些规定在清末 1902 年、1903 年最后两科的乡试都得到了遵守,在最后两科的会

---

① 赫伯特·翟理斯:《简论中国古代文明——以哲学、文学、教育为例》,何进平译,《天府新论》2009 年 6 月。

② C. H. Lacey Sites, Chinese Civil Service Examinations, The East of Asia Magazine, *Special Educational Number*, June, 1904, pp. 62-72.

试与殿试中也体现出科举改革的精神。不过，"社会的组织机构，正像各种动物一样，不是在预见环境将要产生变化时，早早着手适应性的变革，而是临到变化已经发生时，才开始进行反应性的改革。这是人们不能不承认的社会生物学的事实"①。最后几年的科举制改革是在内外交困的强大压力下被迫做出的调整，尽管科举考试的内容与题型已经出现重大的变化，但科举考试中西历史、政治外交知识，被有的人看作"散行八股"②，主政的张之洞等人认为科举阻碍了新式学堂的兴办，要想图强就必须兴办学堂，要兴办学堂就要废止科举。于是在1903年以后，将废科举提上朝廷的议事日程，只是当时考虑的是接下去几科渐进减少录取名额，到1911年完全废止。但因为1904年以后内忧外患更为严重，于是科举又被推到了风口浪尖，在1905年9月被提前彻底废止。

在废科举之前，多数人对废科举持乐观的态度，对废科举带来学堂兴盛的局面充满期待。但当时也有人担心废科举会引起一系列的社会问题："此等之事关系于社会者至深，社会行科举之法千有余年，其他之事无不与科举相连，今一日举而废之，则社会必有大不便之缘"；"废科举设学堂之后，恐中国识字之人必至锐减，而其效果将使乡曲之中并稍识高头讲章之理之人，而亦无之。遂使风俗更加败坏，而吏治亦欲不易言。则于立宪之途更背驰矣，此又急宜加意者也"。③ 然而，待科举真正废去，随后而来的社会无序、政治动荡与文化断裂，还是大大超过了一般人的估计和想象。因此有这种说法："末世不察，至薄帖括为小技，而未审先朝驾驭英雄之彀，即在乎此。科举一废，士气浮嚣，自由革命，遂成今日无父无君之变局。"④废科举不仅意味着科举时代的结束，而且预示着君主制度的覆亡。正如德国汉学家傅吾康在1960年出版的《中国科举制度革废考》一书结尾中指出的：科举制的崩溃是传统国家灭

---

① 阿什比：《科技发达时代的大学教育》，滕大春、滕大生译，北京：人民教育出版社，1983年，第147页。

② 林砺中：《奴隶科举奴隶学堂》，《鹭江报》1903年4月27日。

③ 《论废科举后补救之法》（录乙巳八月十二日《中外时报》），《东方杂志》1905年第2卷第11期。

④ 陈慶龙：《梦蕉亭杂记》卷二。

亡的开始。① 只是大部分人还是认为，科举停废为近代教育的发展扫清了障碍，中国社会历史的变革出现了新气象，是一件值得肯定的大事。

二、科举制的千秋功罪

一部科举史，就是一部 1300 年间中国知识分子的竞争史，一部士人的喜、怒、哀、乐辛酸史，一部科举精英人物的发家史，也是一部中国古代文明的兴衰史。经过 1300 年的持久实行，科举对传统社会的文化教育、官僚政治和历史发展进程等各方面都产生过重大而深远的影响，科举在中国已经成为一种在历史上留下深刻印记的考试制度，一种中国帝制时代具有代表性的文化符号。科举可以说是一把锋利的"双刃剑"，其积极作用与消极影响皆十分显著，大体而言，至少有以下几个方面。

(一)维护统一与压抑个性

科举制维护国家政治和文化统一的功能是十分强大的，它在全国采用相同的考试教材、考试文体和考试时间，使全国各地统一意志、统一步调、统一行动。科举制度既是中央集权的产物，又是维护国家统一和巩固中央集权的制度保障。唐代各地的举子，每年都有机会赴首都长安参加明经和进士科的考试，宋以后三年一开科，全国各地精英人才也集中到京师与考。这种聚会使各地声气相通，各地举子赴考期间可以互相观摩比较、学习竞争，进而达到融合同化。尽管中国领土辽阔、方言众多、风俗各异，且中国人地方观念相当重，但若想中举及第，就须研读相同的儒家经典，使用同一种文字写诗作文，也就必然使文化趋同划一。另外，在根据各地户籍多寡和文风高下规定不同的中式限额的情况下，有意照顾边远省份和少数民族地区，增加了这些地区和民族对中央政府的向心力，有利于国家的统一与民族凝聚力的加强。宋代以后，中国再未出现春秋战国或魏晋南北朝时期那样长期分裂、割据的状态，这与科举制的实行有相当密切的关系。美国在华传教士丁韪良在 1896 年

---

① Wolfgang Franke, *The Reform and Abolition of the Traditional Chinese Examination System*, Harvard University Press, Cambridge, Mass, 1960, p. 71.

曾指出："尽管具有其缺陷，科举制对维护中国的统一和帮助它保持一个令人尊敬的文明水准，起到了比任何其他制度更大的作用。"①

然而，科举这种统一的大规模考试在贯彻公平选才的同时，却无法测出个性独特及具有某方面特别专长者，容易抑制求异思维。科举考试的内容以"四书""五经"等儒家经典为主，考生对儒家经典的阐释只能遵守朱熹的章句集注，不能有所变异和自由发挥，作八股文则规定以古人的口气"代圣贤立言"。士人要想通过科举入仕实现"修齐治平"，就必须服膺当朝统治，放弃自己思想的独立性。这种统一考试制度在一定程度上抑制了士人的自由思想和发散性思维，不利于发明创造和学术的多元发展。

（二）普及文化与忽视科技

在奉行官本位的中国古代，参加科举是士人获得社会地位和经济利益的主要途径，甚至是唯一的途径。"满朝朱紫贵，尽是读书人"的客观事实，自然会使人们信奉"少小须勤学，文章可立身"的劝学格言。十年寒窗无人问，一举成名天下知，范进中举之后，不仅使亲朋完全改变了态度，而且很快就富贵起来，这种科举时代戏剧性的"中举效应"，使许多确信"书中自有黄金屋，书中自有颜如玉"。由于科举注重测验应试者的文化知识水平，受名利的驱使和家庭乡族的推动，许多人努力向学，勤苦读书。尽管能及第或中举的机会很少，但只要存在着通过自身奋斗出人头地的可能，便可调动人们的学习积极性，促进重学风气的形成。因此，科举取士的利诱或激励机制，有力地促进了社会上重学风气的形成和文化的普及，推动经学、史学、文学和书法艺术高度繁荣。由于科举考试以儒家经典为依据，科举为儒学的传承、繁衍和普及起到了任何其他制度无法相比的作用。1300 年间科举以经术取士，造成了一场旷日持久的读经运动，使古代中国成为一个儒学社会。又因为以文取士，科举时代的中国传统社会成为一个读书至上的诗书社会，是一个朝野尚文、大多数读书人皆能吟诗作文的文学社会。

但是，科举对中国古代文化也有相当消极的影响。科举考试具有强

---

① W. A. P. Martin, *A Cycle of Cathay*, *or China*, *South and North with Personal Reminiscences*, Edinburgh and London, 1896, pp. 42-43.

大的指挥棒功能，指导着士人的努力方向，科举考什么社会上便教什么学什么，不考什么社会上便不教什么不学什么。科举考经史辞章，人们便将心思才华用于经史辞章，而这些内容多局限于人文学科范围。虽然唐代和清末设有算学科举，但只是次要科目，并不受到重视。当整个知识阶层的才学都用于诗赋经义的时候，科学技术自然便相对被冷落了，这在一定程度上使中国古代人文学科高度发达，自然科学技术不易发展。当然，明清以后中国科技落后于西方的根源并不在科举制度，而在于重道轻器、重学轻术的传统文化，因为在隋代科举制产生之前中国已是一个重人事轻技艺的国家了，但科举制强化了当时重治术轻技术的观念却是不争的事实。

（三）贤能治国与做官第一

作为一种自由报考的选拔性考试，科举制至少在程序上给所有考生提供了公平竞争的机会，世家大族无法垄断仕途，因此"富不过三代"。在科举时代，实行精英治国或贤能治国体制，能否当官以才学为依据，"学，则庶人之子为公卿；不学，则公卿之子为庶人"[①]。官宦人家的子弟也只有通过科举才能使其家道不致中落，若无法延续其科第链条，则无法保住其家庭的政治和经济地位。而一些士人通过科举，"朝为田舍郎，暮登天子堂"，青云直上至中高层官员，形成了相当大的社会阶层流动，使政府官员的结构多样化，这种官员成分的不断更新有利于保持活力和清明吏治。由于任官授职有比较刚性的资格标准，保证了政府官员具有较高的文化素质，并在相当范围内减少了买官卖官、任用私人的机会，至少在政府机构的入口处限制了植党营私的机会，这也是为何科举会被西方国家文官考试制度所借鉴而成为中国的"第五大发明"的原因。

另一方面，由于科举制为士人开放了入仕的机会，因此使官僚政治得到强化，使"做官第一主义"在中国根深蒂固。在科举社会，"万般皆下品，唯有读书高"的观念深入人心，而读书的目的就是为了应举入仕。科举制的长期实施，使广大读书人相信举业至上，养成了对当官的向往和迷恋心态。科举制客观上帮助了唯书、唯上的心理定势的形成，这对

---

① 黄坚：《古文真宝前集》卷一《柳屯田劝学文》。

中国社会有着长远的消极影响。直到 1905 年科举停罢之后，有相当一段时间法政专门学校和学生数占了全国各类学校和学生数的一半以上，求学的目的便是为了从政。① 就是在当代，"学而优则仕"的观念在教育界和社会上也还有所存在。

(四)鼓励向学与片面应试

科举具有强大的以考促学功能，政府利用科举吸引社会各方办学，调动民间办学的积极性，减省了政府财政开支。当时颇为普及的启蒙识字教育和中等教育基本上是由民间私塾承担的。科举起码在数量上促进了私学的发展，扩大了教育范围，打破了世族、官僚垄断教育的状况，促使教育机会下移，养成了中华民族重视读书的传统。即使是农、工、商家庭的子弟，家长也督促其及早向学，只要有一线成才希望，父母往往愿意含辛茹苦，送子就读。科举制的利诱促使读书人的数量急剧增加，北宋进士苏辙曾说："凡今农工商贾之家，未有不舍其旧而为士者也。"②科举时代，读书应举成为一种社会风尚，"为父兄者，以其子与弟不文为咎；为母妻者，以其子与夫不学为辱"③。这种风气的长盛不衰，有力地推动了教育的普及和文化的发展，甚至连偏远的村落也是如此，故有"孤村到晓犹灯火，知有人家夜读书"的诗句。④ 当今中国人成为世界上非常重视子女教育的民族之一，与科举时代形成的重学传统是密切相关的。

重视读书应举同时也造成了过分重视考试结果的功利主义教育价值观。当时，科举不仅成为教育的手段，也成了教育的目的。许多举子读书的唯一目的就是应试，各级学校多是片面追求中举及第率。为了在激烈的科举竞争中取得胜利，许多人"三更灯火五更鸡"，只重视文化学习，很少顾及身体的锻炼，积成文弱的体质。就是在智育方面的学习，也往往是揣摩科场文体和应试技巧。在科举制下讲求功利的应考之风，使科举制的选拔功能逐渐下降，在欧风美雨和坚船利炮的冲击之下，科举制走到了穷途末路，终于遭到了被废止的命运。

---

① 宋方青：《科举革废与清末法政教育》，《厦门大学学报》(哲学社会科学版)2009 年第 5 期。

② 《历代名臣奏议》卷二六七苏辙《请去三冗疏》。

③ 洪迈：《容斋随笔》之《容斋四笔》卷五《饶州风俗》。

④ 晁冲之：《晁具茨先生诗集》卷一二《夜行》。

三、还原科举制的真相

1905 年科举制的停废，终结了 1300 年尊崇科举的时代。此后的 100 年，总体而言，中国进入了一个盲目批判科举的时代。从 2005 年科举制百年祭开始终结盲目批判科举的时代，中国应该逐渐进入一个理性评价科举、重新认识科举的时代。[①] 我们应该认识到，科举制在中国历史上具有重大的影响，利弊并存，它"使得中国兴盛，也因此而使中国衰败"。[②] 但清末为了废科举，对科举制进行了激愤的完全否定，难免以偏概全，而后人们对科举多数留下了坏印象，至今许多人对科举仍存有根深蒂固的偏见。由于长期对科举制进行片面的、妖魔化的宣传，使很多根本不了解科举制的人在认识它之前就留下了坏印象。在多数人眼中，科举制祸国殃民，罪大恶极，禁锢了中华民族的创造力，是过去中国腐败落后的重要根源。

偏见比无知离真相更远。就对科举的认识而言，这句话很有道理。没有接受过片面宣传灌输的人，如过去乡间不识字的老太太对科举的认识可能还更接近于科举制的真相。由于考状元、考秀才的传统戏剧和故事，其对科举形成了朴素的认识，"私订终身后花园，落难公子中状元"，知道贫苦的读书人可以刻苦攻读参加考试而改变命运，知道靠自己的才学考秀才考状元是很好的事。而经历过以往中学教科书中《范进中举》《孔乙己》的宣传灌输，科举给人们留下的多是坏印象。然而，文学作品不等同于历史事实，"范进""孔乙己"等虚构文学人物的可笑，不应掩盖苏东坡、林则徐等真实进士群体的可敬。作为传统文化的研究者，我觉得有责任还原历史真相，从而具有一种历史使命感和学术责任感。

为科举制平反，需要在一定形式上复活历史、再现历史，回到历史情境中去。在交通不便的古时候，为了实现治国、平天下的理想和抱

---

① 刘海峰：《终结盲目批判科举的时代》，《东南学术》2005 年第 4 期。

② 威尔·杜兰：《中国与远东》，台北：幼狮翻译中心，1978 年，第 198 页。

负，或者为了出人头地光耀门楣，许多人寒窗苦读十年，不畏旅途的艰难险阻，长途跋涉几个月到京城赶考。没有坚强的毅力和恒心，能做得到这一点吗？我们民族历史上的许多出身穷苦的文化精英，正是通过科举，实现了社会流动，为国家和民族做出了重要的贡献。没有科举考试的平等竞争，他们能有机会走出乡村到京城去竞争，能有机会进入主流社会或政府高层去施展才华吗？科举是连接统治者与平民阶层的纽带，朝廷用科举来选拔满足统治需要的官员，而士人则通过科举来获得成为政府官员的机会，或实现理想抱负或获取政治、经济利益。

有关现代人任意裁剪历史的一个典型例子，是对《儒林外史》的态度。《儒林外史》一书确实讽刺批判了一些科举时代的应试现象，不过，只要不是戴着有色眼镜阅读此书，便可以看出此书对科举的态度并不是单纯的批判，其实对科举也有所肯定。清代《儒林外史》有五十回抄本、五十六回刊本、六十回石印本，而 1954 年以后大陆整理出版的五十五回排印本，却将五十六回本中叙述补授全书中主要人物进士翰林的"幽榜"的最后一回删去，其原因是认为该回的内容与全书"反科举"的中心思想不符。这实际上是先入为主认定科举不好，将自己的观点强加在古人身上，任意地剪裁历史。因为从第五十五回《添四客述往思来　弹一曲高山流水》的内容来看，并不是全书的结尾，而第五十六回中的"幽榜"才构成此书完整的结尾，是这部小说不可缺少的一部分。[1] 因此，20 世纪 80 年代末以后出版的许多版本的《儒林外史》都将第五十六回重新收回，也就是还原历史真相。[2]

在废科举后相当长时期内，人们习惯于对科举采取"有罪推定"的套路。"有罪推定"是指刑事司法程序中以有罪为预设前提去寻找"被告人"有罪的证据，这很容易导致冤狱产生。科举制虽然在清末被废止，但我觉得不能因此而对其采用"有罪推定"的办法，并以论带史，去寻找科举史上值得批判的东西。为了说明科举时代许多进步人士对其也持批判的态度，于是细大不捐地搜罗对科举的批评言论，好像古代人多认为科举

① 房日晰：《关于〈儒林外史〉的幽榜》，《西北大学学报》(哲学社会科学版)1978 年第 1 期。

② 刘海峰：《〈儒林外史〉呈现的科举活动与科举观》，《教育与考试》2008 年第 4 期。

不好似的。为了说科举制不好，甚至说科举选拔的进士没有真才实学者，连状元也多是庸才。

其实，科举时代多数人是高度肯定其公平性和选拔功能的。当时社会上崇重科举，因为"自制科取士以来，名臣良吏，多出举业，扬名荣亲，道无逾此"[①]。几乎每一本《乡试录》《会试录》都有主考官写的前序和后序，明清时期主持乡试和会试的众多著名人物，都在这些科举录中对公平取才客观衡文的情况作过叙述和肯定。不否定其中有自夸的成分，但同样也不能否定其中有写实的成分。可以这么说，从隋唐到明清大部分科举人物对科举制是肯定的。1300年间，中国历史上重要的文化成果，有很大的一部分就是科举人物的贡献，否定科举制，将与肯定韩、柳、欧、苏等著名科举人物产生悖论。要总结与弘扬优秀的民族文化传统，科举是一个绕不开的重要元素。

中国现代思想文化舞台上许多第一流的人物都程度不同地论及科举，如梁启超、孙中山、蔡元培、胡适、鲁迅、顾颉刚、毛泽东、陈寅恪、钱穆等。对科举制的评价，恶评与好评反差极大，在这些著名人物中，孙中山是对科举评价最高的一个，他曾说："自世卿贵族门阀举荐制度推翻，唐宋厉行考试，明清峻法执行，无论试诗赋、策论、八股文，人才辈出；虽所试科目不合实用，制度则昭若日月。"[②]一百多年来，科举评价跌宕起伏，至"文化大革命"时达到最低点。已经走出"文化大革命"时代的中国人，应该逐渐摆脱"文化大革命"的大批判思维。从20世纪80年代以后，尤其是2005年以后，学术界对科举的评价已经越来越客观，而且越来越接近历史的真相。现在的问题是，社会上对科举的认识还深受过去长期片面批判的影响，对科举的印象多还负面，仍然需要一个不短的过程，才有可能在大众的心目中真正还原历史的真相。

四、替沉默的古人说话

要想还原科举制的真相，我们应试图尽量重构科举场景，还原科举

---

① 邵廷采：《思复堂文集》卷十《姚江书院训约》。
② 《孙中山全集》第1卷《与刘成禺的谈话》，北京：中华书局，1981年，第445页。

情境。不要再与古人为敌，而要与古人为友。我们需要走进历史时空，走近古人，与那些文化巨人对话，深入他们的心灵，倾听他们的声音。

历史已逝，今人的身体已不可能回到古代，但思绪和目光却可以进入古代，追寻古人的足迹，与古人神交。"不薄今人爱古人。"翻开一本本科举时代流传下来的线装古籍，阅读一篇篇关于科举的策论文赋和笔记故事，有时仿佛能够走进古代中国，走近科举人物，并与他们对话，了解他们的所思所想，感受古人心灵的律动和思想的起伏。经过一番精神行走之后，回转身来，看看现代人对科举的认识，以及许多强加给古人的批判科举的观点。这时，我们可能感觉自己背后站着成千上万进士出身的文化先辈，具有一种使命感，有责任替他们这些被误解的沉默的大多数人发声。

走进古代中国，我们可能见到认真备考的白居易、韩愈，遇到赶考路上的王安石、苏轼，可能看到在激烈争论科举改革的欧阳修、司马光，可能目睹文天祥中状元的风光、张居正进士及第的得意、吴敬梓屡试不第的无奈……当我们看了大量古人关于科举的记述，触摸历史的脉动时，可以听到到古人的声音，感觉到他们及第后的欢欣与轻快、落第后的痛苦与无奈，可以看到许多进士在抵御外敌时大义凛然、视死如归的记载，我们可以感受到他们心灵深处的精忠与信义。

陈寅恪曾说："凡著中国古代哲学史者，其对于古人之学说，应具了解之同情，方可下笔。盖古人著书立说，皆有所为而发。故其所处之环境，所受之背景，非完全明了，则其学说不易评论。……所谓真了解者，必神游冥想，与立说之古人处于同一境界，而对于其所持论所以不得不如是之苦心孤诣，表一种之同情，始能批评其学说之是非得失，而无隔阂肤廓之论。否则数千年前之陈言旧说，与今日之情势迥殊，何一不可以可笑可怪目之乎？"①我们认识科举也应设身处地，将自己置身于古代特定的历史情境之中，在前人的社会背景中和心理状态下思考问题，才能真切地感受到当时人的所思所想。

在民族文化自觉、弘扬优秀传统文化的大背景下，我们不应再让科举制长久蒙冤，不应再让科举人物长期失语，而要替沉默的古人说话。

---

① 陈寅恪：《冯友兰中国哲学史审查报告》，参见冯友兰：《中国哲学史》，上海：神州国光社，1932年，附录"审查报告一"，第1页。

将科举批倒批臭，说科举选拔出来的多是没有真才实学者，那些进士出身的精英人物无论如何都想象不到，千百年后他们的后代，会将他们那么重视且觉得十分公正的科举制贬损得一无是处。无视众多优秀人才从进士出身的事实，说科举选拔出来的都是庸才或蠢材，这叫白居易、苏东坡们情何以堪？叫文天祥、林则徐们怎能瞑目？

古人已经作古，自然不会说话，受到后人的误解或者有许多委屈，也无法申辩，只有沉默。但是，历史真相遮蔽得了一时，遮蔽不了永世。古人留下的文字，以及进士们彪炳史册的业绩，却无法抹杀，在中国文化自觉、民族复兴的大背景下，到一定时候，被冷落多年的肯定科举的文字迟早会被人们重新提出，其冤屈总能够得到申辩。

我认为，可以将科举人物定性为我们民族历史上的精英群体之一。其理由，一是因为科举时代考试录取率很低，清代许多省的乡试录取率只有1‰～3‰，中举及第之后立即成为社会的精英阶层；二是因为无论是从政治事功、文学创作方面，还是从教育事业、文化繁荣等方面来看，进士等科举人物都做出了重要贡献，自然属于传统社会的精英人物。而且，这些科举精英中的许多人，还是起自垄亩，从草根阶层跻身主流社会的，这主要归因于科举具有促进社会阶层流动的功能，确实使一部分人"朝为田舍郎，暮登天子堂"。科举不论从历史沿革还是在具体实施的结果上，都充分体现出"至公"的理念，其影响不仅在科举文化所辐射的范畴之内，而且还在更为广泛的古代和现代社会领域。确实，无论政权如何更迭，公平始终是科举变革的"关键词"。"科举的公平理念与措施不仅在历史上具有先进性与现代性，在当今社会仍具有普适性，有些做法的公平程度至今未被超越，有相当丰厚的历史遗产值得今天的高考所继承。"①

美国学者艾尔曼认为："虽然中国的科举制度在1905年被废除了，这种传统却以另一种方式被传承下来。如今各个国家普遍设立考试制度，这是从以前的中国科举制度转变而来的。尽管其内容改变了，但它的技术、方法和规制都被延续了下来。从这个方面看，我不赞同科举制度是落后的这种观点，我认为它是进步的，只是到了清朝末年，大家都

---

① 郑若玲：《科举至公之道及其现实启思》，《厦门大学学报》
(哲学社会科学版)2010年第5期。

把它与清政府联系在一起，因为清政府是腐败的，所以与之有关的东西都要废除。现在我们可以看到，在科举考试被废除后，考试制度还是得到了继承，如孙中山时期的考试院，实际上是把科举制度现代化了。以科举为主的考试制度实际上是非常有意义的。我们要多了解其作用，并给出它一个新的评论，而不是全盘否定，认定它没有价值。"①

评价科举制这样一个具有世界影响的制度，评价废科举这样一个重大的历史事件，不能就事论事，只局限于中国近代教育史或中国历史的范围，而要放宽视野，将其置于整个世界文明发展史的更广阔的范围来考察。科举对中国社会历史进程有深刻的影响，但由于日本、韩国、越南等东亚国家曾长短不同地仿行过科举，且西方文官考试制度曾受科举制的影响，所以科举对世界文明进程也起过重要的推动作用。科举制通过考试竞争来选拔人才，作为人类创造的重要制度文明成果，是中国对世界的一大贡献。

知今有助于通古，借助对现代考试问题的了解，我们能够更清楚地看出科举制的本来面貌。同时，在古代的历史时空行走，走近古人，最后还是要跳出古代，为现代社会提供一种可资借鉴的经验和参考。历史并不会完全过去，它还会影响现实。实行 1300 年的科举制虽然在形式上已废止 110 年，但其精神实质已经成为中国考试文化的重要构成部分，当今公务员考试、高考制度、司法考试中都依稀可以看到科举的影子，历史就以这样一种方式无形地制约社会与文化变迁的进程。

尽管经过科举百年祭的争论，已在一定程度上改变国人以往对科举制的片面印象，但许多人对科举的了解还是很不全面，或不准确。例如，甚至连个别在报章上介绍和批判科举制的"专家"，还在说明清朝乡试"每场考三天两夜，三场共十二天六夜"，考生被锁在狭小的号舍中苦不堪言。其实，每场考试只有一天，包括入场、考试、出场只有两天或至多两天半时间。② 连"专家"都还以讹传讹，将基本的考试时间弄错，

---

① 褚国飞：《中国历史上的科举、考据与科学——访美国普林斯顿大学艾尔曼教授》，《中国社会科学报》2009 年 12 月 29 日。

② 乡试头场实际考试时间是初九这一整天，但要在头一天（初八）点名入场，初九当天考完后交卷出场或次日出场；休息准备一天（初十）之后，十一日再入场，十二日考第二场；同样，十五日考第三场。

难怪一般民众对科举多是一知半解了。因此,纠正以往的偏见、普及客观的知识,还有大量的工作要做。

随着科举学研究的深化,中国人对科举的印象逐渐在拨乱反正。在研究科举之前多数人对科举制只可能有坏印象,在研究科举之后对科举制却有了不坏的印象。科举不是妖魔鬼怪,不是洪水猛兽,不是传统社会的万恶之源,而是中国古代的一项重大发明。我们应客观全面地认识科举,深入系统地研究科举,将科举学研究推到一个新的高度,以无愧于发明这种独特考试制度的中华民族的祖先。

书院与科举是一对难兄难弟[*]

110 年前，发生了中国教育史上的一件大事，即清朝政府于光绪二十七年八月初二日（1901 年 9 月 14 日）下令改书院为学堂。从此，在中国历史上存在上千年的书院，从制度上失去了继续存在的根基，很快退出了中国历史舞台。

书院已经成为一种离我们既远又近的文化遗存。作为制度形态的书院，已经随传统社会永远消逝，离我们越来越远；作为建筑形态的书院，则在东亚世界还有广泛的存在，不少地方都还能见到一些书院旧址，有的修复了一些书院，甚至试图复办某些书院。

在中国古代文化史和教育史上，书院与科举是两个相当独特的方面。书院与科举互相联系又互有区别。书院是有形的，科举是无形的；书院给人的印象多是建筑，科举给人的印象多是制度。书院也有无形的制度，但不是最主要的特征；科举也有有形的考场，但至今多已灰飞烟灭。书院与科举在 20 世纪初都被看成落后守旧

* 本文发表于《华南师范大学学报》（社会科学版）2011 年第 6 期。

的东西而为人们所否定，但书院在当代的形象已趋正面，而科举在当代多数人的印象中还是负面的。

一千多年间，书院与科举同甘共苦，书院研究大家李才栋先生曾将两者称之为"姐妹花"，我认为到后来书院与科举实际上是一对难兄难弟。书院虽在科举之后出现，但从宏观上看，两者都在隋唐时期诞生，经过长期的发展演变，一同在 20 世纪初被彻底废去。在它们共存的上千年时间内，两者具有共同的文化基础，关系越到后来越密切。

书院之名，始丁唐玄宗时的丽正修书院和集贤书院，当时的集贤书院已有教学活动。① 但真正作为后世书院起源的书院，则始于唐后期兴起的私人读书。中唐以后，有许多准备报考进士科的士子隐居山林，潜心读书，书院便由习进士业的士人读书山林之风尚演进而来。过去多数学者都认为书院与科举的关系是疏离的，或者说书院具有反科举的传统，但近年来的越来越多的研究成果已逐渐改变了这一看法。作为儒家文明的产物，书院是宋明理学的策源地和大本营，理学作为宋以后儒家学说在新的历史条件下的发展，十分强调修身、齐家、治国、平天下。在书院生存的科举时代，士人反对科举只能居于修身齐家的层次，很难达致治国境界，更遑论实现平天下的理想。大多数书院教育家也是深明此理的，因此他们本人积极争取应举入仕，而且不反对书院学生应举入仕，主要是劝导学生要学问、举业并重。正如最著名的书院教育家朱熹所说的："居今之世，使孔子复生，亦不免应举。"② 反对科举在当时既不合时宜，也不现实。士人如果能够应举入仕，具有了更高的知名度和地位之后，往往反而可以获得更好地宣传自己学说的机会和条件。朱熹、陆九渊、湛若水、王守仁等书院大师都是考上进士之后，才有较好的学术和政治资本建立或修复书院，进行讲学布道的。因此，书院治学与应举入仕有对立的一面，也有统一的一面。

"惟书院所以育成材，义学乃以端蒙养也。"③ 书院培养的是高于蒙学程度的经世致用人才，一般也就不会与科举对立。实际上，若我们看

---

① 刘海峰：《唐代集贤书院有教学活动》，《上海高教研究》1991年第 2 期。

② 朱熹：《朱子语类·力行》。

③ 李德林：《定颖记事》卷一《立义学详文》，道光六年（1826年）刻本，第 8 页。

待科举也不再像从前对待书院那样一味地否定，则承认书院兼重科举，并不会影响我们称道书院文化。从现存各种书院志中，可以看出绝大多数书院都以培养出众多的举人、进士为荣。越是著名的书院，其历代院长由科举出身的比例越高。清代一般大书院选聘山长时往往以科甲为首要条件，这就如现代大学师资要求有博士、硕士学位一样，因为科名就是古代的东方型的学位，是学问的硬指标和表征，为人们所信服。

在一千多年的历史上，书院大部分时间都是藏书出书、进行教育活动和发展文化的场所，虽然也有其局限，但总体而言，书院的积极意义还是主要的。书院原是中国的特产，自从唐代产生后，逐步发展，到清代已成为教育教学的主要场所。韩国、日本、越南等国历史上也曾受中国影响建立过众多的书院，因此书院是一种东方型的教育组织形式。宋代和明代的一些著名书院，在教育和教学方面形成了一些特点，如注重教学和研究相结合，注重自动自主的学习，门户开放，采用"讲会"等形式进行学术交流，师生关系较为融洽等。书院曾培养了大量的人才，并在推行德治、保存学术、普及教育等方面起过积极的作用，因此在中国文化史和教育史上占有重要的地位。

书院与科举可以说都是中华文明的产物，是在中国古代独特的文化土壤中生长出来的。但到了19世纪西学东渐以后，处在清末"数千年未有之大变局"的时代，中国许多传统的制度在欧风美雨的冲击之下都逃脱不了被彻底否定的命运，传统教育的许多方面都不得不进行脱胎换骨的转型。书院与科举的命运十分类似，两者是被"捆绑"在一起的。19世纪末，改革科举和书院的议论蜂起，当时许多有识之士也对书院的弊端大加抨击，到戊戌变法期间达到高潮。康有为不仅在1898年6月17日奏过《请废八股试帖楷法试士改用策论折》，而且在该年7月3日也上过《请饬各省改书院淫祠为学堂折》，指出我国各直省及府州县都有书院，多则十数所，少则一二所，可惜所课皆八股试帖之业等无用之学，请求将书院改制为新式学堂：省会大书院改为高等学堂，府州县书院改为中等学堂，义学、社学改为小学堂。光绪皇帝很快采纳了康有为的建议。这是清廷在改革科举制、废止八股文的背景下所进行的书院改制尝试。

随着戊戌政变的发生，光绪帝和康有为君臣改革科举和书院的努力

宣告失败。但经过庚子事变的深痛巨创，慈禧太后痛定思痛，到 1901
年实行新政，基本上将戊戌变法期间提出的各项改革都付诸实施。废止
八股文、废武举，正式改书院为学堂，基本上是同步发生的历史事件。
1901 年将传统的中式书院改为西式学堂，成为 1905 年废科举兴学堂的
前奏。1901 年是张之洞带头上奏改书院，1905 年也是张之洞带头上奏
废科举。

　　清末多数书院都变成应举备考机构，教学内容以儒家经史辞章为
主，相对不重视自然科学类知识，多以应科举考试为办学目的，被人们
视为与学习西学为主的学堂相对立的旧学的堡垒，属于落后的机构和名
称。而引入西学的近代学堂，则被看成新学的象征。光绪二十七年
(1901 年)五六月间，湖广总督张之洞、两江总督刘坤一联名上奏《变通
政治人才为先折》中说："成事必先正名，三代皆名学校，宋人始有书院
之名。……今日书院积习过深，假借姓名以希图膏奖，不守规矩动滋事
端，必须正其名曰学，乃可鼓舞人心，涤除习气。"[①]清政府改书院的上
谕就是采纳了张之洞的建议。在当时特定的时代背景中，尽管有的新式
书院实际上是在教育新学，但似乎学堂就代表进步，书院就代表落后，
因此才会将全国书院全数改掉，完全不留书院的名称。与 1901 年科举
考试内容改为西学仍不能根本改变科举制的强大惯性类似，从学习内容
上进行局部更新，也没能够彻底改变书院以传统学问为主的性质，结果
无法逃避被革命的结局。

　　所谓书院改制，不仅仅是改掉书院之名，这其实就是废止书院制
度，教育的重心从中学转轨为西学。书院改制、科举停废，我认为都是
东西方文明冲突的结果。书院与科举被废止的时代，是西方文明与中华
文明发生剧烈冲突的时代，实际上也是传统的农业文明逐渐被现代工业
文明所取代的时代。在社会进化的过程中，许多历史上曾经起过重要作
用的传统事物都逃脱不了被淘汰的命运。例如，冷兵器被枪炮所取代、
帆船被汽船所取代、国子监被大学堂所取代……因为在时代飞速发展的
情况下，传统社会原有的许多事物已变得落伍了，被淘汰是必然的结
果。但是，今天我们在看待骑兵、刀箭、帆船、国子监、书院、科举等

---

　　① 　张之洞：《张文襄公全集》卷五二《奏议》。

东西和事物的时候，应该历史地看其价值与作用。

在传统社会，教育和考试以古典人文知识为主要内容，西方的中世纪大学和东亚的书院、科举皆然。只有到文艺复兴时期，特别是工业革命之后，教育的内容才逐渐转移到自然科学方面，注重科学技术的内容，即所谓的实科，是工业文明时代教育的重要特征。到 19 世纪末 20 世纪初，伴随着坚船利炮强劲东来的西学，代表的是先进的工业文明，已十分强调科技的重要性。而当时的中国还处于农业文明的时代，书院教育与科举考试的内容基本上还停留在古代的古典人文知识，自然逃脱不了被停废的命运。

科举与书院在中国被废之后的命运还有类似之处。20 世纪三四十年代，一些学者重新创办书院，但在 1949 年以后都又被迫改为各级学校。这与 20 世纪二三十年代建立的"民国"文官考试制度在 1949 年后又被取消何其相似，显示出"科举"与书院实际上乃命运共同体。

书院被彻底否定之后相当一段时间，在多数中国人的心目中也是一个负面的名词。1949 年以后直到"文化大革命"期间，书院在大陆基本上也是被否定的旧事物。只是在 20 世纪 80 年代以后，人们才逐渐认识到书院其实是我们的国粹之一，它在清末被西式学校所取代，并不意味着总体上应该被否定。自从书院改学堂 110 年来，中国的学校教育形式从东方型改采西方型，但书院在长期的历史中积累的一些有益的教育经验和教学方法，对今天的教育教学改革也不无借鉴作用。1923 年，毛泽东在《湖南自修大学创立宣言》一文中认为，书院的优点，一是"师生的感情甚笃"，二是"没有教授管理，但为精神往来，自由研究"，三是"课程简而研讨周，可以优游暇豫，玩索有得"。他兼采书院与学校之长，创立湖南自修大学，其教学和研究方法，对今天的教育改革仍有一定的示范意义。

鉴古可以知今。回顾一百多年前书院改制的历史，可以给我们有益的启示。"物盈则亏，法久终弊。"虽然书院制度适应中国古代社会，但时代变迁之后，书院这种教育形式总体上却没能与时俱进，进行积极的改革，结果最终被学堂所取代。任何教育制度都应顺应时代发展的大趋势，否则终将被历史潮流所淘汰。书院改学堂不仅仅是教育机构名称的改换，更重要的还在于教学内容的更新。将旧式书院改为兼习中学和西学的新式学堂，从教育制度上为近代科学文化知识的大量引进开辟了道路，促进了中国教育的近代化，推动了教育和社会的发展，在当时有其历史必然性。

江南贡院的命运[*]

作为科举时代的专用考场，贡院是科举考试具体实施的地方，是科举制度的有形载体和科举文化的具体象征。明清时期，京城和省会的科举考场称为贡院，而地方上府州县学的科举考场一般称为试院和考棚。清代贡院最多时有 17 座，其中江南贡院是最大的一座，是一座"庞然伟大之建筑物"^①。江南贡院的命运历经兴衰起伏，是中国各省贡院的一个缩影，具有特别的代表性。本文在论述江南贡院形制的基础上，主要根据 1921 年 5 月至 1922 年 11 月的 9 份关于保存江南贡院遗迹的原始文件，分析科举废后保存江南贡院的努力，展望贡院遗存等科举文物的保护前景。

一、南闱的辉煌时代

江南贡院始建于南宋乾道四年（1168 年），当时只是府一级的科举考场，主要供州县考试之

---

* 本文发表于《社会科学战线》2014 年第 6 期。
① 《南京贡院处分问题》，《申报》1916 年 12 月 28 日。

用，规模并不大。明初，江南乡试和全国性会试都集中在应天府（今南京）举行。京师迁都北京之后，实行南、北两京制，故以在南京举行的应天乡试为"南闱"，以别于在北京举行的顺天乡试"北闱"。由于南闱往往选拔出许多特别有才华的举人，江南乡试以出江南才子著称，受到全国的注目。江南贡院也是各省贡院效法的对象，明代《应天府新建贡院记》便说："贡举有院，内外通制也。南京应天府为天下贡举首，其制度亦必为四方所取法。"①一直到清末改革科举内容之后，江南还是领风气之先，清末人士选编全国各省乡试闱墨便说："江南自六朝以来，文采斐然，所谓生命文物之邦。近自中国大通，长江流域首先输入文明，故吾国之讲新学，实以江南为先声。"②

清代是江南贡院的极盛时期，人才辈出，先后走出了一大批中国历史上的一流人物，郑板桥、方苞、秦大士、张謇等人曾在江南贡院中举；吴承恩、吴敬梓、陈独秀等人也有过在其中参加乡试的经历。"江南人文冠海内，又多名解元。"③清代在江南贡院中举之后赴京考中状元者共有 58 名，占全国状元总数的一半以上。而袁枚、林则徐、曾国藩、左宗棠等人，曾在此主持过考务，或对贡院的建设发展做出过贡献。因此，清代是南闱最为辉煌的时代。

由于入场举子逐渐增加，清代江南贡院也一再扩建，到同治十二年（1873 年），"贡院通计房屋四百九十九间，披厂七十四间，号筒二百九十五字，共号舍二万零六百四十四间"④。号巷又称号筒，以千字文编排顺序，故云"号筒二百九十五字"。江南贡院是号舍数最多的贡院，成为清代四大贡院之首。"贡院为抡才重地，理宜闳敞整肃，用光重典"⑤，因此各省贡院占地都相当大，各省会城市中贡院一般都是最大

---

① 肖振才：《江南贡院》，北京：当代中国出版社，2007 年，第 232 页。

② 急惺斋主人：《急惺斋新科闱墨选本》，北京：华北书局，1902 年，序目，第 2 页。

③ 督学使者李：《江南春稿》，磨铁山房，1872 年，冯煦序，第 1 页。

④ Le P. Etienne Zi (Siu), S. J., *Pratique des examens litteraires en Chine*, Chang-Hai, 1894. 据该书第 132～133 页的《江南贡院全图》右下方的中文"贡院图说"。

⑤ 《钦定大清会典事例》卷三四三《礼部·贡举》，乾隆二十七年（1762 年）上谕。

的建筑群。从贡院规模大小、号舍数量多寡，基本上就可以判断该省的文风繁盛程度和文化发展水平。

不过，江南贡院是江苏和安徽两省合闱的贡院，所以规模特别大。清代有过两次分闱。雍正元年（1723年），清廷下诏两湖分闱，允许湖南设立贡院，单独举行乡试。光绪元年（1875年），陕甘也实行分闱。作为江苏和安徽联合举办乡试的场所，江南贡院在两湖分闱的触动下，也曾有过分闱的动议，但最终坚持合闱，使江南贡院成为清末唯一的两省合闱的贡院。

国家图书馆古籍库保存有清光绪初年《监临安徽巡抚部院裕、督学部院祁为科场点名告示》，又题《为科场点名排定起数时刻以免拥挤告示》，其中说："本科江南应试人数至二万六百余之多，本院深恐点名迟误，因查照前监临部院林定立章程，略为变通。"其中包括"三路点名定式""通场坐号全单"等，并具体地列出了东文场、西文场、"东龙头鳃""西龙头鳃"等江南贡院各处号舍的坐号。除此以外，对后来逐渐扩建并需要特别指示路线的号舍坐号，还一一加以注明，如"平江府南段坐号（由平江府南总门进）、平江府中段坐号（平江府南北总门皆可进）、平江府北段坐号（由平江府北总门进）、姚家巷南段坐号（由平江府北总门直入姚家巷南路门进）、姚家巷中段坐号（由平江府北总门直入姚家巷北路门进）……西瞭楼坐号（由状元新号总门进）、状元新号坐号（由状元新号总门进至西瞭楼北首砖门内）"[①]。这一文献为当年举子提供了江南贡院的入场路线图，也有助于今人具体了解举子如何进入规模庞大的江南贡院找到自己的号舍位置。

相对于其他省的贡院，江南贡院形制在各省贡院中相当特殊。在1994年以前，许多人都以为整个贡院呈正方形，连江南贡院历史陈列馆的江南贡院模型也是长方形。其实，到晚清时期江南贡院的平面为扇形，这从同治十二年（1873年）绘制的《江南贡院全图》可以看出来。该图是现存历代各种贡院平面图中最准确者，原因是采用了传入中国的近代绘图法绘制。《江南贡院全图》右下方的中文"贡院图说"声明：

---

① 裕禄等：《监临安徽巡抚部院裕、督学部院祁为科场点名告示》，光绪二年（1876年）前后，国家图书馆藏。

江南贡院向无善图，坊间刊版，条理不分，观者未能了如指掌，是未得其法故也。夫绘图必先布算，布算必先知积，求积必先定形，求形必先知各处丈尺。贡院全址略似梯田，东西广，南北窄，兼以四面围墙及各路中钝锐诸角，层累叠出，非用象限、勾股、三角诸法，参量比例，其角不明，又非截积布算，其积不得。故另布截积图，以明全形，积数、角积皆得，而后准丈尺长短广狭，布置房屋、号舍、道路、天井，条分缕析，不相紊淆，庶令观者一览了然焉。①

该图说称"贡院全址略似梯田"，从各省贡院平面图来看，号舍（文场）部分确实形如梯田。

在成立以后多年，江南贡院历史陈列馆人员不知道存在一目了然的《江南贡院全图》。1999 年笔者去参访时，赠送《江南贡院全图》复印件给该馆，使其完璧归赵，物尽其用。陈列馆明远楼一层左壁曾挂有《江南贡院全图》及其说明。其实，关于江南贡院四至的文字记载不少，包括有诗歌指出："东接桃叶南抵淮，西邻状元北对牌。风水宝地贡院起，送过丁般翰林派。"但由于没有直观的贡院图，所以之前很少人会想到江南贡院平面图是一个巨大的扇形。

明远楼是江南贡院硕果仅存的楼宇建筑。高耸的明远楼是三层楼阁式，属于明代形制，与北京贡院明远楼类似。这类明远楼二、三层只有柱子支撑，四周通透，可以毫无遮拦地观察周围动静。而楼房式的明远楼则是清代的形制，如另一座留存至今的明远楼——广东贡院明远楼建于康熙二十三年（1684 年）。福建贡院是清代重修，所以也是楼房式。这种明远楼除了供监考登楼眺望考场的功能以外，还有休息等房屋使用功能。

江南贡院是江苏和安徽两省士子的乡试场所，但因其规模宏大、体制严正，许多方面成为其他省贡院效法的榜样，如其"三路点名定式"曾经成为一些省贡院的模范。光绪十七年（1891 年）辛卯正科福建乡试点名章程开头便说："监临兵部尚书闽浙总督部堂兼管福建巡抚事为晓谕

---

① Le P. Etienne Zi (Siu)，S. J. ，*Pratique des examens litterraires en Chine*，Chang-Hai，1894. 据该书第 132～133 页的《江南贡院全图》右下方的中文"贡院图说"。

事：照得乡试点名章程，案经奏明，分中东西三路序点，兹仿照江南乡
试章程，酌定时刻。"接下来说明某时初点某属，某时正点某属，每半时
为一起，计分十二起，各士子查照名牌，按起按时，依序听点。最后是
以图表显示的福建乡试分路点名单。① 其入场点名办法基本上是模仿江
南贡院的产物。清康熙年间名士李渔所撰并题明远楼联："矩令若霜严，
看多士俯伏低徊，群嚣尽息；襟期同月朗，喜此地江山人物，一览无
余。"此联不仅是江南贡院明远楼的标志性楹联，而且在不少省的贡院中
也被采用。

二、废科举后江南贡院的用途

1905 年废科举后，作为科举考试专用考场的贡院已无存在必要，
必然面临着被改造作其他用途的命运。

废科举后一段时间，许多省份都开始考虑拆除贡院，只有个别省份
有过保存部分号舍的努力。比如，1906 年成都要拆毁四川贡院号舍改
建武校兵舍和学务公所，四川总督锡良认为外国如埃及金字塔和罗马古
城，"莫不保存宝惜珍培，留为国人游览之所，以发其思古爱国之情"，
科举为"一朝大政"，将来"尤考古者所惓惓不能忘也"，因此力图为后人
留下一部分贡院号舍，并撰写了《贡院废号记》碑文。② 清末四川总督锡
良确实具有远见卓识，很有预见性。③

江南贡院的命运颇为特别。1905 年 9 月 3 日《申报》就有这样的消
息："金陵贡院内师范传习所监督梅道光远，近日与各教员商议，以科
举停废在即，俟明奉谕旨，即将东西各号一律拆毁，改建附属小学三、
四所。"10 月，两江总督考虑将贡院改为法律学堂。④ 11 月，"高等学堂
总教习缪筱山太史请于制府，欲改为高等学堂"⑤。1906 年后，开始考

---

① 监临兵部尚书闽浙总督部堂兼管福建巡抚（原文献缺人名）：
《福建乡试点名章程》，光绪十七年（1891 年），原始文献，作者所藏。
② 谢凌：《蜀中废科举、办新学的纪事碑——〈成都府贡院废号
记〉》，《四川文物》2005 年第 3 期。
③ 刘海峰：《贡院——千年科举的背影》，《社会科学战线》2009
年第 5 期。
④ 《贡院改为法律学堂》，《申报》1905 年 10 月 8 日。
⑤ 《电请张殿撰会议处置贡院》，《申报》1905 年 11 月 10 日。

虑将贡院改建为市场。1908 年 11 月，开始变卖贡院旧有器物，并开列了大小砂缸、阔窄号板、长条号桌、号凳、铁器、锅炉、水猫、铜水龙头、锡茶罐、木橱、屏风、鼓圈、水台梯、大饭桶、蒸饭桶、盛余饭桶等，供投标购买。①

到 1911 年，"拟将贡院旧屋材料全行变价，藉充导淮之用。拟将屋宇地皮，全行拍卖，当得重价，即入水利公司股本"②。由于江南贡院系江苏和安徽两省公产，虽经议决将该处房屋开辟商场，所需款项照苏六皖四摊派，然"比年以来，屡经磋议，迄未解决，则一由两省之事权不专，一由两省之财力皆绌"。而"贡院地址，四通八达，带阓连阛，以辟市场最为适用"。于是 1915 年，决定"宜照前议，速辟市场，不必用前者合赏分地种种之计划，材料地皮一以招商承买为便，所售价值，按照苏六皖四分成均摊"。同时提到："就贡院全部审度地势，中间自明远楼以至衡鉴堂一路正屋，毋事拆毁，东西并须宽留若干丈，俾成矩形。周围缭以铁栏加以点缀，藉副保存古物之心，兼为市民游息之所。"③特别值得注意的是，这里首次明确提出要保留江南贡院核心建筑作为古迹。

1915 年，江南贡院已经破败。"由龙门越明远楼，达于至公堂、衡鉴堂，中间各正屋虽甚残破，较之他部已属完整。其至公堂、衡鉴堂两旁各项办公厅室，则已颓圮过半，蓬蒿没胫，瓦砾塞途，弥望皆是，再至各段勘察号舍，则西文场一带，塌卸净尽，东边姚家巷，亦倒去数条。其他各段，破烂纵不如此之甚，然亦岌岌乎有倾覆之势矣。以至单且简之矮屋，无过问者十数寒暑，中间又遇军事蹂躏，宜破坏之竟至于斯也。"④江南贡院的处置，由于牵涉两个省的利益分配，处置改辟之方法，屡议未决，且手续极繁，久已成一问题，以至于任其渐圮于荒烟蔓草之中。

1917 年 3 月，江皖官绅又再度集议划分南京贡院事，为保存江南

---

① 《江南贡院变卖什物》，《申报》1908 年 11 月 27 日。

② 《贡院改辟市场征求意见通告》，《申报》1911 年 3 月 27 日。

③ 《南京之贡院》，《申报》1915 年 3 月 19 日。

④ 齐耀琳：《咨安徽巡按使文》，《江苏省公报》1915 年第 454 期。

贡院古迹，"酌留明远楼、至公堂公屋数椽"①。4 月，江苏省议员屠宜厚提出贡院屋料，安徽和江苏两省可照四六比例拆分，而院址则应归江苏省独有。但后来没有被采纳。

经过多轮协商，1917 年 11 月 29 日江苏安徽两省代表举行第四次会议，共同拟定了《苏皖两省处分贡院办法》十条，其中第四条明确贡院保存古迹地段，"南自明远楼起，北至衡鉴堂止，成四方形，为保存范围"②。此后，虽然还有个别争议，但基本上都按此办法执行。1918 年，开始拆除大部分号舍，辟为市场。

1920 年 3 月，江苏"省议会议决划出明远楼、至公堂、飞虹桥、衡鉴堂四处为留为古迹，亦由筹备处从新修葺，纷饰周围建筑垣墙，以供游人瞻仰凭眺为休息场所"③。其明确地标示出江南贡院保护古迹包含四处具体的建筑。如果不是合闱的贡院，江南贡院可能更早就被变卖处置，改辟为商场，明远楼也许就保留不到现在了，这也是当初反对分闱的江苏省人士不可能预见到的事情。

三、保存江南贡院的特别努力

到 1921 年 5 月，出现了关于保存江南贡院的特别努力。现存有 1921 年 5 月至 1922 年 11 月的 9 份关于保存江南贡院遗迹的原始文件，包括众议院议员佘恒等 3 人及江苏省议会议员张肇炘等 10 人《关于建立贡院古迹公园上江苏省长函》(1921 年 5 月)，江宁绅商甘鋐等 8 人《致江苏省长陈贡院中路旧存号舍应力为保存函》(1921 年 5 月 30 日)，江苏省省长王瑚《江苏省长公署训令第 6284 号》(1921 年 6 月 21 日)，实业视察员蒋汝正、贡院古迹保管员汤允中《会复规划贡院修理办法草稿》(1921 年 10 月)，江苏省省长王瑚《江苏省长公署指令第 2195 号》(1921 年 10 月 26 日)，蒋汝正、汤允中《会拟分批办理贡院工程稿》(1921 年 12 月 16 日)，江苏省省长王瑚《江苏省长公署训令第 701 号》(1922 年 1

---

① 《〈江苏〉贡院拆改模范市场之办法》，《益世报》1917 年 3 月 18 日。

② 《苏皖两省处分贡院条件 苏代表之报告》，《申报》1917 年 12 月 15 日。

③ 《南京贡院址之大建筑》，《益世报》1920 年 3 月 1 日。

月 29 日)，实业视察员蒋汝正《奉核汤保管员拟呈贡院暨商品陈列所办法》(1922 年 3 月 10 日)，江苏省省长王瑚《江苏省长公署指令第 3814 号》(1922 年 3 月 16 日)等。① 这些毛笔书写的原始文件，或为起草者亲笔书写，或为他人书写主事者签名，而江苏省长公署训令、指令，都印有"江苏省长王瑚"字样，并加盖"江苏省印"四方大印，真实、详尽地记载了当时南京有识之士保护江南贡院的努力，以及江苏省政府同意修整部分贡院遗迹的良苦用心，弥足珍贵。笔者根据这 9 份档案，并利用其他佐证史料，对这次保存江南贡院的努力加以介绍。

1921 年 5 月，佘恒等在《关于建立贡院古迹公园上江苏省长函》中说：

贡院开辟商场，业经两载，于兹乃地面已建筑者未及三分之一，颓圮荒芜，殊为可惜……查明远楼北，划公共地面三十余亩，原作保存古迹之所，乃迄今两载，号舍荒芜，狼藉满地……现古迹舍宇，如至公、衡鉴各堂，亦已略为修理，然东西文场号舍，仍然残败圮颓，实于观瞻有碍。请早为整理修复，以副保存古迹宗旨。古迹占地不及四分之一，其四围余地，多只一千余方，而龙门之前、秦淮之滨，复有公共地面数百余方，现均废置，辟作公园，最为适当。②

与此同时，1921 年 5 月 30 日，江宁绅商甘鋐、仇继恒、苏致厚、张汝芹、仇琛、顾琪、汪子余、陈学仁 8 人在《致江苏省长陈贡院中路旧存号舍应力为保存函》中指出：

近闻钧署将于贡院古迹内东边空地上，建一洋式房屋，为商品陈列所，其西边空地，目前未惶计及，并拟将明远楼后东边旧存中路号舍，一概拆去，复于碑廊后本无号舍处所，新建号舍两条。绅商等闻讯之

---

① 以上 9 份江南贡院保护文件，除蒋汝正、汤允中《会拟分批办理贡院工程稿》1 件现由北京励志堂科举匾额博物馆馆长姚远利收藏以外，其余 8 件为 2001 年笔者在北京琉璃厂购得，并于 2013 年 11 月捐赠给南京"中国科举博物馆"(筹)。

② 佘恒、张肇炘等：《关于建立贡院古迹公园上江苏省长函》，1921 年 5 月，原始文件，作者所藏。

下，深为诧异。窃思贡院所留古迹，仅有明远楼、至公、衡鉴、监临、提调、监试诸堂，与中路东边之旧号舍数条，其各堂与楼，虽为古迹，尚系一种普通房屋，若中路之号舍，实为贡院之重要部分，自应力为保存，以符古迹之实。若全行拆去，则旧时号舍泯灭净尽，何古迹之足云？至碑廊后新建号舍，是改造古迹，于义何取？譬之莫愁湖之胜棋楼，本以地重，若拆向他处另建，即不成其为胜棋楼矣。周鼎商彝之所以名贵者，以其真也，若熔化其质而别铸之，则不成其为周鼎商彝矣。夫保存古迹，本为历史观念，虽文化最新之国，亦不能背此义。故不承认保存古迹则已，如其承认，则此事重在因而不在创，可断言者。[1]

因此建议于古迹范围以外购地，建筑商品陈列所。该函中指出只有保存原有建筑遗迹，才符合古迹之实，古迹保护"重在因而不在创"。这些观点非常有见地，在今天看来还很有现实意义。

当时的江苏省省长王瑚是河北定县人，曾于光绪十四年（1888 年）中举，光绪二十年（1894 年）成进士，授翰林院庶吉士。科举出身的王瑚对保存贡院古迹具有眼光，很快就饬令相关部门核议。在《江苏省长公署训令第 6284 号》（1921 年 6 月 21 日）中说：接到众议院议员佘恒等函送《贡院古迹公园计划草议略图》、江宁绅商甘鋐等致江苏省长《陈贡院中路旧存号舍应力为保存函》后，饬令江苏省实业厅核议。该厅称：

第二次省地方物品展览会以贡院古迹各室为会场，于本年十月十日举行，奉钧署核准通行在案，此项展览会于齐省长任内一再衍期，此次未便再失信用……会期万无更改之理。而贡院东首同考官房九间及由至公堂至衡鉴堂长廊，凡在展览会场内者，迄尚未见兴工。盖以东西空地，瓦砾丛杂，原有各室，地面破碎，在在均须修整。会期已近，势难再延，应请饬令古迹保管处，限于七月内一律竣工，以资筹备，而免贻误。[2]

---

① 甘鋐等：《致江苏省长陈贡院中路旧存号舍应力为保存函》，1921 年 5 月 30 日，原始文件，作者所藏。
② 王瑚：《江苏省长公署训令第 6284 号》，1921 年 6 月 21 日，原始文件，作者所藏。

关于此事，《江苏实业月志》1921年第28期《令贡院古迹保管员汤尤中》（第6434号，6月24日）也有相关记载：

据蒋汝正折呈复估贡院古迹保管处修建同考官房及走廊工程情形由，前据该保管员呈请修建同考官房九间及走廊两条等情。当经令行实业视察员蒋汝正前往复估，去后，兹据复称选经遵往该处，与汤保管员逐一研究，并亲加复勘……据此查物品展览会，会期甚近，自应按照此次估定价目一千八百元，由合记承修，迅速分别施工以便会场应用。除指令外，合行令仰该保管员遵照办理，毋得延误。此令。①

1921年10月10日至30日，如期召开江苏第二次省地方物品展览会，"展览地点：在南京贡院旧址，从至公堂东首入，转至后而衡鉴堂，乃由西首向南出，招待周至，秩序井然"②。此后有好几年，贡院旧址都作为江苏省地方物品展览会的场所。③

而到了1921年10月，实业视察员蒋汝正、贡院古迹保管员汤允中《会复规划贡院修理办法草稿》则说：接到6284号训令之后，他们经过实地履勘，详加研究，提出"该处既系为保管贡院古迹而设，则顾名思义，一切布置，自以存复旧规为主。若将各新事业屡入其间，反于贡院古迹名称不合。而中路号舍，既为旧时考试应用之重要部分，绅商甘鋐等所陈具有理由，拟请准予酌量修复，以留记念……所有中路号舍，左右各修一百个，牌楼东西两总门，一并修复，办事室仍移至东碑廊后，门房添造一间。旧有门房一间，拟拆移稍东，使不遮蔽明远楼后强为宜。各堂酌设器具，余存号舍以及破烂房架倒坍各墙，仍旧拆下。向东面墙垣，北首改建市房三十间，披房三十间，酌收租金，留作古迹修理

---

① 《令贡院古迹保管员汤尤中》（第6434号，6月24日），《江苏实业月志》1921年第28期。

② 章伯寅：《参观江苏第二次省地方物品展览会报告书》，《教育与职业》1921年第7期。

③ 如到1925年，还记载"江苏第省地方物品展览会会场（在南京贡院）"。参见《代办江苏职业教育之进行》，《教育与职业》1925年第00期。

之用"①。该稿强调保护古迹"以存复旧规为主"的思路，对今天保护古迹很有参考价值。

对此，江苏省省长王瑚在《江苏省长公署指令第 2195 号》(1921 年 10 月 26 日)中批令："所拟计划，尚属妥洽，应准照办。所有一切建筑布置事宜，即由该视察员会同汤保管员斟酌现有财力，分别估计，呈复核夺。除令实业厅查照外，仰即遵照办理。此令。"②

1921 年 12 月 16 日，蒋汝正、汤允中又草出《会拟分批办理贡院工程稿》呈报江苏省省长王瑚。该稿提到"估计全体工程合需工料银一万二千二百余元"，而"贡院存款仅有本利银五千四百余元"③，并提出"拟将全体工程分为三批举办，以拆建修理中路左右号舍各一百个，又新建东西两大总门，移建办事处"等为第一批工程。"至各堂陈设布置及征集考试用品陈列以备观瞻各事，拟俟工程办有头绪，留行拟具呈报。"④

为此，1922 年 1 月 29 日，江苏省省长王瑚又下发《江苏省长公署训令第 701 号》：

令实业视察员蒋汝正：据贡院古迹保管员汤允中呈称，窃查贡院古迹修理布置方法，业蒙令准，分批投标兴修在案。其应行先办之第一批修建号舍等工，因现时冬令冰冻冱结，恐碍工作。一俟春暖融和，即行拟具投标规划，呈请核定办理。惟查原定第二批工程计划，本系以各处朽烂房屋木架，破墙砖瓦及应拆号舍材料，添新补旧……究应将第二批工程与第一批工程同时兴工，财力是否敷用，抑或将各项材料另行估价变卖之处，令蒋视察员查明核议复夺，此令。⑤

---

① 蒋汝正、汤允中：《会复规划贡院修理办法草稿》，1921 年 10 月，原始文件，作者所藏。

② 王瑚：《江苏省长公署指令第 2195 号》，1921 年 10 月 26 日，原始文件，作者所藏。

③ 这项贡院存款是民国时期租赁贡院房屋所得，还是包含清朝存留下的部分贡院经费，待考。

④ 蒋汝正、汤允中：《会拟分批办理贡院工程稿》，1921 年 12 月 16 日，原始文件，北京励志堂科举匾额博物馆藏。

⑤ 王瑚：《江苏省长公署训令第 701 号》，1922 年 1 月 29 日，原始文件，作者所藏。

　　根据以上训令，实业视察员蒋汝正经过调查，于 1922 年 3 月 10 日，又呈《奉核汤保管员拟呈贡院暨商品陈列所办法》，认为两批工程同时并举，财力未逮，应将第一批先行动工。① 1922 年 3 月 16 日，江苏省省长王瑚《江苏省长公署指令第 3814 号》："令实业视察员蒋汝正呈贡院暨商品陈列所办法由：折陈已悉，准如所拟办理，候令汤保管员遵照。此令。"②

　　经历过这次保护江南贡院的努力，江苏省省长王瑚对保存江南贡院遗迹感受至深。1922 年仲夏，王瑚在江南贡院立下《金陵贡院遗迹碑》，碑文开头便说：江南贡院"应试者辄二万人，文物蔚然，为廿三行省冠"。碑文记述了从 1914 年江苏和安徽省长根据两省士民之请，以处分贡院事咨询省议会，直至 1922 年最后确定保护方案的过程，说："六年冬，始定处分法十条。七年春，始设处分事务所。规厥制，划巨道，剖其中，而留明远楼及衡鉴堂，为方式存遗迹，以示方来。别存号舍若干间，以明前代试场之遗轨，余则辟市肆，利群商。""瑚来长江苏，观贡院遗迹，既修既饬，不胜今昔之慨，而又乐观商战之视昔相万也。"碑文中提到"肩厥事者，江宁汤允中也"，"江宁仇继恒书丹"。③ 仇继恒是 1921 年 5 月江宁绅商甘鉉等 8 人《致江苏省长陈贡院中路旧存号舍应力为保存函》中的第二位，汤允中则是一年多来上呈多份文件的重要人物。

　　作为古迹保存的江南贡院的主体建筑，还不时作为开会的场所。比如，1925 年 5 月 24 日，南京贡院衡鉴堂举行江苏旧制乙种实业学校之长会议。④ 5 月 25 日，该处又举行中华职业学校联合会第四届大会。⑤ 5 月 27 日，中华职业教育社举行第八届年会，"会场假贡院至公堂"⑥。10 月 11 日，"募集百年基金委员会在南京贡院开会"。⑦

---

　　① 蒋汝正：《奉核汤保管员拟呈贡院暨商品陈列所办法》，1922 年 3 月 10 日，原始文件，作者所藏。

　　② 王瑚：《江苏省长公署指令第 3814 号》，1922 年 3 月 16 日，原始文件，作者所藏。

　　③ 王瑚：《金陵贡院遗迹碑》，参见俞允尧《秦淮古今大观》，北京：世界图书出版公司，2010 年，第 51～52 页。

　　④ 《江苏旧制乙种实业学校之长会议记略》，《教育与职业》1925 年第 00 期。

　　⑤ 《中华职业学校联合会大会》，《教育与职业》1925 年第 00 期。

　　⑥ 《第八届年会》，《教育与职业》1925 年第 00 期。

　　⑦ 《一个月中四集会》，《教育与职业》1925 年第 00 期。

此后，1927年贡院地址改为南京市政府办公场所，以明远楼为大门。1928年10月，决定将南京市政府移出，贡院房屋拨作新成立的国民政府考试院之用，"说者以不图消沉三十年之考试场所，竟死灰复燃云"①。抗日战争时期南京沦陷，江南贡院用作汪伪国民政府司法院和行政法院的办公地。

1949年以后，江南贡院不再作为古迹保护，除明远楼外，其他建筑逐渐被拆毁。但考虑到号舍的保存价值，"文化大革命"前曾将江南贡院设字号、席字号全巷号舍原样移置南京大学内，"未有丝毫改易者"②。可惜这种努力到"文化大革命"中摆脱不了被毁灭的结果，不仅江南贡院的号舍现早已不见踪影，全中国也未留下一个科举时代的号舍。

四、江南贡院——科举文明的缩影

从隋唐到明清，中国历史上大部分著名人物经历过场屋生活。"自古无场外的举人。"③自从唐代设立贡院以后，所有科举人物都是通过贡院开始其人生的成功之路的，贡院与科举制度、科举人物密不可分，是科举文明的一种有形体现。而江南贡院命运跌宕起伏，便是科举文明的一个缩影。江南贡院虽然不是全国性的贡院，但它是中国古代最大的科举考场，也是古代世界上规模最大的考试场所。因此，江南贡院尤其是其明远楼在一定程度上成为古代科举制的标志。

保存至今的江南贡院遗迹仍有明远楼和飞虹桥。明远楼等之所以会被保留，是因为其有纪念意义，而且比较壮观，是考虑"保存旧有宏壮房屋留为古迹纪念"④，同时有一定的使用价值或实用性。号舍之所以荡然无存，就是因为其除了考试以外一无所用。

---

① 《京市府迁居，旧贡院让给考试院》，《益世报》1928年10月20日。

② 《江南贡院内号舍分形照片绘图说明》，参见商衍鎏《清代科举考试述录》，北京：生活·读书·新知三联书店，1958年，第50～51页。

③ 吴敬梓：《儒林外史》第三回，张慧剑校注，北京：人民文学出版社，1958年，第32页。

④ 刘伯昌等：《咨质问处分贡院基地何以违反本会议决原案及不用投标方法》，《江苏实业月志》1920年第10期。

在全国所有贡院中，江南贡院留有最多的照片。现今还可以看到各种不同角度、不同时期拍摄的江南贡院的非常珍贵的照片，还有江南贡院水彩画、江南贡院全图之类的测绘图，为我们了解各省贡院的构造提供了间接而直观的资料。

贡院是中国传统文化或者说国学的具体形象之一。提出"钱学森之问"的著名科学家钱学森少年时代对科举贡院颇感兴趣。据钱学森的北京师范大学附属中学（以下简称北师大附中）的同学张道宽回忆，钱学森最爱北京贡院和北师大附中，常对其念念不忘。在北师大附中读书时，钱学森和张道宽经常星期天去北京贡院，每次到北京贡院都在《儿女英雄传》里写的安公子考试的号舍里的木板床上静坐一下。"那是一个大科学家的必修课"，1955 年 11 月，张道宽对时为北师大附中高一学生的肇恒达说："要想成为钱学森那样的大师级科学家，可是没去过贡院怎么行！你就不懂得国学精神，要想成为大科学家也难。"①

在科举被废止 100 余年之后，随着科举记忆在历史深处被重新唤醒，人们意识到，曾经与我们民族历史关系密切的科举文化具有重要的研究价值。作为与中国 1000 多年间多数精英人物密切相关的贡院，关系到我们的民族历史和人文血脉，贡院遗存是科举文化的珍贵遗产。为重构科举场景，让今人了解科举，需要研究科举制度，保护贡院遗存，甚至是修复部分贡院建筑，使 21 世纪中国人能够追寻逝去的古老文明遗迹，留住消逝的科举文明。于今，南京市将以明远楼为中心，恢复江南贡院的核心区，并建立中国科举博物馆，江南贡院这一千多年科举的缩影，又将部分回到国人的视野，诚为南京民众之幸，中国文化之幸。如果那些曾经为保存江南贡院古迹付出努力的南京先贤和精英人士地下有知的话，一定深感欣慰。

---

① 肇恒达：《寻访贡院》，《北京晚报》2010 年 6 月 8 日。

"科举学"：求解科举研究的最大值[*]

　　"地上本没有路，走的人多了，也便成了路。"①一门传统学术领域中的专学的形成也与此类似：世上本无所谓学，研究的人多了，便成了学。中国人向来有称学的习惯，往往将较重要的、研究得较多的对象称之为学，如研究《文选》有选学、研究《红楼梦》有红学、研究朱熹有朱子学，还有策学、汉学、宋学、闽学、关学之类。这种"学"并非严格意义的学科，而只是中国传统学术中的专门之学。"科举学"是在科举研究历史悠久、研究对象重要、研究人员众多、研究成果丰硕的情况下逐渐形成的一个专门术语，是实至而名归，是在学显之后蔚然成学的。本文拟在笔者以往"科举学"系列论文的基础上，分析各学科的科举研究概况，介绍外国科举研究的新进展，并进一步论述科举研究与"科举学"的关系，从中可以看出"科举学"产生的必然性和构建"科举学"的重要意义。

　＊　本文发表于《河北师范大学学报》（教育科学版）2002年第3期。
　①　鲁迅：《呐喊》，北京：人民文学出版社，1973年，第75页。

一、多学科的科举研究

与其他许多专学不同的一大特点是"科举学"具有明显的广博性，其研究对象是已有任何单一学科所无法包容的。[①] 以往科举研究的范围主要涉及历史学、教育学、政治学、文学、社会学等各个学科领域。

历史学与科举研究有着天然的血缘关系。作为一门研究中国和其他东亚国家过去存在的科举考试制度及其运作的历史的专学，"科举学"的研究对象是已经消逝的历史陈迹，因此必然和历史学的关系最为密切。就像敦煌学从属于历史学一样，在某种程度上，"科举学"也可以说是历史学的一部分，或者说历史学是"科举学"研究的基础学科。实际上多数科举研究成果还是历史学界的学者做出的。回顾 20 世纪的"科举学"，经历了 1920 年至 1949 年的奠基期和 1950 年至 1979 年的中心外移期后，1980 年至 1999 年出现了中国科举研究的兴盛期。20 年间，科举成为唐宋元明清各断代史研究的热点之一，科举研究也一直受到史学界的关注，是权威刊物《历史研究》经常发稿的一个主题。《历史研究》2000 年第 6 期刊出的刘海峰的《科举制的起源与进士科的起始》一文和何忠礼的《二十世纪的中国科举制度史研究》一文，可以说是对 20 世纪有关科举起源问题和断代科举研究史的一个总结。由于科举和中国 1300 年间的历史进程有重大关系，因此各个断代研究多有大量的科举研究论著发表也就不足为奇了。历史学者是科举研究的主体，对待科举，人们从世纪初的唾弃与冷淡、世纪中的清理与批判，到世纪末的重视与反思，从一般的科举研究到"科举学"的理论构建，经历了一场几同隔世的沧桑巨变。纵观 20 世纪科举研究的发展脉络，总的看来是从冷寂走向热门，从制度的考证和史实的回忆走向理论的探讨，从激情的批判走向理性的判断，从幼稚走向成熟。[②]

---

① 田建荣：《科举学：理论、体系与方法》，《广西大学学报》（哲学社会科学版）2000 年第 2 期。

② 刘海峰：《"科举学"的世纪回顾》，《厦门大学学报》（哲学社会科学版）1999 年第 3 期。

教育学方面的科举研究许多是从科举与教育的关系入手，尤其注重探讨科举制的经验教训对现代教育考试的参考价值，从科举史中抽象出规律性的东西以丰富考试理论。科举是为了选拔官员，但又有教育性质，而且越到后来教育考试性质越明显，以至于清末废科举时许多人只想到废科举可以兴学堂，几乎忘了科举首先是一种文官考试。现今人们一般将通史或综论性质的科举研究归属于教育学类别，各种报刊索引也多将科举研究论文划归教育学。对科举史料尤其是中国近代科举史料的整理最用力的也是教育学界，20世纪90年代系统组织编纂科举考试史资料者往往是教育学者或教育考试管理者。当代中国发展最早、规模和影响最大的考试是教育考试，而在现代各类考试中，教育考试从形式和作用及影响等方面来看，与科举具有特别明显的相似之处或继承性，因此从教育角度研究科举的论著也较多。现实需要促使教育学界去探寻历史上有关科举利弊存废的现象和考试发展规律。确实，"科举学"不仅直接促进了中国教育史研究、有助于深化对教育学理论及规律的认识，而且对于当代教育科学的学科建设也能提供一定的支持，还有利于对教育改革整体方向的把握，有助于促进考试改革的进行。[①] 教育视角的科举研究论著，除了较集中探讨古代学校教育与科举考试的关系、清末废科举兴学堂以外，有关现代教育考试的科举研究论著，主要从科举对现代教育与教育价值观的影响、科举考试与素质教育、科举与高考的比较和借鉴、科举与自学考试的比较和借鉴等四个方面展开论述。[②]

政治学视角的科举研究也较注重古为今用的现实应用研究。与被称之为"现代科举"的高考类似，公务员考试也作为科举的"替身"仍在不断演变发展。科举对国家公务员考试的影响，既有文化与精神上的明显存留，也有政治制度上的鲜明痕迹；既与本土现、当代公务员制度有承继关系，也与西方近现代文官制度有渊源关系。因此，无论从哪个角度或从何种层面来看，研究科举对于当代中国政治体制尤其是公务员制度的

---

① 王岚：《科举学的教育研究价值》，《教育世界》2001年第1辑。

② 刘海峰：《"科举学"研究与教育考试改革》，《山东师范大学学报》（人文社会科学版）2001年第4期。

建立与改革都大有裨益。① 有的学者认为，科举制是封建社会中政治录用的典范，科举制作为一种社会权力精英的遴选机制对近现代各国政体中的文官的形成与发展，具有直接的、深刻的影响。从这个意义上讲，古老的科举制仍然具有现代意义。作为一种精巧的政治录用方式，科举制具有恒久的价值。因此，在今日的政治实践与政治发展中，人们仍然需要对科举制不断做出新的现代政治学的诠释，以从中获得启迪与收益。② 科举的政治功用与教育影响有颇大的差异。对古代乃至现代教育的影响可以说是利弊参半，尤其是当代中国反对所谓"应试教育"，因而一些论者批判科举的激烈程度不亚于清末要求废科举的论调，当然为科举辩护的也大有人在；而从政治角度评价科举者则以肯定的居多，由于公平竞争、择优录取还只是现今干部选任制度的一个努力方向，而科举制在规范竞争、公平选才方面确实值得现代公务员制度所借鉴，因此，为科举"平反"的呼声最强烈的也来自政治学或行政学界。

文学与科举也有不解之缘。科举是一种文官考试，但从考试内容来看，却是一种文学考试或经学考试。1300 年间，不仅多数文学家是科第出身，而且科举影响到中国文学的方方面面。宋元戏曲和明清小说情节盛行才子佳人的模式，而所谓才子，一般就是有文章才学能高中科名的士子。中国古典文学作品中普遍存在的科举及第实现大团圆的情节，说明科举与文学的有着多么密切的关系。现代已有一些学者从宏观上研究科举与唐代或宋代文学，也有不少学者从较微观方面研究科举制与《文选》学、唐代进士行卷、唐诗及唐人传奇、唐宋的韵图、唐宋律赋、元曲、明清小说的关系，还有大量的关于某一文学家的科举生涯、某一文学群体的科举生活与心态、某一文学作品与科举的关系的论文出现，对于吴敬梓的《儒林外史》、蒲松龄的《聊斋志异》等与科举的关系，更是发表了许多论文。而八股文则是 20 世纪 90 年代文学界的研究热点之一，因为八股文虽已进入历史博物馆，但在科举时代制艺成了用文字构成的特制的工艺品，现在研读八股程法的书不仅等于看尸体解剖报告，

---

① 郑若玲：《科举学：考试历史的现实观照》，《厦门大学学报》（哲学社会科学版）2000 年第 4 期。

② 房宁：《科举制与现代文官制度——科举制的现代政治学诠释》，《战略与管理》1996 年第 6 期。

也是意识领域的遗传基因的探测，作为一种文化现象，八股文控制中国士人如此之普遍而又如此之久，确是历史的重大存在[①]，因此很值得我们加以研究。

社会学界的科举研究较集中在科举与社会流动和社会结构的关系方面。科举既是一种教育制度和政治制度，也是一种重要的社会制度。从理论上说，科举给普通民众提供了一条提升其社会地位的途径，其实际上的确也是促进当时社会分层与垂直流动的重要机制。科举制起到了推动了知识分子阶层的崛起，改变了官吏阶层的结构，提高了社会的整合程度的作用。[②] 科举制对中国封建社会的政治制度和社会结构产生了广泛而深远的影响，它的实施不仅造成皇权的强化及职业官僚系统依附的加强，而且士绅阶层取代贵族改变了民间统治阶级（或统治集团的主要社会基础）的构成，在科举制下形成的社会流动增加了社会结构的弹性，成为一种重要的吸纳机制和联结社会中心与边缘的纽带，而社会流动促进了社会分化，并在此基础上形成了一种家族制度，从而在民间统治阶级与被统治的民众之间形成了一种新的纽带。科举制赋予传统中国社会结构以僵硬性和弹性，其结果是，一方面结构内部的调适能力在增强，另一方面，在现代化的课题已经提出的时候，却不能做出有效的回应。[③] 社会史或历史社会学角度的科举研究往往较注重定量研究，这为其他学科的科举研究提供了很好的示范。

此外，科举研究还涉及哲学、文化学、心理学、地理学甚至经济学等学科领域。例如，本来科举研究与经济学是没多大关系的，可是也有《同源同功同构的两类经济系统：科举竞争系统与市场竞争系统》《科举制与市场经济》之类的论文面世，足见科举研究涉及人文社会科学的许多学科，任何单一学科都无法覆盖或囊括科举研究的所有内容。不同学科从不同的侧面研究科举使科举研究变得更为丰富多彩，但各学科的关注点不一样，研究往往不够全面，只有多学科的整合，将各学科的科举

---

① 何满子：《制艺：历史的重大存在——重印梁章钜〈制艺丛话〉小引》，《深圳特区报》1999 年 10 月 24 日。

② 余保中：《宋代科举制对社会分层和垂直流动作用探析》，《社会学研究》1993 年第 6 期。

③ 孙立平：《论科举制对传统中国社会结构及其演变之影响》，《学习与探索》1992 年第 4 期。

研究纳入"科举学"的体系，才能最大限度地发挥科举研究的功用。

二、外国科举研究的新进展

以上所述主要是中国学术界的科举研究情况，在《"科举学"刍议》《科举学发凡》等论文中，笔者已对海外科举研究的情况做过概要的介绍。近年来，外国的科举研究又有不少新进展，这里仅以专著为主，扼要介述日、韩、美等国科举研究的简况，从中便可看出"科举学"的国际性。

日本东洋史学界对科举有相当深入的研究。宫崎市定是以往日本科举研究的代表人物，为了与1946年出版的《科举》一书配套，他将1956年出版的《九品官人法研究》的书名加了一个"科举前史"的副题，该书对科举制的起源提出了独特的见解，力主科举始于隋文帝开皇七年（587年）；在其《科举——中国的考试地狱》一书于1963年出版后，1987年又将其早年的《科举》一书改名为《科举史》由东洋文库出版，使《九品官人法研究（科举前史）》《科举史》《科举》3本书成一系列。由于荒木敏一1969年出版的《宋代科举制度研究》具有开创之功，日本对宋代科举的研究尤为用力，甚至还成立了"《宋史·选举志》研究会"。1982年同朋社出版了左伯富编的《宋史选举志索引》，而中岛敏编的《宋史选举志译注》一册、二册、三册由东洋文库分别于1991年、1995年、2000年出版。山川出版社1997年出版的平田茂树的《科举与官僚制》一书虽为通俗读物，但简明扼要，也颇有价值。讲谈社1980年出版的村上哲见《科举史话（考试制度与文人官僚）》一书，2000年又被改版纳入"讲谈社学术文库"，使之更为流行。另外，程千帆《唐代进士行卷与文学》一书1986年以《唐代的科举与文学》为名被译成日文由凯风社出版，何炳棣的英文著作《中华帝国的成功阶梯》也于1993年以《科举与近世中国社会——立身出世的阶梯》为名被译成日文由平凡社出版。科举向来是日本东洋史学界关注的一个重要研究问题，1977年日本"韩国研究院"发行的刊物《韩》第6卷第10号为"李朝官人体制研究"特集，发表了有关高丽和朝鲜科举研究的多篇论文；大修馆书店发行的《中国》月刊1999年9月号也出了一期"科举"特集，发表了10余篇关于科举的专文，可见对科举研究的重视程度。值得一提的是，由于科举研究的问题相当重要、论著颇为丰富，1992 年印行的中岛敏主持的《宋至明清科举、官僚制度及其社会基础》研究成果报告书中，还收有山根幸夫等编的《科举关系文献（中文、日文）目录稿》，该目录索引虽不完全，但却说明科举已成为一个相对独立的研究专题。

韩国因为自身有着悠久的科举历史，所以对科举研究特别重视，甚至可以说比中国更重视科举研究。20 世纪 80 年代以前，韩国已多次翻印《国朝榜目》和《国朝文科榜目》等史料，并出版了不少专著，而且何炳棣的著作也于 1987 年以《中国科举制度的社会史研究》为名出了韩文版。20 世纪 90 年代以来，韩国的科举研究进一步繁荣，研究日益深入。1994 年李成茂将其 1976 年面世的《韩国的科举制度》一书出了改正增补本，该书系统地研究了高丽及朝鲜时代科举制的各个方面，最后还概括了韩国科举制的特性。1996 年出版的曹左镐的遗著《韩国科举制度史研究》也是一本全面研究韩国科举的著作。崔珍玉 1998 年出版的《朝鲜时代生员进士研究》一书对朝鲜时代的生员进士与司马榜目，生员进士的年龄、原有身份、姓贯、区域、社会背景等都进行了专门的研究，书后还附有量化统计表。金昌铉 1999 年出版的《朝鲜初期文科及第者研究》更是一部专门深入研究的著作，该书的特点也是注重采用实证方法研究科举，并附有"朝鲜初期重试及第者一览表"。而李成茂 1997 年出版的《韩国科举制度史》则可以说是韩国科举研究的集大成者，书中详细论述了韩国历代科举制的演变与运营、科举制度与身份、科举制度与教育、科举制度与官学，其中还包括宾贡科与制科、科举的古文书、朱子学与科举、科举与书院等，书后所附《科举制度相关论著目录》和《教育制度相关论著目录》，收录了与科举和教育史有关的韩文、中文、日文和英文论著目录，虽然中、日、英文的科举研究论著收得还很不全，但韩文的科举研究成果却几乎一览无遗，从中可以看出韩国的科举研究实力相当雄厚。另外，1990 年李成茂、崔珍玉、金喜福还编纂出版了《朝鲜时代杂科合格者总览（杂科榜目电算化）》一大巨册，运用计算机作统计，对朝鲜时代除文科、武科、生员、进士科以外的杂科，即译科、医科、律科、筹学（相当于中国唐代的算学和明算科）等科目的历科考试合格者之父母祖宗三代、妻父及妻祖父的姓名、籍贯、品阶、官职等各方面情况都详加考证列表，充分体现出韩国科举研究的细致与深入。而崔珍玉等编的《CD-ROM 司马榜目》的发行，也说明韩国的科举研究注意利用现代化手段，使科举研究普及与提高相结合。应该承认，相对科举研究资料而言，韩国的科举研究比中国开展得更充分、更细致。

美国是西方国家中科举研究成果最多的国家，近年来出版的标志性著作是艾尔曼的《明清科举文化史》一书。该书由加利福尼亚大学出版社2000 年出版。正如作者在前言中所说，以往人们从政治、社会、经济及知识分子生活等多方面研究科举，而明清时期"科举已成为士人文化的一个窗口"①，因此该书着重从文化角度研究科举。在发表不少科举研究的专题论文的基础上，此书对明清科举文化作了全方位的高水平研究。尤其是书后所列"公元 1148—1904 年 1042 种原始科举资料目录""650—1905 年科举考试内容演变表""地志之外原始科举资料的主要种类"等几个附录，具有十分重要的学术价值。作者写作该书时参考了众多的古今中外文献，并作了大量的统计分析，在前言中还对科举研究成果作了简要的回顾与总结，该书所附参考文献类似于一份科举研究论著目录。艾尔曼为当今美国学界中科举研究的代表人物，他认为科举文献是中国古代文献中重要的一个类别。在他的个人主页中，提供了中国史文献索引，内中第 13 类文献便是文举和武举文献目录，收录了宋、元、明、清科举的专门文献目录。的确，像乡试题名录、会试同年齿录、进士登科录等科举文献完全是独立于地方志、谱牒等之外的一大文献类别，数量庞大的科举文献自成一类便是"科举学"得以成立的原因之一。

这里只是简略介绍近年来日本、韩国和美国研究科举的主要著作，尚不包括欧洲一些国家和越南等国的科举研究新成果，但已可见"科举学"已成为一门国际性的学问。

三、科举研究与"科举学"

作为一个广博而专门的研究领域，"科举学"的广博性要超过大多数

---

① Benjamin A. Elman. *Cultural History of Examination in Late Imperial China*，Berkeley and Los Angeles：University of California Press，Preface，p. xxiv.

其他传统学术领域中的专学。以"中国期刊网"所收录的人文社科类论文为例，在1994年至2001年初的8年中，与"红楼"相关的论文有1850篇，与"敦煌"相关的论文有9033篇，而与"科举"相关的论文达11176篇，这说明"科举学"比红学、敦煌学更具广博性。在雅虎网上，2001年7月1日用"科举"二字搜索，竟可得27200条相关资料，不同年月搜索所得的条目数量会有变化，但即使扣除个别不属于科举的条目，现今与科举相关的网上信息总有20000条以上。"科举学"的广博性，充分体现在科第人物成千上万、文献资料浩如烟海、影响地域无远弗届几个方面①，还表现在科举和科举文化对现实社会生活具有深刻的影响，对当今考试改革具有参考价值，因此"科举学"的广博性会超过敦煌学、红学等当世显学。现有许多专学往往集中于一个人物、一本名著、一个地区，一般多涉及中国文化史的局部，而"科举学"却与隋唐以后中国大多数名人、大多数书籍、大多数地区密切相关，即与传统文化整体相关的一门专学。从科举研究悠久的历史、众多的人员、丰富的成果等多方面来看，"科举学"的出现应该说是实至而名归的。

"学"字并不是一个可以随便乱贴的标签。任何一门专学，都应是义立而后名至。如果某一研究对象内涵不够丰富，并不具备成"学"的条件，而研究者却硬是将其加上"学"字，那么这种"学"也是不成体系且难以为继的。然而，"科举学"的内涵和意蕴是如此之丰富，其范围是如此之广泛，其成果是如此之丰硕，以至于在一定意义上，不称"学"就无法囊括科举研究的各个方面，难以统合概括各学科独立和分散的科举研究成果，不称"学"就不足以发掘科举研究之底蕴，难以将科举研究进一步引向深入。科举研究中有些边缘和交叉地带是各学科独立的研究难以顾及的，可以说是非"学"无以统摄、无"学"难以整合，只有将其作为一个整体，将其纳入一个学科系统或作为一个专门研究领域，加强理论思维和扩展视野，用"学"的眼光和意识，方能涵盖和包容。

"科举学"与科举研究是两个基本相同而又略有区别的概念。凡是对科举本身及直接与科举相关的问题所做的研究，都属于"科举学"。略有区别在于，提出"科举学"的概念，更强调将科举作为一个专门研究领域

① 刘海峰：《论"科举学"的广博性——以福建科举为例》，《东南学术》2000年第2期。

进行全面的、综合的研究，强调科举研究的理论化、系统化，同时还关注科举研究史的研究。而一旦不再各学科分门别类、各自为战地研究科举，改变"述而不作"、缺少自身理论统摄的状况，改以整体的观点，将各类科举研究统合到一个新的学科体系中，以新的理论、新的视角、新的高度对科举进行交叉协作、系统全面的研究，便会使科举研究出现突破和飞跃。在"科举学"提出之后，科举研究通常是指具体的科举问题研究，"科举学"研究则是特指"科举学"理论研究，当然泛指的"科举学"也包括了一般的科举研究。科举研究已有成果与"科举学"理论的关系是"六经注我，我注六经"的关系，各学科的科举研究成果可以丰富"科举学"的内涵，而"科举学"的建立和成熟又可为各学科的具体研究提供理论支持和背景依托。①"科举学"强调"通"，也就是会通、贯通、沟通，改变以往各学科之间"鸡犬之声相闻，老死不相往来"的状况，将各学科和各国已有和正在进行的科举研究融会贯通起来，使各学科的学者尽量交流、沟通，使科举研究的各个层面得以汇聚和交融，以达到整体大于局部之和的效果。

科举已成为历史，但考试并没有成为过去，现实考试中出现的许多问题与科举具有惊人的相似之处，因此研究"科举学"还有强烈的现实性。有的学者认为，科举考试制度的终结并不意味着其中合理因素与之俱亡，它所体现的许多有价值的观念具有永久的生命力，特别是公平竞争、广泛参与、唯才是举的思想不但在封建社会是进步的，还超越时空，超越社会发展阶段，成为人类共同的基本理念。这是历史留给我们最宝贵的遗产，也是对世界思想文化宝库的巨大贡献。② 教育部考试中心原主任杨学为研究员指出，中国科举有悠久的历史，丰富的经验，严密的规则，然而缺乏理论。他认为，创立"科举学"有重要的现实意义，正确揭示科举的规律，必然有助于正确认识中国的国情、传统，有助于正确评价考试的作用，有助于考试的改革及考试作用的完善。③ 我们不

---

① 刘海峰：《"科举学"：一门古老而全新的学问》，《高教自学考试》1998年第2期。

② 过常职：《唐代反科举思潮与科举考试的利弊》，《安徽教育学院学报》(哲学社会科学版)1999年第1期。

③ 杨学为：《中国需要"科举学"》，《厦门大学学报》(哲学社会科学版)1999年第4期。

仅应继续进行具体的科举史实考订，而且应关注科举研究本身价值和意义的阐发，重视探究"科举学"的学说和学理，把具体的科举研究和一般的学理阐释结合起来，探寻考试的发展规律，为现实考试改革提供历史借鉴。因此，提出"科举学"绝不仅是将已存在的大量科举研究进行叠加和组合，而是为了构建一个内容广博且具有内在有机联系的专学体系，力求提升研究者之"学"的意识，探寻科举研究的学术价值和现实意义，为中国学术繁荣踵事增华，为中国考试改革出谋划策。总之一句话，建立"科举学"，是为了求解科举研究的最大值。

科举术语与"科举学"的概念体系[*]

"世纪转换之际,科举考试史的研究正方兴未艾,它预示着一门新兴的学科'科举学'正在形成。"[①]作为一门正在形成和完善的专学,"科举学"具有独自特定的研究对象,而其研究对象又具有重要性、广博性和现实性,因此其研究规模日渐扩大,形成气候。除此以外,"科举学"之所以能够成立,还取决于它拥有特定的概念术语。根据联合国教科文组织对学科所下的定义,形成专业术语和词汇是一门学科得以成立的重要标志之一。"科举学"虽然是以科举为专门研究对象的学科或学问,并非严格意义的学科而只是类似于敦煌学、红学一类传统学科所称的"学",但在中国各种专学中,可能"科举学"具有最多的专有名词。[②] 在漫长的中国科举史上形成了成千上万个科举术语和词汇,加上现代人在科举研究中概括

---

[*] 本文发表于《厦门大学学报》(哲学社会科学版)2000年第4期。
[①] 教育部考试中心统计分析与科研处:《正视历史,借鉴经验》,参见刘昕、马世晔、胡平:《中国考试史专题论文集》,北京:高等教育出版社,1999年,第7页。
[②] 刘海峰:《科举学发凡》,《厦门大学学报》(哲学社会科学版)1994年第1期。

出的一些词语和概念，构成了"科举学"庞大而专门的概念体系。本文着重探讨作为"科举学"概念体系中主体部分的古代科举术语，从中可以看出"科举学"是一门内容广博的独特的专学。

一

科举是中国古代一项集文化、教育、政治、社会等多方面功能的基本制度，它曾长期左右着士人的命运和文风时尚，1300 年间，传统中国官僚政治、士绅社会与儒家文化皆以科场为中心得以维系和共生，科场成为中国社会政治生活和人文教育活动的一个关键场域。由于科举制度复杂精细，系统庞大严密，而且影响广泛深刻，历时漫长久远，因此形成了许多专门术语和相关词汇。这些科举专门词语既不属于官制名称，也不属于学校教育或其他哪一类制度的范畴，而是一个大的独立的"另类"，所以《辞海》中国古代史分册须将科举词汇独立类别，《教育大辞典》等学科辞典也不得不列出"科举"的专门栏目。

大体而言，科举术语主要可以分为科目名称、科第名位、贡院规制、考试内容、科第习俗等几大类。

科目的兴废消长是"科举学"研究中的重要问题，因为它不仅是科举制度本身的变动，而且往往反映出政府取士政策的调整和社会风尚的变化，甚至关系到一代文学与经术的矛盾互动。科目又可分为常科、制科、武科三类，唐代常科有秀才科、明经科、进士科、五经科、四经科、三礼科、三传科、学究科、明法科、明书科、明算科、道科、开元礼科、一史科、三史科、童子科 16 个，宋代以后新设有九经科、开宝通礼科、春秋科、新明法科、律科、经童科……德行明经科等，这些科目聚散离合，最后归并为德行明经科一科，因所取最高科名为进士，故通常仍称进士科。不定期招考的制科在唐代有贤良方正能直言极谏、详明政术可以理人、洞识韬略堪任将帅、经学优深可为人师、辞殚文律、文辞雅丽、下笔成章、武艺超绝、儒学博通、才高位下、志烈秋霜、文史兼优等120 余科，此外还有兼具制科与铨选性质的考试科目博学宏辞、书判拔萃科等，加上宋代的制科和词科、清末的经济特科等，以及古代韩国(朝鲜)、越南、日本科举所演变出的各国科目名称，此类科举术语有 300 个左右。科目名称数量不算太多，但却是科举术语中最为基本和重要的类别之一。

与科目名称密切相关的是科第名称或科第名位，简称科名，即秀才、举人、进士一类科举头衔。唐宋时期明经、进士登科或称明经及第、进士及第，或直接称为明经、进士。到明清时期科举定为童生试（包括县试、府州试、科试等），乡试，会试，殿试 4 级之后，便形成了生员（俗称秀才）、举人、贡士、进士等固定的科名，每一级科名又有相关的称呼，如进士分一甲、二甲、三甲，一甲第 名称为状元，或称状头、榜头、榜首、殿元、龙首、元魁等，第二、三名称为榜眼、探花，与状元合称鼎甲或三鼎甲，第二甲第一名为传胪；会试第一名为会元，与其他名列前 18 名者都称为会魁；从唐至清又有乡贡进士、国子监进士、成均进士、太常进士、前进士、诗赋进士、经义进士、策论进士、律科进士、女真进士、进士出身、同进士出身等固定称呼。除部分进士考选为翰林（又称点翰林）外，进士是最高的科名，因此一些较低层次的科名要搭上进士之名作为美称，如岁贡又别称为"岁进士"，举人则称为"乡进士"。举人也有孝廉、乙科、乙榜、一榜、一命、一第、乡荐、乡选、乡举等别称，举人头名为解元，前五名为经魁或五魁，至今各地酒令都还用五经魁、五魁手的叫法。又秀才头名称案首，解元、会元、状元合称三元。秀才、举人、进士等科第名位是中国古代的一种学位，其学位性质在清末学制建立后体现得尤为明显，当时按高等学堂和大学堂专业分类，分别奖给毕业生农科举人、工科举人、商科举人、师范科举人、文科进士、法科进士等名号，而且还是在学堂毕业文凭之外奖授的。① 严复便是在多次乡试未中后以经济特科登第，并于宣统元年（1909 年）受赐为"文科进士"。

贡院又称贡士院，或称贡闱、贡场、棘闱、棘院等，是专为科举考试而修筑的考场。唐五代的贡院规制较为简单，宋代则不仅省试有贡院，而且各州郡也建立了专门的贡院。到明清两代，贡院形制已经规范化、制度化，京师和各省贡院严整划一，壁垒森严。由于科名中有"黄金屋"和"颜如玉"，无数士子参加激烈的科场角逐，舞弊方法好似水银

---

① 刘海峰：《论科举的高等教育考试性质》，《高等教育研究》 1994 年第 2 期。

泻地，无孔不入，科场条规和贡院防弊则力图做到密不透风、滴水不漏，二者不断在进行"魔"与"道"的智力搏斗，贡院规制则处处显示出科举考试作为国家"抡才大典"具有的严肃性和权威性，体现出维护考场纪律的精巧匠心，从棘墙、龙门、进题公馆、点名厅、明远楼到外帘区的至公堂、弥封所、誊录所、收掌房、监试厅，再到内帘区的聚奎堂、会经堂、经房，以及住在其中的主考官、副考试官、同考官（十八房）、誊录、对读等人员，均为全国各地统一的名称。而贡院中的主体——文场区排列着成千上万间的号舍，即每位考生一间的小考室，其形制整齐划一，仅与号舍相关的词汇便有号巷、号板、号灯、号门、号瓦、号军、坐号、乱号……明清贡院建筑布局谨严有序，在京城中贡院是规模仅次于皇城（故宫）的建筑群，而在各省会城市中贡院则是最大的建筑群，成为科举制度的具体象征。贡院形制是总结几百年科举考试经验和教训的结果，也可以说是中国古代科举考试经验的结晶。唐宋以后多数政治家都是通过贡院走上历史舞台的，号舍是明清时期许多名臣政治生涯的出发点，号板则可视为他们踏入仕途的起跳板。作为命题、考试、评卷实际运作的场所，贡院及其规制包含了大量科举专门术语。

考试内容指科举考试的试题内容和应试文体，即古代朝鲜科举所说的"科文"。唐宋科举考试的题型和文体有对策、帖经、墨义、口问、试帖诗、律赋、议论、判、箴、铭、表、诰等，明清时主要考制义，即八股文。八股文又称制艺、时艺、时文、八比文，因题目的来源不同，分别被称为"'四书'文"和"'五经'文"。每篇八股文由破题、承题、起讲、入手、起股、中股、后股、束股八部分组成。其题型又分为大题、小题、连章题、全章题、一节题、一句题、半句题、数句题等。八股文年复一年在"四书""五经"中命题，为防止考生互相蹈袭，不得不避熟就生，深求隐僻之题，于是便出现了截上题、截下题、截上下题、承上题、冒下题、承上冒下题、半面题、上全下偏题、上偏下全题、上下俱偏题，还有一类割裂经文所出的截搭题，其中又分为长搭、短搭、有情搭、无情搭、隔章搭等。作八股文又称"举业"，八股专家称为"举业家"，仅关于八股文就有上百个术语。而从汉至清一以贯之的策问考试，也有一系列专门词汇，如射策、对策、方略策、时务策等，唐代以后甚至长期盛行着一门"策学"。

科第习俗指围绕科举所形成的一些相关习俗，其中有些是已经制度化的习俗。科第习俗也衍生出大量的专门称谓，如座主、座师、门生、同年、谢恩、期集、通榜、公荐、省卷、公卷、行卷、温卷等；欢送报考或庆祝科举及第所举行的宴会，前后就出现过鹿鸣宴、曲江宴、闻喜宴、恩荣宴、琼林宴、会武宴、鹰扬宴等。而放榜后相关习俗词汇如喜报或捷报、跑报、头报、二报等还有许多。另外，考试机构、考官称谓、考试场次等也有不少专门术语。限于篇幅，不再详举。

美国学者贾志扬(John W. Chaffee)在《宋代科举》一书中列有"考试术语"专节讨论科举词汇问题，他认为宋代科举制度最引人兴趣的特征之一是往往用丰富多彩的词汇来代替比较枯燥乏味的制度术语。这些词汇有时强调的是古代的先例和皇帝在选举中的作用，如科举本身往往被称为"大比"，"乡贡"或"贡士"是指在贡院中选拔的"举人"。在另一些场合中，通俗的术语强调的是成功的光荣：殿试第一名"状元"，有时称为"大魁"或"龙首"；列出及第者姓名的"榜"，有时也称为"桂籍"。这些可以容易地增多的语言创造的例子，是科举在宋代精英社会中具有文化上的重要意义的证明。[1] 李弘祺在研究《宋会要·选举类》和《文献通考·选举考》中的有关考试的条目、词汇后感叹说"宋人关于考试的概念是多么广泛和复杂"。[2] 实际上，到明清两代，除了科目名称减少以外，其他各类科举术语比宋代还要繁杂许多。这些庞杂的科举术语和相关词汇，构成了"科举学"研究的基本概念体系。

二

现代人对大多数科举术语和词汇已很陌生，但这些五花八门、琳琅满目的术语在科举时代却是绝大多数读书人都耳熟能详、了然于胸的。这就像八股文，已没有多少现代人能够读懂，而在当时写八股文却是每一位读书应举者的基本功。相对中国古代其他制度而言，科举制的长期

---

① John W. Chaffee, *The Thorny Gates of Learning in Sung China, A Social History of Examinations*, Cambridge：Cambridge University Press，1985，p. 157.

② 李弘祺：《宋代官学教育与科举》，台北：联经出版事业公司，1994 年，第 246～248 页。

性和稳定性是十分突出的。围绕着科场这一中心，一千多年间不断上演着一幕幕人间悲喜剧，这些科举术语便被不同年代的千百万读书人所重复使用，其中相当部分成为科举时代家喻户晓的词汇，超出科举的范围而广泛流行于社会，有的至今还有生命力，如状元、秀才、发榜、落第、八股、密封、科目等词语还常为人们所使用。

数量众多的科举术语和词汇的释义及历史学、教育学、社会学、心理学、文字学研究就是相当专门的学问。由于科举历史悠久，某些科目名称在逐渐演变、分化和组合，一些术语的内涵发生变迁，一些概念的含义前后有所不同，相当复杂。例如，隋代的"秀才"与明清的"秀才"含义不一样，"贡举""科举""科目"等名称之内涵前后也有所变化，若不加细究，便很容易发生错误。比如，现代常有人闹不清楚秀才名目的演变，对韩愈《潮州请置乡校牒》、苏轼《潮州韩文公庙堂碑》分别称同一人（赵德）为秀才和进士感到困惑。只有将秀才一词内涵的演进弄清，才能读懂许多相关文献。[1] 今天学术界对科举起源问题聚讼纷纭，歧异颇大，也与对"科举"一词的定义看法不同有关。只有进行深入细致的研究，才能厘清大量科举术语和相关词汇的含义和发展脉络。

为了系统整理科举术语和概念并给研究者提供方便，一些学者或出版社计划编纂出版专门的科举辞典。按照专门辞典的编写通例，《科举大辞典》或《中国科举辞典》就不应仅仅收录科举制度术语，还应包括重要的科举事件（如科场案）、重要的科举人物（如状元和著名考官）、重要的科举文献（如登科记和题名录之类）以及科举典故和特殊科榜名称等，从这几方面来看，"科举学"实在是一门研究内容极为广博的专学。

在漫长的中国科举历史上，科场风云变化多端，风波迭起，发生过一系列科举事件和科场案。由于"朝廷设文学之科，以求髦俊，台阁清选，莫不由兹"[2]，科举不仅关系到士人的身家命运和家庭的兴衰荣辱，而且与朝廷中政治势力的升沉消长休戚相关，因此科名既是士子个人竭尽全力追求的对象，也是不同利益集团关注和竞争的目标。参加科举考试被举子视为"文战"，科场有如个人文化素养和智力水平较量的战场，

---

① 刘海峰：《再论唐代秀才科的存废》，《历史研究》1999 年第1 期。

② 王溥：《唐会要》卷七六《进士》。

有时也是政治集团和派别进行政治角力的场域。历史上发生的 6 次有关科举存废利弊之争、宋明两代的科举南北地域之争便反映出各种派别的矛盾和斗争。而历代皆有的科场案，特别是清代最烈、处罚也最重的科场案，更是科举事件的典型例子。一系列的科举争论或科举事件往往都伴随着制度的改革变动，与之相关也产生了不少科举词汇。

状元为"人中之龙"和"一科之长"，在科举时代具有无上的荣耀，宋代状元登第仪式风光无比，甚至有领兵数十万恢复幽州蓟州、班师凯旋都不可与状元相比的说法。状元是科举制度的产物和代表，民间不少人将科举直接理解为"考状元"。如果编科举辞典，自然应该收有状元，其数量仅文状元就有 700 余人，过去也已出版过《中国状元词典》。状元收了，那么榜眼、探花、会元呢？这也是科举时代非常难得的科名，其中仅清代就出过王鸣盛、赵翼、俞大猷、冯桂芬、张之洞等著名人物。还有解元呢？每三年全省才出一名，也相当难能可贵，但若收录的话明清两代多数省份都各有 200 余名解元。如果扩大到进士，即使是从 10 万名进士中挑选出最著名的一小部分，也有数千人之多，因为当时多数文学家是进士出身，其他如从韩愈、朱熹到蔡元培等大教育家，从包拯到海瑞一类著名清官，从文天祥、于谦到林则徐等民族英雄皆为进士出身者。仅列一流进士人物，便是一份十分壮观的名单。另外，皇帝是殿试的名义主考官，而且不少皇帝确也亲自出题和阅卷，并决定历次科举改革，算不算科举相关人物？如果不算也罢，但像白居易、欧阳修、司马光、苏轼、王安石等一类大臣学者，自己是进士出身，又当过中央一级考试的主考官，还提出过不少改革科举的方案并付诸实施，总不应排除在外，而林则徐等人也主持过多个省份的乡试并有所改革，对这些著名人物确是不易取舍的。"凡国之大柄，莫先择士。"[1]科举取才是国家大事，主持科举的考官职责重大，故唐代有"礼部侍郎重于宰相"的说法。[2] 因此，对与科举密切相关的科举人物完全不录不行，收录的话则科举辞典人物部分几乎就等于中国古代名人大辞典。

科举文献是指科举制度及其相关内容的文字记录，它的外延非常大，包括考试教材、科目、试卷内容、格式、阅卷方法、规程、朝廷贡

---

[1] 《旧唐书》卷一一九《杨绾传》。
[2] 《新唐书》卷一六九《韦贯之传》。

举律令、诏书、登科录、科举题名录、各地方志中的选举志等。① 有的论者认为科举文献还包括登科的人物、科场事项以及为指导应付考试的有关程文、墨卷、拟题、选本、房稿、时文、类书等。② 在浩如烟海的科举文献中，登科记、题名录、登科录、同年齿录、同年小录、科第录、科齿录、科名录、闱墨、朱卷等是核心文献，这些专门名词本身就是丰富的科举词汇中的一个类别，而登科录、进士录、朱卷等是当时官方编印的载有及第者三代或五代以上祖先的文献，其史料价值早已为海内外史学界所公认。20 世纪 60 年代，何炳棣在美国根据明清各科进士题名录所载数万名进士的数据进行量化分析，对当时中国的社会阶层流动率作过详细的实证研究，曾引起西方社会史学界的惊叹；最近也有学者通过朱卷的准确记载来考证发现一些人物悬而未决的籍贯和生年问题。③ 由于科举与士人的命运息息相关，多数著名人物都经历过科举生涯，且中举及第是人生重要的转折点，落第而归也是一生中痛苦而深刻的记忆，因此隋唐以后多数史志、文集、笔记、小说等都曾言及科举。中国有关科举的文献几乎可以说是广阔无边的，一个人终其一生也难以穷尽所有与科举相关的资料。当然，专门的科举辞典只能选录部分登科录和古代主要的科举研究著作等核心科举文献。

　　成语典故为数众多也是科举术语包罗宏富的一个方面。科举制的长期实行形成了许多成语典故和谣谚，如金榜题名、名落孙山、状元及第、五子登科、连中三元、沆瀣一气、英雄入彀、千佛名经、淡墨书榜、朱衣点头、破天荒、金举人银进士、秀才封肩举人封脚、秀才无假客无真……科举故事逸闻是如此之多，以至现今有《科举故事百则》《中国古代科举百态》《科举奇闻》《中华状元奇闻大观》之类的书籍出版。历代科榜不仅有春榜、秋榜、杏榜、桂榜、甲榜、乙榜、右榜、左榜等专门名词，而且还因各榜录取人物的特殊性出现过龙虎榜、五老榜、相骂榜、橘皮榜、南北榜、春夏榜等特殊榜名，朝鲜历史上也有"粉红榜"等

---

　　① 沈登苗：《也谈天一阁藏明代登科录——与骆兆平、李大东先生商榷》，《浙江学刊》1998 年第 2 期。
　　② 张祝平：《〈四库全书〉与科举文献》，《贵州社会科学》1995年第 3 期。
　　③ 张杰：《新发现高鹗会试履历中的籍贯与生年——科举朱卷研究之一》，《清史研究》1999 年第 4 期。

类似情形，并称文科举榜为"龙榜"、武举榜为"虎榜"。这些都是科举词典应收录的条目内容，也是科举术语和词汇的组成部分。

而且，科举术语虽十分专门，但又随处可见。相当部分语汇如状元、进士、秀才、科举等不是仅见于某一两本书中，而是散见于成千上万部史籍中；不是出现于某一文献中一两次，而可能是再三或上百次出现的词语；不是少数坐在书斋中的学者自己才理解的，而是许多乡间寻常百姓都知道的词语；不是仅存在于古文献中的冷僻字眼，而是在全国各地的牌坊、碑铭、匾联、古玩、习俗以及民间口耳相传的故事、谣谚，以及至今仍在上演的传统戏曲中都可能遇到的词汇。因此，科举术语既有十分专门精深的部分，也有非常通俗浅显的部分。这使得"科举学"成为一门精深引人、雅俗共赏的专门学问。

除了科举时代逐渐形成的术语词汇之外，20世纪现代人在科举研究中还发展概括出一些词语和概念，如科举时代、科举教育、科举社会、科第社会、科举文化、科举文学、科举文献、科举录、科举人物、科举生涯、科举生活、场屋生涯、科举传统、科举心理、科举习俗、科举学位、科举人口、科举地理、科第世家、正统科举、旁系科举、洪宪科举、科举学……因为科举在一千多年中的影响无所不在，所以许多事物和文化现象冠上科举二字都有特定的内涵而可以明白。比如，科举地理指的是科举人才的地理分布，牵涉到全国各地的科名多寡和文风升降；科举人口指参加科举的人口，是一个庞大的成分复杂、社会参与广泛的知识阶层；[1] 科举时代、科举文化等概念是被许多著名学者所使用的词语；欧美学者经常使用科举生涯这一概念来形容古代千百万官员、文人的共同经历；科举社会一词甚至可以用来形容当代重视考试的社会，1947年，费孝通针对美国父母很看重儿女的考试分数的情况，就曾说"美国真是个十足的科举社会"[2]……这些新发展的词汇并非将科举与其他词汇生拉硬扯在一起故意拼凑，而是有内在有机联系的概念。

这样，"科举学"中的术语和概念主体部分为长期流传下来并约定俗成的，还有一些是通过对研究对象的种种表象，进行收集、整理、分

---

① 王跃生：《清代科举人口研究》，《人口研究》1989年第3期。
② 费孝通：《美国与美国人》，北京：生活·读书·新知三联书店，1985年，第172页。

析、综合和比较后，抽象概括出来的。这些组成"科举学"的概念术语，虽数量巨大，达到数千个甚至上万个，但一般都具有相对的独立性和稳定性，彼此之间还存在着紧密的逻辑联系，从而形成了一门学科所必要的概念体系。[①]"科举学"庞大而专门的概念体系带有某种专业用语的性质，使"科举学"具有自身特定的话语系统和学术规范，它让研究者有一定的研究范式可循，从一个方面有力地支撑着"科举学"的学科构架，使"科举学"这一内容广博的专学得以逐步形成和确立。

[①] 田建荣：《科举学：理论、体系与方法》，《广西大学学报》（哲学社会科学版)2000 年第 2 期。

"科举学"的世纪回顾[*]

世纪晚钟已经悠然敲响,在百年回眸之际,总结一下 20 世纪科举研究的演变历程令人饶有兴趣,也颇具学术意义。曾经在一千多年间与中国无数知识分子的命运息息相关的科举制度,在 20 世纪初退出了历史舞台,但与科举无关的现代人却难以完全摆脱科举文化的影响。对待科举,人们从世纪初的唾弃与冷淡、世纪中的清理与批判,到世纪末的重视与反思,从一般的科举研究到"科举学"的理论构建,经历了一场几同隔世的沧桑巨变。

一、20 世纪科举研究的演进

"科举学"是一门古老而年轻的学问。因为自从科举制产生一段时间以后便有人开始进行研究,其研究历史长达千余年,是为古老;而将科举作为一门专学或者说作为一个专门领域来研究,则为时尚短,是为年轻。虽然从唐宋至明清

---

* 本文发表于《厦门大学学报》(哲学社会科学版)1999 年第 3 期。

研究科举者代不乏人，但真正用科学的眼光对科举进行研究的，还是走出科举时代的 20 世纪的现代人。

1905 年将科举这一封建政治文化制度的基石动摇撬翻之后，整个君主制度的大厦不久也随之崩塌倾覆，中国历史进入一个动乱不安的时期。与许多学科学问一样，20 世纪最初 20 年谈不上什么研究，尤其是在清末将科举说得一无是处，人们还沉浸在科举革废前夕的激愤情绪的余波之中，更是不屑于去拨弄这一"历史垃圾"。20 世纪的科举研究始于 20 年代，至 20 世纪世纪末，大致可分为以下三个阶段。

第一阶段，1920 年至 1949 年。最初人们对科举的评价多为片断的回忆和零星的评论，从孙中山到陈独秀，很少有名人完全未议论过科举。学术研究方面，1921 年曾在《平民教育》发表《新法考试》的心理学家张耀祥，又于 1926 年在《心理》杂志发表《清代进士之地理分布》，以他直接从北京国子监进士题名碑录亲自抄录的 24451 名进士为研究对象，分析中国人才的地理分布。他还在《晨报副刊》第 1493 号（1926 年 12 月 16 日）刊出《论科举为智力测验》一文。当时"科举二字不符时俗耳目"，言科举者"足大来丑诋"，[①] 一般人皆以考试来代指科举。1928 年 10 月，南京国民政府按孙中山考试权独立的构想成立考试院，促进了考试（科举）史的研究。1929 年邓定人将其在上海《民国日报》附刊"星期评论"上发表的连载论文编著成《中国考试制度研究》一书，由民智书局出版。此书的主要内容为科举考试史，实际上是第一部研究科举的专书。20 世纪 20 年代后期至 1937 年是中国近现代学术史上的黄金时期，科举研究也出现了不少成果，仅专著就有章中如《清代考试制度》（黎明书局 1931 年出版）、方瑜《唐代的科举制度》（中山大学 1933 年印行）、傅增湘《清代殿试考略》（大公报社 1933 年出版）、陈东原《中国科举时代之教育》（商务印书馆 1934 年出版）、邓嗣禹《中国考试制度史》（国民政府考试院 1936 年印行）、卢前《八股文小史》（商务印书馆 1937 年出版）。20 世纪 30 年代至 40 年代还有不少论文发表（约 80 篇），主要为制度史研究和考订，较具理论研究性质的有王亚南于 1947 年在《时与文》第 2 卷第 14 期发表的《支持官僚政治高度发展的第二大杠杠——科举制》，

---

① 瞿宣颖：《科举议》，《甲寅》周刊 1925 年第 1 卷第 2 号。

以及潘光旦、费孝通 1947 年在清华《社会科学》第 4 卷第 1 期上发表的《科举与社会流动》。此时期国外科举研究专著有日本学者宫崎市定 1946 年出版的《科举》一书。第一阶段的科举研究论著多各自进行，很少产生争论①，但为后来的研究打下了一定的基础。

　　第二阶段，1950 年至 1979 年。如果说第一阶段为中国科举研究的奠基期的话，那么，第二阶段则为研究中心外移期。此阶段中国大陆科举研究受到冷落，而海外却形成研究热点。20 世纪 50 年代至 70 年代，大陆仅出版过 3 本科举研究专书，即 1958 年由生活·读书·新知三联书店出版的商衍鎏的《清代科举考试述录》，1961 年由中华书局出版的商衍鎏的《太平天国科举考试纪略》，以及 1964 年中华书局出版的张晋藩、邱远猷所撰普及性读物《科举制度史话》。此阶段大陆学者发表的科举研究论文也屈指可数，主要有吾师韩国磐先生的《唐朝的科举制度与朋党之争》（《厦门大学学报》文史哲版 1954 年第 1 期）、《略述科举制度》（《历史教学》1960 年第 4 期）、《科举制和衣冠户》（《厦门大学学报》社科版 1965 年第 2 期），唐长孺的《南北朝后期科举制度的萌芽》（《魏晋南北朝史论丛续编》，生活·读书·新知三联书店 1959 年版），吴晗的《明代的科举情况和绅士特权》（《灯下集》，三联书店 1960 年版），翦伯赞的《释〈儒林外史〉中提到的科举活动和官职名称》（《文艺学习》1956 年第 8 期）等寥寥几篇。而同一时期，科举研究却成为海外学术界研究的热点，仅中国台湾地区就出版了 19 部专著，其中较有分量者有科举过来人齐如山《中国的科名》（新闻出版公司 1956 年出版），此书虽非专门的学术性著作，而是凭记忆和传闻撰述的掌故类图书，但作者博闻强记，有不少是一般史书未载的逸闻逸事，充分反映了科举在社会上的地位和民间的影响。而台湾商务印书馆 1969 年出版的沈兼士的《中国考试制度史》，书名虽与邓嗣禹书相同，却有不少论述颇具独到见解。侯绍文的《唐宋考试制度史》（台湾商务印书馆 1973 年出版）则为专题性著作，对一些科

---

　　①　唯一一次直接的争论是何永佶于《观察》第 4 卷第 11 期（1948 年 5 月）发表的《中国式的代议制度》一文，主张科举为古代中国式的代议制度，随后林志纯于《观察》第 4 卷第 13 期发表《科举、选举与中国式的民主》、吴晗于《观察》第 4 卷第 14 期发表《论所谓"中国式的代议制度"》、流金于《文讯》第 9 卷第 2 期发表《论所谓"中国式的代议制度"》加以反驳和讨论。

举专题的研究相当深入。至于刘兆、王宾的《清代科举》一书于 1977 年
由东大图书公司出版后，虽然曾出现台湾史学界少见的"轰动情形"，书
中所列多幅图和照片被认为"不但为最珍贵的文献，同时更有最大的参
考价值"，①但实际上这些图片系从商衍鎏书中搬用过来，书中有不少
内容（如有关八股文和试帖诗释义部分）也完全抄自商著，且不加注明。
而其他一些著作，如山西文献社 1977 年出版的郭荣生的《清朝山西进
士》、1954 年中央文物供应社出版的章群的《唐代考选制度考》、1969 年
广益印书局出版的杨建华的《〈摭言〉及其作者考述》、1968 年正中书局
出版的杨吉仁的《三国两晋学校教育与选士制度》等书也各有侧重。此
外，中国香港地区、日本、欧美等国家与地区也有不少科举研究论著出
版，代表性的著作可举出日本荒木敏一所的厚实的《宋代科举制度研究》
（京都大学东洋史学会 1969 年出版）、美国何炳棣的《中华帝国的成功阶
梯：关于社会流动》（哈佛大学出版社 1960 年出版）。此时期海外科举研
究论文数以百计，研究中心已不在中国大陆。

第三阶段，1980 年至 1999 年。近 20 年科举研究进入兴盛期，在
海外科举研究长盛不衰的同时，中国大陆的科举研究复兴繁荣，研究中
心已回归本土。经历过"文化大革命"期间的研究空白之后，最早出版的
科举研究专著为程千帆少而精的小册子《唐代进士行卷与文学》一书（上
海古籍出版社 1980 年出版）。20 世纪 80 年代中期以后，科举研究论著
迅速增加，每年皆有专著出版，其中许树安的《古代选举及科举制度概
述》（天津人民出版社 1985 年出版）、傅璇琮的《唐代科举与文学》（陕西
人民出版社 1986 年出版）、王道成的《科举史话》（中华书局 1980 年出
版）、黄留珠的《中国古代选官制度述略》（陕西人民出版社 1989 年出版）
较有代表性。20 世纪 80 年代共有 11 部科举研究著作面世。而进入 90
年代以来，科举研究空前繁盛，仅专门著作便有 70 余部，较为深入细
致的如阎步克的《察举制度变迁史稿》（辽宁大学出版社 1991 年出版）、
萧源锦的《状元史话》（重庆出版社 1992 年出版）、刘虹的《中国选士制度
史》（湖南教育出版社 1992 年出版）、奇秀的《抡才大典》（山东大学出

---

① 谢浩：《〈清代科举〉平议——兼论齐著〈中国的科名〉》，参见
谢浩《科举论丛》，南投：台湾省文献委员会，1995 年，第 217、
257 页。

社 1993 年出版)、张希清的《中国科举考试制度》(新华出版社 1993 年出版)、何冠环的《宋初朋党与太平兴国三年进士》(中华书局 1994 年出版)、谢青与汤德用的《中国考试制度史》(黄山书社 1995 年出版)等，不胜列举。

而且，此时期科举研究还走向系统化和理论化，并于 1992 年提出了"科举学"的概念，将科举作为一个专门研究领域来看待。① 不少论著不仅对科举制度作考释和叙述，而且更为客观全面地评价科举这一重要历史现象，做出较具理论价值的研究成果。例如，1992 年吉林文史出版社的宋元强的《清朝的状元》一书，以清代 114 名状元作为专题研究，从新的角度对清代科举进行了深入探讨。作者应用中观史学的方法，撷取科举制度中一段时期、一组有关人物进行研究，得出不少有价值、具有说服力的结论②，认为科举制度的基本特征为不拘门第、平等竞争、公开考试、优胜劣汰。此书持论公允、不囿成见，且论证有力、见解精辟，是一本"科举学"研究的佳作。③ 1996 年湖北教育出版社出版的刘海峰的《科举考试的教育视角》一书，则重视科举考试的"元研究"，体现了作者致力于将科举考试作为一门学科加以研究的旨趣，标志着科举考试的研究已迈进"科举学"的新阶段。④ 1998 年年底生活·读书·新知三联书店出版的何怀宏的《选举社会及其终结》一书，"试图澄清本世纪以来一直笼罩在科举和八股之上的浓厚无知与攻讦的乌云"，"细探这种考试选举千百年来反复锻打所形成的社会结构"。⑤ 该书封底所载季羡林先生的评价说：该书对构成中国古代科举考试的中心环节的试卷——八股文的研究，通过对历朝经义范文的剖析，揭示科举考试的形式、内容、性

---

① 刘海峰：《"科举学"刍议》，《厦门大学学报》(哲学社会科学版)1992 年第 4 期；刘海峰：《科举学发凡》，《厦门大学学报》(哲学社会科学版)，1994 年第 1 期。本文可视为笔者"科举学"系列论文《科举学"三论》。

② 宋元强：《中观史学与科举制研究》，《求是学刊》1996 年第 1 期。

③ 刘海峰：《"科举学"研究的佳作——宋元强〈清朝的状元〉评介》，《社会科学战线》1994 年第 4 期。

④ 谢作栩：《"科举学"的新开拓——刘海峰〈科举考试的教育视角〉评介》，《厦门大学学报》(哲学社会科学版)1998 年第 2 期。

⑤ 何怀宏：《选举社会及其终结》，北京：生活·读书·新知三联书店，1998 年，第 38 页。

质、功能及其社会意义与影响，有助于补正长期以来我们认识上简单片面贬斥的偏颇。

综观 20 世纪中国科举研究的发展脉络，总的看来是从冷寂走向热门，从制度的考证和史实的回忆走向理论的探讨，从激情的批判走向理性的判断，从幼稚走向成熟。

二、科举研究的热点和公案

作为一个内容广博的专门研究领域，"科举学"的研究空间非常广阔，但并非没有学术交锋。因研究人员众多、历史悠久、成果丰硕，科举研究中出现了一系列百家争鸣的代表人物、代表著作。"科举学"的争论问题不胜枚举，大至科举制的千秋功罪，小至某一著名历史人物的登科年份都有不少争鸣商榷。以下仅概括一下几个影响较大、讨论较为集中的重要问题。

(一)科举起源之争

科举究竟始于何时是科举研究首先要碰到的一个问题，而这恰恰又是争论十分激烈、观点相当歧异的一个问题。至今探讨科举制度起源的专门论文已不下 20 篇，还有许多科举研究著作和中国通史、教育史、文化史、制度史著作在有关章节讨论这一问题，各种观点林林总总。从大的方面来看，有科举始于汉代说，此说以徐连达、楼劲为代表，认为汉代在整套科目体系中有不排除布衣入仕的常科、组织过程具有全国性和统一步调、有取舍留放意义的考试环节三大要素上，汉代察举与唐代科举基本一致。[①] 有科举始于唐代说，此说以何忠礼为代表，在 20 世纪 30 年代邓嗣禹、俞大纲、张孟劬等人讨论科举起源的基础上，主张科举制应具备士子应举允许"投牒自进"、一切以程文定去留、以进士科为主要取士科目三个特点，因此科举制的起源和进士科的创立时间都在唐代。[②] 有始于隋代说，多数论者持此观点。但具体而言，隋代说中又

---

① 徐连达、楼劲：《汉唐科举异同论》，《历史研究》1990 年第 5 期。

② 何忠礼：《科举制起源辨析——兼论进士科首创于唐》，《历史研究》1983 年第 2 期。

可分为两派，一派为始于隋文帝时，宫崎市定认为始于开皇七年，此观点在国际上影响甚大；韩国磐先生从房玄龄卒年推算其进士及第年份，认为科举制创置不迟于开皇十五年或十六年。[①] 一派认为始于隋炀帝时，其中又有大业元年、大业二年、大业三年、大业四年、大业七年、笼统而言始于"大业中"等不同说法。此外，还有兼顾始于隋和始于唐的"肇基于隋确定于唐"的说法[②]，以及科举制实际开始于梁朝的说法。[③] 刘海峰则认为，科举一词有广义狭义之分，广义的科举指分科举人，即西汉以后分科目察举或制诏甄试人才任予官职的制度，狭义的科举指进士科，即隋代设立进士科以后用考试来选拔人才任官的制度，进士科始于隋炀帝大业元年。[④] 由于科举起源问题事关重大，因此争论特别激烈，这不仅是史实的考证问题，而且牵涉对"科举"的定义问题，只有明确"科举"一词的内涵，才能取得对科举起始时间的共识。

(二)科举革废的影响

与科举起始问题不同，科举制的终结年代十分清楚，人们讨论的焦点集中于科举改革与废除的影响问题。一些西方学者认为，科举制在中国传统社会结构中居于中心的地位，是维系儒家意识形态和儒家价值体系的正统地位的根本手段。科举制在 1905 年废止，从而使这一年成为新旧中国的分水岭；它标志着一个时代的结束和另一个时代的开始，其划时代的重要性甚至超过辛亥革命；就其现实的和象征性的意义而言，科举革废代表着中国已与过去一刀两断，这种转折大致相当于 1861 年沙俄废奴和 1868 年日本明治维新后不久的废藩。[⑤] 现在中国学者也意识到科举制是一项集文化、教育、政治、社会等多方面功能的基本体制，它上及官方之政教，下系士人之耕读，使整个社会处于一种循环的

---

① 韩国磐：《关于科举制起源的两点小考》，参见韩国磐：《隋唐五代史论集》，北京：生活·读书·新知三联书店，1979 年。

② 邓嗣禹：《中国科举制度起源考》，《史学年报》1934 年第 2卷第 1 期。

③ 万绳楠：《魏晋南北朝史论稿》，合肥：安徽教育出版社，1983 年，第 235 页。

④ 刘海峰：《科举考试的教育视角》，武汉：湖北教育出版社，1996 年，第 7、24 页。

⑤ 吉尔伯特·罗兹曼：《中国的现代化》，中译本，南京：江苏人民出版社，1988 年，第 335、635 页。

流动之中，在中国社会中起着重要的联系和中介作用。科举制的废除不啻给与其相关的所有成文制度和更多的约定俗成的习惯行为等都打上一个难以逆转的句号。如果说近代中国的确存在所谓"数千年未有的大变局"的话，科举制的废除可以说是最重要的体制变动之一。科举制的改废并非仅仅是个政治变革，它引起了非常广泛的社会变迁，造成了相当深远的社会影响。[1] 对科举革废的利弊影响之评价，以往学者多持肯定态度，认为它打破了儒学一统天下的局面，并标志着封建时代的旧教育制度在形式上的结束，新的近代教育制度正式确立。科举制的废除加速了西方近代科学文化在中国的广泛传播，并促进了新知识分子群的形成。[2] 科举的废除，使封建体系不仅在政治上，而且在思想文化上对全社会的有效控制力都有所削弱，为辛亥革命创造了新的有利条件，并开了十年后新文化运动的先河。[3] 近年来一些论者则谈到了当时取消科举这一"休克疗法"的消极后果，认为科举制的急忙废止引发了急剧的社会震荡，导致了中国历史上传统文化资源与新时代的价值之间的一次最重大的文化断裂。[4] 废科举的主要目的在于为倡科学扫清道路，这在当时有其必然性，不过，在今天看来，其时废科举多少有些匆忙和欠慎，留下的后遗症不小。[5] 有的论者指出，在传统中国文化中，科举制在中国近代的遭遇恐怕是最缺乏理性的，由于科举制的废除，中国干部人事裁判制度实际上倒退到科举制以前的诸形态。[6] 还有学者认为，科举制不是废于一旦，而是迁延十年之久，最终又以一种貌废而实存的形式延续下去，这就使得名为学校而实同科举的教育制度越过辛亥革命而贻害民国，"读书做官论"始终没有失去它的魅力，连革命也无奈何于由考试而

---

[1] 罗志田：《清季科举制改革的社会影响》，《中国社会科学》1998 年第 4 期。

[2] 沈其新：《清末科举制度废止评述》，《广州研究》1987 年第 11 期。

[3] 郑焱：《1905 年废科举论》，《史学月刊》1989 年第 6 期。

[4] 萧功秦：《从科举制度的废除看近代以来的文化断裂》，《战略与管理》1996 年第 4 期。

[5] 刘振天：《"科举学"研究的突破性进展》，《高教自学考试》1998 年第 4 期。

[6] 蒋德海：《科举制在中国近代的遭遇》，《复旦学报》(社会科学版)1996 年第 5 期。

弋取利禄的这团乱麻。[1] 另外，还有不少专文探讨废科举与兴学堂关系的问题。由于科举革废影响重大深远，人们的评价争论还会不断持续下去。

(三)科举与社会流动的关系

科举造成较大的社会流动究竟是事实还是错误印象，历来存在不同看法，中外学术界曾作过大量的研究，形成了"科举学"中的一大热点和公案。海外学者对此问题的研究尤为热心。研究表明，唐代能借科举作社会流动的量并不大，但流动的幅度和速度却很大。[2] 按美国学者柯睿格根据南宋绍兴十八年(1148年)《同年小录》的统计，在可考家庭背景的279名进士中，父祖二代中全无做官的有157人，占56.3%；根据宝祐四年(1256年)《登科录》的统计，家庭背景可考的572名进士中，平民家庭出身的有331人，占57.9%。[3] 萧启庆指出，即使在重视士人家庭"脚跟"的元代，进士出身者中也有不少平民家庭成分者，元统元年(1333年)100名进士中，有35%的进士来自全无官宦传统的家庭。[4] 何炳棣的研究成果表明，在明代，则有46.7%的进士出身于寒微人家，至清末(1822年至1904年)，前三代无功名或仅为生员者的进士也有35.5%。[5] 这种大量的社会阶层流动使中国社会逐渐从魏晋南北朝时期的门第社会转变为科第社会。张仲礼的统计是，19世纪35%的绅士为出身普通家庭的"新进者"，科举制度确实使某种"机会均等"成为可能，但是实际上它对于那些有财有势者却更为有利，所以科举制度实际上并

[1] 周振鹤：《官绅新一轮默契的成立——论清末的废科举兴学堂的社会文化背景》，《复旦学报》(社会科学版)1998年第4期。

[2] 黄富三：《科举制度与唐代的社会流动》，台湾《东方杂志》复刊1968年第2卷第2期。

[3] E. A. Kracke, "Family Vs. Merit in Chinese Civil Service Examinations Under the Empire", *Harvard Journal of Asiatic Studies*, 10, 1947, pp. 115-116.

[4] 萧启庆：《元代科举与菁英流动——以元统元年进士为中心》，台湾《汉学研究》1987年第5卷第1期。

[5] Ping—ti Ho, "Ladder of Success in Imperial China: Aspects of Social Mobility (1368－1911)."New York, Columbia University Press, 1962.

未向所有的人都提供平等的机会。[1] 魏特夫研究了唐代和辽朝的科举后认为，科举确实使一些够格的平民进入官场，但其比例和影响并不大。[2] 当代中国学者多数倾向于科举的确促成了较大社会流动这一派的观点。比如，认为清代状元中出身于平民等级的占 49%，这个事实充分表现了科举制度的公平竞争的基本特征。[3] 从唐朝至清朝，科举一直促使社会下层向上层流动，促使社会结构变化，其绝对流动比值为10%～60%，平均值 30% 左右。在长久停止科举后的进士考试恢复期或宽松取士期或改朝换代之际，往往社会流动性能达到最高极限近60%，而一旦科举固定为制度有比例录取进士，社会流动性将渐趋弱势。[4] 中国学者现也相当重视研究科举与社会流动之关系，但量化分析方面尚未突破何炳棣等海外学者的研究范围和深度。

(四)八股文的评价问题

在清末被深恶痛绝而扫进文字垃圾堆中的八股文，现今又被重新挖掘出来当作"文化宝贝"加以研究。作家刘绍棠曾说："在我的印象里，八股文是和缠足、辫子、鸦片烟枪归于一类的，想起来就令人恶心。但是，若问我八股文究竟何物，却不甚了然。"[5] 卢前的《八股文小史》写作的初衷，便是认为八股文有五百余年之历史，在文学史上自应占有相当之地位，治文学史者固不能以一时之好恶而竟抹杀之。周作人在《中国新文学的源流》一书附录中曾赞扬八股文是"中国文学的结晶"。但在多数人眼中，八股文仍是毫无用处的丑类。现代对八股文作全面客观评价者，较早的有侯绍文的《八股制艺源流考》，发表于台湾《人事行政》第21 期、第 22 期(1966 年至 1967 年)，其中引述了一些论者对八股文正反两方面的评价。20 世纪 80 年代以来，对八股文的功用评价较为公允

---

① Chung－Li Chang, "The Chinese Gentry: Studies on Their Role in Nineteenth－Century Chinese Society," University of Washington Press, Seattle, 1955, pp. 182-188, 210-230.

② Karl A. Wittfogel, "Public Office in the Liao Dynasty and the Chinese Examination System," *Harvard Journal of Asiatic Studies*, Vol. 10: 1, 1947, pp. 13-40.

③ 宋元强：《清代的科目选士与竞争机制》，《中国社会科学》1993 年第 2 期。

④ 吴建华：《科举制下进士的社会结构和社会流动》，《苏州大学学报》1994 年第 1 期。

⑤ 王凯符：《八股文概说》，北京：中国和平出版社，1991 年。

起来。有的论者认为，作为一种特殊的应试文体，它有着远较唐人的诗赋和宋人的经义之文更能为考卷的评审提供客观衡量标准的作用，因而宋人的经义之文发展为八股文乃是我国科举制发展史上的一个进展，有其积极意义。[1] 以八股文取士除了可以控制人们的思想以外，还可以划定备考范围，不致漫无边际地学习；从形式上看，八股文可以防止作弊，使评卷标准化、客观化，并减省评卷工作量，而且在一定程度上可以测验出考生的文字基本功，作为一种标准化的考试文体，有其特定的功用。[2] 有的论者认为八股文是汉民族文化的积淀，无论精华与糟粕都积存沉淀在那里面。这是中国文化的一个大"滇池"，它的底层有非常深厚的污泥浊水。[3] 还有不少学者专门研究八股文与律赋的关系、八股文与宋元时文的关系、八股文与明清古文及戏曲的关系等。八股文曾是中国历史上产出最多的一种文字，然而科举废后因时代需求于 20 世纪前几十年间烟消云散，历史上大概没有哪一类的文献在这么短的时间内几乎消失殆尽。[4] 为了让现代人了解八股文，海南出版社于 1994 年出版了田启霖编著的一大厚本《八股文观止》。而王凯符的《八股文概说》，启功的《说八股》以及启功与张中行、金克木合著的另一种《说八股》，邓云乡的《清代八股文》，张中行的《闲话八股文》等书，都较为客观地介绍了八股文的体式、来龙去脉以及对文学和选拔人才的影响等，使中国学术界出现了一股"八股热"。

（五）科举制的功过得失

科举大概是中国历史上人们评价差异最大的一种制度。批判者认为，"明清两代五六百年间的科举制度，在中国文化、学术发展的历史上作了大孽，束缚了人们的聪明才智，阻碍了科学的发展，压制了思想，使人脱离实际，脱离生产，专读死书，专学八股，专写空话，害尽

---

① 文元珏：《明王朝科举制度中的文化专制主义初探》，《湖南师院学报》（哲学社会科学版）1980 年第 4 期。

② 刘海峰：《八股文为什么沿用了五百余年？——略谈八股文在当时的功用》，《文史知识》1989 年第 2 期。

③ 秦旭卿：《试论八股文的起源》，《湖南师范大学社会科学学报》1989 年第 6 期。

④ 刘祥光：《时文稿：科举时代的考生必读》，台湾《近代中国史研究通讯》1996 年第 22 期。

了人，也害死了人，罪状数不完，也说不完"。① 一些论者还常引用明
清时人的说法，认为科举不仅不能选拔和造就人才，而且败坏人才，其
危害比焚书坑儒还大，甚至近代中国积贫积弱、割地赔款都是八股科举
的罪过。肯定者则认为，科举是中国各种制度中受人抨击最多最厉害也
是最不公正的一个，科举实际上是世界各国用以拔取真才之最古最好的
制度，是"人类所发展出的选择公仆的方法中最奇特、最令人赞赏的方
法"。② 他们甚至认为科举制为西方文官制度所借鉴，是中国在精神文
明领域中对西方、对世界的最大贡献之一，其重要性可与物质文明领域
中火药、印刷术等四大发明相媲美，可称之为中国的第五大发明。现在
多数研究者较为全面客观，认识到科举考试是一把锋利的双刃剑，其利
弊得失都相当重大，从不同的立场、观点出发，从不同的角度和距离观
察，很可能见仁见智，得出不同的结论，科举既有维护统一与普及文化
的作用，又有压抑个性与阻碍科技的后果，既有澄清吏治与鼓励向学的
一面，也有做官第一与片面应试的一面。③ 科举制的千秋功罪是难以估
量的，我们很难断言其功大于罪或失大于得，也很难准确地说是否功过
参半，这是一个不易用四六开或对半开来量化分析的大问题。不过，近
年来的研究论著较多趋向于重新认识科举制的历史作用和地位，认为不
应将科举制的功能和具体内容相混淆，就制度本身而言，科举不愧为中
国传统文化的杰作，在中国历史上起了极其重大的作用，如同传统文化
的其他精华一样，科举制度的积极部分值得我们继承和发展。④ 科举制
的总体评价是科举研究中的最大问题，观点歧异的状态还会永远存在。

　　以上所举仅是"科举学"中 5 个较为突出的争论问题，其他如唐代秀
才科的存废时间、糊名考试的起始年代、进士科崛起的原因、科举在唐

　　① 吴晗：《明代科举情况和绅士特权》，参见吴晗：《灯下集》，
北京：生活·读书·新知三联书店，1960 年，第 94 页。
　　② 威尔·杜兰(Will Durant)：《世界文明史》第 1 卷(4)《中国与
远东》，中译本，台北：幼师文化出版社，1978 年，第 196 页。
　　③ Liu Haifeng, "The Double－edged Sword: The Merits and
Demerits of the Imperial Examination System in China," Beijing: For-
eign Language Teaching and Research Press, 1998, pp. 354-360.
　　④ 葛剑雄：《科举、考试与人才》，参见《人才与经济、社会、
文化发展(第二届中国东南地区人才问题国际研讨会论文集)》，南
京：东南大学出版社，1996 年，第 263~265 页。

代官僚政治中的地位、科举与唐代文学繁荣的关系、科举与宋代冗官问题、王安石科举改革的得失、元代科举的地位、科举是否真正西传、太平天国是否开过女科举及有否女状元、历代科举人数，乃至某个人的是否及第等许多问题都存在直接的争论，使"科举学"呈现出一片热闹景观。

三、世纪之交"科举学"的发展趋势

21世纪的曙光已露端倪，20世纪正将成为历史向我们告别而去。在这世纪之交，挟近年来迅速发展之声势，"科举学"显示出强劲的发展势头。

具体而言，世纪之交"科举学"的发展趋势有三个方面：一是研究继续变热，更为学术界所关注；二是进一步走向理论化与综合化，真正形成一门专学；三是评价更为全面和正面，且研究注重为现实考试服务。

20世纪90年代中期以来，科举研究出现一种动向，即研究不再局限于各个学者独立进行，而是开始集合在一起加以研讨。1996年，颇有影响的双月刊《战略与管理》编辑部举办了一次"科举制与中国社会文化"研讨会，尝试不仅在中国传统中为今天的现代化建设寻求思想资源，而且通过研讨科举来寻求制度资源。该刊1996年第4期以"科举制与中国社会文化"栏目开卷，编辑部在该期卷首"编辑手记"中指出：废除科举作为清王朝自发进行的一次变法，距今已经90余年；90余年间的国运兴衰与社会变迁越来越揭示出这次变法的意义，到今天我们甚至认为它是唐宋以后、民国以前中国历史上最重大的一次制度革命。废科举最直接的影响对象似乎是两件事：一是知识分子命运的起伏，二是文化传统即所谓道统的断续。而这两件事是一个具有古老文明的封建王朝能否承续发展和长治久安的至要环节。我国学术界对科举制的废除有着较多层次的理解，具有代表性的一种为：科举制的废除使中国知识分子的道路选择由单一变为多样，由必然变为偶然。这种变化堪称一种解放，它使知识分子摆脱了对政治与王朝的人身依附，成为新的法律制度保障下的自由职业者，使他们的心灵、经验和知识得到了丰富与扩展，人格得到了健全；这也是近现代文化学术繁荣的一个重要原因。一种认识认为，这种变化也使知识分子由中心退居边缘，丧失了对社会进程的直接作用力，丧失了由"学而优则仕"的惯例引发的"学以致用"的良性循环；这既导致了知识分子作为一个社会阶层的某种功能减退，同时也致使选官和从政失去了作为我们民族文明或道统工具的保守性意义。加上西方文化挟带着经济与军事力量的强大进入，加上在某种特殊的历史情境下，知识分子既失去了从政的可能又失去了从学的条件，而成为被"改造"的对象（这本身亦是科举废除的间接后果），中华文化和文明的衰弱就成为一个严峻的事实。有的学者认为，这种衰弱损害了我们民族的灵魂和凝聚力，从而也损害了我们在这个丛林世界的生存能力，损害了中国在未来成为一个伟大强国的精神基础；即使从文化建设本身来看，这种衰弱由于动摇了我们的本土文化立场从而也妨碍了我们对外来文化的有效接受和创化。有的学者特别强调，在清末科举制废除后一段较长的历史时期里，近代中国一直未能重建起一个公开、刚性和程序化的选官制度，这就给人才吸纳、阶层流动和社会和解造成了很大的困难，也影响了公正与公平原则的进一步推广。总之，废科举作为一项重大的社会工程既带来了很大的收益，也索取了很高的代价。该刊随后连续几期开辟"科举制与中国社会文化"专栏，发表了各学科学者多篇颇具分量的科举研究论文。

更大规模的一次讨论是 1998 年 5 月在北京召开的"中国考试史专题研讨会"，会议由原国家教育委员会考试中心主办，与会代表 55 人，提交论文 45 篇，讨论的主题实际上基本集中于科举考试，共有以下 6 个议题：科举考试在中国历史发展中的作用、科举考试与中国古代教育的关系、科举考试与当代经济及社会的关系、八股文的起源与评价、科举考试对国外的影响、科举考试的历史对现代教育考试的启示。来自历史学界、教育学界、文学界和考试管理部门的许多专家教授发表了自己的科举研究见解。作为会议的筹划者之一，笔者也提交了大会主题报告论文《"科举学"——21 世纪的显学》。这次研讨会论文集于 1999 年由高等教育出版社出版，书后还附有中国考试史部分研究论著目录索引。我们知道，科举虽然影响重大，但在以往将科举视为落后反动的封建取士制度的情况下，很难想象会专门召开以科举为专题的研讨会。

此外，1998 年《高教自学考试》月刊开辟了"科举学"丛谈系列论文栏目，连载了笔者"科举学"丛谈论文 12 篇。《厦门大学学报》1999 年第 4 期也设立"科举学"笔谈专栏，发表了 6 篇笔谈论文。这些研讨会的召开和笔谈栏目的开设，或是感到科举研究具有重要的学术价值，或是认为科举考试对当今的考试改革具有历史借鉴意义，皆预示着科举研究将突破以往"鸡犬之声相闻、老死不相往来"的分散局面，走向综合化和学科交叉，促使"科举学"走向兴盛。人们越来越认识到，产生于等级森严的封建社会的科举制，从考试内容上说深含古代精神，具有某些过时的封建糟粕，然而从公开考试、平等竞争的形式上说，则具有一定的现代性，这种平等择优的竞争方式具有超越封建时代的特征。科举虽已废止，但考试这种选才方式却没有而且也不可能停罢，仍适用于现代社会，而 1300 年间科举考试所积累的丰富经验和深刻教训，对当今的各种考试改革皆有参考价值。正因为如此，未来科举研究还会引起更多的兴趣和关注。"科举学"的产生和发展源自学术研究的内在需要和考试改革需寻求制度资源的外在环境。作为一门专学，"科举学"具有远大的前程。

与 20 世纪其他几门专学相比较，"科举学"不像甲骨学、敦煌学，没有以一个出土、重见天日的重大考古发现为契机，而是人们习以为常的旧事物或老古董。但由于科举研究的内涵和价值极为丰厚，人们逐渐发现了科举研究的意义和价值，也属于新发现和大发现，因而也具备了成为未来显学的条件，只是与甲骨学、敦煌学相比，"科举学"更为通俗和普及，这一点倒与"《红楼梦》学"较为相似，即专门与普及研究相结合，既可以作精深的纯学术研究，也可以结合自身祖先或当地先贤的科第历史作一些探讨。另一方面，从研究者众多且学科牵涉面之广来说，"科举学"又与敦煌学较为相似，需要多学科的理论综合和进行全方位的协同研究。

回顾 20 世纪科举研究的发展历程，展望未来"科举学"的发展趋势，可以看出，"科举学"虽是一门年轻的专学，但却有古老的历史渊源、丰富的研究成果和深厚的内在底蕴，有现实改革的借鉴需求和众多学者的推动，因而必将日益繁盛，迎来 21 世纪的崭新发展阶段。

科举学的教育视角[*]

科举制虽然已成为历史陈迹，但它在中国历史上存在的时间长达 1300 年之久，对中国的政治、思想和文化都产生过深远的影响。作为一种古代的考试制度，科举制牵涉面很广，性质至为复杂。科举首先是一种文官考试，但又有教育考试性质，而且越到后来教育考试性质越明显。科举对教育的影响，既有促进民间私学发展和书院的兴起、调动士子的读书积极性的作用，也有压抑求异思维、导致书院官学化、学校科举化等问题。本文拟总结科举教育的传统，介述从教育角度研究科举学的动态。

一、科举教育的传统与变革

科举时代的教育可以称之为科举教育，科举教育是指以科举为重心的教育，即以考促学、以考促教的教育，也可以说是重视考试的教育，用今天的话来说就是考试领导下的教育或"应试教

* 本文发表于《理论月刊》2009 年第 5 期。

育"。科举教育长期实行所形成的一些传统，对今天的教育和考试还有不少影响，客观公正地总结、评价科举考试的传统，有助于我们去芜取精、扬长避短。具体来说，科举教育的传统主要表现在以下几个方面。

(一)有教无类，及第争先

考试取士的竞争机制促进了教育的普及，也促进了教育机会的扩大和下移，并造成相当范围内的社会阶层流动。从考生来源和报考条件来看，科举制在理论上将参政权向大多数人开放。中国古代教育最初是"学在官府"，实行的是贵族教育。汉代太学较具平民色彩，但在魏晋南北朝隋唐时期，各级官学等级森严，尤其是国子学和太学，限制要三品和五品以上官员的子孙才能入学。盛唐以后，科举取士从重生徒改变为重乡贡，而乡贡一途是全然没有父祖官阶限制的。科举制的勃兴导致官学的衰弱，但却客观上促使教育机会下移。因此，对科举痛加批判的黄炎培也认为，由贵族教育移到平民教育是靠科举作为"过渡的舟子"。① 唐后期太学已允许八品以上官员的子弟入学。到南宋时，太学成为中央官学的重心，入学已无多少身份品级的限制，以至出现了"读书人人有分"②的观念。明清时期，考为府、州、县学生员没有身份地位的要求，贡入国子监学习也没有父祖官阶的限制，教育范围更加扩大，从制度上形成了有教无类的传统。

考试具有促进社会流动的功能。科举时代的启蒙读物鼓励人们少小立志、及第争先，《神童诗》中所谓"朝为田舍郎，暮登天子堂。将相本无种，男儿当自强"等，既是劝诱人们积极进取、报效朝廷的利诱和鞭策，也是科举制下屡见不鲜的茅屋出公卿的历史事实的真实写照。科举造成较大的社会流动究竟是事实还是错误印象，历来存在不同看法，中外学术界曾作过大量的研究，已成为科举学的五大热点和公案之一。③ 笔者也较赞成潘光旦和费孝通、柯睿格、何炳棣、李弘祺等一派学者的观点，即科举制造成了相当范围的社会阶层流动。总体地说，科举制度

---

① 黄炎培：《中国教育史要》，上海：商务印书馆，1930 年，第 6 页。

② 施彦执：《北窗炙輠录》卷上。

③ 刘海峰：《"科举学"的世纪回顾》，《厦门大学学报》(哲学社会科学版)1999 年第 4 期。

在下层官员中引进了比较多的贫寒人士。① 尽管通过科举进入仕途的竞争十分激烈，但科举制至少给了一般寒士做梦的权力和实现梦想的机会。由于家庭经济基础和受教育的条件存在差异，不同背景的举子往往站在不同的起跑线上，但至今为止人类社会在哪个国度哪个时代存在过完全平等的竞争呢？"少壮不努力，老大徒伤悲"，而科举时代一般人所谓的少壮努力以求出人头地，指的就是读书应举。现代中国人具有较强的进取心，与科举制下形成的勇于进取、及第争先的传统不无关系。

（二）努力向学，重视教育

子曰："耕也，馁在其中矣；学也，禄在其中矣。"② 企求功名富贵是多数士子学习的根本动机。以才学为录取依据的科举制利诱士子刻苦学习，形成了中国社会努力向学、重视教育的传统。龙门登科，"鱼"可以化为"龙"，科举及第具有使人化为另一"族类"的升迁功能，这种中举效应的强烈示范，极大地调动了人们的学习积极性，以至出现了"五尺童子耻不言文墨"③ 的社会风气，有力地推动了教育的普及和文化发展。唐末五代时期，中原地区乡村之间，几乎每家都藏有一本启蒙通俗读物《兔园册府》。④ 据罗斯基（E. Rawski）的研究，1880 年清代识字率男性为 30％～45％，女性为 2％～10％，平均识字率在 20％左右，这一比率不亚于英国和日本现代化以前的识字率。但自 1895 年以后到南京国民政府成立期间，全国的识字率一直在下降，到 20 世纪 30 年代，具有小学文化程度的人数只占总人口的 17％。⑤ 受科举重学传统的影响，中国的种田和工商人家向来看读书人家都十分羡慕，只要有一线成才的希望，自己家可以培植出一两个读书子弟，父母往往愿意含辛茹苦，送子就读。当今中国人成为世界上最重视子女教育的民族之一，应该说于科举时代形成的传统是分不开的。

科举时代教育的目的是"储才以应科目"，读书人作秀才时便以日后

---

① 李弘祺：《宋代官学教育与科举》，台北：联经出版事业公司，1994 年，第 xxii 页。

② 《论语·卫灵公》，参见朱熹：《四书章句集注》，北京：中华书局，1983 年，第 167 页。

③ 杜佑：《通典》卷一五《选举典》。

④ 孙光宪：《北梦琐言》卷一九《谈谐所累》。

⑤ 转引自金观涛、刘青峰：《开放中的变迁》，香港：中文大学出版社，1993 年，第 155～157 页。

当宰臣相期许。尽管大多数人无法实现入仕的愿望，但许多人小小年纪，便胸怀"修身、齐家、治国、平天下"的理想和抱负。这就像现代竞技体育是为了培养选拔金牌选手，但更深层的目的在于通过示范，促进全民健身，部分程度上还可以使广大青少年远离犯罪。科举时代只有1%左右的读书人能够功成名就，而在科举考试的利诱之下，却促使其他99%的读书人的文化素养大为提高。本来一般古代社会是不会有那么多读书人的，而科举以考促学，造就了许多"业儒"的读书人。科举制是为选拔少数精英而设计的选才办法，这会造成大量落第者的才智的浪费。科举剥夺了许多读书人的欢乐，却至少在程序公平方面给每一个读书人同样的报考和入仕的机会。

从教育的视角细加考察，可以看出科举既有高等教育考试性质和学位考试性质，又有自学考试和智力测验性质。任何一种制度的出现都有其产生的客观原因，实行以考促学是中国的古老传统。科举具备了个人自学、社会助学和国家考试这三个要素，从其考试和教育的层面来看，科举属于古代高等教育自学考试。植根于传统文化且继承科举考试丰富经验并与现代教育相结合的自学考试制度，是中国古代考试传统在现代新的历史条件下的发展和创新。有的学者认为，古代科举是其创立之前数千年各朝探索人才选拔机制的结果，这一结果对当代自学考试制度的创立产生了重要的影响，而科举在千余年的发展中所产生的积极作用与消极影响，则为自考的改革与发展提供了正反两方面的历史借鉴。科举与自考同为古代和当代的大规模社会考试，无论在考试外部各因素的关系抑或考试内部各因素之间的关系方面，都有许多值得我们去比较、去挖掘的经验教训。[①]

(三)公平竞争，公正录取

科举时代，人们在长期的考试实践中形成了在考试成绩面前人人平等的公平竞争观念(当然是指相对的平等)，这是在等级森严的中国传统社会中难能可贵的一个闪光的方面。作为"量才尺"，考试的基本原则是公平、公正，从隋唐至明清的科举时代，许多人将科举考试看成一种"至公"的制度。不管科举是否真正做到"至公"(实际上，世上从来没有

---

① 郑若玲：《科举与自考：历史与现实的观照》，《清华大学教育研究》2000年第3期。

绝对的公平），至少成熟期的科举考试从制度上说是提倡公平竞争的。唐宪宗元和三年（808 年），白居易在主持制科考试的复试时便说自己"唯秉至公，以为取舍"。[1] 唐宣宗大中元年（847 年）复试进士敕文也声称"有司考试，只在至公"。[2] 科举考试"至公"观念到宋代以后有所发展，特别是普遍采用弥封和誊录法之后，其公平客观性进一步得到保障，以至欧阳修认为科举取士"无情如造化，至公若权衡"。[3] 明清时期，各省贡院中的中心位置都有一座名为"至公堂"的建筑，将"至公"理念具体化，也是考试公平性的象征。在明代，科举已被人们视为天下最公平的一种制度，以至有"科举，天下之公；……科举而私，何事为公"之说。[4] 因此，虽然中国自古以来就是一个讲究等级的国度，但另一方面也是一个注重以考试来进行公平竞争的社会，考试在人们的社会生活中占有十分重要的地位。公平取士与选拔真才有时难以兼顾，一般社会大众明知考试选才具有局限性，但还是宁愿选择艰苦刻板的考试，而不愿接受全面考核却可能舞弊不公的选才方式。这便是为什么中国过去会形成科举社会，现今还在走向考试社会的原因之一。

由于科举制是实行全国统一考试，各个地区的应试者必须接受同样的测试标准，其中脱颖而出者总体而言当然要比名落孙山者具有更高的文化水平。因此，科名的盛衰和科举中式人数的多寡是唐宋以后衡量一个地区文化发达水平的最重要、最客观的指针，科名既是个人和家族的奋斗目标，也成为地方集团或区域群体的追求对象。中国科举史上曾出现过激烈的南北地域之争，其结果是实行分区定额取中举人和进士的制度，这一规定带有优待照顾边疆和文化相对落后地区的用意，从自由竞争的角度来看是与考试的公平原则有某些矛盾之处，但从调动落后地区士人的学习积极性、促进当地人文教育水平提升以及维护中华民族的统一的角度来看，则有其合理之处，具有一定的公正性。所以，中国科举史上关于凭才取人与分区取人的办法越来越具体，区域配额越分越细，

---

① 《白居易集》卷 58《论制科人状》。
② 《旧唐书》卷一八下《宣宗纪》。
③ 《欧阳修全集》卷一一八《论逐路取人札子》。
④ 张萱：《西园闻见录》卷四四《礼部》3《选举·科场》。

这成了中国科举史上的一个发展趋势和规律。① 这一传统一直影响到近代以来中国的高等学校区域布局和高考分省定额画线录取制度的实行。

（四）片面应试，学优则仕

从隋唐到明清，科举既成了教育的手段，也成为教育的目的。作为整个教育的重心，科举的影响无所不在，为求中举及第的科举教育就是一种应试教育。科举考什么士人就学什么，不考什么就不学什么，功令所在，一切都跟着考试的指挥棒而转动。这种应试教育的最大弊病是士人都自动地限制到一条狭窄的成材之路上。为了通过激烈的科举竞争，许多人奉行举业至上主义，与举业无关的学问暂时乃至长期弃之不顾。科举很难考查德行，举子也就不必太重修身。文科举不考体能，许多士人三更灯火五更鸡地苦读，谈何体育锻炼。即使是考智力方面的经术文章，也是只集中于考试的文体和内容。科举重八股制义、楷法试帖，士人便追求八股清通、楷法圆美。至于其他学问，统统可以弃之不顾。一千多年的科举社会使中国人养成了一种"应考的遗传性"，与片面的应举教育一脉相承的当代应试教育，便是科举教育传统的典型体现。

另一方面，科举教育长期实行，养成了中国人读书至上、学优则仕的观念，使升学主义和读书做官的风气盛行。晚唐五代以后，望族高门的延续一般需要科第锁链的维系，达官贵人的子弟也须通过科举才能保住其家庭的政治和经济地位。而草泽寒士为求闻达，改变命运，也千方百计地修"举子业"，希望从社会下层跻身主流社会。这种社会阶层流动在相当程度上更新了官僚结构，有利于澄清吏治。然而，"满朝朱紫贵，尽是读书人"的客观现实，自然而然使人们信奉"万般皆下品，唯有读书高"的人生信条，读书的所有目的就是为了做官，使无数知识分子认定举业至上，争相成为"治人"的劳心者而不愿成为"治于人"的劳力者，养成了对做官的向往和迷恋心态。科举教育将学而优则仕的理念付诸实践，形成制度。这种学而优则仕的传统观念深入人心，在近现代中国仍然根深蒂固，影响着中国人的思维定势和深层心理结构。在现今中国大

---

① 刘海峰：《科举取才中的南北地域之争》，《中国历史地理论丛》1997年第1期。

陆和台湾地区人们选择专业和职业时，还可以看到科举文化的深刻遗存。[①]

科举制在中国历史上长期存在具有深刻的社会政治文化原因，也有其内在必然性与合理性。科举虽已停罢，但考试这种选才方式却没有而且也不可能废止。西方借鉴科举建立的文官考试制度，中国的高考和公务员考试录用制度，在形式上皆与科举有一定的渊源，并且继承了科举考试竞争、择优录用的平等原则。因此，了解古代科举制的教育性质及其长期存在的原因，吸取经验和教训，对我们今天认识和改革统一高考制度很有意义。科举教育或者传统中国重视考试的教育，蕴含着丰富的历史经验和深刻的历史教训，在 21 世纪仍然具有一定的价值，但也面临着严峻的挑战，需要对之进行创造性的变革与转化。而要真正深入地认识科举教育及其传统，就应该从教育的角度研究"科举学"。

二、从教育视角看科举学

科举学是以中国和其他东亚国家历史上存在的科举考试制度及其运作的历史为研究对象的一个专门研究领域，或者说是类似红学、敦煌学、甲骨学的一门专学。但科举学的广博性超过敦煌学、红学等 20 世纪的显学。现有许多专学往往集中于一个人物、一本名著、一个地区，一般多涉及中国文化史的局部，而"科举学"却是与隋唐以后中国大多数名人、大多数书籍、大多数地区密切相关，即与传统文化整体相关的一门专学。[②] 现代人从教育学、政治学、社会学、文学、历史学、文化学等多学科角度研究科举学，但教育学、政治学与社会学、文学、历史学、文化学的科举学研究略有不同，即后者较侧重学术性的研究，前者则较注重古为今用的现实应用研究，因为被称为"现代科举"的高考和公务员考试作为科举的"替身"还在演变发展。

教育学方面的科举研究许多是从科举与教育的关系入手，尤其注重

---

① 刘海峰：《科举考试的教育视角》，武汉：湖北教育出版社，1996 年，第 248～289 页。

② 刘海峰：《科举学发凡》，《厦门大学学报》（哲学社会科学版），1994 年第 1 期。

探讨科举制的经验教训对现代教育考试的参考价值，从科举史中抽象出规律性的东西以丰富考试理论。对科举史料尤其是中国近代科举史料的整理最用力的也是教育学界，20世纪90年代系统组织编纂科举考试史资料者往往是教育学者或教育考试管理者。当代中国发展最早、规模和影响最大的考试是教育考试，现实需要促使教育学界去探寻历史上有关科举利弊存废的现象和考试发展规律。教育视角的科举研究论著很多，有关现代教育考试的科举研究论著，主要从科举对现代教育与教育价值观的影响、科举考试与素质教育、科举与高考的比较和借鉴、科举与自学考试的比较和借鉴等四个方面展开论述，这方面，笔者曾在《"科举学"研究与教育考试改革》一文中介绍过。[①]

与早先往往带有批判色彩的科举研究不同，新世纪以来的科举研究较为冷静、全面和客观，而且也注重评价科举制的积极方面。近年来，科举学的教育视角研究成果较集中探讨古代学校教育与科举考试的关系、书院与科举的关系、清末废科举兴学堂的关系、高考和科举与社会的关系等方面，这里仅择要略加介述。

科举学与教育史研究的关系，近年来受到教育史学界的关注。张亚群认为，科举学与教育史的研究对象交叉，研究方法相通互补，研究成果相得益彰。科举史作为中国教育史、考试史的重要组成部分，近年来已成为教育史学科中一个重要的学术增长点。地方教育史成为区域教育史研究的一个热点，科举整体研究是认识教育发展规律的重要途径，东亚科举史则是教育史学的海外延伸。[②] 科举学的兴起，拓展和深化了中国教育史的研究内容，更新了对科举制性质的认识，促进了科举研究的学科整合及理论化、系统化。科举学研究对于客观、全面地评价科举制的地位与影响，具有重要的理论与现实价值。与科举制紧密相连的科举教育，尽管存在不少历史缺陷，但它在普及民众教育、传承中华文化、提高国民文化素质和民族凝聚力等方面所发挥的积极作用也不应被抹杀，不应将其简化为"应试教育"而全盘否定。从科举学的视角考察和分

---

① 刘海峰：《"科举学"研究与教育考试改革》，《山东师范大学学报》(人文社会科学版)2001年第4期。

② 张亚群：《科举史：教育史学科的学术增长点》，《教育评论》2005年第2期。

析教育史，可以纠偏补失，全面总结经验教训，保存和重构完整的中国教育史；可以更好地理解教育史，探寻古今教育的发展规律，为当代教育改革提供历史借鉴。①

越来越多的论著将古代科举与现代高考联系在一起进行比照研究。例如，郑若玲指出，在中国这个历史悠久、底蕴深厚的文化大国，若欲从富庶厚重的传统文化寻找承传至今、历久弥新的制度遗产，考试无疑是最为人所熟识的一种。考试作为一种甄别人才的活动，几乎与人类社会及教育活动同时出现。一方面，漫长的考试历史形成了国人血脉中的"考试基因"，使倚重考试成为一种截斩不断的传统。另一方面，悠远的考试历史又成了现代考试必须背负的沉重包袱。作者将科举与高考这两种古今重要的选拔性考试联系起来，对考试与社会之关系问题作了深入的理论研究与精当的实证调查。特别是对科举与社会流动的关系所作的大样本调查与分析，是对"科举学"研究的重要学术贡献。② 她认为，现代高考作为一种与古代科举有着基本相同的精神实质的大规模竞争性考试，在改革发展过程中遭遇的许多困惑与难题与科举有着惊人的相似，它甚至被比喻为"现代科举"。许多学者论及高考时，都不可避免要提及科举，更有一些成果直接对二者进行观照研究，而高考存废问题乃重中之重，并引发了学术界的激烈争议。这些争论既有激越之"攻"与冷静之"守"的巨大反差，也有唇枪舌剑、笔锋墨利的"你来我往"。高考重大的社会影响也不会在短期内弱化，存废之争必将继续，这将使科举学研究的现实意义更加凸显。③ 笔者认为，在一定意义上说，科举有如古代的高考，高考有如现代的科举。古代科举在追求考试公平的同时兼顾区域公平的历史传统，影响了近代以来的高校区域布局和目前高考分省定额划线录取制度的实行。在改革和完善高考制度的过程中，应该借鉴科举考试的某些防弊措施与考试管理方法，加强考试立法。研究历史上的科举考试制度，可以为当今的高考改革提供参考和借鉴，因此，科举学研

---

① 张亚群：《科举学研究的当代价值》，《厦门大学学报》（哲学社会科学版）2008 年第 5 期。

② 郑若玲：《科举、高考与社会之关系研究》，武汉：华中师范大学出版社，2007 年。

③ 郑若玲：《高考改革的科举史观照——考试存废的视角》，参见《科举学论丛》第 2 辑，北京：线装书局，2007 年，第 26～31 页。

究具有很强的现实性。①

在中国文化史和教育史上，书院与科举同甘共苦，有的学者称之为"姐妹花"，我认为到后来它们变成了一对难兄难弟。书院虽在科举之后出现，但从宏观上看，两者都在隋唐时期诞生，经过长期的发展演变，一同在20世纪初被彻底废去。总体而言，在它们共存的上千年时间内，两者具有共同的文化基础，越到后来关系越密切。书院与科举的关系是近年来教育视角研究科举学的一个热点。延续20世纪末中国学界提出的书院并无反科举的特点、书院与科举并非疏离的关系的看法，有更多的学者发表了类似观点的论著。这方面李兵发表了系列论著，其专著《书院与科举关系研究》对书院与科举的关系作了系统的探讨，注重实证研究，列有大量的关于书院的统计图表，书中最后一章对书院与科举关系的相关性分析，表明各历史时期的书院数量与科举考试的重要指标——进士数、举人数成正相关。② 胡青认为，科举与书院共生、共存、共兴、共衰，科举制是书院发展的重要原因，科举取士满足了大多数士子的心理需求，刺激了士子求学的积极性，从而刺激了书院的发展。科举考试的政治性、权威性、统一性导致了书院的官学化，而官学化又促进了书院的发展，而且，书院科举化还有其积极的社会意义。③

关于科举学与书院学的关系，众学者也发表了不少论文。李兵认为，科举学理论是把握书院发展内在规律的重要前提。科举制度不仅是书院发展的重要推动力量，也往往是限制书院发展的主要手段，科举学研究能为书院学的重大理论问题提供理论支撑。另一方面，书院学研究能从培养人才的角度扩大科举学的研究领域，丰富其研究内容。因为中国古代教育史上，为科举服务的书院数量众多，它们不仅是书院学研究的主体，也是科举学研究的主要对象之一。④ 李兵还探讨了科举场域、

---

① 刘海峰：《科举研究与高考改革》，《厦门大学学报》（哲学社会科学版）2007年第5期。
② 李兵：《书院与科举关系研究》，武汉：华中师范大学出版社，2005年，第288～304页。
③ 胡青：《科举制是古代书院发展的基础和动力》，参见刘海峰：《科举制的终结与科举学的兴起》，武汉：华中师范大学出版社，2006年，第280～285页。
④ 李兵：《科举学与书院学》，《集美大学学报》（教育科学版）2005年第1期。

科举资本、科举惯习的研究领域与"书院学"研究的关系，认为科举场域是科举制度在千年的发展历程中形成的自身的发展逻辑，科举场域是"书院学"研究的理论基础；科举资本研究能拓宽"书院学"研究的视野，将"书院学"研究推向更加广阔的研究领域；科举惯习能为"书院学"研究提供大的历史背景，是"书院学"研究的理论支撑。"科举学"研究能使"书院学"研究迈上新的台阶。"书院学"研究也能促进"科举学"研究的发展，但书院只是科举场域中的一个重要因子，其产生、发展和演变都受制于科举。因此，将"科举学"视为基础理论学科，是"书院学"转换研究视角、拓宽研究领域，从而走向深入发展、取得更加丰硕成果的一个重要条件。①笔者认为，在东亚传统文化领域中，科举学与书院学是两门新兴的专学。由于科举与书院关系密切，都具有存在时间长、范围广、影响大等特点，且在近代均遭遇类似的命运，因而两门专学具有许多共同的特性，具有同质共生的关系，两者之间存在着密切的互动关系。从时间跨度、空间分布、研究文献、研究队伍和研究成果等方面来看，科举学的范围比书院学更大更多，也相对更成熟一些。从建筑文物的现代遗存、单个地方研究群体的积极性、拨乱反正的评价变迁等方面来看，书院学能给科举学不少有益的启示。两门专学的发展可以互相丰富对方的学科体系，比肩走向繁荣，并屹立于东亚传统学术之林。研究书院的专家可称之为"书院学家"，研究科举学的专家可称之为"科举学家"。②

新世纪以来，部分学者对科举教育仍持颇为否定的看法。比如，李纯蛟的《科举时代的应试教育》一书认为，"科举时代教育的历史让我们看到，在那个时代，只有应试教育而没有素质教育"，要真正实现素质教育的目标，最根本的前提就是"不断清除科举时代应试教育的流毒和破除'万般皆下品，唯有读书高'的传统理念"③，但更多的学者对科举与教育的关系的看法，已经改变了原有的单一批判做法，而进行系统的研究和全面的评价。特别是在 2005 年科举百年祭前后，学界发表了有

① 李兵：《"科举学"："书院学"研究的重要基础》，《华南师范大学学报》(社会科学版)2005 年第 6 期。

② 刘海峰：《科举学与书院学的参照互动》，《湖南大学学报》(社会科学版)2007 年第 6 期。

③ 李纯蛟：《科举时代的应试教育》，成都：巴蜀书社，2004 年，第 14、341 页。

关废科举兴学堂的大量论著，此方面较为深入的是 2008 年华中师范大学出版社出版的张亚群的专著《科举革废与近代中国高等教育的转型》。另外，2004 年商务印书馆出版的田建荣的《中国考试思想史》一书，主要是从教育学的视角来考察科举思想的发展变迁。2008 年华中师范大学出版社出版的陈兴德的《二十世纪科举观之变迁》一书，也是侧重从教育的视角考察 20 世纪的科举观考试制度兴衰、中国社会变迁的关系。限于篇幅，不再详细介述。

　　总之，近年来教育视角的科举学研究，是整个科举学研究的重要部分，对其他学科视角的科举学研究具有一定推动作用。而且，许多论著联系当代的教育考试改革，探寻科举历史中可资参考借鉴的经验教训，具有明显的现实意义。现代教育是传统和时代的产物，从教育角度研究科举学是为了研究中国的"教育国情"，明了传统与变革的意义，从而为教育改革尤其是教育考试改革与发展寻找有益的借鉴。科举虽然去今日远，然而考察现代中国的教育，还可以随处看到科举的影子，中国教育明显带有科举文化的"遗传基因"。因此，要改革中国的教育和教育考试制度，研究科举学是必不可少的一个方面。

科举政治与科举学[*]

　　科举政治是指以科举考试为官员主要选拔方式的官僚政治。科举首先是一种文官考试制度，考试的目的是为了选拔官员。科举制的创立十分有利于官僚政治的发展，王亚南曾指出："科举制像从外部为中国官僚社会作了支撑的大杠杆，虽然它同时又当作一种配合物成为中国整个官僚体制的一个重要构成部分。"[①]李弘祺认为，到宋代，科举制已成为政治生活中的主要特征，科举制是"帝制时代中国最为重要的一项政治及社会制度"；"政治因素对许多著名官僚的宦海生涯及其家庭命运有重要的影响。考试制度基本上因此第一应当看作一种政治制度而过于其他别的制度"。[②] 本文结合学术界有关科举学研究的观点，

---

　　[*]　本文发表于《华中师范大学学报》(人文社会科学版)2010 年第 5 期。

　　[①]　王亚南：《支持官僚政治高度发展的第二大杠杆——科举制》《时与文》1947 年第 2 卷第 14 期。

　　[②]　李弘祺：《宋代官学教育与科举》，台北：联经出版事业公司，1994 年，第 14、160、245 页。考察清末废科举兴学堂的史实，过去有许多学者强调科举制的教育功能。但也有不少学者强调科举的政治和社会功能，甚至不提其教育功能。比如，萧启庆便说"科举是传统中国政治、社会与文化的一个重要机制"。参见萧启庆：《元延祐二年与五年进士辑录》，《台大历史学报》1999 年第 24 期。

梳理唐宋至明清官员中科举出身的比例变化，论述科举牢笼天下英才的目的与功用、科举与古代地缘政治、科举与吏治和朋党等问题，并从政治视角考察科举学。

一、"国家以科名奔走天下士"

科举制具有强大的政治功能，对古代国家治理、维护统治基础和社会秩序起了重要的作用，对中国官僚政治也产生过不可估量的影响。科举时代，多数中高层官员由进士出身，而科举牢笼天下英才，不仅能消弭反叛力量，所选拔者尤多报效国家的志士。

(一)各代官员科举出身比例

从唐代以后，科举政治逐渐形成，科举出身成为各个朝代首要的做官途径，中高层官员中大部分是进士出身，历代名臣多由科目登进。按新、旧《唐书》统计，有传之官员共有1804名，其中科举出身者达634名，占官员总数的35.1%，超过了门资、武功、流外或辟署等其他出身入仕途的人数。[①] 科举出身者成为历代文官之主干，进士科更是成为各代中高级官员的主要来源。《唐国史补》卷下《叙进士科举》说："进士为时所尚久矣，是故俊乂实集其中，由此出者，终身为闻人……贤士得其大者，故位极人臣常十有二三，登显列者十有六七。"唐后期敬宗至哀帝各朝，进士出身者在宰相中所占比例高达80%以上。[②] 唐代进士声望崇重，"缙绅虽位极人臣，不由进士者，终不为美"[③]。

宋代进士科录取人数空前增加，在执政者中所占比例更高。据《宋史·宰辅表》及有关列传统计，北宋92名宰相中科举出身者达83人，占总数的90%；在176名副宰相中，科举出身者达162人，占总数的92%。[④] 历朝进士出身者在高官或清要官中所占的比例较大，连金朝亦

---

① 刘海峰：《唐代选举制度与官僚政治的关系》，《厦门大学学报》(哲学社会科学版)1989年第3期。

② 卓遵宏：《唐代进士与政治》，台北："国立编译馆"，1987年，第3页。

③ 王定保：《唐摭言》卷一《散序进士》。

④ 据张希清的《中国科举考试制度》(北京：新华出版社，1993年)第144页所载表统计。

然："旧制，监察御史凡八员，汉人四员皆进士，而女直四员则文资右职参注。守贞曰：'监察乃清要之职，流品自异，俱宜一体纯用进士。'"①元代虽然是一个科举相对较为低落的朝代，但恢复科举取士后，进士官至显宦者也约有151名，进士群体在元代晚期的政治舞台上也占有重要的地位。②

明代科举出身者在官僚政治中的影响进一步加强，洪武三年(1370年)诏云："自今年八月始，特设科举，务取经明行修、博通古今、名实相称者。朕将亲策于廷，第其高下而任之以官。使中外文臣皆由科举而进，非科举者毋得与官。"到明中叶以后，出现了"非进士不入翰林，非翰林不入内阁，南北礼部尚书、侍郎及吏部右侍郎，非翰林不任"的情况。通计明代宰辅一百七十余人，由翰林入者占十分之九以上。③

清代沿用明制，二百余年间，虽有以其他途径入仕者，但终不得与科第出身者相比。清代统治者尽管对满族人采取特别优待政策，不少满人未经科举便入仕升迁，但清代高级官员中进士出身者占45％，左都御史一职进士占51％，总督一职进士占31％，巡抚一职进士占40％。④又有学者统计，清代御史虽分满汉官，但实际上以汉官为主，人数众多，仍以进士出身者占绝大多数(91％)，余则为举人、贡生、监生等，非科举出身者不足5％。满官人数较少，然其中有进士、举人等科考资格者，也占相当高的比例。⑤足见科举对官僚政治影响之大。

科举制的目的是选拔政治人才或从政人才来进行国家治理，就这一点来看，应该说科举制的目的是基本上达到了。史载宋太宗继位后曾说："朕欲博求俊彦于科场之中，非敢望拔十得五，止得一二，亦可为

<hr>

① 《金史》卷七三《完颜守贞传》。《金史》卷九九《徒单镒传》载：徒单镒进士及第入仕后表现出巨大的才华，以至金世宗大悦曰："不设此科，安得此人！"

② 桂栖鹏：《元代进士研究》，兰州：兰州大学出版社，2001年，第41～42页。

③ 《明史》卷七十《选举志》。

④ 李铁：《中国文官制度》，北京：中国政法大学出版社，1989年，第166页。

⑤ 余明贤：《清代都察院之研究》，转引自刘岱：《中国文化新论(制度篇)：立国的宏规》，北京：生活·读书·新知三联书店，1992年，第167页。

致治之具矣。"①一般进士和举人入仕后主要精力也是用于行政事务上，在文章学问上不可能花太多的时间。因为"政才、学术，本自异科"②。《儒林外史》第四十九回中迟衡山便说："小弟看来，讲学问的只讲学问，不必问功名；讲功名的只讲功名，不必问学问。若是两样都要讲，弄到后来，一样也做不成。"科举选拔了许多后来在政治上有所作为的人才，说明其目的是基本上达到了。至于那些不仅在政事上有业绩，在学问上也有较大成就的人，主要还在于他们及第从政后善于仕学相兼，从学而优则仕走向仕而优则学，或者说能够做到"以学为业，以仕为道"。

（二）牢笼天下英才

"牢笼英才，驱策志士"是科举制的政治目的或功用之一，即"置制举以罩英才"③"天下英雄尽入吾彀中"④。北宋时特奏名的设立，使科举更具有吸引力，它意味着取士额的扩大，使读书应举的前途显得更为光明。特奏名的基本条件是应举次数与年龄而不是才学高下，所谓"退者俟乎再来"，则为每一个科场失意者始终保留着下一次成功的机会与希望，而只要存在着这种机会与希望，一般士子就不会轻易放弃举业铤而走险。正如宋人王栐所说："唐末进士不第，如王仙芝辈唱乱，而敬翔、李振之徒，皆进士之不得志者也。盖四海九州岛之广，而岁上第者仅一二十人，苟非才学超出伦辈，必有绝意于功名之途，无复故籍。故圣朝广开科举之门，俾人人有觊觎之心，不忍自弃于盗贼奸宄。"特奏名办法出台后，"士子潦倒不第者，皆觊觎一官，老死不休。……英雄豪杰皆消靡其中而不自觉，故乱不起于中国而起于夷狄"⑤。作为笼络士子的一种手段，特奏名办法在维持宋朝境内安定方面发挥了一定的功能。

宋仁宗宝元元年（1038 年），西夏元昊正式称帝，与宋朝对峙。一些屡次落第的举人愤而投奔与宋朝分庭抗礼的西夏，为西夏攻宋出谋划策。其中最有名的是一位叫张元的举人屡次殿试不第，投奔西夏后成为西夏的谋主。宋朝一开始将张元的家属囚禁起来，后来又释放。于是群

---

① 《宋史》卷一五五《选举志》。

② 何乔远：《闽书》卷三十四《建置志·建宁府》。

③ 《旧五代史》卷一一七《周书》八《世宗纪》载后周世宗显德四年八月兵部尚书张昭疏。

④ 王定保：《唐摭言》卷一《述进士上篇》。

⑤ 王栐：《燕翼诒谋录》卷一《进士特奏》。

臣纷纷归咎于殿试。为此，嘉祐二年（1057年），宋仁宗"亲试举人，凡与殿试者始免黜落"①。对因张元叛宋而导致殿试改为等额录取这件事，有的学者认为，"是一畔逆士子为天下后世士子无穷之利也"。也有的人指出，"以张元而罢殿试之黜落，则惩黄巢之乱，将天下士子无一不登第而后可"②。不过，随着应试人数的增加，科场竞争日益激烈，总有许多人屡试不第。明末李自成农民起义军中的李岩、清代太平天国领袖洪秀全，都有应举不第的经历。

从唐太宗以后，历代统治者多知道"得士者昌，失人者乱"③的道理，力图通过科举使政权向社会开放，使选才范围空前扩大，扩大了统治基础。能够将社会下层的能人志士网罗进政府中去，既能树立政府的开明形象，又可以消弭社会上的反抗力量。当然，唐末、北宋、明末、太平天国时都有一些落第举子的反叛行为，但总体而言，科举时代多数士人都服膺于科举制度，所谓"国家以科名奔走天下士"④，"范才于科目之内"⑤便反映了科举制的政治用意，皆说明科举考试对士人有着强大的主导作用。

消弭反叛力量是科举制功能的一个方面，而选拔培养效忠朝廷的志士则是科举制功能的另一方面。例如，宋末、金末、元末、明末都出现众多死节进士，也说明科举所选拔的人才往往具有精忠报国的精神。养兵千日，用兵一时。有的进士是"平日袖手谈心性，临危一死报君王"。正所谓"居庙堂之高则忧其民，处江湖之远则忧其君"，在国家危难之时，总有进士挺身而出，承担起捍卫国家的重任，像南宋末年誓死捍卫赵宋朝廷的文天祥、谢枋得、陆秀夫，皆为宝祐四年（1256年）进士。在金朝危急存亡之秋，许多进士成为尽忠尽节之士。据《金史·忠义传》统计，金末抗蒙死节的70余人中，有28人为进士出身。李世弼在《金登科记序》中说：

---

① 《宋史》卷一五五《选举志》。
② 顾炎武：《日知录集释》卷十七《御试黜落》。
③ 董诰：《全唐文》卷六《求访贤良限来年二月集泰山诏》（贞观十五年）。
④ 徐珂：《清稗类钞》"考试类"《以科名奔走天下士》。
⑤ 席裕福：《皇朝政典类纂》卷一九一引邸抄。

近披阅金国登科记，显官升相位及名卿士大夫间见迭出，代不乏人，所以翼赞百年，如大定明昌五十余载，朝野闲暇，时和岁丰，则辅相佐佑所益居多，科举亦无负于国家矣。是知科举岂徒习其言说，诵其句读，摛章绘句而已哉！篆刻雕虫而已哉！固将率性修道以人文化成天下，上则安富尊荣，下则孝悌忠信，而建万世之长策，科举之功不其大乎！国家所以稽古重道者，以《六经》载道，所以重科举也。后世所以重科举者，以维持《六经》，能传帝王之道也，科举之功不其大乎！①

包括女真进士，金朝进士后来成为国家社会的中坚力量。具体考察，女真进士无论是监察官员的忠君，或是地方官员的死节，大多数人的事迹中显现的是对君主及其所代表的国家的效忠。② 而元末殉国忠义人士之中，进士所占比例也甚高，当时名进士杨维祯说："至正初盗作，元臣大将守封疆者不以死殉，而以死节者大率科举之士也。"③清人赵翼根据《元史·忠义传》列举十六位元末殉国进士的案例，得出"元末殉难多进士"的结论，并指出：

元代不重儒术，延祐中始设科取士。顺帝时，又停二科始复。然末年仗义死节者，多在进士出身之人，……诸人可谓不负科名哉！而国家设科取士亦不徒矣！④

总体而言，进士出身者较为熟悉儒家统治理论和历代兴衰的经验，修齐治平、经邦济世的观念对他们有较深的影响，具有较好的政治素质，因而比常人更重名节和民族大义，关键时刻往往挺身而出，报效国家。萧启庆深入研究元明易代之际进士的选择后发现，多数进士做出"忠元"的抉择，主要是出于"君臣大义"观念的影响，各族进士为国牺牲往往都以"为臣死忠，为子死孝"来表白其决心。他认为："进士在政治、社会光谱中处于较为核心的地位；一般士人，大多一袭青衫，终身未沾

---

① 张金吾：《金文最》卷二三《玉堂嘉话》。
② 徐秉愉：《金代女真进士科制度的建立及其对女真政权的影响》，《台大历史学报》2004年第33期。
③ 杨维祯：《铁崖先生集》卷二《送王好问赴春官序》。
④ 赵翼：《廿二史札记》卷三十《元末殉难多进士》。

一命，易代之际没有为故国旧君守节的义务。出处之间，选择空间较大。而进士不仅享有功名与爵禄，而且各负责任，在抉择上必须接受较一般士人更为严格的考验。"①桂栖鹏考证出元末死节、殉难的进士达 42 人之多，显示出进士群体对朝廷国家的高度忠实。②而且，元代进士在为元朝死节效命之际往往提及自己的进士身份。③

到明朝末年，进士为国效忠死节者尤多。"明末殉难者，数千百人，进士出身者居多：如刘理顺、刘同升、管绍宁、史可法等，或全家殉难，或与城偕亡，皆忠烈可风。"④在改朝换代之际，进士出身者比一般人更可能挺身而出，不惜选择杀身成仁以保全志节。这说明科举考试选拔出来的人不仅才学方面优秀，在大德方面也有值得称道之处。

除了选拔人才为政权服务以外，科举考试还与一朝的社会风气乃至国家盛衰都有一定的关系。明朝张朝瑞的《皇明贡举考》卷一《进士登科录》中载丘濬曰：

宋熙宁三年，亲试进士。时苏轼为编排官，见一时举人所试策，多阿谀顺旨，乃拟一道以进，大略谓："科场之文，风俗所系，所收者天下莫不以为法，所弃者天下莫不以为戒。今始以策取士，而士之在甲科者，多以诡谀得之，天下观望，谁敢不然。风俗一变，不可复返。正人衰微，则国随之噫！"观轼兹言，则知朝廷以言试士，虽若虚文，而一时人心之邪正、国势之兴衰，实关于此。识治体者，不可不加之意。

正是因为科举取士与中国古代政治息息相关，对维护统治起着重要的作用，所以历代统治者才会高度重视科举制度，并将科举的重要性强调到无以复加的地步。

---

① 萧启庆：《元明之际士人的多元政治抉择——以各族进士为中心》，《台大历史学报》2003 年第 32 卷。

② 桂栖鹏：《元代进士研究》，兰州：兰州大学出版社，2001 年，第 70～90 页。

③ 典型者如获丁独步在死节时说："吾兄弟三人，皆忝进士，受国恩四十年，今虽无官守，然而大节所在，其可辱乎！"参见《元史》卷一九六《获丁独步传》。

④ 邓嗣禹：《中国考试制度史》，台北：学生书局，1967 年，第 354 页。

二、科举与传统社会政治

科举与中国政治的关系相当复杂，考试选官可以保证官员的素质、澄清吏治与杜绝私人，防止在官场中植党营私。顾颉刚 1936 年在为邓嗣禹的《中国考试制度史》一书所作的序文中曾指出：隋创进士科之后，"历代踵行，时加修正，以迄于明清，防闲之法益密，取人之道益公，所举中原与边域之人才益均，既受拥护于人民，又不遭君主之干涉，独立发展，蔚为盛典，盖吾国政制中之最可称颂者也"。

(一)科举与古代地缘政治

从科举制的许多具体规定来看，科举制的实施有利于巩固中央集权，维护国家的统一。例如，明清时期科举实行区域定额取中制度也是出于地缘政治的考虑，这虽与"一切以程文定去留"的考试公平原则不一致，但对维护国家统一，缩小各地政治、文化发展的不平衡状态却有积极的作用。19 世纪末，丁韪良曾说："即使是皇帝也无法损害科举制而不带来风险，他可以按多数人的愿望而降低科举的要求，但他不能取消它而不引起剧烈的动荡，因为科举是人民的投票箱和权利的特许状。"[①]所谓"投票箱"之说，意思也就是说科举考试制度具有一定的民意代表性。

1948 年，何永佶发表《中国式的代议制度》一文，根据当时中国出现"选灾"的情况，指出对这一人为的"灾"可用人为的方法去避免，"选灾"起因于人们尚未懂得从前中国的选举代议制度。他提出科举制是古代中国式的代议制度一说，除了考试官吏之外，科举制更重要的作用是代议(representation)，或者说名为考试制度而实际是中国的代议制度。由于明代以后实行分区或分省定额录取进士，各省的"定额不是根据文化程度的高低而定，而是根据户籍的多寡而定的，即这一点就带有西方根据人口的多寡而定其地代议士的名额的气味"。且许多科举出身者未做官而成为地方的绅士，成为乡里或地方与官府打交道的领袖与代言人，而各地考上的官员参与"廷议"，这类似于西方的议会制度，或"中

---

① W. A. P. Martin，*The Lore of Cathay or the Intellect of China*，Edinburgh and London，1901，p. 326.

国式的议会"。这种代议制度是交通不便、收入不多的国家的办法。实行现代选举制度、国会制度须花很多的钱，中国是个穷国家，只有用穷国家的办法，考试制度（科举制度）是一部不花公家多少钱而能多多少少达到代议目的的一部机器。①

针对何永佶的观点，吴晗随后发表《论所谓"中国式的代议制度"》一文，进行激烈的辩驳。他认为，科举制度是封建专制独裁君主用以选拔官僚、"奴役运用"士大夫的一种制度，和代议制度绝不相干。在明洪熙元年（1425 年）以前，会试根本没有地方的定额。进士们做了官就心满意足了，既不"代"也不"议"。万一有时候真要说话，也不过代表他自己和自己这一集团而已。科举制度和廷议是两件事，没有必然的联系。"中国式的代议制度"根本不存在。科举制度诚然是"中国式"的，但绝不是"代议制度"，连"中国式"的"廷议"也完全不是"代议制度"。②

后来，还是有一些学者主张科举制具有一定的地区代表性或民主的成分。比如，邓云乡认为，"八股考试相对公平合理，纵使农村、边远地区，不少寒家子弟，也能按固定比例，及时涌现出来，担任官吏，得到社会公认和重视，都以科甲出身为荣，比现在的所谓民意选举更真实、更实际"。"因为所谓'民意选举'，纵使没有弊端，也总免不了有力者指定、拉关系、自我宣传等虚伪成分，并不真正能使洁身自爱的贤俊之士涌现出来。"③确实，成熟期的科举制虽然"一切以程文定去留"，但也还保留了一定的乡举里选遗风，一定程度上还包含有按区域选举人才的成分，所谓"科举，本古者乡举里选之法"④，并严明禁断冒籍应试者，主要就是为了保证考上的进士和举人具有一定的地区代表性。

宋明时期科举取士中的南北地域之争、各地长官不断要求增加当地举额，明清时期地方人士对学额的竞争，都表现出科举取士与区域政治势力和社会利益集团的角力。例如，为了增加台湾对中央的向心力，对

---

① 何永佶：《中国式的代议制度》，《观察》1948 年第 4 卷第 11 期。

② 吴晗：《论所谓"中国式的代议制度"》，《观察》1948 年第 4 卷第 13 期。

③ 邓云乡：《清代八股文》，北京：中国人民出版社，1994 年，第 289 页。

④ 《明会典》卷七八《风宪官提督》所载明天顺六年敕谕。

福建和台湾官员争取增加的举额的要求一般多较为照顾,台湾举子的乡试、会试保障名额也一再增加。[①] 而清代中期政府对江西省万载县土棚学额纷争案处理过程中,尽量平息土著绅士与棚民绅士的矛盾,所表现出来的政策意图,也都是以政治稳定为首要任务。[②] 举额的多寡关系到地方在政府中势力的消长(或曰地区代表性),关系到地方精英的切身利益,其竞争自然会引起人们和政府的高度重视。

(二)科举与吏治

澄清吏治是科举选官功能的另一方面。"非科举毋得与官"的规定使官员的文化素质得到保证。过去有不少人以为实行科举制会导致官场腐败。我认为,将清末官场腐败归罪于科举可以说是本末倒置,倒因为果。实际上恰恰是社会衰败、官场黑暗才导致科举走向穷途末路。考试取士是从制度上防止用人方面的腐败,如果没有科举这一道关口,清末官场还会腐败几倍。晚清吏治腐败的部分原因恰恰使考试选官制度受到了削弱。由于允许捐官以及其他吏道盛行,不少举人和进士很难入仕,甚至有进士出身后二三十年待选的情况。官途多让其他人挤占之后,那些文化素养较高的科第中人反而长年待选守缺,而通过捐纳等途径入仕者往往不如科甲正途入仕者清正廉洁,这是清末官场腐败的原因之一。柏杨在《丑陋的中国人》中也说科举造成了中国的官场。实际上没有科举照样有官场,而且官场的裙带风和植党营私情况还会严重得多。

中国古代的贪污腐败问题与选官制度有着极为紧密的联系。屈超立指出,回顾古代中国的廉政状况,不难发现,在科举制度以前的秦汉魏晋南北朝以及元朝的贵族政治时期,世家大族利用其世袭的特权,贪赃枉法,腐败之风延及社会生活的各个方面,是中国古代最腐败的时期。科举制度的建立和完善,较为彻底地消除了选官方面的世袭特权,对古代社会的廉政建设起到了一定的作用。[③] 中国古代重视监察机构,但若没有科举制的配套,所起的作用十分有限。元朝的监察制度从形式上和表面来看,还远比宋朝的健全,但由于长时间没有科举制度的配套,它

---

① 王惠琛:《清代台湾科考之乡会试问题研究》,《南台科技大学学报》2002 年第 27 期。

② 谢宏维:《棚民、土著与国家——以清中期江西省万载县土棚学额纷争案为例》,《中国史研究》2004 年第 2 期。

③ 屈超立:《科举制的廉政效应》,《政法论坛》2001 年第 5 期。

的吏治实在是糟糕得透顶。在科举考试作为主要的选拔官员的时代，监察制度才能真正地发挥其应有的政治功能。① 元代统治者在多年争论之后恢复科举，主要原因之一就是为了矫正吏治的腐败。"仁宗皇帝居潜邸，深厌吏弊作，其即位乃出独断，设进士科以取士。"②

清末中过秀才的齐如山在《中国的科名》一书中曾指出："凡科甲出身者，总是正人君子较多，这有两种原因，一因科甲出身者，都读过经书，书中有好的道理，读得多了，自然要受其感化。二是从前考试办法很公正，贡院大堂匾额上写'至公堂'三字，确有道理，固然不能说没有毛病，但确不容易。"③由于科举入仕者长期受儒家"尊德性、道学问"教育的熏陶，一般而言比捐纳、保举或恩荫、胥吏之途入仕者更为廉洁正直，也较注重学问品行并重。金朝世宗皇帝曾说过："新进士如徒单镒……辈皆可用之材。起身刀笔吏者，虽才力可用，其廉介之节，终不及进士。"并说："夫儒者操行清洁，非礼不行。以吏出身者，自幼为吏，习其贪墨，至于为官，习性不能迁改。政道兴废，实由于此。"④金世宗在比较鉴别之后说出的这番话，典型地道出了进士出身者普遍较清正廉洁的实情。

（三）科举同年与朋党

唐代以后，以同科考中进士者为同年，同年关系是相当亲密、被人十分看重的一种社会关系。宋初名臣柳开曾指出同年的利害关系："同年登第者，指呼为同年。其情爱相视如兄弟，以至子孙累代，莫不为昵比，进相援为显荣，退相累为黜辱。君子者成众善，以利国与民；小人者成众恶，以害国与民。"⑤

正是基于同年这种独特的关系，因而同年也很可能在政坛上结为朋党。韩国磐认为，唐朝时张说与宇文融之争，元载杨炎与刘晏、卢杞之争，以及牛李党争，都是由科举出身的新官僚集团与依靠门第的旧世族

① 屈超立：《科举制度与监察机制的关系论述》，《中央政法管理干部学院学报》2001年第2期。
② 苏天爵：《滋溪文稿》卷九《袁楠墓志铭》。
③ 齐如山：《中国的科名》，参见《齐如山全集》第9册，台北：联经出版公司，1979年，第5124页。
④ 《金史》卷八《世宗本纪》。
⑤ 柳开：《河东先生集》卷九。

集团间的斗争。[1] 北宋太平兴国三年(978 年)进士则是宋代第一群公然以同年关系结党的进士。该年共取进士 74 人，状元为胡旦，榜眼为田锡，探花为冯拯，省元为赵昌期。后来，胡旦、冯拯、赵昌期以及同榜进士李昌龄、董俨等人结为朋党，卷入党派斗争。在以同年关系为主结成的朋党中，他们是相对较团结、较少内讧的一群。何冠环的《宋初朋党与太平兴国三年进士》一书，透过研究宋太宗太平天国三年进士的政治生涯这一个案，从同年的角度探究北宋朋党之争的面貌，认为连吕蒙正、寇准、王钦若三榜进士也存在结党的情况。同年关系在许多时候，是朋党产生的温床。同时，作者也指出："自古以来，文臣士子结党交朋不会只限于某一种社会关系，同年兄弟演为政治盟友，只是科举制兴起后常见的模式之一而已。人际关系最易变，亲兄弟尚且会见利反目，同年兄弟见利忘义也就绝不稀奇，是故这种同年朋党的基础之稳固也有限。"[2]

邓嗣禹认为，"中国朋党之祸，多与科举制度有关系。宋代新旧党派之争，如王安石、司马光等，皆假考试之名，以行其学说，展其势力也。降及明代，为祸益烈。明神宗时，昏君在上，国是日非，无锡顾宪成、高攀龙，重兴东林书院，聚徒讲学，砥砺风节，而声气蔓延之徒，几遍天下，莫不私立门户，互相标榜。始以君子严小人之防，既而小人乘君子之隙，终以小人混君子之清。及其末流，吴应箕杨已任张溥之徒，又以复社继之。包揽生员升黜，暗操朝纲国政，党祸之烈，讫于明亡。"[3]科举制曾经是支撑中国官僚政治高度发展的一大杠杆，也是中国整个官僚体制的一个重要组成部分，科举与古代政治斗争密切相关。

三、科举学的政治视角

科举学是一个多学科的专门研究领域，或者说，科举学是一个跨学

---

[1] 韩国磐：《唐代的科举制度与朋党之争》，《厦门大学学报》(文史哲版)1954 年第 1 期。

[2] 何冠环：《宋初朋党与太平兴国三年进士》，北京：中华书局，1994 年，第 99～100 页。

[3] 邓嗣禹：《中国考试制度史》，台北：学生书局，1967 年，第 353 页。

科研究的专学。科举政治是科举学研究的主要方面之一，从政治视角研究科举学，不仅有丰硕的成果，还有广阔的研究空间。

从 20 世纪 30 年代开始，有许多科举研究论著都是受国民政府建立考试院的推动而出现的。1929 年民智书局出版的邓定人的《中国考试制度研究》、1931 年黎明书局出版的章中如的《清代考试制度》、1934 年黎明书局出版的章中如的《清代考试制度资料》，便属此类情形。而民国时期最有分量的科举学著作——邓嗣禹的《中国考试制度史》，更是于 1936 年直接由国民政府考试院印行。20 世纪 80 年代以前，台湾出版的科举学著作多数也与考选制度有关。

大陆自 20 世纪 80 年代以后，科举研究逐渐兴盛。许多学者从政治视角提出新见。黄留珠指出，在世界上很难找到一个国家的选官制度，像中国那样严密、完整、丰富，具有长期的连续性。中国古代选官制度在发展过程中体现的一些基本原则，如平等原则(尽管很大程度上是虚伪的)、公开的原则(尽管营私舞弊历代层出不穷)、择优的原则(尽管统治者的主观意志每每起决定性作用)等，形成多层次的选拔考试、试卷密封、考评人员隔离回避等基本做法，都是伟大的创造，不仅今天适用，还将适用于更长的历史时期。[①] 任爽、石庆环认为，"科举制度显然是古今中外历史与社会尤其是政治制度发展进程中的一个交汇点"，科举制度与公务员制度为君主专制的中国与两党或多党制的近代西方国家几乎带来了同样的利弊：政治的稳定、行政的高效以及随之而来的官僚政治的泛滥与由此而造成的种种弊端。[②] 胡平认为，科举是中国政治、经济发展到一定阶段的产物，是不平等社会里相对公平的制度，它扩大了封建专制制度的统治基础，巩固了中国的统一，抑制了君主专制制度走向暴力的恶性发展。从某种意义上说，平等竞争的科举考试，以及它所体现的对教育的重视、对知识文化的崇尚、对贵族倾向的排斥，它所促成的政治组织的完善等，都相当接近于近代社会的价值取向。[③]

---

① 黄留珠：《中国古代选官制度述略》，西安：陕西人民出版社，1989 年，第 10 页。

② 任爽、石庆环：《科举制度与公务员制度：中西官僚政治比较研究》，北京：商务印书馆，2001 年，第 11～12 页。

③ 胡平：《试论科举对中国古代政治制度的影响》，《南京大学学报》(哲学·人文科学·社会科学版)1997 年第 1 期。

郑若玲认为，科举对当代国家公务员考试的影响，既有文化与精神上的明显存留，也有政治制度上的鲜明痕迹；既与本土现、当代公务员制度有承继关系，也与西方近现代文官制度有渊源关系。因此，无论从哪个角度或从何种层面来看，研究科举对于当代中国政治体制尤其是公务员制度的建立与改革都大有裨益。① 科举制是封建社会中政治录用的典范，科举制作为一种社会权力精英的遴选机制对近现代各国政体中的文官的形成与发展，具有直接的、深刻的影响。从这个意义上讲，古老的科举制仍然具有现代意义。作为一种精巧的政治录用方式，科举制具有恒久的价值。因此，在今日的政治实践与政治发展中，人们仍然需要对科举制不断做出新的现代政治学的诠释，以从中获得启迪与收益。②

确实，科举是中国古代国家治理的重要手段。可以说，从隋唐到明清的 1300 年间，大部分政治精英由科举选拔出来。那些经历十年寒窗苦读、积极投身科举竞争的士人，确实抱有出人头地、光宗耀祖的想法，或者是只为了高官厚禄，"骑在人民头上作威作福"，但不可否认，也有许多人是在"修身、齐家"之后，怀着"治国、平天下"的理想和抱负，想干出一番事业，才背井离乡、不畏旅途艰险跋涉几个月去京城参加考试的。而且，许多进士出身者从政之后，也真正能管理好兵、刑、钱、谷，为官一任，造福一方。美国学者罗兹曼说："科举制度曾经是联系中国传统的社会动力和政治动力的纽带，是维护儒家学说在中国的正统地位的有效手段，……他构成了中国社会思想的模式。由于它被废除，整个社会丧失了它特有的制度体系。"③ 当不再用考试选官办法后，更显出科举制的政治功用。1905 年废科举后出现官员选任的制度真空，导致政府用人全无标准，人事奔竞，派系倾轧。民国初建，孙中山便说："任官授职，必赖贤能；尚公去私，厥为考试。"④ 他深刻地认识到中国的社会特性，认为只有通过考试才能做到公平取才。为此，孙中山

① 郑若玲：《科举学：考试历史的现实观照》，《厦门大学学报》（哲学社会科学版）2000 年第 4 期。
② 房宁：《科举制与现代文官制度——科举制的现代政治学诠释》，《战略与管理》1996 年第 6 期。
③ 罗兹曼：《中国的现代化》，南京：江苏人民出版社，1995 年，第 338 页。
④ 《孙中山全集》第 2 卷，北京：中华书局，1982 年，第 134 页。

提出五权宪法，主张建立考试院，使考试在民国时期的政治架构中占据着十分重要的位置。另一方面，科举对西方文官考试制度曾产生过重要的影响，这是中国对世界文明进程的一大贡献。现代中国重建公务员制度反过来要向西方借鉴，正应验了古话所说的"礼失而求之野"。

科举首先是一种选任官员的政治制度，若仅从这一角度看，科举对中国古代官僚政治产生的影响利无疑要大于弊。科举制撇开了血缘、门第、出身、家世等先赋性因素，而将无法世袭的学问作为官员录用与升迁的基本标准。这种机制改变了官员的社会地位来源，极大地促进了社会阶层的流动，更新了官员的成分结构，有利于澄清吏治，在一定程度上减少了官场请托、植党营私的机会，起码在政府机构的入口处限制了任人唯亲的腐败现象的发生。而且唯才是取的原则，保证了官员队伍具有较高的文化素质。从一定意义上说，中国的古代文化之所以成为世界上唯一的延续数千年不断的文化，古代中国之所以成为世界上唯一能够在两千年间大体维护统一的广大疆域的国家，科举制度功不可没。但另一方面，科举又强化了官僚政治，使"做官第一主义"在中国根深蒂固，客观上助长了唯官、唯书、唯上的习惯和心理定势的形成，对中国社会有着长远的消极影响。

不过，以往学术界有一种错觉，以为"科举造成官本位体制"。实际上，官本位、"学而优则仕"并非科举造成的，科举只是使"学而优则仕"的理论变得制度化，入仕竞争规范化而已。科举确实将天下士人的聪明才智都吸引到读书做官的一条道上去。《荀子·大略》说："学者非必为仕，而仕者必如学。"这是春秋战国时期荀子的看法。而实行科举制的时代，为学的目的不为入仕的人少之又少。科举为广大读书人提供了上升的机会，使学而优则仕大行其道。但我们应该分清楚，这并不等于说科举造成了官本位体制。说到底，科举制本身就是中国传统文化的产物，因为在科举制产生之前，中国已经是一个"贵义贱利"、重道轻器的国家了，治术重于技术是儒学社会的一贯传统。魏晋南北朝时期，察举考试相当衰弱，但当时中国社会已经是等级森严、品阶齐全，官本位体制已经形成了。可见官本位体制并非科举制造成的，我们至多只能说科举强化了官本位体制。

虽然科举制于1905年被废止，但传统社会的科举政治经历了现代转型,当代公务员考试制度作为科举的"替身"仍在不断演变发展。孙中山认为,科举制是相当民主的制度,比投票选举更好。他曾说:"朝为平民,一试得第,暮登台省;世家贵族所不能得,平民一举而得之。谓非民主国之人民极端平等政治,不可得也!"①他认为,考试用人可补单纯选举之不足,并主张在中国的共和政治中复活考选制。民国考试制度对科举制有多方面的传承,在一定意义上,民国文官考试制度是科举制的复活。

科举制诞生于帝制时代,但考试选官方式与专制统治制度之间并没有必然的联系,它既可以为帝制时代所采用,也可以为共和体制所采用,还可以为当代中国所采用。科举制是帝制时代的考试取士制度,走出君主体制,就不可能恢复科举制度了。但后来实行的考试选才办法从公平竞争原则和平等择优的方式来看,是一脉相承的。科举制百年祭的2005年,也是中国公务员考试热到顶点的年份,部分职位报考与录取比例最高达到1∶1000。从考试内容来看,科举考试与公务员考试当然不可同日而语,但从公开报名、考试竞争、择优录取的原则来说,两者实际上是一致的。说到底,考试选才就是公平竞争的手段,并非中国帝制时代的专利。难能可贵的是,我们的祖先在那么早就发明了这种先进的选拔方式。

总之,科举的内容至为丰富,具有文官考试性质、教育考试性质、文学考试性质、经学考试性质,但科举最首要的还是一种选官考试。科举与古代政治的关系错综复杂,也是现代公务员考试的直接渊源,值得进一步深入研究。而科举政治研究从一个侧面有力地支撑着科举学,促使科举学逐步走向成熟和完善。

---

① 《孙中山全集》第 1 卷《与刘成禺的谈话》,北京:中华书局,1981 年,第 445 页。

中　篇
高考改革与思考

中 篇

현대 민주주의 이론

高考改革中的公平与效率问题[*]

公平与效率问题在人类社会生活的许多方面普遍存在。按照辩证法的观点，矛盾无所不在，从矛盾运动的双方，往往能发现公平与效率的对立和两难问题。就高等教育学的视角来考察，中国高等教育也存在着大量的公平与效率的问题。本文仅以教育界和社会高度关注的高考改革为例，来探讨高等教育中的公平与效率问题。通过融汇古今的研究，可以看出考试选才中存在着一系列的公平与效率矛盾，在高考改革的各个环节，都会遇到是考虑公平还是侧重效率的问题。充分认识高考改革中的公平与效率问题，对我们全面客观地了解高考、科学地推进高考改革具有重要的意义。

一、考试选才中公平与效率 问题的历史考察

公平与效率是人们在社会生活中追求的两大

---

* 本文发表于《教育研究》2002 年第 12 期。

目标，要维护一个社会的存在和发展，就既要讲求效率，也要追求公平。提高效率、维护公平是人类进步的两大动力。公平与效率是一对从西方引进的现代概念，但中国古代社会也存在着公平与效率问题。虽然中国自古以来就是一个讲究等级的国度，但另一方面也是一个注重以考试来进行公平竞争的社会，考试在人们的社会生活中占有十分重要的地位。一部中国考试史，实际上是一部中国人追求公平与效率的历史。古代中国对公平曾有过不懈的追求，并出现了"至公"的理念。在考试选才方面，甚至可以说中国是一个过度追求公平的国度。

考试的基本原则是公平、公正，从隋唐至明清的科举时代，许多人将科举考试看成一种"至公"的制度。不管科举是否真正做到"至公"（实际上，世上没有绝对的公平），至少成熟期的科举考试从制度上说是提倡公平竞争的。唐宪宗元和三年（808 年），白居易在主持制科考试的复试时便说自己"唯秉至公，以为取舍"。① 唐宣宗大中元年（847 年）复试进士敕文也声称"有司考试，只在至公"。② 科举考试"至公"观念到宋代以后有所发展，特别是普遍采用弥封和誊录法之后，其公平性与客观性进一步得到保障，以至欧阳修认为："国家取士之制，比于前世，最号至公。……无情如造化，至公若权衡。"③元明清时期，各省贡院中都有一座名为"至公堂"的建筑，将"至公"理念具体化，也是考试公平性的象征。

与"至公"概念相近的另一个概念是"尽公"。北宋真宗大中祥符元年（1011 年），糊名法开始用于中央举办的省试中，宋真宗对宰相王旦等说："今岁举人颇以糊名考校为惧，然有艺者皆喜于尽公。"④仁宗庆历四年（1044 年），包拯在反对范仲淹提出的废止科举密封誊录之制时指出："封弥誊录，行之即久，虽非取士之制，稍协尽公之道。"⑤所谓"至公""尽公"，意为公平的极致，是一种理想状态或境界，在实际社会生活中是很难做到的，但"至公"这一理念体现中国古代对公平的一种崇高而执着的追求。

---

① 《白居易集》卷五八《论制科人状》。
② 《旧唐书》卷一八下《宣宗纪》。
③ 《欧阳文忠公集》卷一一三《论逐路取人札子》。
④ 徐松：《宋会要辑稿·选举》三之九。
⑤ 《孝肃包公奏议》卷二《请依旧封弥誊录考校举人》。

在明代，科举已被人们视为天下最公平的一种制度，因而有"科举，天下之公；……科举而私，何事为公"之说。[①] 当然，追求细节上、形式上的公平有可能偏离考试取才的根本意图，因此也有人认为采用各种严防考试作弊的办法不一定符合公平的真正意义。北宋熙宁二年（1069年），苏颂就曾上书说："弥封、誊录本欲示至公于天下，然徒置疑于士大夫，而未必尽至公之道。"[②]

考试一直把追求公平视为当然的目标，但公平并不是考试的唯一目标，讲求效率也是考试的重要方面。有效地选拔人才和配置资源，最大限度地发挥考试的测验选拔功能，也是考试的重要职能。维护公平竞争、杜绝考试作弊、准确区分优劣，归根到底都是为了提高选拔人才的效率，或者说通过维护公平而达到提高效率的目的。

公平与效率往往是两个难以同时兼顾的方面，人们经常会遇到公平优先还是效率优先的两难选择。在公平与效率之间，主考者较注重效率，应试者较关心公平。考试制度的设计者最初一般都是注重考试的效度、效率，考虑的是如何更有效地选拔真才，而应试者关心的则是考试竞争的公平性和录取程序的公正性。在考试实际中，当求取真才与公平产生客观矛盾时，基本上是效率让位于公平，也就是公平优先。

科举制实行之初，唐代实行通榜、公荐之法，主考官可以参考举子平时的水平和声望来录取进士，确实选拔了一批才士，如杜牧就因为《阿房宫赋》被吴武陵赏识、推荐而进士及第的，但由于这种办法导致请托盛行、舞弊不公，宋代以后便实行糊名誊录办法，"一切以程文为去留"，也就是完全依据考试成绩来决定是否录取，舍弃其他可能有人为因素介入的参考依据。到明清时期，更是发展出八股文这种将防止作弊推向极端化的标准化考试文体。这样，虽然在相当程度上防止了考试作弊，但也存在只以卷面成绩取人而遗漏真才的可能。在舞弊不公与僵化刻板之间，考生宁愿公平竞争而接受死板的考试，即所谓两害相权取其轻者，这就容易驱使考试制度走向违反设科求才本意的死胡同。正如顾炎武在《日知录》卷十七《糊名》中说："国家设科之意本以求才，今之立法则专以防奸为主，如弥封、誊录一切是也。"

---

① 张萱：《西园闻见录》卷四四《礼部》三《选举·科场》。
② 李焘：《续资治通鉴长编》卷一三三。

　　有许多事例可以看出考生只关注考试是否公平而不论考试的效率如何。据元代刘祁的《归潜志》卷十载，金朝泰和、大安（1201 年至 1211 年）以后，因为考官谨小慎微，阅卷只看是否符合时文考试程式而不顾其内容，"其逸才宏气喜为奇异语者，往往遭黜落，文风益衰"。有一次赵秉文主持省试，见举子李钦叔所作赋文虽然不太符合格律，但辞藻庄严，清新绝俗，大为欣赏，录取为第一名。于是众举子哗然，投诉状告赵秉文坏了文格，并作诗加以讥讽。据《清史稿》卷一〇八《选举志》载，康熙六十年（1721 年）会试副总裁李绂鉴于用糊名誊录考试方法会使一些有名望的才士落榜，于是改用唐代的通榜法，拔取举人中的知名才士，结果引起落第举人闹事，喧哄于其门外，致使李绂被弹劾革职。尽管"是闱一时名宿，网罗殆尽，颇为时论所许"，但李绂还是因此而被迫下台。此次事件足见公正客观的考试虽有局限，但一般考生宁愿接受公平而刻板的考试而不愿接受可能走后门的变通办法，即不管结果是否合理，关键要保证程序公平。不过，长期固执地维护程序公平有可能将考试推向穷途末路。科举时代从众多科目发展到只剩进士一科，考试内容从多样走向统一，八股文命题从明白正大走向偏难险怪，都是部分受维持公平的压力的驱使。

　　公平是一个复杂的概念。在考试选才中不仅存在着公平与效率的矛盾，而且有时还存在着两种公平之间的矛盾。例如，考试公平与区域公平的矛盾（古代的倾斜的"高考分数线"问题），就是一个自宋代以后就争论不休的千古难题。考试公平是指完全依据考试成绩来公平录取考生，区域公平是指通过区域配额来调控各地区之间考中人数的悬殊差异，在中国这么一个幅员辽阔的大国，这是一个古今大规模考试都遇到的一个棘手的问题。

　　在科举取士的初始阶段，就已实行各地定额报考制度，规定各州县按人口多少可以贡举解送一至数人到中央参加考试。不过因为有"有其才者不限其数"的变通办法，实际上还是完全的自由竞争，绝大部分考中者都是北方人士，南方各地考中者很少。唐代尽管也存在着严重的区域公平问题，但由于当时中原与边远地区政治势力和经济水平还存在着巨大的差距，人们的认识水平也有限。科举竞争的弱势群体或弱势区域要么根本就没意识到区域公平问题的存在，要么就以为科举及第者高度集聚现象是自古而然、天经地义的。只有当原有的优势群体或区域变成弱势一方后，区域公平问题才凸显出来，人们也才认识到应该解决此问题。

到了北宋中叶，出现了科场及第优势的南北易置，北方士子及第人数越来越少，南方举子占及第者的绝大多数，因此引发了中国科举史上著名的南北地域之争。当时司马光和欧阳修各执一端，互不相让。司马光指出北方一些地区省试及第比例很小，甚至全无及第者，以此比较京城和南方一些地区的及第人数，"显然大段不均"，他认为应按省试与考人数分区定额录取，"所贵国家科第，均及中外"。① 欧阳修则针锋相对，指出东南地区往往是一个州二三千人只解送二三十人到中央参加省试，是百人取一人，而西北地区一个州报考取解多处不过百人，解送十余人的话，已是十人取一人。东南之士初选已精，故至省试合格者多，西北之士学业不及东南，初选已滥，故至省试不合格者多。若一律以一比十的比例录取，则东南之人应合格而落选者多，西北之士不合格而得者多，这样是取舍颠倒，能否混淆。"故臣以为且遵旧制，但务择人，推朝廷至公，待四方如一，惟能是选，人自无言。"② 由于双方的观点相持不下，因而取士办法还是维持现状，实际上宋英宗是采纳了欧阳修的意见。

在明代朱元璋洪武三十年（1397 年）血腥的"南北榜"事件这一极端的南北地域之争中，起初的春榜依据会试、殿试成绩所取 52 人全为南方人士，经北方举人告状之后，夏天再次举行考试，朱元璋亲自阅卷录取的 61 人全为北方的考生，考试公平不得不让位于政治需要。到明代宣宗宣德二年（1427 年）形成南北卷制度，开始分南、北、中 3 个大区定额录取。此后分区逐渐细化，最终在清康熙五十一年（1712 年），代之以分省定额取中制度，一直延续到科举制的废止。总的看来，1300年的中国科举考试史上，是从考试公平逐渐向区域公平发展。

实际上这是一个考试公平（或教育公平）与政治公平的关系问题。考试公平往往是一种理想、理论或原则，区域公平则是一种政策或手段。定额贡举和录取制度的设立，显然是为了达到一定的政治目的。科举取

---

① 《司马温公文集》卷三〇《贡院乞逐路取人状》。
② 《欧阳文忠公集》卷一一三《论逐路取人札子》。

士具有深远的地缘政治的考虑，而不仅是为了达成考试技术上的公正。"突出考试的公正是适当的，因为它能在考生中均等地分配机会。但对主持考试的政府来说，这种制度要达成另外可能更为远大的目标，它必须满足社会的、地缘的，尤其是道德评判的要求。"①这种"远大的目标"，便是统治者所共同认定的"公平分配利益"的公道理念。而这种以达成地域平衡、照顾弱势群体的"天下之大公"为表现形式的政治和社会理念的背后，则隐藏着统治者维护和巩固政权的深远考虑。然而，考场如同赛场。考试成绩的差异，就好比田径场上的百米赛跑，选手们的起跑线相同，终点却因人设线。其结果可能是跑得快的被淘汰，跑得慢的反而拿奖牌。如此比赛，规则便形同虚设。因此，在考试公平与区域公平之间，应寻找一个相对平衡的支点。②

当然这两种公平中的一种，即区域公平在一定意义上还是较接近于效率方面，即不完全按考试成绩而按区域定额录取有违公平原则，但对促进文化教育相对落后地区的发展、维护国家的统一则有积极的意义，这也可以说是一种效率。因此，考试公平与区域公平的矛盾典型地反映出公平与效率的冲突，在当今高考倾斜的录取分数线问题的争论中，也有相似的体现。

二、高考改革中公平与效率的矛盾

有的学者认为，从根本上说，效率和公平是统一的。效率的提高有助于公平的实现，社会的公平也有助于提高效率。然而情况又是复杂的，在现实生活中，效率和公平也有不一致的时候，有时为了提高效率影响了公平，有时为了维护公平影响了效率。在效率和公平之间，效率优先、兼顾公平具有普遍的意义，效率是矛盾的主要方面和在现实中必须优先考虑的问题。但这并不意味着公平无足轻重，公平是影响效率诸

---

① Thomas H. C. Lee, *Government Education and Examinations in Sung China*, Hong Kong: The Chinese University Press, 1985, p. 204.

② 郑若玲：《考试公平与区域公平：高考录取中的两难选择》，《高等教育研究》2001 年第 6 期。

因素中的一个重要的因素。①

效率通常是指资源配置效率。效率的含义很丰富，可以有多方面的效率，如微观效率、宏观效率、规模效率等。有关高考改革的效率也有两种：一种是人才选拔方面的效率，即如何提高考试的信度、效度和区分度，最准确地测验出应试者的实际水平，将优秀者选拔出来供高等学校挑选；另一种效率是指如何使考试本身做到高效、经济，能够使考试简便易行，省时、省事、省力。从这两方面的效率来看，高考作为大规模的统一考试，在第一种效率方面是优劣兼具，在第二种效率方面则是优点突出。当经济条件还不够好时，高考改革应同时考虑两种效率问题。1953 年以后连续几年教育部都提出"是否单独招生"供各高校讨论，想将招考责权放归各高校，但应者无几。② 因为当时各高校都不愿意再回归到单独招考的老路上去。这与 1982 年教育部曾允许个别大学设立单独招考试点，但没有大学愿意进行尝试类似，都是基于省事省力的考虑。在经济大为发展、条件大为改善之后，则应更多地考虑满足第一种效率的问题。因为毕竟高考本身的最终目的是为了更好地选拔高校新生。

现代高考中也有许多与中国考试史上十分相似的公平与效率问题，如考试公平与区域公平的两难问题。另外，高考改革的许多方面，如科目、内容和录取模式改革等都存在着公平与效率问题。科目的多与少有所不同，科目多趋向于注重效率，科目少趋向于注重公平。一般说来，科目繁多有利于选拔专才，科目少有利于公平比较。英国人帕金森在《官场病》一书中谈道："中国考试制度以强调文学修养为特点。考试内容包括了经典知识、(诗歌和散文)写作能力，以及坚持把每场从头到尾考完的顽强作风。据说，经典著作的修养和文学水平，对任何人从事任何行政工作都同等重要。……事实上，大家同时参加几门科目不同的考试，结果是排不出名次的，因为无法判断某人的地质学成绩是不是胜过

---

① 袁贵仁：《效率与公平》序，参见万光侠：《效率与公平》，北京：人民出版社，2000 年，第 1～5 页。

② 杨学为：《纪念高校招生实行全国统考 50 周年》，《湖北招生考试》2002 年 6 月下半月。

另一人的物理学成绩，所以把这两门科学统统作为没有用的东西排除在外，至少还方便一点儿。"①中国科举史上从唐代的众多科目演变为元代以后的单一进士科，就含有便于用统一的标准去衡量众多考生的用意，在一定意义上说，也就是公平的考虑压倒了效率的考虑。既然是大规模考试，就必然要侧重其可比性，不可能再强调其多样性。多年来，高考科目改革也体现出注重公平比较的规律和趋势。在文理分科的大格局下，高考分数便于调剂录取。1985 年以后的几年中，部分省市实行新高考科目组实验，设置了 4 个以上的科目组合，结果因科目分组过细，各组之间竞争激烈程度差别较大，造成难以调剂录取，最后放弃了这种改革方案。近年来实行的"3＋X"科目改革，多数省市都选择了"3＋文科综合或理科综合"，也有部分省市选择"3＋文理大综合"，很少有省市采用"3＋综合＋1"的方案，其中部分原因就是不同科目的"1"报考人数和难度差别较大，可比性不强，调剂录取时不便于操作，勉强调剂则会出现不公平的现象。

2002 年大学招生中发生的一件个案典型地体现了公平与效率的取舍问题。武汉一个颇有文学才华的高中毕业生正式出版了一本文学作品集《愤青时代》，出书的目的很明确，就是希望能免试被北京大学中文系录取，由此引发了一场争论。主张北京大学中文系应该录取他的人认为，既然他确实表明具有突出的文学水平，就应不拘一格降人才破例录取。反对者认为，一个人不可能什么好处都得，既然他在高中阶段将许多精力放在写作上而不顾其他学科，已经获得了出书相应的名声，就不应录取他而让其事事都占好处，否则对其他全面认真学习各门学科的艰苦应考的考生而言就不公平，如果可以这样不经高考而上北京大学，其他同学今后是否也可以不顾其他学科的学习，写一本小说就申请进北京大学中文系？赞成派是从效率的角度考虑问题，反对派则从公平的角度考虑问题。最后北京大学还是没有录取他，武汉大学中文系录取了他。在一定意义上，北京大学的决定体现了公平精神，武汉大学的决定体现了效率优先。

---

① 诺斯古德·帕金森：《官场病（帕金森定律）》，陈休征译，北京：生活·读书·新知三联书店，1982 年，第 17～18 页。

高考内容改革方面也存在公平与效率的两难问题。内容改革应体现能力立意还是顾及公平问题，在命题时考测能力与考测知识何者为重，往往是摆在高考改革决策者面前的一道难题。鼓励创造性、求异思维与公正客观、防止作弊有时会产生矛盾，客观题与主观题掌握多大的比例，控制评分误差与鼓励创新开拓的平衡，两者之间都存在着公平与效率的张力。一方面，试题应给考生发挥创造性的空间，另一方面，试题应避免出现性别、城乡及文化背景的歧视内容。高考录取模式方面的公平与效率问题（如扩大高校招生自主权与保证录取公平、公正、客观方面）也往往存在着矛盾，对此，笔者曾作过专门的论述[①]，本文不再展开。

统一高考在一定意义上兼顾了公平与效率的矛盾。统考比单考更有规模、效率，同时统考也比单考更为公平，更具有可比性。不过，有的人认为统一高考只是维持一种表观的公平，而实质上并不公平。确实，公平的含义十分复杂，通常分为起点公平、过程公平与结果公平。教育和考试都有促进社会阶层流动的功能，但由于中国城乡之间、地区之间、社会阶层之间差别很大，学生受教育条件存在着相当大的落差，而高考制度完全不考虑各个考生的教育资源和文化条件差异，每年参加高考的几百万考生实际上不是都站在同一个起跑线上。家庭经济和文化条件较好的考生比较容易考上高校或进入名牌大学，高考筛选的结果往往是延续或"复制"阶层不平等，因而高考被有些人看成实际上是不平等的，他们认为高校入学制度改革应尽量考虑起点公平。然而，笔者认为在现阶段这是一个很难实现的善良愿望。

为了实现"教育机会均等"的理想、改变考试领导教学的状况，台湾从2002年开始实行大学多元入学新方案，在联考途径以外，扩大申请入学和推荐甄选的比例，希望能改变联考"一试定终身"和弱势家庭子弟的不利处境。但吊诡的是，申请入学过程有几个关卡可能会对中产以上阶层出身的学生比较有利，其中以课外活动社团参与和口试两项为最。用法国社会学家布迪厄(P. Bourdieu)的话来说，这些能力都和文化资本有关。文化资本指的是像博雅教育与举止风范这些方面。比如，面对教

---

① 刘海峰：《高考改革中的全局观》，《教育研究》2002年第2期。

授、考官泰然自若、侃侃而谈的能力可能与"见过世面"的经历息息相关。文化资本通常很难在正式的学校教育中取得，大半通过父母的较优越的社会经济教育背景所创造的家庭教育与资源来形成。[①] 实行多元入学新方案，看来不见得就会使教育机会更为均等。

对高考或台湾的大学联考"不公平"的责难，具有一种强调实质性机会平等的倾向。要实现结果公平，即实质性教育机会平等，不分民族、性别、出身、禀赋等，都可以同等地获得进入大学的机会，这在现实社会显然是不可能的。当今世界还没有任何一个社会或制度能够完全消灭经济和文化条件的差别，而人与人之间的天资和非智力因素也有无法完全扯平的差异。美国曾实行补偿教育政策，由政府拨款向少数人种、弱势群体实施各种倾斜政策，如规定不利人群的入学比例、校车接送、经济援助等，但后来发现效果不大，教育结果的不平等仍然存在。[②] 受政治、经济和文化的制约，当今中国还很难做到起点公平和结果公平。公平只能是与社会发展水平相适应的公平，在中国也就是初级阶段的公平。高考是不能够达到理想的公平，然而在没有其他更公平且能够操作的制度可以取代它时，高考便是最可行的相对公平的制度。

另外，最大限度地发挥优质教育资源的作用，将最有天资、最具有深造前途的学生招收到最好的大学加以培养，即合理配置人才和教育资源，是中国培养英才和建设世界一流大学的重要保证，因而也最符合效率原则。就像为残障学生设立特殊学校一样，将资优生选拔后招入好的大学，这也是另一种意义上的公平。

总之，高考改革中存在着一系列的公平与效率问题，如最常议论的全面考核与公平客观的矛盾，实际上也就是一种公平与效率的矛盾。综合考查德、智、体、美等各个方面来选拔大学新生，应该说最能选拔全面发展的优秀人才，也就最符合效率原则。然而，这种考核方式却容易损害公平原则，因而往往行不通。与在许多领域"效率优先，兼顾公平"有所不同，在考试选才方面，通常的情况是，选拔性考试最初虽也是"效率优先，兼顾公平"，可是在长期实行之后，往往会演变为"公平优

---

① 曾嬿芬：《教改与社会平等》，台湾《中国时报》2002 年 6 月 7 日。
② 翁文艳：《美国与日本教育公平的理论与实践》，《教育评论》2002 年第 4 期。

先，兼顾效率"。这种公平只是程序公平而非实质公平，因为在现实社会中，很难做到起点公平和结果公平。总的看来，高考改革的发展趋势是从效率优先走向公平优先，继而走向公平与效率的兼顾与平衡。

高考不能脱离文化传统和社会现实[*]

一年一度的高考又向我们走来。虽然 2013 年直接参加高考的考生有 900 万人左右，但因为事关千家万户的切身利益，事关许多中学的办学成效和地方政府的教育政绩，事关教育公平和社会秩序的维护，所以高考牵动着整个社会的神经。

高考是高竞争、高利害、高风险的大规模选拔性考试。小考场连着大社会，一到高考时节，社会各界都为高考服务和让路，高考成为各级政府关注的大事，连上海合作组织的开会时间都可以因为高考推迟一小时召开。为保证高考顺利进行，飞机可以改道，列车可以停驶，工地可以停工，交通可以管制，有的城市有志愿服务的爱心出租车，有的地方电视台不停地做关于高考的现场直播……不免让人感叹中国真是一个考试社会。

英国学者罗伯特·蒙哥马利在《考试的新探索》一书中指出：英国是一个热衷于考试的国家，

＊ 本文发表于《光明日报》2013 年 6 月 3 日。

考试的影响在英国是如此深远，以至只有历史学家的探索才有助于弄清楚这个复杂的问题，"考试已经这样稳固地站定了脚跟，要废除它似乎比取消篝火节和圣诞节更无可能"。

其实，考试的地位和影响在中国比英国有过之而无不及。自古以来，考试在中国读书人的社会生活中便占有举足轻重的地位。古代的科举是如此，现代的高考也是如此。高考是当代中国每年夏天都会出现一次的举国大考，是一种盛大的社会活动和重大的民生议题。在高等教育领域，没有一个方面会比高考改革更复杂、更敏感，因为高考不仅是一种考试，它一头连着教育，一头连着社会，与千百万民众利害相关，因为高考实际上关系到每个人选择职业和未来生活的方式。

对中国人来说，高考是一个永远不会过时的热点话题。每到高考和录取季节，其更是成为焦点话题，所有媒体都聚焦于高考。只要有一个考场、一个考生出现状况，特别是发生意外情况，立即会成为新闻。因此，考生和家长、教师全神贯注，高考的组织者和管理者则戒慎恐惧，如履薄冰。

考试是中国的一大发明，是许多中国人既爱又恨的一种社会活动。在当代中国，考试与人们似乎是如影随形。一个人从小到大，不知道要经过大大小小多少次考试，有的人几乎可以说是活到老，考到老，所以在中国有"吃喝拉撒睡，生老病死考"的说法。有考试，说明有机会，而且往往是发展和上升的机会。一个与世无争的人也许不需参加很多考试。但即使是一个出家人，若想做到住持的境界，也要熟记许多佛教经书，也要经历不同的考试或类似于考试的考核。无论你是喜欢也好，不喜欢也好，反正有的考试是你必经的关口，而高考往往是人生经历的各种考试中最重要的一次。

尽管高考有其局限和弊端，但它是一个适应中国国情的国家教育考试。高考给学生带来学习负担和备考压力，给中学带来巨大的竞争压力，但因为高考具有目前各个领域中相对最为公平的竞争机制，它同时又是社会矛盾的"减压器"和社会风气的"净化机"，事关千家万户的喜、怒、哀、乐，事关国家的长治久安，事关全面建设小康社会目标的顺利实现。

高考是中国传统文化和现实社会环境作用的产物，现行高考制度有其产生的必然性和存在的合理性。有什么样的文化，就有什么样的招生考试制度；有什么样的社会环境，就有什么样的招生考试方式。高考改革不能脱离中国的历史文化传统和当代的社会现实，而必须植根于中国社会的深厚土壤。只有如此，我们提出的高考改革方案才不会脱离实际，才具有可行性。

兼顾公平与科学的高考改革[*]

以高考改革为主的考试招生制度改革是教育体制改革中的重点领域和关键环节，全社会至为关注。为了解决人民群众普遍关心的考试招生热点、难点问题，经过广泛调研和认真研制，2014年9月3日出台了《国务院关于深化考试招生制度改革的实施意见》（以下简称《实施意见》）。《实施意见》回应社会关切，在促进教育公平和科学选拔人才两个方面尽力取得平衡，可以说是一次兼顾公平与科学的高考改革。

一、招考改革公平优先

公平与科学是这次考试招生制度改革的最主要的两个方面。这次改革遵循的基本原则有四：一是坚持育人为本，遵循教育规律；二是着力完善规则，确保公平公正；三是体现科学高效，提高选拔水平；四是加强统筹谋划，积极稳妥推进。其中促进公平摆在科学选才之前。教育部负

---

* 本文发表于《中国考试》2015 年第 9 期，与李木洲合作。

责人就深化考试招生制度改革答记者问时，提到改革的基本原则之一是"确保公平公正"。[①] 也就是说，这次改革实际上是将公平放在首位的。

自从高等教育进入大众化阶段以后，高校分层更加明显，考生素质千差万别，通过统一考试甄别学生的能力和素质，为所有高校提供唯一录取依据，面临越来越多的困难，"分数决定论"越来越不符合时代的发展。要建设创新型国家，对高考这样注重统一标准答案的大规模选拔性考试必须加以改革，改变分数至上的教育和招考模式。但同时，老百姓最希望、最关注的还是高考改革要保障公平，招生考试方式越多样，越不依赖分数，客观上对没有社会资本的家庭就可能越不利。因此，如何在推进高考改革多样化的同时，尽可能维护高考制度的公平性，是改革设计者始终考虑并努力寻找平衡点的一个问题。

在考试招生中是公平为首还是效率优先，在教育理论界是一个争论的话题。一般而言，所谓高考公平是指基于考试成绩的公平，即"在分数面前人人平等"；效率是指综合各方面因素，不拘一格地选拔优秀人才。"效率派"认为中国已到了一个不必刻意追求公平，而应注重效率的时候，高考制度应彻底改革。"公平派"认为公平选才是社会大众对高考最为关注的一个方面，也是高考制度的基本功能和精神之所在，公平竞争是高考制度的灵魂和根本，"多元录取""综合评价"要注意保证操作过程的公平和公正，避免金钱和权力对招生工作的干扰。[②] 不难发现，"公平派"与"效率派"是分别基于不同的视角与立场在谈论高考改革，其实质是不同高考利益主体对高考改革的现实呼声与诉求。

事实上，在这次《实施意见》的制定过程中，公平与科学两者孰为优先的问题也曾历经反复研讨。其最后定位于"公平为首"主要基于两方面的考虑：一是省情、教情的实际情况。由于我国幅员辽阔，全国 31 个省、市、自治区(不含港澳台地区)不仅经济发展不平衡，而且教育基础也各不相同，东、中、西部的整体发展在客观上存在较大差距。二是当前高考的现实情况。在高考推行分省定额制和分省命题政策后，各省、

---

① 焦新：《促进公平科学选才——教育部负责人就深化考试招生制度改革答记者问》，《中国教育报》2014 年 9 月 5 日。

② 刘海峰：《高考改革：公平为首还是效率优先》，《高等教育研究》2011 年第 5 期。

市、自治区的高考不仅考试科目、考试内容甚至考试效度不尽相同，而且在高考录取率（尤其是高水平大学的录取率）及录取分数线等方面也存在较大差异。因此，不同省区对高考改革的诉求各有侧重。比如，对较发达地区而言，高考改革的利益诉求多倾向于追求人才选拔的科学性；对发展较落后地区而言，高考改革的利益诉求则更多地倾向于强调人才选拔的公平性。然而，从国家整体利益出发，如何统筹兼顾与平衡各省、市、自治区的高考改革利益，满足新时期人们对社会公平与正义的强烈诉求，"公平优先，兼顾科学"成为现阶段高考改革的应有之义。

高考作为我国乃至世界最大规模的教育选拔考试，公平与科学是高考存在的根本价值，是高考能够持续发展的两翼，二者缺一不可。但是，公平与科学两者之间既存在彼此关联的一面，又存在相互排斥的一面，或可说二者之间存在难以消解的阶段性矛盾。从历史经验来看，高考改革以"公平为首"还是以"科学优先"，往往取决于国家政治、经济、社会乃至区域教育发展的具体情况。新中国成立初期，为满足国家干部与高级专业人才的选拔与培养，高考作为政治任务的一部分，其导向基本以"效率优先"，即注重精英人才的选拔，较少考虑高考本身的科学性及其社会公平性。改革开放以后，为满足市场经济发展对多元人才的选拔培养需要，伴随现代教育测量理论与考试技术的引入，很长一个阶段高考的改革或试验导向基本是"科学优先"，即侧重高考活动或高考制度本身设计的科学性及其人才选拔的精确性，当然也兼顾一定的公平性。而现阶段，随着高考平均录取率的大幅提升，人们的诉求已由"上大学"转向了"上好大学"，加之人们的公民意识、法律意识及权利意识的增强，追求与注重"社会公平正义"不仅是广大人民的诉求，也是新时期国家治理的战略目标之一。因此，当前追求"公平优先，兼顾科学"并非偶然，而是国家基于国情、省情、教情及民情的现实考量的结果。

为切实推进高考公平，《实施意见》除强调把促进公平、公正作为改革的基本价值取向外，还要求着力完善各项规则，加强宏观调控，健全法律法规与体制机制建设，以保障考试招生过程的机会公平、程序公开和结果公正。具体的重要措施有四个方面。

其一，提高中西部地区和人口大省高考录取率。在综合考虑生源数量及办学条件、毕业生就业状况等因素的基础上，进一步完善国家招生计划编制办法，严格要求高校执行招生计划；继续实施支援中西部地区招生协作计划，在东部地区高校安排专门招生名额面向中西部地区招生；部属高校合理分配各省招生名额，并提前公开招生名额分配原则和办法，严格控制属地招生比例。到 2017 年，高考录取率最低的省份与全国平均水平的差距要从 2013 年的 6 个百分点缩小至 4 个百分点以内。

其二，增加农村学生上重点高校的人数。继续实施国家农村贫困地区定向招生专项计划，由重点高校面向贫困地区定向招生。部属高校、省属重点高校安排一定比例的名额招收边远、贫困、民族地区优秀农村学生。到 2017 年，贫困地区农村学生进入重点高校的人数要明显增加，形成保障农村学生上重点高校的长效机制。

其三，减少和规范高考加分。大幅减少并严格控制考试加分项目，2015 年起取消体育、艺术等特长生加分项目。对确有必要保留的加分项目，合理设置加分分值。地方性高考加分项目由省级人民政府确定并报教育部备案，原则上只适用于本省（区、市）所属高校在本省（区、市）招生。同时，加强考生加分资格审核，严格认定程序，做好公开公示，强化监督管理。

其四，完善和规范自主招生。进一步明确自主招生的定位，即主要选拔具有学科特长和创新潜质的优秀学生，并在严格控制自主招生规模的基础上，规定申请学生要参加全国统一高考，在达到相应要求后还要接受报考高校的考核。高校考核的内容设计要符合本校人才培养的智能结构需要，禁止大学联考招生以及社会机构组织专门培训活动。同时，加强自主招生办法、考核程序及录取结果等的信息公开，发挥社会监督功能。

客观而论，改革开放后，在历史、经济、文化、地理、人口等客观因素的作用下，我国高水平大学的属地招生比例偏高、农村学生上重点大学的比例下降以及高考加分和自主招生乱象丛生，成为人们诟病高考公平的重要方面。此次深化改革意见，有针对性地加强高考录取率的调控力度，增加重点大学招收中西部地区及弱势群体的考生数量，大力规范高考加分政策和自主招生行为等举措，无疑是对社会严重关切的直接回应，对促进高考公平正义具有重大意义。

二、选拔人才兼顾科学

公平与科学往往存在矛盾。高考改革如果不通盘考虑，极容易出现顾此失彼的局面。大众对公平的注重与追求，使得高考追求科学性和效率的努力受到制约。高考改革应以不变应万变，"不变"的是它的公平和科学选才原则，而"万变"的是它的考试形式与内容可以不断推陈出新。高考改革万变不离其宗，尽量兼顾公平与科学，在两者产生矛盾时，尽量在两者之间求得基本的平衡。

科学性是考试招生制度改革的生命线。如果说公平性关乎考试招生制度的兴与衰，那么，科学性则决定着考试招生制度的存与亡。考试招生制度的改革要遵循科学性原则，在理论层面要做到考试招生符合教育原理和规律、符合人才选拔培养和成长规律；在实践层面要做到考试选拔目标与人才培养目标一致、考查内容与人才知识结构相符，不断追求人才选拔与人才培养的高度统一。简言之，无论是考试招生制度的宏观调控与中观设计，还是微观层面的考试命题、组织实施与评价结果运用，都要讲究理论与实践的科学性。

此次《实施意见》充分体现了追求科学选才的改革精神。为贯彻落实《国家中长期教育改革与发展规划纲要（2010—2020 年）》提出的构建"综合评价、多元录取"的高考改革目标，《实施意见》明确规定，要在完善高中学业水平考试、规范高中学生综合素质评价、建立规范的学生综合素质档案的基础上，探索基于统一高考和高中学业水平考试成绩、参考综合素质评价的多元录取机制。同时，"高校要根据自身办学定位和专业培养目标，研究提出对考生高中学业水平考试科目报考要求和综合素质评价使用办法，提前向社会公布"。这些深化改革意见至少在两方面力图做出重大尝试：一是要求高中学业水平考试范围覆盖国家规定的所有学习科目，引导学生认真学习每门课程，避免严重偏科，并创造条件为有需要的学生提供同一科目参加两次考试的机会；二是要求综合素质评价须客观记录学生成长过程中的突出表现，注重社会责任感、创新精神和实践能力，主要包括学生思想品德、学业水平、身心健康、兴趣特长、社会实践等内容。①它体现了对人才知识结构、能力素养及成长规律的科学认识，体现了对人才评价与选拔可操作性的重视，还体现了对促进高考从重知识考查到重能力测评转变的基本改革取向。

在推进分类考试改革方面，《实施意见》不仅提出了高职院校与普通高校分类考试招生的具体办法，还明确了推进时间。即规定："高职院校考试招生要与普通高校相对分开，实行'文化素质＋职业技能'的评价方式。中职学校毕业生报考高职院校，参加文化基础与职业技能相结合的测试。普通高中毕业生报考高职院校，参加职业适应性测试，文化素质成绩使用高中学业水平考试成绩，参考综合素质评价。学生也可参加统一高考进入高职院校。2015年通过分类考试录取的学生占高职院校招生总数的一半左右，2017年成为主渠道。"事实上，改革开放后，随着我国社会结构和高等教育结构的高度分化，社会分工与高等教育从内外部两方面都客观地对人才的选拔、评价提出了精细化、个性化及多元化的要求。而根据多元智能理论和人本主义教育观，理论上也确应为考生的成才构建多元化考试、评价及培养机制。将高职院校与普通院校的考试招生分开，既符合不同类型人才选拔的客观需要，也符合不同类型高校人才培养对知识结构、认知水平以及思维能力的规定性需要。对于提高各级各类专业化人才教育质量具有重大的现实意义。

在深化考试内容改革方面，为更好地满足高校招生选才的需要，更好地发挥引导素质教育、促进学生全面发展的作用，《实施意见》对考试科目和考试命题都作了重大调整。在考试科目设置方面，突出增强高考与高中学习的关联度，考生总成绩将由统一高考的语文、数学、外语3个科目成绩和高中学业水平考试3个科目成绩组成。保持统一高考的语文、数学、外语科目不变、分值不变，不分文理科，外语科目提供两次考试机会。计入总成绩的高中学业水平考试科目，由考生根据报考高校要求和自身特长，在思想政治、历史、地理、物理、化学、生物等科目中自主选择。在考试命题方面，明确提出应依据高校人才选拔要求和国家课程标准，一要科学设计命题内容，增强基础性、综合性，着重考查学生独立思考和运用所学知识分析问题、解决问题的能力；二要改进评

①　刘海峰：《贯彻意见精神推进新一轮高考改革》，《中国高等教育》2014年第21期。

分方式，加强评卷管理，完善成绩报告；三要加强国家教育考试机构、国家题库和外语能力测评体系建设；四要提高命题质量，2015 年起增加使用全国统一命题试卷的省份，保证国家教育考试的正确导向性和社会公信力。无疑，增强考试科目设置的合理性与提高试题命制与试卷管理的质量，是提高高考科学性的核心所在。

在深化招生录取改革方面，为提高选拔水平，体现科学、高效与人性。《实施意见》明显突出了科学管理的重要性。一方面，强调完善招生录取机制。即加快探索基于统一高考和高中学业水平考试成绩、参考综合素质评价的多元录取机制，同时要求高校根据自身办学定位和专业培养目标，研究提出对考生高中学业水平考试科目报考要求和综合素质评价使用办法，提前向社会公布。另一方面，着力科学改进录取方式。推行高考成绩公布后填报志愿方式，并创造条件逐步取消高校招生录取批次，从 2015 年起在有条件的省份开展录取批次改革试点。同时，进一步改进投档录取模式，推进并完善平行志愿投档方式，增加高校和学生的双向选择机会。再一方面，加强招生过程科学控制。具体措施包括：[1] 一是，加大招生工作的信息公开力度，深入实施高校招生"阳光工程"，及时公开招生政策、招生计划、考生资格、录取程序、录取结果、咨询及申诉渠道、重大事件违规处理结果等信息，全程接受社会监督；二是加强制度保障，强化教育考试安全管理制度建设，健全诚信制度和教育考试招生法律法规；三是加大违规查处力度，对考试招生中的违法违规行为发现一起、查处一起、公开一起，严格追究当事人及相关人员责任。这些举措为完善政府监管机制，扩大学生选择权，促进科学选才，确保考试招生工作高效、有序实施指明了道路和方向。可以说，这些改革实施意见既从制度设计的角度促进了高考管理制度的现代化进程，又从管理实践的角度提高了高考实施的科学性。

此外，为发挥高校在招生录取中的主体性、自主性与积极性，《实施意见》对高校招生选拔机制也提出了明确改革意见。一要将涉及考试招生的相关事项，包括标准、条件和程序等内容，在招生章程中详细列明并提前向社会公布；二要加强学校招生委员会建设，发挥其在制定学

---

① 诸葛亚寒：《聚焦高考改革十大亮点》，《中国青年报》2014年9月5日。

校招生计划、确定招生政策和规则、决定招生重大事项等方面的专门作用；三要加强招生工作实施的第三方监督，以及建立健全考试录取问责制与申诉机制等。通过高校的招生机构建设与制度建设，进一步明晰招生录取中的权、责、利关系，旨在改变传统高校"按计划接生"而非真正"按素质选生"的局面，即化被动为主动，由高校结合自身办学与专业人才培养对学生知识结构与能力性向的需要，开展符合学生发展和高校办学的招生工作，为早日实现"招考分离"的高考制度改革目标奠定坚实基础。

此次改革最受人们关注、影响面也最大的是上海、浙江的考试科目试点改革，这方面的改革主要是突出了高考改革科学性的探索。从有利于促进学生全面而有个性的发展、科学选拔各类人才出发，为增强高考与高中学习的关联度，考生总成绩由统一高考的语文、数学、外语 3 个科目成绩和高中学业水平考试 3 个科目成绩组成。统一高考只考语文、数学、外语三门，不分文理科，外语科目提供两次考试机会。计入总成绩的高中学业水平考试科目，由考生根据报考高校的要求和自身特长，在思想政治、历史、地理、物理、化学、生物等科目中自主选择。这一改革将为增加学生的选择性、高中办学的多样化、高校录取学生的多样化带来明显的变化，但也将面临选考科目两次考试如何等值、薄弱高中如何分层教学和走班、录取时不同科目组合的可比性以及如何调剂等一系列的问题。

科学性既是考试招生制度自身发展的内在动力，又是确保考试招生制度实现公平与效率等社会功能的根本前提。因此，高考制度的改革"以公平优先"，并不意味着减弱甚至放弃其"科学性"追求，而是必须兼顾甚或"两手都要抓，两手都要硬"的两个基本方面。

三、积极稳妥推进改革

在构建和谐社会与努力实现中国梦的时代背景下，高考改革必须充分考虑社会的普遍接受度，避免因高考改革而增加社会矛盾与冲突。有统计表明，自 1977 年恢复高考以来，高考改革与试验频密，几乎年均一改，每年都有新动向。显然，随着社会和教育的发展，高考制度改革在所难免，但必须讲求策略，即在做好充分调研和论证的基础上，在建立相关配套改革措施的前提下，采取稳中求变的改革方法，而不宜"朝令夕改"。换言之，改革不能翻来覆去，看到问题就想改，改了以后问题反而更大又倒退回去。特别是在没有充分调研和深入论证的基础上就贸然进行，改得太快太频繁，不仅令中学教学无所适从，而且对中学教育及师生也会造成很大影响。[①] 因此，在当前社会和文化环境下，高考改革应"治大国若烹小鲜"，注重稳中求进，控制好改革的速度与规模，积极稳妥地推进改革。

首先，把握正确的改革理念与方向是积极稳妥地推进高考改革的基本前提。高考是国家基本教育制度，上连高等教育，下引基础教育，是链接我国各级各类教育的核心枢纽，它不仅直接影响着学校的育人生态、教师的教学方式和学生的学习模式，还深刻影响着社会的教育理念、价值导向、文化氛围尤其是未来国家战略人才的培养。因此，改革理念与方向正确与否，关系到考试招生制度改革的大局。要按照培养德、智、体、美全面发展的社会主义建设者和接班人的总要求，全面贯彻党的教育方针，坚持立德树人、坚持正确育人导向，通过改革，使考试招生制度更好地发挥对中小学校全面实施素质教育的正确导向作用，促进社会公平，提高人才选拔水平。[②] 只有坚持正确的改革方向，不断深化改革，才能及时回应社会关切，更好地促进人才选拔与培养，维护社会公平与正义，适应经济社会发展对现代人才选拔机制的现实需求。

其次，加强内外关系和利益的统筹与协调是积极稳妥地推进高考改革的重要条件。高考作为高校选拔新生的一项重大考试活动，同其他社会现象一样，"是以系统的方式存在的，并以社会的子系统参与社会母系统的整体运行"。它既具有自身的特定系统与功能，又依托于外部世界系统而存在，并通过不断发展与完善回应各外部系统，同时，在与外部系统交互、互动的过程中，又形成或衍生出新的功能。第一，它是一项教育选拔活动，在整个国民教育系统中扮演着"承上启下，合理分流"

---

① 刘海峰：《高考改革应稳步推进》，《中国高等教育》2007 第 2 期。

② 《积极稳妥推进考试招生制度改革——论贯彻落实〈关于深化考试招生制度改革的实施意见〉》，《中国教育报》2014 年 9 月 6 日。

的核心枢纽作用；第二，它是一项国家选拔活动，在国家政治系统中具有选拔培养服务于特定政治价值取向的各级各类人才的功能；第三，它是一项文化活动，在社会文化系统中具有传承、传播及创造文化的历史使命；第四，它是一项经济活动，在国家经济系统中承担着再生人力资本的重大任务；第五，它是一项科学活动，与社会科学技术特别是测评技术和信息科技的发展密切相关。[①] 此外，人口的流动或变化通过影响考试规模进而影响或决定着考试的方式与方法甚至形势与政策。可以说，高考产生于社会需要，又服务于社会需要，它不是一个孤立的存在，而是与外部世界有着千丝万缕的联系。因此，高考改革必须统筹好高考的内外部关系，协调好各方面利益。

最后，注重务实的改革策略是积极稳妥地推进高考改革的根本保障。现阶段，要建立起以统考为主、分类考试、综合评价、多元录取、招考分离、政府导控、社会监督、高校自主的现代化考试招生制度，必须讲求务实的改革策略，逐步推进。其一，应采取"试点先行"的深化策略。试点不仅利于验证制度设计的科学性与可行性，为制度的进一步调整提供依据与空间，还利于引导社会了解、感受改革的价值，起到减弱改革阻力的作用。其二，应采取"联动共进"的试验策略。由于考试招生问题的特殊性与系统性，即使在某一区域试行，也需要其他地区的教育部门、考试机构，特别是高校的协调配合，否则很难取得理想效果，而联动共进，则利于各方寻找利益结合点，形成改革引导力。其三，应采取"舆论宣导"的推广策略。高考舆论反映和表达公众对高考改革的愿望或诉求，必须重视媒体的正面宣导，大力破除传统考试的思维定势，不断培育综合评价、多元录取等现代考试选拔意识，减少公众对改革可能存在的误解，以便形成积极的改革推力。其四，应采取"目标监控"的纠偏策略。由于高考改革的复杂性与不确定性，可能会存在许多改革偏离预期目标的现象，因而构建一套科学系统的考试招生制度改革目标监控机制十分必要。其五，应采取"考试立法"的保障策略。在高考趋向综合评价、多元录取、自主招生的背景下，"依法治考与依法治招"既是构建

---

① 李木洲：《高考改革的历史反思——基于制度变迁的视角》，武汉：华中师范大学出版社，2014年，第346~347页。

法治社会的迫切需要，也是确保招考公平竞争的必要手段。①

总之，高考改革是一项庞杂而艰巨的系统工程，各改革项目之间存在彼此关联甚至互相约束的问题，它需要国家：宏观统筹——做好制度顶层设计与利益协调，中观策划——做好制度论证与目标监控，微观试点——做好改革试验与经验积累。只有从全局把握正确的高考改革理念与方向，合理兼顾高考内部与外部的复杂关系，科学规划高考宏观、中观与微观的制度设计，并采取务实的改革策略，才能切实有效、积极稳妥地推进高考改革。

---

① 李木洲：《考试招生制度改革的推进策略》，《中国教育报》2014年2月28日。

高考改革的新阶段思考*

高考关系到千百万青年学子的人生道路和千家万户的切身利益，关系到高等教育的质量和基础教育的改革，承载着维护教育公平和社会稳定的重任，承载着巨大的社会舆论压力，因此高考改革历来受到教育界乃至全社会的高度关注。2013 年 11 月十八届三中全会通过的《中共中央关于全面深化改革若干重大问题的决定》（以下简称《决定》）对高校招生考试改革作了提纲挈领的论述，将《国家中长期教育改革和发展规划纲要（2010—2020 年）》（以下简称《规划纲要》）中描述的高考改革蓝图推进了一步；经过近 3 年广泛调研而制定，于 2013 年 12 月初步公布的考试招生改革总体方案，不仅明晰了高考改革的路线图，而且明确了改革的时间表，标志着高考改革进入一个新阶段。

一、高考制度应与时俱进

"考试招生改革总体方案"又被一些媒体称为

* 本文发表于《中国高等教育》2014 年第 5 期。

考试招生"总纲"，它包含了从初中到博士生招生的整个考试招生系统的改革，其中有关高考的内容更为具体：全面实施高中学业水平考试制度，探索"减少考试科目""不分文理科""外语科目实行社会化一年多考"等改革。普通高校逐步推行基于统一高考和高中学业水平考试成绩的综合评价、多元录取机制。加快推行职业院校分类招考和注册入学，体现职业教育的特色，一些报考高职院校的学生可不参加高考，学校依据其高中学业水平考试成绩和职业倾向性测试成绩录取。[①]

这次新一轮的高考改革力度较大，是一个很有改革精神的方案，特别是"减少考试科目""不分文理科""外语科目实行社会化一年多考"等改革，引发了大众热议和媒体围观，肯定者不少，感到困惑者有之，不赞成者也有之。

高考制度被认为是相对最为公平的招考制度，受到广大民众的拥护，为什么还要改革？这是因为再好的制度实行久了都会出现弊病，或者说背离了制度设计的愿望，更何况高考这样影响重大的制度。早在一千多年前，唐人沈既济在论人才选举制度时便指出："物盈则亏，法久终弊。"[②]这8个字很精练地道出了事物发展变化的一个规律，到今天还可以广泛地用来分析许多事情，包括高考制度。唐代是中国实行科举制度的初期，但在多年运行之后，考试选才的利弊已经出现，因而讨论的一些问题与今天关于高考的争论十分类似。考试制度必须与时迁徙、不断改革，才能适应社会的发展，发挥出强大的作用，才具有长远的生命力。

到了清朝末年，康有为在谈到科举改革时，也曾说过一段著名的话："凡法虽美，经久必弊。及其弊已著，时会大非，而不与时消息，改弦更张，则陷溺人才，不周时用，更非立法求才之初意矣。"[③]也就是说，再好的制度实行久了都会出现问题，如果不改弦更张，就可能达不到创立制度的初衷。科举是这样，现代的高考制度也是这样，1977年恢复高考的时候，人人都说好，但实行多年之后，在充分发挥公平竞争

---

① 宗河：《考试招生改革总体方案制定完成》，《中国教育报》2013年12月7日。

② 杜佑：《通典》卷十八《选举》六《杂议论》下。

③ 康有为：《请废八股试帖楷法试士改用策论折》，见《戊戌变法》第2册，上海：神州国光社，1953年，第322～329页。

机制、选拔大量优秀人才的同时，局限性也日益显现，受到强烈的质疑，确实需要不断改革。

高考在中国有多方面的使命与功能，一是科学选拔人才，为高校选拔合格新生，保证高校生源的质量；二是促进学生健康成长，促进中小学生努力向学，提高民族文化水平；三是维护社会公平、坚持社会公正、稳定社会秩序；四是促进社会阶层流动，参加高考长期以来是平民子弟向上流动的一条重要渠道，高考还造成大范围的人才区域流动。

不过，作为一种大规模统一考试，高考也有其局限性，对中小学教育产生了一些负面的影响，如中学只抓智育而忽视德育和体育，尤其是有些高中在"备战"高考期间对学生实行准军事化管理，平日学生被限制在上锁的学校大门之内，一个月仅放一两天假。平行志愿录取模式导致分数至上，成为中国高考史上最重视分数的时期，于是有的学校主要采用题海战术，学生成天泡在题海里，有如"考试机器"，学校有如"高考军营"或"高考工厂"，甚至类似于"教育监狱"。个别中学统一为高三学生"打吊瓶"输氨基酸增强体力的照片，更是刺激了国人的神经。如此片面地追求升学率，一切为高考而教，一切为高考而学，扭曲了高中教育的目标。当前中小学课程改革、教学模式改革、高校人才选拔方式改革等，都需要以高考改革为重要前提和基础，因此高考制度应与时俱进，不断改革，才能跟上时代的发展步伐，发挥出正向的功能，减少对基础教育的消极影响。

二、高考改革的目标：对国家有利，让人民满意

高考改革的目标，或者说改革的出发点和落脚点，必须着眼于对国家有利与让人民满意两个角度。高考改革一方面要对国家有利，另一方面要让人民满意。从根本上说，对国家有利与让人民满意两个方面应该是统一的，让人民满意就能保持国家的长治久安，对国家有利最终必定有利于人民，也就能让人民满意。不过，两者也有不相契合的时候。因为，国家或高考改革的顶层设计者比较注重从创新人才的培养、改变应试的负担的角度思考问题，往往相对关注效率方面；而人民或平民百姓比较容易从自身的立场看问题，最为看重改革是否公平，如果不公平而

有损于公平竞争和切身利益，理论上再好、看上去再美的方案都难得到百姓的认可。因此，在设计高考改革方案时，对国家有利与让人民满意两者需要兼顾，既讲求选才效率，又守望招考公平。

对国家有利的方面，最好能设计出既公平客观又能够科学合理地选拔人才的高考改革方案。因为自从高等教育进入大众化阶段以后，高校分层更加明显，考生素质千差万别，通过统一考试甄别学生的能力和素质，为所有高校提供唯一的录取依据，面临着越来越多的困难，"分数决定论"越来越不符合时代的发展。制度设计者或持先进教育理念的方案制定者，多希望考生能解脱考试的重压、为青少年的成长提供一个宽松的学习环境，促进人人成才，培养学生的创新能力和社会责任感，尤其是保护有天资且有兴趣向学的青少年健康成长。作为一个很有新意的高考改革方案，"考试招生改革总体方案"在促使招考方式多样化、多元化，以及科学选拔创新人才方面应该说体现得比较充分。

让人民满意的方面，"考试招生改革总体方案"也有所考虑。这尤其体现在外语科目考试改革和扶助弱势群体方面。自从 1999 年实行"3＋X"科目改革之后，英语与语文、数学同等重要，出现了高度重视甚至过度重视英语的现象。中国成为世界各国高校招生考试中最重视外语的国家之一，占用了学生太多的时间和精力，挤占了其他科目的学习时间，加重了很大一部分人的学习负担。不管是否合适，学生是否感兴趣、是否需要，现在中国有两亿多学生花了最多的时间在英语科目上，这对有相当部分在生活和工作中并不太需要英语的人来说，是很大的浪费，甚至对有些人来说，还很痛苦。而且，高考高度重视英语还在一定程度上导致学生中性别比的不平衡，出现重英语轻母语的现象，不利于城乡教育公平。目前对英语的重视已经到了无以复加的程度，多数民众对此意见很大，为了提高母语地位，保护民族文化，是到了该降低英语权重的时候了。[①] 新方案对高考英语科目进行调整，能让人民群众中的多数人满意。

为确保高考改革的公平公正，"方案"提出改革高校招生计划管理，国家对优质高等教育资源相对短缺的地区采取支持性政策，扩大实施

---

① 刘海峰：《英语在招考中的权重应适度降低》，《光明日报》2013 年 10 月 22 日。

"中西部地区招生协作计划",加快缩小区域差距。对基础教育薄弱的农村、边远、贫困、民族等地区采取倾斜性政策,扩大实施"农村贫困地区定向招生专项计划"。对进城务工人员随迁子女在当地参加升学考试完善配套政策。清理并严格规范各类加分政策。建立个人、学校考试评价诚信档案体系,加大对诚信失范行为的处罚力度。同时,全面深入实施招生"阳光工程"。

人民就是老百姓,老百姓最希望、最关注的还是高考改革要保障公平。"分数面前人人平等"最大限度地减少了权力、金钱、人情等因素的干扰。招生考试方式越多样,越不依赖分数,客观上对没有社会资源的家庭就越不利。如何在推进高考改革多样化的同时,尽可能维护高考制度的公平性,是方案设计者应该始终遵循的一个原则。

应该清醒地认识到,高考是各种教育矛盾与社会矛盾的集合点,改革任务复杂艰巨,"牵一发而动全身"。就算制定出再好的高考改革方案,都不可能使所有人都赞同,不可能完全解决优质教育资源与未来社会地位的竞争所出现的所有问题,只可能减缓竞争的激烈程度,疏导竞争的单一渠道,使竞争更为有序和多样。

三、高考改革任重而道远

《决定》和"考试招生改革总体方案"已经大体将高考改革的"路线图"制定出来,现在的问题是,如何才能达到"路线图"所标示的愿景?

"考试招生改革总体方案"有关高考改革的主体内容包括:全面实施高中学业水平考试制度、普通高校逐步推行基于统一高考和高中学业水平考试成绩的综合评价与多元录取机制、探索"减少考试科目"、"不分文理科""外语科目实行社会化一年多考",以及加快推行职业院校分类招考和注册入学六个方面。根据实现改革目标的难易程度,我认为这六个方面的改革大概可以分成以下三个梯次。

第一,相对容易实现的改革有两个。一是加快推行职业院校分类招考和注册入学,体现职业教育的特色,一些报考高职院校的学生可不参加高考,学校依据其高中学业水平考试成绩和职业倾向性测试成绩录取。中国高等教育系统庞大，不同学校的办学层次、目标定位不同，决定了考试选拔模式不同。考试录取方式应该与办学的多层次性、多类型性相适应。推进职业院校分类招考或注册入学，将其与本科院校的报考分离出来，可以有效减轻报考或申请高职院校的学生的压力。由于现在有不少高职院校已经出现生源不足或招生困难的问题，没有什么竞争性的院校根据高中学业水平考试成绩注册入学也就具有了现实可行性。二是全面实施高中学业水平考试制度。因为实际上高中学业水平考试并不是新事物，其前身就是会考，目前各省（市、区）也都已经实行了高中学业水平考试，只是要全面实施而已，所以比较容易实现。

第二，有一定难度的改革有三个，也是这次高考改革最引人注目的热点。其一是"外语科目实行社会化一年多考"。外语不再在统一高考时举行，由学生自主选择考试时间和次数，增加学生的选择权，并使外语考试、成绩表达和使用更加趋于科学、合理。外语科目实行社会化具有比较多的共识，但外语考试一年到底考多少次最合适？是采用百分制还是等级制作为高校录取依据？如果是百分制的话，是多少分计入高考总分？都是应该仔细斟酌的问题。

其二是探索"减少考试科目"。高中学业水平考试普遍实行之后，高考科目应该考几门？减少高考科目的话，应该减少到几门？这是十分重大的问题。科目太少的话很可能造成学生进一步的偏科。因为即使高考只考一科，对那些想考上一流大学的考生而言，学习负担仍然不可能减轻下来，这是常模参照考试或选拔性考试所决定的必然规律。在高度竞争性的选拔考试中，多数考生必然会将自己的学习时间和潜能用到极限，这就像竞技体育中准备参加百米或万米赛跑与准备参加十项全能或五项全能比赛的运动员，都会竭尽所能，在平时训练时的艰苦程度没有多大差别一样。而科目太少的话，为了保持考试的区分度，势必导致试题难度不断加大，不得不出偏题或怪题，否则无法区分选拔优秀考生。

其三是"不分文理科"。这能够有效解决高中文理分科的问题，如果高考科目减到很少的几科，自然比较容易实行文理不分科，但随之而来的结果很可能是学生偏科更为严重。如果由每位考生在语文、数学和允许多次考后的外语科目之外任选几门，由于不同考生之间缺乏可比性，很难进行调剂，可能又会出现以往个别省份因为实行选科考试后考生过分集中在某些科目却无法调剂的情况。因此，笔者认为减少高考科目，不分文理科，宜谨慎推进，需在一定范围内实验，在试点的基础上，证明确实具有可行性之后，才能全面铺开。

第三，难度最大的改革有一个，即"普通高校逐步推行基于统一高考和高中学业水平考试成绩的综合评价与多元录取机制"。这是高考改革的主要目标，也是一个最难实现的目标。多元录取是指根据学生的高考成绩、高中学业水平考试成绩和综合素质评价来择优录取。问题是高中学业水平考试如何作为普通本科高校录取的重要参考？其成绩在高校录取中占多大的比例？只提"参考"而不限定高中学业水平考试成绩具体量化比例或分数，称之为"软挂钩"，这很可能出现过去那样应付会考、对付高考的现象。将高中学业水平考试成绩按一定比例折成分数与高考分数累加作为高校录取时的依据，则是"硬挂钩"。如果高中学业水平考试成绩只占很小的比例，则不会受到重视。只要比例稍大一些，即使只占到高考分数的 5%，在高考按总分录取、一分之差或许就胜过千人的情况下，也会使多数学生重视每一门课程的学习和考试，但随之而来的是考生的压力大大增加，每一门课都变成竞争性考试，高考一次的磨难变成高中三年的磨难。

综合评价是综合考生平时的学习成绩和素质、表现来进行评价，以突破我们现在高考制度对学生评价完全依靠分数的局限。其实，中国的高校招生录取文件从来都强调要"德、智、体全面衡量，择优录取"，但实际上却演变成几乎完全是"以分取人"，实行平行志愿投档模式之后，更是将分数的重要性推到极致。在中国这样一个人情社会和诚信体系还不够完善的环境下，如何达成综合评价多元录取体制，还需逐步试行以看效果。

高考改革的重要原则之一是实践可行。实践是检验真理的唯一标准。改革的设想和政策的出台不仅要符合教育原理，还要具有可行性和可操作性。理论上正确不一定是可行的，只有可行的才是有效的。落实《规划纲要》和《决定》中提出的高校考试招生改革，要选好改革试点，选择条件较好的或较合适的高校进行试点改革，在试点取得经验的基础上，循序渐进地推开，才能使高考改革稳步前进。

"考试招生改革总体方案"的"时间表"为：2014 年上半年，国家发布总体方案及高考改革等各领域的改革实施意见。有条件的省份开始综合改革试点或专项改革试点。2017 年总结成效和经验，推广实施。2020 年基本形成新的考试招生制度，实现改革总体目标。

随着录取率的迅速上升和招考方式的多样化，高考这座曾经是万千学子争过的"独木桥"已逐步变成"立交桥"，为高校选拔合适人才、促进学生努力学习、维护社会公平公正，仍然起到至关重要的作用。在未来相当长的时间内，统一考试会逐渐减轻其绝对权重，但还将成为中国高校招生的主体。高校招生考试制度的改革与发展要受社会政治、经济和文化的制约，这是一个规律，不可能脱离中国的国情来实行某种招考制度。在招生考试领域，管理权力小于法律，法律小于规律。不符合规律的设想，即使愿望再美好，也无法贯彻落实。只有符合招生考试规律、符合主流民意的改革，才可能长久实行下去。要实现高考改革的目标，仍然任重而道远。

贯彻意见精神　推进新一轮高考改革[*]

2014 年 9 月 3 日，国务院出台了《国务院关于深化考试招生制度改革的实施意见》（以下简称《实施意见》）。这是当前和今后一个时期指导考试招生制度改革的纲领性文件，标志着新一轮高考改革全面启动。《实施意见》重在从有利于促进学生健康发展、科学选拔各类人才和维护社会公平出发，深化考试招生制度改革，为办好人民满意的教育、建设人力资源强国提供有力支撑。

一、全面系统的改革

此次《实施意见》的制定过程将近 4 年。2010 年 7 月，《国家中长期教育改革和发展规划纲要（2010—2020 年）》正式发布。2010 年 11 月，国家教育咨询委员会成立，委员会下设考试招生改革组。从 2011 年 1 月开始到 11 月，考试招生改革组的专家团队，先后到上海、浙江、福建等 15 个省市进行调研，召开了近百场座谈会，撰

* 本文发表于《中国高等教育》2014 年第 21 期。

写了 16 个专题、共计 80 万字的调研报告，并形成了《关于深化高等学校考试招生制度改革的指导意见》草案，为后来制定《实施意见》打下了坚实的基础。

2012 年 7 月，国家教育考试指导委员会正式成立，下设考试、招生、管理三个专家工作组，继续进行高考制度改革总体目标和基本框架的调研和制定工作。进入 2013 年，在教育部的牵头下，新一轮高考改革方案制订工作再次开展，方案经过了数轮讨论，几易其稿，多方征求意见。2013 年 11 月，十八届三中全会报告出台，高考改革被纳入"深化教育领域综合改革"的重要内容，"不分文理科""外语等科目社会化考试一年多考"等多项具体化的高考改革措施明确被提出。

党中央、国务院高度重视考试招生制度改革工作。习近平总书记多次做出重要指示，强调必须通过深化改革，促进教育公平、提高人才选拔水平，适应培养德、智、体、美全面发展的社会主义建设者和接班人的要求，先后主持召开中央全面深化改革领导小组会议、中央政治局常委会、中央政治局会议进行审议。李克强总理在今年的政府工作报告中明确要求，积极稳妥改革考试招生制度，并专门听取汇报，主持召开国务院常务会议进行审议。刘延东副总理多次开展专题调研、主持召开国家教育体制改革领导小组会议进行研究。教育部会同有关部门认真落实党中央、国务院的部署和要求，突出问题导向，把握改革重点，深入总结实践经验，广泛听取社会各界意见，充分论证、反复修改，不断完善。可以说，《实施意见》的出台，凝聚了各方的智慧。①

这次考试招生制度改革，是恢复高考以来最全面最系统的改革，是教育综合改革中最重要最复杂的改革。以往也不断有关于高考的各种各样的改革，但多数都是单项的或者某一个侧面的改革，而这次有一个全面思考和总体设计，涉及考试招生的方方面面，是一个顶层设计的系统改革。

对于考试招生制度，2014 年 8 月 29 日中共中央政治局会议审议《关于深化考试招生制度改革的实施意见》的会议有一个精练的评价："考试招生制度是国家基本教育制度，是人才培养的枢纽环节，关系到

---

① 《促进公平科学选才——教育部负责人就深化考试招生制度改革答记者问》，《中国教育报》2014 年 9 月 5 日。

国家发展大计，关系每一个家庭的切身利益，关系亿万青少年学生前途命运。改革开放以来，我国考试招生制度不断改进，为学生成长、国家选才、社会公平做出了重要贡献。"[1]

国务院发布的《实施意见》进一步指出：考试招生制度"对提高教育质量、提升国民素质、促进社会纵向流动、服务国家现代化建设发挥了不可替代的重要作用。这一制度总体上符合国情，权威性、公平性社会认可"[2]。这段话充分肯定了考试招生制度的功能与作用，强调改革开放以来考试招生制度改革取得的成就，是一个实事求是的基本判断。确实，以往高考在科学选拔人才、保证高校生源的质量，促进学生努力向学、提高民族文化水平，维护教育公平、稳定社会秩序，促进社会流动、保持社会活力等方面，一直起着重要的作用。改革开放三十多年来，我国基础教育水平的提高、经济的腾飞、社会的发展，都与高考的恢复和改革密不可分。经过高考选拔的人才通过高等教育成为国家各行各业的骨干力量和栋梁之材，30多年来中国经济的起飞是与高考制度的恢复和不断改革密切相关的，高考的积极意义应该充分肯定。

《实施意见》同时也指出目前考试招生制度存在的弊端："但也存在一些社会反映强烈的问题，主要是唯分数论影响学生全面发展，一考定终身使学生学习负担过重，区域、城乡入学机会存在差距，中小学择校现象较为突出，加分造假、违规招生现象时有发生。"高考制度也确实存在很多局限性，因为竞争性的统一考试会诱发应试的顽症，造成学生学习时间长、体育锻炼少、一定程度的偏科、只重分数不重平时表现等。虽然我们的文件中都有明文规定要德、智、体全面考核择优录取，而在高考实际操作中基本上都是以"智"即高考的分数来决定一切。

这次改革遵循的基本原则有四：第一，坚持育人为本，遵循教育规律。把促进学生健康成长成才作为改革的出发点和落脚点，扭转片面应试教育倾向，坚持正确育人导向，践行社会主义核心价值观，深入推进素质教育，培养德、智、体、美全面发展的社会主义建设者和接班人。

---

① 《中共中央政治局召开会议审议〈关于深化考试招生制度改革的实施意见〉》，《中国教育报》2014年8月30日。

② 《国务院关于深化考试招生制度改革的实施意见》，《光明日报》2014年9月5日。

第二，着力完善规则，确保公平公正。把促进公平公正作为改革的基本价值取向，加强宏观调控，完善法律法规，健全体制机制，切实保障考试招生机会公平、程序公开、结果公正。第三，体现科学高效，提高选拔水平。增加学生选择权，促进科学选才，完善政府监管机制，确保考试招生工作高效、有序实施。第四，加强统筹谋划，积极稳妥推进。整体设计从基础教育到高等教育考试招生制度改革，促进普通教育、职业教育、继续教育之间衔接沟通，统筹实施考试、招生和管理制度综合改革，试点先行，稳步推进。

高考改革应在全面研究和长期规划的基础上渐进推行。整个《实施意见》对考试招生改革的设计，都体现了统筹兼顾、循序渐进、逐步优化的思路，确保改革过程平稳有序，积极稳妥地实现改革目标。

二、促进教育公平

《实施意见》回应社会关切，兼顾促进公平、科学选才两个方面，有不少亮点和新意。

公平与科学，是这次考试招生制度改革的两个关键词。教育部负责人就深化考试招生制度改革答记者问时，提到改革的基本原则之一是"确保公平公正，把公平作为第一要求"。[①] 也就是说，这次改革是将公平放在首位的。因为高考在老百姓心目中是难得的一个公平的竞争机制，多一分就取，少一分就认。考生因一分之差落榜，通常只怪自己不够努力，并不会去怪政府怪社会。许多家长和学生都认为，通过考试，即使是带有不少缺点的考试，没有考上，他们服气；而通过其他选拔方式，有些人比较可能通过金钱、关系进入好学校，老百姓不服气。因此，高考改革应以保障公平为首。

《实施意见》涉及的方面很多，体现促进公平的方面也很多，限于篇幅，无法一一具体展开论述，只能举例分析。例如，改革的主要任务和措施的第一项，就是改进招生计划分配方式，包括提高中西部地区和人口大省高考录取率，继续实施支援中西部地区招生协作计划，在东部地

---

① 《促进公平科学选才——教育部负责人就深化考试招生制度改革答记者问》，《中国教育报》2014 年 9 月 5 日。

区高校安排专门招生名额面向中西部地区招生。部属高校要公开招生名额分配原则和办法，合理确定分省招生计划，严格控制属地招生比例。2017年录取率最低省份与全国平均水平的差距从"2013年的6个百分点缩小至4个百分点以内"。

近年来，教育部、国家发展改革委员会采取多项措施，不断缩小区域高等教育入学机会差距。2007年，全国高考平均录取率为56%，最低的省份与平均录取率相差17个百分点。2013年全国高考平均录取率为76%，最低的省份录取率也达到70%，两者的差距缩小到6个百分点。《实施意见》提出到2017年缩小至4个百分点以内，从6个百分点到4个百分点，虽然只有2个百分点之差，但要实现并不容易。俗话说："百上加斤易，千上加两难。"在高考录取率最低的省份与全国平均高考录取率的差距已经降到6个百分点的情况下，要进一步缩小2个百分点，任务更为艰巨。特别是在高校大规模扩招已经结束、每年增加的招生计划很有限的情况下更是如此。

部属高校要合理确定分省招生计划，严格控制属地招生比例。虽然部属高校属地招生的计划比例已经从2007年的34%降至2014年的22%，但还要继续努力，严加控制，加大投向中西部及入学机会偏低的地区，尤其是没有部属高校的13个省区。控制属地招生比例不仅要看部属高校在本省市招生的比例，更应该考虑的是该省市中央部属院校的数量、录取人数和全体考生的比例。① 因为目前我国部属高校布局很不平衡，多个人口大省只有一所部属高校或"985工程"高校，这与人口较少的直辖市有多所部属高校或"985工程"高校不同，因此控制属地招生比例还应根据具体高校的情况区别对待。

《实施意见》还提出：增加农村学生上重点高校人数。继续实施国家农村贫困地区定向招生专项计划，由重点高校面向贫困地区定向招生。部属高校、省属重点高校要安排一定比例的名额招收边远、贫困、民族地区优秀农村学生。2017年贫困地区农村学生进入重点高校人数明显增加，形成保障农村学生上重点高校的长效机制。

国家农村贫困地区定向招生专项计划，总的来讲相当有道理。不同

---

① 刘海峰：《高考改革的思路、原则与政策建议》，《教育研究》2009年第7期。

地区经济、文化和教育水平确实有所差异，在中国这么一个城乡二元结构的社会里面，很多农村的学生受教育条件远远不如都市里面的学生，因为起跑线就不同。如果不考虑政策倾斜的话，重点高校录取农村学生的比例会有所下降。近年来开始出台的一些政策，如2008年开始实施的"支持中西部地区招生协作计划"，很有必要。这样做重点大学的录取人数会相对均衡一点，至少不会出现重点大学尤其像北大、清华的录取对象高度集中在一些省会城市的那些所谓超级中学或者明星高中，而有的县多少年也没有一个的现象。高考制度本身就有维护社会稳定、促进社会阶层流动的功能，高考改革政策的制定应该要有维护社会公平的意识。不过，要使政策落到实处，最好还能制定一些比较具体的可操作的细则或者办法。因为如果没有一个很明晰的办法，可能会出现有的城市考生反向高考移民，将都市户口迁到贫困地区去，原来在都市上不了重点大学的考生迁到某个贫困县，在那里可能考到县里面的第一名，于是重点大学的指标就可能被这类人占据。另外，户籍改革之后，农业户口被逐渐取消了，因此对农村考生需要有明确的界定。

为确保考生招生的公平公正，让人民满意，除了以上几个方面以外，《实施意见》还提出完善中小学招生办法破解择校难题。改革招生录取机制，减少和规范考试加分，大幅减少、严格控制考试加分项目，2015年起取消体育、艺术等特长生加分项目，的确有必要保留的加分项目，应合理设置加分分值。完善和规范自主招生，严格控制自主招生规模。2015年起推行自主招生安排在全国统一高考后进行。推进并完善平行志愿投档方式，增加高校和学生的双向选择机会。改革监督管理机制，加强信息公开，加大违规查处力度，从制度上保障考试招生公平公正。

教育公平是社会公平的重要基础，而招考公平是教育公平的前提。从许多方面都可以看出，《实施意见》特别强调公平，将促进公平摆到非常重要的位置，是一个顺应民意的改革方案。

三、科学选拔人才

在高考改革中，科学与公平往往是不易同时兼顾的两个方面。越简单划一，可比性就越强，制度就越刚性，程序就越公平，但往往会使考试的科学性受到限制。高考越多样、评价越灵活，越有利于科学选拔人才，但往往会使制度出现有空子钻、人情与关系容易介入的情况，从而伤害高考的公平性。考生和家长特别关注公平方面，教育理论工作者则比较关注科学方面，因此高考改革的决策者应在公平与科学之间取得平衡。

就科学选才方面而言，《实施意见》也充分体现出改革精神。例如，在完善高中学业水平考试、规范高中学生综合素质评价、建立规范的学生综合素质档案的基础上，探索基于统一高考和高中学业水平考试成绩、参考综合素质评价的多元录取机制。高校要根据自身办学定位和专业培养目标，研究提出对考生高中学业水平考试科目报考要求和综合素质评价使用办法，提前向社会公布。

这也就是《规划纲要》中提出的"综合评价、多元录取"的目标，这是一个实现难度很大的目标。首先，要求高中学业水平考试范围覆盖国家规定的所有学习科目，引导学生认真学习每门课程，避免严重偏科，并创造条件为有需要的学生提供同一科目参加两次考试的机会。其次，综合素质评价须客观记录学生成长过程中的突出表现，注重社会责任感、创新精神和实践能力，主要包括学生思想品德、学业水平、身心健康、兴趣特长、社会实践等内容。这对高中教师客观、诚信地评价学生的德、智、体、美各方面是一个考验。

《实施意见》中最受人们关注、将来影响可能也最大的是考试科目改革。为增强高考与高中学习的关联度，考生总成绩由统一高考的语文、数学、外语三个科目成绩和高中学业水平考试三个科目成绩组成。统一高考只考语文、数学、外语三门，不分文理科，外语科目提供两次考试机会。计入总成绩的高中学业水平考试科目，由考生根据报考高校要求和自身特长，在思想政治、历史、地理、物理、化学、生物等科目中自主选择。希望通过此项改革，增加学生的选择性，分散学生的考试压力，促进学生全面而有个性的发展。这是本次高考改革幅度最大，也最为复杂的部分，无论是对高中教学计划、学生选考科目、班级组合方式，还是对考试成绩换算、高校不同专业对学业水平考试科目的要求、录取时不同科目组合的可比性和调剂等，都会有重大的影响。出于既积极又稳妥的考虑，对此部分启动高考综合改革试点。2014 年 9 月 19 日，上海市、浙江省已分别出台高考综合改革试点方案，从 2014 年秋季新入学的高中一年级学生开始实施。这样试点先行，分步实施，通过实践检验，可以行之有效地逐步有序推广，需要调整充实、总结经验的还可以逐渐改进。

另外，高职院校考试招生与普通高校相对分开，实行"文化素质＋职业技能"评价方式，深化高考内容改革，改进录取方式，拓宽社会成员终身学习通道等，说明《实施意见》在促使招考方式多样化、多元化，科学选拔创新人才方面应该说也颇有作为，是一个相当科学的高考改革方案。

总之，高考制度是社会的稳定器和减压阀，它事关千家万户的安居乐业、事关国家的长治久安、事关全面建设小康社会目标的顺利实现。坚持高考制度，有利于维护我国改革发展稳定的大局。高考制度有其局限和弊端，但它仍是目前相对最公平的考试。对中国而言，高考制度不可少。高考不改不行，但急于求成也不行。《实施意见》是一个统筹规划的顶层设计，接下去重要的是具体落实到实践中，有序推进实施。通过各地和各校的试点，希望能逐步形成兼顾公平与科学的分类考试、综合评价、多元录取的考试招生模式。

高考改革的期望与现实[*]

　　一年一度的高考又在万众瞩目中如期举行，今年是《国务院关于考试招生制度改革的实施意见》（以下简称《实施意见》）颁布后第一年的高考。由于高考是国家基本教育制度，是人才培养的枢纽环节，关系到国家的发展大计，关系每一个家庭的切身利益，关系亿万青少年学生的前途命运，因此格外受到关注。

　　在各种教育改革方案中，高考改革方案是最难制定的，所以才会历经多年研制，"千呼万唤始出来"。而一旦推出，便事关重大，影响广泛。无论何种媒体推出的 2014 年十大教育热点，以高考为核心的"考试招生制度改革全面启动"都是其中之一，而且"教育综合改革背景下招生考试制度的理性探究"还成为 2014 年度中国十大学术热点。多年来年度中国十大学术热点很少有教育类的专题，而高考改革是难得的引起整个学术界高度关心的话题。确实，高考改革不仅是 2014 年中国教育最重要的热点之一，而且也是整个国

＊　本文发表于《中国高等教育》2015 年第 12 期。

家的一件大事。

人们对高考改革期望很高，但要实现改革的主要目标却很不容易。随着《关于进一步减少高考加分项目和分值的意见》《关于进一步完善和规范高校自主招生试点工作的意见》等文件在2014年年底如期公布，以及继续实施国家农村贫困地区定向招生专项计划，《实施意见》中的许多方面都在按计划平稳有序地推行。然而《实施意见》指出的"唯分数论影响学生全面发展，一考定终身使学生学习负担过重"，却是一个很难得到解决的核心问题。在重人情、关系和面子，社会诚信体系还不完善的现实情况下，要保障社会公平，就不得不主要依据考试分数来录取。

此次高考改革最受人们关注、牵涉面最广的还是上海、浙江进行试点的高考科目改革。语文、数学、外语三个科目成绩，与在思想政治、历史、地理、物理、化学、生物等科目中自主选择的三个科目的成绩一起构成总成绩。竞争性考试有其自身的规律，将三门高中学业水平考试的成绩带入高考计分录取，使这三门科目的性质发生了变化，实际上已经不是水平考试，而是选拔考试，也就是属于高考科目了。

这一改革将为增加学生的选择性、高中办学的多样化、高校录取学生的多样化带来明显的变化，如学生根据兴趣和专长选学选考、高中进行分层教学、走班制将普遍实行等。但是，也面临着一系列的挑战，如选考科目两次考试如何等值？如何避免条件较差的县以下中学或一些弱势学校在高考竞争中进一步处于不利地位？选修和走班十分多样和复杂，教师和管理人员的工作量将大大增加，如何增加人员编制或增加经费以保证工作的积极性？而且，上有政策下有对策，有的师资和教室条件不够的学校无法走班，仍坚持文理分科，以不变应万变。种种问题，都需要认真细致客观地调研，考虑解决办法。

我们应牢记"实践是检验真理的唯一标准"这一至理名言。高考改革方案在试点的基础上，需审慎推进，证明确实具有可行性之后，才宜全面铺开。由于试点改革的利弊需经过一轮实施之后才会充分显现出来，因此，除部分省市外，多数省区的跟进方案最好在2017年试点总结经验之后再渐进展开。

高考科目改革：
为什么首先是英语*

作为"牵一发而动全身"的改革，高考一有风吹草动，就会成为舆论关注的焦点。2013 年 10 月 21 日，北京市发布高考改革方案，准备将英语从 150 分下调至 100 分，并逐步向一年两次社会化考试过渡，一石激起千层浪，引发了大众热议和媒体围观。2013 年 11 月党的十八届三中全会通过的《中共中央关于全面深化改革若干重大问题的决定》（以下简称《决定》）中关于高校招生考试改革的论述，又一次成为人们关注的焦点。《决定》明确提出："探索全国统考减少科目、不分文理科、外语等科目社会化考试一年多考。"《决定》关于教育改革涉及许多方面，但最引人注目的还是这句话，它将 2010 年颁布的《国家中长期教育改革和发展规划纲要（2010—2020 年）》中"探索有的科目一年多次考试的办法、探索实行社会化考试"①的设想具体化，明确到外语科目。高考科目有许多门，为什么首先以外语为改革对

---

　*　本文发表于《湖北大学学报》2014 年第 1 期。

　①　《国家中长期教育改革和发展规划纲要（2010—2020 年）》，北京：人民出版社，2010 年，第 42 页。

象？本文拟在回顾恢复高考以来高考英语科目分值变化的基础上，分析高度重视英语科目的影响，并探讨英语考试社会化的问题。

一、高考英语分值的增加与影响

英语在高考中的地位经历过跌宕起伏，所占分值并非一成不变。1977 年恢复高考当年，规定考语文、数学等四个科目，各科都为 100分，除报考外语专业外，不必加试外语。1978 年外语列入高考，但考试成绩不计入总分，且规定没有学过外语的可以免试。1979 年高考外语考试成绩，报考重点院校的，按考试分数的 10％计入总分；报考一般院校的，暂不计入总分，录取时作为参考分。1980 年高考，外语分数按 30％计入总分，专科学校仍可作为参考分。1981 年高考，外语成绩本科按 50％计入总分，专科学校是否计入总分，由各省、市、自治区确定。1982 年高考，外语成绩本科按 70％计入总分。从 1983 年高考开始，外语成绩本科按 100％计入总分，专科学校是否计入总分或作为参考分，仍然由各省、市、自治区确定。[①] 可见外语科目在高考中的分值经历了一个逐渐增加的过程。不过，1983 年外语本科按 100 分计入总分的时候，语文、数学成绩分别是 120 分，外语科目的重要性还是略低于语文、数学两门主科。到 1987 年国家教育委员会发布《普通高等学校招生暂行条例》之后，就没有外语成绩"专科学校是否计入总分或作为参考分由各省、市、自治区确定"这个规定了。

随着时间的推移，当今英语已经成为国际通用语言，实际上起到"准世界语"的作用，其他语种的比重日益减少，高考中的外语基本上就是英语。1999 年高考开始推行"3＋X"科目改革之后，语文、数学、英语三门主科各占 150 分，英语的分值与一向最高分的语文、数学同等，高于其他科目，中国的高考进入有史以来最重视英语的时期，英语在高考中占有非常重要的地位。

高度重视英语有利于学生英语水平的提高。现在无论是中小学生还是大学生，英语水平比 20 世纪 90 年代以前的学生英语水平都高许多，

---

① 《教育部各年度高等学校招生工作的意见》，参见杨学为：
《高考文献》(下)，北京：高等教育出版社，2003 年，第 71～173 页。

这有利于扩大对外开放，增进国际交流，推动经济全球化和高等教育国际化。

然而，高考高度重视英语，导致全民过度学英语，也出现了许多问题或消极影响，主要有以下四点。

第一，占用学生过多的时间和精力。英语学习往往挤占其他科目的学习时间，加重了很大一部分人的学习负担。汉语是表意文字，以汉语为母语的人学习英语比以表音文字为母语的人（如欧洲大陆的学生）更不容易，因为是另外一套语言系统。从小学到高中，英语实际上是第一主课，其重要性已超过语文和数学。这种高度重视英语的现象，向下延伸到幼儿园，向上延伸到大学教育和硕士生、博士生的入学考试，一直到晋升教授的职称考试。本科学生备考英语四、六级已经成为大学教育最主要的关口，一些英语不好的学生为了通过英语四级考试，花了极大的精力在英语一科上，有些人为了拿到学士学位甚至请人替考。硕士生入学考试，往往是以英语成绩定乾坤。博士入学考试，一般不用考政治，真正的公共科目只剩一门英语，专业科目成绩再好，英语差一点就没门。在我们的各级招生考试中，英语虽然不是万能的，但英语不够好是万万不能的。不管是否合适，学生是否感兴趣、是否需要，现在中国有两亿多学生花了最多的时间在英语科目上，这对有相当部分在生活和工作中并不太需要英语的人来说，是很大的浪费，甚至对有些人来说，还很痛苦。一方面是全民都花费人生中大量时间和精力拼命学英语，甚至与英语完全无关的工作和研究，也要求进行英语考试。另一方面是中国社会还有许多方面和广大地区并不是必须将英语作为日常用语，没有相应的语言环境，许多人考完就忘，或者也就是学成了"聋哑英语"。

第二，加速学生中性别比的不平衡。在许多省份的高考中，女生英语科平均分明显高于男生。高考高分段"阴盛阳衰"的现象影响到一些大学的招生录取，加剧了学生中性别比的不平衡。由于英语在高考总分中所占比重较大，而三门科目中语文和英语两门为语言类科目，这客观上对女生较有利，因为女性在语言方面天生具有一定的优势。国外曾有科学研究发现，女性大脑在专司察觉和分辨语言等相关区域中，神经细胞比男性更多一些，或者说女性大脑的语言中枢要比男性的语言中枢稍大，因而女性拥有优越于男性的语言天赋。大多数研究者都认为，男女两性在语言发展上有差异，女性学习外语或第二语言的能力比男性更强，更具天赋。① 实际上在恢复高考之后，实行"3＋X"科目改革之前，向来高校的外文系一般都已经是女性占多数。在目前高度重视甚至过度重视外语的情况下，无论在高考环节或在高等教育阶段，都有利于女生，这在一定程度上会过早地限制部分男生的发展潜力。男性和女性在一些职业中各有优长，特别是某些部门和单位要求有一定比例的男性，因此高等教育最好要有基本的性别平衡，在高考改革中也应考虑到性别方面的公平。当然，我们也应该认识到，女生在现行高考中占有一定优势，更主要的还在于她们的学习态度，不仅普遍比较努力，而且比较细心和认真。现在许多大学女生数已超过男生，这是高等教育大众化发展到一定阶段必然会出现的情况，也是社会进步的表现。只是太重视英语科目过于加快了女生比例提高的速度，"阴盛阳衰"发展过于迅猛，连一些工科专业的女生比例也增加很快。大学的"入口"与"出口"差异过大，是导致女毕业生就业困难的原因之一；高学历人群中男生过少，是致使女大学生找对象困难的原因之一。现在，高考降低英语分值或改革高考英语科目，能够在一定程度上"拯救男孩"，减少"剩女"。

第三，出现重英语、轻母语的现象。现在中国的大学中，有英语四、六级考试，但很少有中文考试，有些大学生英语很好，但中文却表达得不好。我认为，文章的功力和水平有四个层次或境界：一是辞能达意、文从字顺；二是运用自如、流畅优美；三是得心应手、炉火纯青；四是妙笔生花、出神入化。要达到后两个层次或境界很不容易，高手的论著一般也就是处于第二、第三个层次，偶尔能获得神来之笔，达到最高境界。现在大学教师对一般学生的文字要求并不太高，只要辞能达意、文从字顺便可，也就是达到最基本的要求。可是，有的大学生的中文太差，甚至是硕士生和博士生的作业和学位论文，连最起码的文从字顺都达不到，真是说不过去。中国是世界各国高校招生考试中最重视外语的国家之一，为提高母语地位，保护民族文化，是到了该降低英语权

---

① 陈凤年：《语言学习性别差异研究述评》，《江西教育学院学报》2012 年第 6 期。

重的时候了。①

第四，不利于城乡教育公平。由于中国存在相当大的城乡差别，农村学生受教育的条件，特别是英语学科的师资水平远不如城市学生，英语水平的城乡差别要大于其他科目。许多农村学校英语课程开设的时间较晚，英语教学师资力量配备不足，还有很大一部分农村学校的英语教师为转岗或兼职教师，不能开齐、开足课程；城乡英语教学差距呈进一步扩大趋势；在教学理念、教学资源、教学常规和教学机智四个方面，农村学校与城市学校英语教师的差距都比较明显。② 农村考生在高考竞争中从一开始就处于不同的起跑线上，实际上高考英语加试听力就对农村考生不利，英语分数权重越大对农村学生越不利。降低英语分值，在一定程度上有助于缩小城乡差别导致的英语成绩差异，有利于城乡公平。

目前对英语的重视已经到了无以复加的程度，物极必反，有必要对高考英语科目进行调整。

二、英语考试社会化一年多考

2009 年，笔者就曾谈到推进外语考试改革问题，指出以英语为主的外语考试改革是 20 多年来中国高考改革的先行科目，如标准化考试形式的推进，标准分的采用，都有较成熟的经验。在近年内，部分省、市的英语科目可考虑改为社会化考试。像英语测试和实际水平稳定性比较强的科目，将来可以考虑变为一年多次的社会化水平考试。实行自适应考试，即考生按照英语新课程大纲要求进行多次水平测试，学生高二开始可以考，选择成绩最好的一次作为报考的依据。这样高中生实际上有 4 次以上的机会，大学按照自身需要公布对英语的要求，学生则相对具有一定的考试灵活性。因此，可以考虑推动在高考和计分录取中降低英语分值的实验。③

---

① 刘海峰：《英语在招考中的权重应适度降低》，《光明日报》2013 年 10 月 22 日。
② 赵大中、江尧梅：《城乡英语教学差异比较》，《山东师范大学外国语学院学报(基础英语教育)》2009 年第 6 期。
③ 刘海峰：《高考改革的思路、原则与政策建议》，《教育研究》2009 年第 7 期。

近年来，要求改革英语教学和考试的压力日益增大，全国"两会"上也有对英语教学和考试进行改革的提案，民间对改革英语考试的呼声也越来越强烈。2013 年 9 月 8 日，教育部前发言人、语文出版社社长王旭明在其新浪实名认证微博上呼吁："取消小学英语课，增加国学教育，取缔社会少儿英语班，解放孩子，救救汉语！"引起网友热议。对此，虽然是否取消小学英语课有不同声音，但救救汉语，取缔社会少儿英语班的观点，却得到了很多人的支持。① 2013 年 10 月 11 日至 21 日，21 世纪教育研究院与搜狐网教育频道联合举行"学生英语学习状况的家长调查"和"英语教育的成人民意调查"，有近 15 万网友参与了该调查，11月 3 日发布了《2013 年英语教育网络调查报告》，根据调查数据估算：被调查家长的孩子本学期英语学习时间所占比重约为 37%；花费 40%及以上的时间来学习英语的孩子，比例高达 32.47%；与此同时，母语学习的时间所占比重比英语学习却低 5 个百分点，仅为 32%；超七成家长认为孩子对英语学习"不太喜欢、很不喜欢、兴趣一般"；86.15%的家长认为对孩子现阶段而言，传统文化教育、国学、经典学习比较重要、很重要。在受过大专以上教育的被调查者超过九成的情况下，64.74%的成人被调查者表示"基本没有"使用英语；接近九成（89.74%）的家长认为当前英语学习的热潮给学生造成了不利的影响；超半数的家长希望英语教育政策首要改进的是"取消升学环节的英语考试科目或降低英语考试成绩的比重"。② 因此，对高考英语科目进行改革是大势所趋，顺应民意。

2013 年秋，英语教育成为中国教育改革的一个热点词汇：江苏、上海、山东等省、市相继传出酝酿高考英语改革的消息，北京市的英语高考改革设想更为具体化，到《决定》的出台，表明英语考试社会化并采用一年多考，已明确成为全国高考改革的方向。

至于应如何改革英语高考，改变全民过度学英语的状态，或者是先降低英语在招考中的权重，以及将英语分值降到多少最合适，各省、市、区会有所不同。福建省在 2008 年为制定高考改革方案进行调研时，

① 《教育部前发言人：取消小学英语课，增加国学教育》，《现代快报》2013 年 9 月 10 日。

② http://learning.sohu.com/s2013/englishsurvey/

曾经提出可以考虑略微降低英语单科的分值，从 150 分降至 130 分或 120 分，但最后没有实行。北京的高考改革方案是，从 2016 年起将英语从 150 分下调至 100 分，语文从 150 分提高至 180 分，英语实行社会化考试，一年两次考试，学生可多次参加，按最好成绩计入高考总分，成绩 3 年内有效。

对于改革英语考试的举措，多数人赞成，也有部分人担心。正如有的论者所说的："高考英语降分，说到本质，是一个解脱的开始。全社会都该顺应这样的解脱。20 世纪 80 年代，曾有全民学英语的热潮，那是因为刚刚改革开放，大家都愿意往外看一看。现在，门窗都已经大开，英语学习的强制性就该降低。该学的，总会去学的。"[①]反对者则认为："英语是世界通用语言，要想在世界上自由穿行，就得说好英语。尤其在全球一体化的今天，世界上最新最好的文化、艺术、科技成果，都是用英语发表的，要想追赶世界潮流，必须学好英语。再说了，随着国家的日益开放，中外交流越来越多，哪怕是最基层的普通人，也有用到英语的时候：出租车会搭载老外，小摊贩会和老外做生意，饭店的服务员更会接待老外……不会英语，就失去了发展自我的机会。在此境况下，应当抓住中小学生记忆力好、吸收力强的特点，加强英语教学。可想而知，随着高考英语分数的下降，学校对英语的教学将会弱化，学生的英语水平将会降低。这一切，完全与时代的发展背道而驰，是不折不扣的倒退。"[②]要取得完全共识不可能，有一利就会有一弊，改革英语考试确实是利弊兼具的事情，但权衡利弊，多数人认为还是要降低英语科目的重要性。

除了降低英语分值，另一方面是将英语考试社会化，实行一年多考。高考并非"一试定终身"，只是对当年招考的"一锤定音"。但一年一考对部分学生来说确实存在着一定的偶然性，为防止偶发情况影响考生发挥，降低高考风险，缓解考生和家长的心理压力，多年来都有人提出实行一年多考，或有人提出像美国的学术能力评估测试（Scholastic

---

① 程赤兵：《英语降分是一个解脱的开始》，《法制晚报》2013 年 10 月 22 日。

② 孙曙峦：《高考英语降分是一种倒退》，《深圳晚报》2013 年 10 月 23 日。

Assessment Test，SAT)一年考 7 次。不过实际上在中国很难实行。英语是最有条件或有可能试行一年多考的科目。20 世纪 80 年代英语成为标准化考试的先行先试科目，现在又一次作为一年多考的改革试点科目，这是由科目本身的性质和特点决定的。因为英语考试成绩稳定性比较强，成为实行一年两考或多考的最合适的科目。由于外语考试标准化程度高，测量结果比较可靠，外语社会化考试在国际上有比较成熟的经验，技术上也比较可行，且有美国的托福、英国的雅思和中国的出国人员外语等级考试作借鉴，因此英语科目采用社会化考试具有比较多的共识。改革高考英语科目不足为奇，我们还是应该用平常心看待，不必作过度的解读。如果试行英语一年多考证明确实具有可行性，还可以为其他科目可能也实行一年多考积累经验。

当然，随着时代的发展，英语在人们的工作和生活中的应用还会逐渐增加。改革英语考试科目不等于英语不重要，而是还原英语学科的本来面目，该重视的院校和系科更重视，不必那么强调英语的院校和系科就实事求是地降低一些要求。除了涉外专业，高职高专对英语就不必有过高的要求。当英语考试不再成为众矢之的，而是回归其应有地位的时候，也就是高考英语科目进入良性发展阶段的时候。

高考分省命题还是全国统一命题研究报告[*]

从高考命题方式看,"高考史"就是一部"统分史",即高考改革在统一与分散之间来回徘徊,分分合合,不断寻求现实的最佳平衡点。当前,在扩大高校办学自主权与推动基础教育新课改的背景下,高考改革进入了历史转折期,高考命题方式也面临着新一轮的统分调整。本报告在梳理我国高考命题方式历史与现状的基础上,考察了发达国家高考命题现行方式,以期制定符合我国国情的高考命题方式改革方案。

一、分省命题与统一命题的历史沿革

我国是考试的发源地,考试历史悠久,纵观其发展历程,统一命题与分散命题是国家考试命题的两种基本方式。古代西周的选士制和汉代的察举制,就有按人口比例贡士的尝试,此可谓是

* 本报告与李木洲合作,于 2011 年 10 月提交国家教育咨询委员会考试招生改革组。

分散命题的雏形。而自隋朝创科举取士制度开始，全国性的大规模统一考试便出现了，在其1300年的发展过程中并非"一统到底"，期间也陆续出现了分散的局面，如宋代的"逐路取人"，明、清的"分卷（南、北、中）施考、分省录取"①等。后随着清末科举被废，学堂大兴，科举考试便被另一种全国性大规模考试——大学招生考试（简称"高考"）所取代，然而，统一与分散依然是贯穿其发展的主旋律，只是统与分的内涵有了新的发展，其中，统一包括全国统一命题与部分省份统一命题，分散包括分省、分区、分校等方式。比如，民国时期的高考命题方式依次出现了高校单独命题、高校分区联合命题、全国统一命题以及多种命题方式并存的多元命题格局。

新中国成立后，高考的演变亦是遵循"统分交替模式"向前发展。1949年至1951年，为实现教育发展平稳过渡，期间基本维持民国后期的分校（高校自主命题组织考试），分区（华北区、东北区、西北区、华东区、中南区、西南区等区域高校联合命题组织考试）等多种命题方式进行高校入学选拔考试。1952年，全国统一高考制度建立，实现了全国统一命题考试。至1958年，试行分省命题，但仅实施了一年，后又采取全国统一命题方式。1966年至1976年中断高考11年后，1977年恢复高考，又实行分省单独命题，到1978年又实行全国统一命题。而到1985年，上海首先开始高考改革试点，开始单独命题。2002年北京也开始实行自主命题。2003年教育部正式决定开始实行分省命题。至2004年，先后又增加天津、辽宁、江苏、浙江、福建、湖北、湖南、广东、重庆、山东、安徽、江西、四川、陕西14个省、市单独组织本省、市全部或部分高考科目试题的命题工作。"到2006年，全国（除港澳台）实行分省命题的省份已达16个，涉及的考生占全国考生的65％左右。"②到2011年，我国分省自主命题省份未再增加，但随着新课改省份逐步进入新课标高考阶段，我国高考试卷的命题方式将进一步分化。由此可知，在新中国成立至1985年试点分省命题出现以前，我国

---

① 杨继龙：《高考分省命题考试政策效度研究——以湖北省2007年高考政策为例》，武汉：华中师范大学，2008。
② 教育部考试中心：《高考分省命题适合国情》，http：//www.eol.cn/kuai_xun_3075/20060930/t20060930_198980.shtml

高考命题方式的发展轨迹基本遵循"统分交替"的模式(见表1)。而1985年后,随着分省命题省市的不断增加,以及高校自主招生的出现,我国高考命题方式逐渐呈现统分并存格局。

表1 新中国成立以来我国高考命题方式演变简况

年份	高考命题方式
1949—1951	分区、分校
1952—1957	全国统一
1958	分省
1959—1965	全国统一
1966—1976	高考中断
1977	分省
1978—1984	全国统一
1985—2003	全国统一,个别市单独
2003—2011	分省、部分省份统一、分校单独与联合

二、分省命题与统一命题的现状分析

目前,我国高考分省命题与全国统一命题二者共存,并且还具有互补与依赖关系,高考的最终成绩是统一命题与分散命题考试成绩之和。2011年,统一命题有两种:一是河北、内蒙古、山西、甘肃、青海、新疆、西藏、贵州、云南、广西10个省、区的高考统一命题(分卷Ⅰ、卷Ⅱ);二是河南、宁夏、吉林、黑龙江、海南5个省、区的新课标高考统一命题。其余16个省(区、市)则实行分省命题,它们是北京、上海、天津、辽宁、江苏、浙江、福建、湖北、湖南、广东、重庆、山东、安徽、江西、四川、陕西。然而,这16个省(区、市)目前尚未真正实现完全自主分省命题,它们的高考科目试卷或多或少存在委托或联合教育部考试中心命制(见表2)。

表2　2011年我国高考科目命题方式一览表

省(区、市)	自主命题科目	教育部考试中心统一命题科目
北京	语文，数学(分文理)，英语，文科综合(政治、历史、地理)，理科综合(物理、化学、生物)	俄语，日语，法语，德语，西班牙语
上海	语文，数学，英语，综合能力测试(物理、化学、生物、政治、历史、地理)	俄语，日语
重庆	语文，数学，英语，文科综合(地理、历史、政治)，理科综合(生物、化学、物理)	日语，俄语
天津	语文，数学(分文理)，英语，文科综合(地理、历史、政治)，理科综合(生物、化学、物理)	
江苏	语文，数学，英语，政治，历史，地理，物理，化学，生物，技术(含通用技术和信息技术)	俄语，日语，法语，德语，西班牙语
浙江	语文，数学(分文理)，外语，综合(分文理)，技术(信息技术/通用技术)，自选模块(语文、数学、英语、政治、历史、地理、物理、化学、生物)，艺术专业/体育术科(注：文理科考试科目分三类设置、艺术、体育类考试科目分本、专科两类)	俄语，日语，德语，法语，西班牙语以及英语听力
辽宁	语文，数学(分文理)，英语	文科综合(政治、历史、地理)，理科综合(物理、化学、生物)，日语，俄语，韩语，蒙古语，藏语
湖北	语文，数学(分文理)，英语	文科综合(政治、历史、地理)，理科综合(物理、化学、生物)
湖南	语文，数学(分文理)，英语(含听力)	文科综合(政治、历史、地理)，理科综合(物理、化学、生物)
福建	语文，数学，文科综合，理科综合，英语	俄语，日语，法语，德语，西班牙语

省（区、市）	自主命题科目	教育部考试中心统一命题科目
广东	语文，数学（分文理），英语，文科综合（政治、历史、地理），理科综合（物理、化学、生物）	俄语、日语、法语、德语、西班牙语
山东	语文，数学，英语，基本能力测试	文科综合（政治、历史、地理），理科综合（物理、化学、生物），俄语，日语，法语，德语，西班牙语
安徽	语文，数学（分文理），英语（不含听力部分），文科综合（政治、历史、地理），理科综合（物理、化学、生物）	俄语，日语，法语，德语，西班牙语
江西	语文，数学，英语，文科综合（政治、历史、地理），理科综合（物理、化学、生物）	俄语，日语，法语，德语，西班牙语
四川	语文，数学（分文理），英语，文科综合（政治、历史、地理），理科综合（物理、化学、生物）俄语，日语，法语，德语，西班牙语	
陕西	数学（分文理），英语	语文，文科综合（政治、历史、地理），理科综合（物理、化学、生物），俄语，日语，法语，德语，西班牙语
海南、宁夏、河南、吉林、黑龙江	（无）	（新课标卷）语文，文数，理数，英语，政治，历史，地理，物理，化学，生物
河北、内蒙古、山西、甘肃、青海、新疆、西藏、贵州、云南、广西	（无）	（全国卷Ⅰ、全国卷Ⅱ）语文，汉语文，文数，理数，英语，俄语，日语，法语，德语，西班牙语，文科综合（政治、历史、地理），理科综合（物理、化学、生物）

注：表中内容均以2011年全国各省（区、市）高考方案为依据整理得出。

由表2可知，分省命题省（区、市）一般都承担语文、数学、英语等基础学科的命题任务，但总体上其命题能力还是比较有限，暂无法实现全自主命题。而若将英语以外的外语科目统一命题除外，实现较完全自主命题的省(区、市)有 11 个,即北京、上海、天津、重庆、江苏、浙江、福建、广东、安徽、江西、四川,约占分省命题省、市总数的 69％,未实现较完全自主命题的省、市有 5 个,分别是辽宁、湖北、湖南、山东、陕西,约占分省命题省、市总数的 31％。另外,对比省(区、市)之间的高考科目不难发现,它们之间存在较大差异,这表明我国中、东、西部的教育发展还很不均衡。据推测,到 2012 年,除港澳台,我国所有省(区、市)将全面进入新课改高考,这也意味着高考命题方式将进一步分化,使其更加复杂、多元。

三、分省命题与统一命题存在的问题

自 2004 年全面推行分省命题政策以来,统一命题与分省命题就成为社会关注的热点,各界褒贬不一,莫衷一是。褒者认为,分省命题是适应我国高等教育大众化阶段各地经济、文化、教育等发展不平衡以及新一轮基础教育改革的必然产物,它具有降低全国大范围的高考安全风险、推动素质教育、促进高考制度改革等功能。然而,客观分析,结合我们各地调研的实际情况来看,分省命题也着实存在一些有待解决的问题。

(一)考试风险不减反增

高考作为高竞争、高利害、高风险的大规模教育选拔考试,不管是分省命题,还是全国统一命题,安全问题总是第一位的。事实上,推行分省命题政策正是因考试安全突发事故才被提上日程的,其初衷是为了降低全国范围内高考泄题、漏题等考试安全风险。全国统一命题,试题一旦泄露,在瞬间可以传遍全国,导致有关科目的试题在全国范围内作废。而分省命题,试题泄密只会影响到某一省份而不会波及全国。从这一角度来看,分省命题的确可以起到减小大规模泄题风险的作用。但从另一个角度看,高考分省命题非但不能将泄题事故降低到零风险,而且还可能增加本省泄题的风险。某省有些学生家长就曾质疑,分省命题只由重点大学和重点中学教师参与,会给非重点学校的学生带来很大的不利。这种命题教师结构上的问题,很可能会演变成一种隐形的泄题。实际上,与全国统一命题相比,分省命题在激烈的考试竞争中更容易出现泄题的情况。中国是一个人情社会，各种人情请托和权力、金钱等因素对高考的干扰常常防不胜防，随着命题队伍变的庞大，能够和这些人接触的人数也相对扩大许多倍，泄题的可能性也随之增大，还可能会产生更多的教育腐败问题。因而，用分省自主命题来解决考试安全问题，要冒更大的风险，很可能适得其反，风险性更大。[1] 正如有学者指出，"由于自主命题只从本省中挑选命题人员，命题人员和教师互动的概率，较之从全国范围挑选命题人员的全国统一命题肯定更大。因之，自主命题一方面减少了囚一省泄题波及全国的风险，但另一方面，在抵御高押题率、人情请托和特权干涉等方面，却可能低于全国统一命题。由此也会带来新的公平问题"[2]。因此，总体而论，实施分省命题政策后，考试安全风险不但未减，反而增大。

(二)命题质量不一，成绩不可比

分省命题后，高考试卷质量，以及由此引起的各省(区、市)卷与全国卷考试成绩的可比性问题便凸显出来，遭到社会的广泛质疑。众所周知，高考成功与否与命题的质量和水平是有着直接关联的。实行全国统一命题，国家教育部考试中心有足够的空间和余地来保证高考试题与试卷具有较高的质量与水平。而实行分省自主命题，因各省命题队伍、命题技术、命题水平的差异，可能出现命题质量和水平的参差不齐。[3] 事实上，高考要想获得理想的测量效果，其试卷、试题的难度水平应该与考生的能力水平相当。考生群体越大，差异也就越大，同质性也就越小。在我国，考生群体的差异很大，且随着考生人数的增加，这种差异性会随之放大。尽管从改善高考测量效果，提高分数的可靠性和测量的有效性来看，实行分省命题可以在一定程度上缩小考生群体间的差异，提高高考的测量科学性。然而，从实际情况来看，分省命题固然可以在一定程度上照顾到各省的教育实际状况，但要达到原来统一高考命题所具有的命题水平却并非易事。由于各省实施自主命题，如果缺乏命题技

---

① 王顺燚、孙华：《高考分省自主命题改革之道》，《人民论坛》2010年10月中刊(总第305期)。
② 李立峰：《高考分省命题不是改革的必然方向》，《粤海风》2011年第1期。
③ 孙锦明：《谈高考分省自主命题利弊》，《教学与管理》2005年第4期。

术及管理经验，导致命题队伍结构不甚合理，或缺乏有经验的命题及测量学专家等，其高考试题的信度和效度就很难得到保障。高考命题质量的高低直接关系到选拔人才的科学性，更关系到一省考生的切身利益和前途命运。如果命题出现失误，不仅会影响到某一省考试、录取等环节的科学性和公平性，还会影响到全国高校招收新生的公平性，使高考"公平至上"的理念和不可动摇的权威性受到损害。[①] 目前，经济及区域高等教育发展不均衡，各省(区、市)考试机构的命题能力不一，特别是经济发展较落后、著名高校数较少的省(区、市)，其组织高考试卷命题工作存在财力、人力、物力等方面的问题，严重影响其省(区、市)自主命题的质量，从而进一步广泛影响到全国统一高考的公平性。因此，由于各种客观条件的限制，分省命题与全国统一命题质量存在差异，其成绩也缺乏必要的可比性。

(三)命题成本增高，造成重复浪费

如果说试卷质量是高考的生命线，那么，有效的成本投入便是确保这条生命线的基本保障。据了解，分省命题省(区、市)每年用于高考的开支都在400万元以上，有的甚至高达700多万元。而全国统一命题的年开支一般在1500万元左右。如此推算，分省命题总成本远远高于全国统一命题的总成本，形成了巨大的重复浪费，这是从经济成本来看。当然，也有学者从政治成本来看，认为，全国统一命题假如出了问题，涉及面广，造成的影响很大。分省命题出了问题，只是一个省的范围，是局部的，风险相对要小。分省命题最重要的一点是在公平公正的道路上前进了一大步。全国这么大，各地区经济、文化发展不平衡，教育水平存在差距，各省自主命题可以照顾到本省的经济、文化、地理和资源情况，照顾到本省教育发展的实际水平，对考生相对来说是公平的，对本省的发展也是有利的。比如，考作文，在上海等沿海城市可以考"面向大海"，而在内陆省份就不行；煤炭是山西的支柱产业，山西就可出与煤炭工业有关的试题。另外教材的多样化，以及高中新课程改革的实

---

① 李立峰：《高考分省命题不是改革的必然方向》，《粤海风》2011年第1期。

行，也为分省命题提供了条件。① 总之，在成本、效率、公平三者之间存在一定的矛盾，如何使高考在公平的前提下，命题成本效益最大化，是一个亟待解决的问题之一，正如本次在四川等地调研时，相关人员透露："高考自主命题使考试机构入不敷出，难堪重负。"

(四)分省命题政策有强行推广之嫌

据了解，2005 年参加分省命题的 14 个省、市，除上海、北京、天津等地外，真正主动要求分省自主命题的省、市并不多，大多数省、市是教育部的授权加上一定的说服工作才接受自主命题，把命题本身作为一项政治任务来完成的。此次调研，有些省份(如福建)，便明确表明其实施分省命题政策确实勉为其难，有强推之嫌。另据南昌市一份针对 20 名中学校长、26 名中学教师和 704 名中学生、286 名家长的相关调查报告显示，对分省命题，校长、教师分别有七成和四成多的人员持明确反对态度。② 面对一项不愿主动推行的政策，其效果可想而知。而对于高考这样一项影响深广的制度，在强行推广之下，其命题质量、考试安全等问题不得不令人担忧。

(五)削弱了高考的权威性，与国际高考命题趋势不一致

众所周知，统一考试具有"凝聚国民心向之政治功能"③。以科举制为例，尽管其自隋创立以降，各朝各代均有考试内容之变革，但统一考试形式却始终未改，这恐是其能够延续 1300 年之久的重要原因之一。高考作为我国当代一项独具特色的教育考试制度，因其科学、公平、高效、权威等优点和特点，至今拥有良好的社会声誉和公信力。这与其全国统一命题、统一组织考试不无关系，因为统一命题可以保证获得高质量的考试题目，并且可实施规范统一的考务管理，从而有助于保证高考的高效性和权威性。④ 然而，实施大规模分省命题后，由全国统一变为各省分散的形式，由于分省命题省(区、市)各自为战且大部分存在人

力、物力、财力的限制，导致其命题质量、考试安全等问题受到人们的质疑，这在很大程度上降低了高考的权威性，削弱了其政治功能。此外，分省命题在削弱高考统一性的同时，由于我国绝大多数高校的招生自主权又十分有限，除 80 所具有 5％招生自主权的高校外，其他绝大多数高校均只能以高考成绩为唯一录取依据。如此与国际上大学入学考试制度发展的趋势——"统一考试与学校自主考试相结合"有所出入。如在美国，有近似全国统一的 SAT 和 ACT；在日本，有全国统一的大学入学考试中心考试；在韩国，有全国统一的大学修学能力考试，等等。因此，从国家治理与国际高考发展趋势的角度考量，高考命题方式应结合实际进行科学的统分调整。

四、国外"高考"命题状况考查

一流大学源于一流的招生制度，而一流的招生制度是以一流的考试命题制度与技术为基础的。由于各国政治、经济、文化、历史、教育等存在一定差异，各国的高考（或大学入学考试制度）也各不相同。以美、英、日、澳等高等教育发达国家为例，管窥国际上"高考"命题方式之现状，可为我国高考命题提供有益借鉴。

（一）美国的"高考"命题方式

美国的"高考"有两种：一是学术能力评估测试（简称 SAT），二是美国大学入学考试（简称 ACT），二者分别由民间考试机构美国教育考试服务处（Educational Testing Service）和美国大学测验处（American College Testing Program）承担，两种考试成绩都可用于向大学提出就读申请。其中，SAT 测试每年举行 7 次，"由推理考试和学科考试两部分组成，前者主要考查学生的语言和数学推理能力，后者则测试学生特定学科的基本知识和技能，以及应用学科知识解决问题的能力"[①]。ACT 考试每年举行 5 次，"它与中学教学的关联程度稍高一些，试题范围比 SAT 测试的语言和数学部分有所扩展，直接测量考生的分析、解

---

① 陈丹：《美国大学入学考试对我国高考改革之启示》，《世界教育信息》2009 年第 2 期。

决问题和批判性评价书面材料等高校学习所必需的能力与技能"①。值得一提的是,两种考试都是全美统一,且考试都不与某一州或某一具体课程教材直接挂钩,因而它们"提供了在各州、各校、各位学生之间进行平等客观比较的共同测量标准,可以客观地比较不同学校、不同背景的学生的素质"②。可见,美国的"高考"采取的是两种全国统一命题的方式。

(二)英国的"高考"命题方式

英国没有国家统一大学入学考试,大学一般也不单独组织招考,高校选拔录取新生的主要依据是"申请者参加的普通教育证书高级水平(A-Levels)考试或通过各种类型学习所获得的同等资格证书考试所取得的成绩"③。其中,A-Levels 考试试题由所属的考试委员会统一命题,并于每年的 5 月至 6 月和 10 月至 11 月在全球统一组织考试。考试方法也非常灵活,学生可选择分阶段测试或者一次报考所学所有课程。而且,每门课程均有多次考试机会,最终成绩以最好的一次计算。④ 证书考试则由英国政府批准成立的非营利性综合考试认证机构组织实施,其主要有 6 个:评价与资格证书联盟(AQA);北爱尔兰课程、考试与评价委员会(CCEA);爱德思国家职业学历与学术考试委员会(EDEXEL);牛津、剑桥、皇家艺术联合考试委员会(OCR);威尔士联合教育委员会(WJEC);苏格兰资格证书局。由此可见,英国的"高考"命题方式统分并存,即以统一的 A-Levels 考试命题为主,同时也承认政府批准的非营利性考试机构分散命题的有效性。

(三)日本的"高考"命题方式

日本的高校招生由"文部省授权大学入学考试中心负责组织实施全国第一次入学考试,各大学负责组织实施第二次入学考试和本校的录取

---

① 陈俊珂:《美国高考因何没有导致应试教育》,《教育导刊》2008 年第 12 期。

② 任长松:《美国大学入学考试 SAT 与 ACT 对我国高考的启示》,《教育理论与实践》2008 年第 3 期。

③ 刘海峰等:《高校招生考试制度改革研究》,北京:经济科学出版社,2009 年。

④ http://baike.baidu.com/view/88669.htm

工作"①。其中，全国第一次考试主要为报考国立及公立大学考生实施的全国统一考试，目的在于考核考生在高中阶段所学各门功课的掌握程度。考试科目由外国语、日本语、数学、理科、公民、地理历史 6 个教科构成，而每个教科又分多个科目（共多达 31 个科目），如数学分数学A、数学B、数学C、数学、数学Ⅱ、数学Ⅲ等。各大学均可根据需要从每科中选择 1～2 个选项；② 第二次考试由各国立及公立大学单独命题、单独考试、单独评卷和单独录取，目的在于了解考生对所报专业的适应能力。一般而言，国立大学和公立大学都要求考生参加第一次和第二次考试，录取依据便是两次考试各科成绩按照不同权重加起来的总分，而具体权重的分配也由各大学及院系自行确定。私立大学则自主招生，大多按本校的招生办法录取新生。此外，推荐入学与 AO 考试（又称"特长考试"）也是日本高校入学较重要的两种方式。推荐入学制规定，"国立及公立大学必须在当年的招生名额中留有一定名额作为推荐名额交由高中推荐"③，其主要有高中校长推荐和经考核某科目确系优异者免试入学两种，但凡被推荐的学生必须是参加全国第一次入学考试者；AO 考试，其形式没有统一模式，各大学要求考生提交的材料也不尽相同，但在多角度、综合评价学生，重视考查学生的学习态度、多种能力与适应性等方面则是一致的。可见日本"高考"命题采取的是全国统一命题与高校自主分散命题相结合的方式。

（四）澳大利亚的"高考"命题方式

澳大利亚的高校招生别具一格，全国各州与地区不尽相同，政府只参与宏观调控，高校负责自主微观录取。但总的来说，又只有两种大学入学方式：一是证书制，即只要学生取得高中毕业会考证书便可申请就读某些大学；二是将高中毕业会考和各州统一招生考试的成绩结合起来实行综合考核。因而，澳大利亚的高中毕业会考就扮演着我国高考的功能。其高中毕业会考也有两种形式，一种是全州实行统一考试，另一种

---

① 张金元：《高校招生制度研究》，武汉：湖北人民出版社，2005 年。

② 张家勇、朱玉华：《浅议日本高考制度》，《世界教育信息》2009 年第 10 期。

③ 王谦、史青宣：《中日大学招生制度比较》，《日本问题研究》2006 年第 3 期。

是由高中进行自主考试。实行统一考试的州把会考成绩作为大学招生的依据，学生只需参加一次考试；高中进行自主考试的州，则还要专门举行全州统一的高校招生考试。[①] 一般而言，考试科目皆源于各州政府划定的高中课程，具体包括英语、数学、科学、健康与体育、技术、社会及环境学、英语以外其他语言、艺术等八个主要学习范畴，但可供学生自由选择的考试科目则多达几十门乃至上百门，而无论学生选择英语、数学、物理、化学，还是选择音乐、美术、舞蹈、戏剧、编程等作为自己的考试科目，其分值都是平等的。[②] 此外，在科目程度和时间上，学生也可自由选择。大学录取新生的基本依据是考生的排名，但排名并不是以一次毕业考试的成绩为唯一依据，而是根据学生高中两年的综合成绩加上毕业考试成绩综合评定的。总体而言，各州大学录取政策和方式大体相同。可见，澳大利亚的"高考"命题采取的是分州统一命题与高中分散命题并存的方式。

（五）法国的"高考"命题方式

法国高中生进入大学深造的必要条件是首先得到由学校统一颁发的高中毕业证书，然后再参加高中毕业会考——"业士考试"（"高考"），其分普通类会考及技术类会考两大类。普通类会考分 3 组：文学组、经济社会学组和科学组。技术类会考分 8 组：非生产类技术组、工业技术组、实验室技术组、社会医疗组、农产品及食品技术组、农艺及环境技术组、旅馆管理组、音乐及舞蹈技术组。会考内容则依据国家规定的高三课程纲要而定。高中会考的总成绩是依据各科目的计分比例而计算的，满分为 20 分，总成绩平均达 10 分或 10 分以上者，即通过考试。成绩在 8～10 分者可补考一次，8 分以下者则被认为没有通过。据法国国民教育部提供的数字，法国普通科高中会考及格者中大约有 94％的人可以直接进入高等院校就读，而技术科高中会考及格者则仅有 17％的人能进入高等院校就读。[③] 由于高中毕业会考的考试科目和考试内容

①　韩玉志：《澳大利亚大学入学考试的现状及特点》，《中国考试（高考版）》2004 年第 1 期。

②　陈琛：《澳大利亚"高考"的特色》，《湖北招生考试》2005 年第 2 期。

③　许晓书：《世界各国高考大观：法国高考制度》，http：//goabroad. sohu. com/20090611/n264479854. shtml

都不尽相同，过于繁杂，法国近几年一直力图建立国家级的统一考试，并开始使用全国统一的会考试卷。① 由此可知，法国的"高考"科目繁多，但命题方式采取的是全国统一命题。

(六)德国的"高考"命题方式

在德国最有影响、最具特色的大学入学考试形式是中等教育第二阶段毕业证书考试。经考试获得中等教育第二阶段毕业证书的考生，同时获得升入大学的资格。但近些年来，毕业资格证书考试的主观性、考分缺乏统一尺度而"含金量"存在地区和学校间的差异、考试成绩与大学学习成绩相关度低等问题，引起了德国社会各界的强烈不满，引发了是否将全国的毕业资格证书考试统一起来的激烈争论。针对这种情况，德国教育部门虽然对实行全国统一考试保持谨慎的态度，但规定了完全中学全部科目毕业考试的统一考试要求和评分标准，并对完全中学的知识范围、教学方式和考试内容提出了新的要求，以保证毕业生有能力掌握高等学校的现代科技知识。此外，由于随着普通民众教育需求的激增和高等教育的大众化，申请入学的人数猛增，远远超出了大学的接收能力，从而产生了考生自由入学与大学接收能力之间的矛盾。德国政府被迫实行"限额招生"的办法，由此德国大学从自由入学转变为竞争入学，而中等教育第二阶段毕业证书考试也就开始带有较强的竞争性色彩。② 可见，尽管德国此前奉行自由入学原则，但高等教育资源的紧缺开始引起激烈的考试竞争。而为了追求高考的公平与质量，德国高考也正在走向全国统一命题之路。

(七)俄罗斯的"高考"命题方式

俄罗斯 2009 年开始全面推行高考统考制度，取代过去的高校自主招生，这恰好同我国当前的改革方向"背离"。苏联实行"高校自主命题，自己组织考试"，一直延续到俄罗斯联邦时期。但实际上，被视作精英教育传统的自主招生模式一直同大量的腐败相联系。各大高校的招生委员会把持着录取权力，学生不得不大量行贿；参加各高校的辅导班以及

---

① 李松林：《发达国家"高考"改革新动向》，《中国教育报》2007年1月2日。

② 李松林：《发达国家"高考"改革新动向》，《中国教育报》2007年1月2日。

找出题的辅导老师亦须花费大量金钱；一些中学校长有权力推荐优秀学生，从而能从中获取"租金"；中学考生毕业，由每门功课的老师出题打分，评分随意性很大。用当时俄罗斯联邦总理卡西亚诺夫的话说，"精英导向的教育制造了大量的贫困、腐败和愤怒"，他于 2001 年签署了《关于实行国家统一考试的决定》。尽管其后，以莫斯科大学校长萨多夫尼奇为首的"精英主义教育家"队伍大力反对，认为国家统一考试使基础教育丧失特色，扼杀了人才，努力让莫斯科大学等名校"游离"统考之外，但是时任俄国总统的梅德韦杰夫表示，2009 年莫斯科大学必须纳入全国统考之列。俄罗斯的转向意味深长，它蕴含着社会经济分配和权力基础决定了哪种教育配置方式是较理性、公正的，而不是设定了一个所谓的"好的教育配置机制"，只需要对其进行过渡即是最优。跟我国相似，俄罗斯的大学也是依靠政府财政，大学的声誉机制所产生的利益没有确定的收益人，大学的管理层关心的是国家的拨款而不是校友的捐助，关心的是行政体制的跃迁而不是大学带来的产业和文明上的收益，所以精英导向的教育体制也许可以培养出某些创造性的人才，但是它的代价是骇人的腐败、租金分配、权力"黑手"以及穷人受教育的"边缘化"。所以，梅德韦杰夫不得不说"社会过大的收入差距迫使我们不得不采纳一种统考制度"。其实，梅德韦杰夫只说了一个部分，另外一个部分是，没有成熟的民主机制对权力黑手的制约，精英主义教育很容易成为寻租型教育，而在这种状态下，统考式制度反而是一种"次优"，它提供了一种与社会基础相适应的资源配置方式，它肯定不令人满意，但却是"最不坏"的制度。[①] 由此可见，俄罗斯为了防止自主招考导致的教育腐败以及弱势群体的边缘化进一步加剧，改而实施全国统一命题招考制度，以维护高考的公平、公正。

此外，其他如韩国、新加坡等国的高校招生考试则由政府所属的考试服务机构统一承办。

由考查可知，尽管美、英、日、澳、法、德、俄等国高校招生既有采用考试制的，也有采用证书制的，但由于其录取依据均不以一次成绩

---

① 《高考改革勿忘"国情约束"》，《21 世纪经济报道》2009 年 8 月 11 日。

而定，因而其高考命题也都存在统一与分散两种方式。美国虽采取统一命题、统一考试的方式，但考生有两种不同的考试选择，且一年中均有多次考试机会；英国虽采取证书制，但考试依然是取得不同等级证书的主要手段，而且传统的优秀大学都以统一考试为基础的 A-Levels 考试为主要参照依据，只有一般性大学可以其他类型证书为录取依据；日本虽采取统一与分散相结合的方式，但全国统一考试基本是大学入学的前提与基础，并从整体上决定着考生的入学分流；澳大利亚从全国来看虽以分散为主，但实质上还是强调以州为单位的统一命题考试；法国、德国及俄罗斯则都走向了较单一的全国统一命题高考之路。可见，虽然各国"高考"命题在统与分的组合方面存在差异，但其最大的共性就是高水平大学大多以权威的统一命题考试成绩为主要参照标准，以分散命题考试成绩为附加参照标准，而一般类院校(含二年制)入学标准则较灵活。命题机构一般都由具有权威性的国家考试机构或国家授权的考试机构承担，并无过于纷繁复杂的命题主体，以此确保考试的科学性、公平性及权威性。

五、分省命题与统一命题的改革目标

高考命题方式之统分，在形式上是统考与分考的问题，实质上则是考试权集中与分散的问题，而影响集中与分散的主要因素是与高考密切相关的各种现实条件。目前，我国正处于社会、经济、文化、教育大转型期，决定高考统分模式的现实因素主要有以下四个方面：一是一次考试成绩存在较大评价局限性。即仅凭一次统一命题考试很难满足高校选拔培养多元化人才的社会需求，这客观需要部分高校增加加试或面试等。二是区域教育发展不平衡。由于东、中、西部经济发展不平衡导致的区域教育发展不平衡，造成部分省(区、市)推行高中新课改的步伐不一致，这迫使统一命题高考必须分化，即通过分省命题以适应各省(区、市)的教育实际情况。三是分省命题成本较高。受省(区、市)考试机构财力、物力、人力的限制，分省命题省(区、市)在命题技术和考试安全方面存在较大压力，且一般都无力承担全自主命题，现阶段还需依托国

家教育考试命题中心。四是高校自身难以应对大规模单独招考。为减少
参加高校自主命题考试考生规模，降低高校自主组织命题考试的成本与
风险，还须通过统一考试进行前期公平分流，或采取附加条件限制部分
考生参加考试。可见，一次考试评价的局限性、基础教育新课改步伐不
一致以及分省命题与高校命题存在成本、技术、风险等制约因素构成了
决定高考统分组合模式的边界条件。

　　综上分析，基于对我国高考命题方式的历史、现状、问题及国际高
考命题方式之考察，结合我国高考改革所面临的限制条件以及国情、教
情的需要。我们认为，统一高考全国一张试卷很难顾及各地的差异，且
考试安全风险很大。但完全实行各个省独自命题，也不是一个方向。分
省命题虽然比各高校单独招考更为高效，也比全国统一命题风险范围较
小，但各省花费总数比全国统一命题更大，且省内泄题的可能性也增加
了。[①] 而此次调研除上海、北京、天津等较发达省、市外的多数自主命
题的省份均明确表明自主命题考试确实存在成本高、压力大、质量难保
证等问题。

　　因此，我们建议，我国现阶段高考命题方式的改革目标是：建立一
个以全国统一考试为基础，在自愿选择并确保与全国高考试卷质量相当
的前提下，允许部分改革先行省（区、市）继续实行分省命题，形成以统
为主、以分为辅、统分并用的高考命题模式，以实现高考公平与效率最
大化，最终达到促进国家人才培养与社会和谐稳定之目的。

六、改革原则与建议

　　不论是分省命题，还是统一命题，必须从全局考虑，从维护国家利
益最大化出发。首先，要有利于高校人才的选拔；其次，要有利于引导
中学素质教育的发展；再次，要有利于提高各省、市及全国统考卷之间
成绩的可比性；最后，要有利于公平、安全、高效，并降低考试成本。
基于上述四点考虑，以及当前"分省命题与统一命题"在考试科目设置、

---

　　① 刘海峰：《高考改革的统独之争》，《教育发展研究》2006年
第11A期。

试题内容反映、考试环境等多方面存在不可抗拒的客观与主观因素的差异，结合改革目标，我们认为，"分省命题还是统一命题"改革需遵循的原则和建议如下。

（一）改革原则

第一，注重公平。高考改革必须首重公平。公平代表着秩序与和谐，这也是考试作为人才选拔手段能够延续千年并得以不断发展的主要原因之一。由于高考事关千家万户的切身利益，具有牵一发而动全身的影响力，如果不能有效地维护高考的公平性，必将严重影响社会的合理秩序与稳定和谐。因此，公平性是高考改革"分省命题与统一命题"应遵循的首要原则，即在多元并存的高考命题方案背景之下，应追求各省、市之间的高考公平性，不能因命题方案或考试科目的不同而引起入学机会的不公，这一点，国家应通过相应制度或专业人员设置，监督、保障以及平衡各省市之间的高考利益。

第二，求同存异。在分省命题、统一命题与新课改命题多元并存的局面下，首先，应"求同"，即以高中课程为纲，凡是开设相同课程或教材的省、市，应使用统一高考试卷，以增强区域间考试成绩的可比性，和降低考试命题成本；其次，应"存异"，即正视当前我国区域教育发展不平衡的现实状况，允许一部分教育发达省、市提前改革高考试点，为我国长远教育改革，特别是高考制度改革积累经验，但要注意改革发展的连贯性、衔接性与过渡性，尽量减少改革给考生，乃至家长和社会带来的冲击力。

第三，方向一致。即不管是分省命题，还是统一命题，都应在国家统一与宏观指导的框架与思想下，进行高考命题改革，而不宜出现"各自为战、互不相通、完全隔绝"的改革局面。也就是说，"改"在前面的省、市应保持相对稳定的基础和方向，确保稳扎稳打，而"落"在后面的省、市，应积极有序地按照课程改革的步伐，稳妥地沿着"先行"省、市的改革方向和步伐逐步迈进、靠拢。

第四，统分结合。"统"就是对可统考的科目则实行全国统一命题考试，如英语、日语、俄语、法语、德语等语言类考试，或者中学课程相同的省、市采取统一命题考试，避免不必要的资源浪费。"分"就是根据本省、市的具体课程开设，或确系需要改革试点，在无法参与统一命题考试的情况，允许一些省、市保留自主命题。

第五，稳中求变。在构建社会和谐的大背景下，高考改革必须考虑社会的接受度，避免应高考改革而增加社会矛盾与冲突。有统计表明，自恢复高考以来，高考改革频次过高，几乎年均一改，每年都有新动向。显然，随着社会和教育的发展，高考制度改革在所难免，但必须讲求策略，即在做好充分调研和论证的基础上，在建立相关配套改革措施的前提下，采取稳中求变的改革方法，而不宜"朝令夕改"，注意改革推进速度。

此外，在多元并存的高考命题方案背景之下，还应遵循科学性原则、全局性原则、导向性原则、务实性原则等改革的基本原则，以确保高考改革顺利稳步推进。

(二)改革建议

最后，我们建议：对于那些自我评估不想继续自主命题并且自动愿意退出自主命题的省份，应允许其做出选择。为提高试卷的科学性和稳定性，使高考分数更具有可比性，并提高命题效率，减少泄题的概率，多数省份可采用教育部考试中心命题。同时，不是采取行政命令手段，而是本着自愿选择的原则，允许部分省份或保留分省自主命题或选择委托命题水平较高的邻近省份的命题。最终形成以统一命题为主，少数具有条件的省份继续实行分省命题的格局，从而实现高考公平与效率的最大化，达到促进国家人才培养与社会和谐稳定之改革目的。

调整之后，为防范出现大面积的考试安全风险，需要加强高考期间互联网的适时监管。

高考分省定额制的形成与调整[*]

　　"分省定额"在科举时代便已成制，并有效地维护了科考录取的区域公平，为国家的稳定与统一做出了重要贡献。高考分省定额，虽非直接继承科举分省定额，但二者异曲同工，且都是在历经一系列变革调整后做出的历史选择。然而，缘何高考分省定额成为现今人们批评高考不公的重要制度因素之一？它维护区域公平的功能是如何被削弱的？本文试图在梳理高考分省定额形成的基础上，探究其存在的问题及成因，揭示其正向功能衰退现象背后之本质，正本清源，为科学调整未来高校招生名额分配政策提供借鉴。

一、高考分省定额制的形成

　　高考分省定额是高校招生名额分配的一种方式，即各高校根据国家政策、社会需求及办学条件，以省（区、市）为单位分配招生指标。它决定着各省（区、市）的高考录取率和考生接受高等教

　＊　本文发表于《教育研究》2014 年第 6 期，与李木洲合作。

育机会的竞争激烈程度,是一项集公平性、科学性及政治性于一体的制度安排,具有调控国家人才结构及培养总量的重要功能。综观其历史变革,大致历经了配额权的上收和大行政区配额再到配额至高校的分省定额三个阶段。

(一)招生定额权上收阶段(1949—1951)

1949年,高校招生基本沿袭新中国成立前的旧制,采取高校单独或联合招考,招生名额由高校自行根据办学规模制定,录取基本是"以分取人"。1950年,随着中央人民政府对教育的关注,当年规定各高校招生名额,"除华北五省二市高等学校由中央教育部另行规定外,各高等学校得由各大行政区教育部根据实际情况而定"[①],这表明国家开始回收高校招生名额分配权。1951年,教育部又规定:"各高等学校招生,对吸收曾长期从事革命工作的工农干部、知识分子干部及产业工人,应使达到一定的比例,此项名额比例由中央人民政府教育部或各大行政区人民政府(军政委员会)教育部(文教部)按当地的可能条件与报考情形规定之。"[②]这是新中国首次做出高考招生名额倾向特定阶层的规定,体现了高校招生服务政治发展的功能。可见,与国家过渡时期相一致,1949年至1951年是统一高考建制的准备阶段,在名额分配问题上表现出"权力上收"的特征,其整体趋向是不断加强国家的宏观调控与定量化分配。

(二)大行政区配额阶段(1952—1958)

在完成对高考名额分配权力的上收后,国家开始逐步加强对高考名额的区域调控。1952年,根据国家建设初期的需要,高校招生以培养国防和工业经济建设的技术干部、医药卫生干部及中等学校师资为重点,按照大行政区分配名额:"华北15550人,华东15910人,东北6020人,中南7560人,西南3300人,西北1660人。"[③]1953年,为保

---

① 中央人民政府教育部:《高等学校一九五〇年暑期招考新生的规定》,参见华东区高等学校统一招生委员会:《升学指导》,1951年,第101页。

② 《中央人民政府教育部公布高等学校一九五一年暑期招考新生的规定》,参见华东区高等学校统一招生委员会:《升学指导》,1951年,第105页。

③ 杨学为:《高考文献》上(1949—1976),北京:高等教育出版社,2003年,第8页。

证培养各类建设干部计划的实施，缓解各大行政区招生名额与学生来源不平衡的矛盾，教育部除统一规定全国高校招生总额、各系科名额及各高等学校的招生名额外，还规定"华北、东北、西北三区学生来源少，不敷本区需要，上述各该区学生以报考本区高校为原则。华东、中南、西南三区学生来源较多，应鼓励和帮助这三个区的一部分学生，报考华北、东北、西北等区学校"①。1954年又补充规定：华北、东北、西北学生除准予报考指定的几个外区学校外以报考本区学校为原则，同时，华东、中南、西南报考青年除个别情况外，一般不得互调②。1955年后，又进一步开始按学校类型与地区生源情况划分录取范围。1957年，工业、国防、外交等特殊专业院校，还可根据情况由全国高等学校招生委员会安排到非所在地招生，厦门大学除了在华东地区招生外，还可在华北、中南地区招收一部分华侨学生。到1958年，"为使高校招生便于落实因地制宜、因校制宜的原则，发挥地方和高校办学积极性，改为实行学校单独招生或联合招生"，但"考虑到各高校的性质和专业设置情况，对于各类高校招生的地区范围，根据就地取材与地区调剂相结合的原则作统一安排"③，主要是以各省、市、自治区为单位招生，全国性高校可在全国招生，同时也允许部分院校在协作区招生。可见，通过1958年招生计划的调整，特别是教育管理权的下放，高校招生已进入由"大行政区定额"向"分省定额"的过渡阶段。

（三）分省定额调控阶段（1959年至今）

经过1958年的计划调整，1959年，高校招生采取"统一领导与分散办理相结合的方式"，即"各中央部门领导的学校在各省、市、自治区的招生人数，以及考生来源较多的省、市支援考生来源不足的省、市、自治区的调剂人数，由教育部与有关省、市、自治区及有关学校协商制

---

① 《中央人民政府教育部关于全国高等学校一九五三年暑期招考新生的规定》，参见全国高等学校统一招生委员会：《一九五三年全国高等学校招生升学指导》，北京：中国青年出版社，1953年，第5页。

② 《中央人民政府教育部发布〈关于全国高等学校一九五四年暑期招考新生的规定〉的通知》，参见中央人民政府高等教育部：《高等教育文献法令汇编》第2辑，1955年，第250页。

③ 《教育部关于高等学校1958年招考新生的规定》，《中华人民共和国国务院公报》1958年第22期。

定调剂方案。各省、市、自治区之间彼此招生的少量调剂人数，由各省、市、自治区之间自行商定"①。这表明各省（市、区）已获得因地制宜办理招生工作的权利，同时也意味着高考进入分省定额时代。此后到"文化大革命"前基本沿用此法。

1977 年恢复高考后，仍实行分省定额制，并开始实施有计划的招生体制改革。1985 年，依《中共中央关于教育体制改革的决定》，高校招生进入国家任务招生计划与调节性招生计划并存的"双轨制"阶段，其指导思想是："面向全国的院校及专业实行全国招生，面向地区的院校及专业在地区范围内招生，面向省、市、自治区的院校在本省、市、自治区招生。同时省属院校对本地落后地区的考生可降分录取。"②而随着改革开放的推进，1987 年颁布了《普通高等学校招生来源计划编制工作暂行规定》，要求："省、自治区、直辖市党政机关、中央、国务院部门、全民所有制企事业单位委托培养的学生，一般应在省、自治区、直辖市范围内招生，不得任意缩小招生范围。全民所有制企事业单位中工作或生活条件比较艰苦的单位，城乡集体所有制企事业单位，个体户以及山区、边远地区、少数民族聚居地区的委托培养可以划定较小招生范围，同时明确预备生源，首先在划定的招生范围内择优录取，如在规定的录取标准内录不满额，则在预备生源中择优录取。"③总体而言，"双轨制"在一定程度上适应了高等教育发展的需要，满足了社会的多方面人才需求，缓解了高校办学经费困难，并较好地限制了教育部直属院校招生的地域化倾向。但同时，也滋生了诸如"分不够，钱来凑"等教育腐败问题。到 1994 年，为维护教育公正，确保招生公平，教育部先后发布了《中国教育改革和发展纲要》与《关于进一步改革普通高等学校招生和毕业生就业制度的试点意见》，规定："学校可根据社会需求和办学条件自行调整招生规模，国家调控招生总规模和专业结构。""录取时，对

---

① 杨学为《高考文献》上（1949—1976），北京：高等教育出版社，2003 年，第 343～344 页。

② 《关于 1977 年高等学校招生工作的意见》，参见何东昌：《中华人民共和国重要教育文献》（1976—1990），海口：海南出版社，1998 年，第 1580 页。

③ 《普通高等学校招生来源计划编制工作暂行规定》，http://www.people.com.cn/item/flfgk/gwyfg/1987/206004198714.html，1987-10-20/2013-01-06

同一学校只规定一个最低控制分数线，不再按国家任务和调节两种计划
分别划定分数线。"①至此，我国高校招生进入了"并轨制"时代。

经过多年发展，目前"经教育部批准（或备案）的具有普通高等学历
教育招生资格的高校在国家核定的普通高等教育年度招生规模内，可编
制本校的分省（区、市）分专业招生计划（招生来源计划）"。同时，"安排
跨省（区、市）招生的本科高校，可预留少量计划（不得超过本校本科招
生计划总数的1%），用于调节各地统考上线生源的不平衡"②，基本形
成了国家宏观控制总量，高校根据经济社会发展的需要，对市场人才需
求进行分析、预测，结合自身办学条件、毕业生就业情况自主制定分省
（区、市）招生名额的办法。

二、高考分省定额制的问题及成因

"物盈则亏，法久终弊。"由于高校在国家控制总量的条件下可自主
制定招生名额分配办法，因此，当高校受到其他因素的影响、介入或干
扰时，自主定额便易产生问题。客观分析这些问题及其成因，是理性看
待与科学调整高考分省定额制的重要前提。

（一）高考分省定额制存在的问题

从高考名额的历史演变来看，我国高校招生早已形成以本地招生为
主的逻辑和惯例，而"在中央与地方联合共建、部属高校下放以及强调
高校服务地方经济发展的背景下，高考分省定额最终演化为'两倾'，即
倾斜的高考录取分数线与倾斜的招生名额投放"③。然而，当前的高考
平均录取率已达75%，高考竞争的实质是对优质高等教育资源的争夺。
因此，分省定额的问题集中表现在"985工程"和"211工程"等部属高校
或重点高校的名额投放与分数线的划定上，以及由此引起的高等教育入

---

① 杨学为：《高考文献》下（1977—1999），北京：高等教育出版
社，2003年，第524~528页。
② 《2010年普通高等学校招生工作规定》，http://
gaokao. chsi. com. cn/gkxx/ss/201003/20100326/68361300. html，
2010-03-26/2013-01-07
③ 刘海峰：《高校招生考试制度改革研究》，北京：经济科学出
版社，2009年，第182页。

学机会的区域性差异。

2004年，全国招收的本科生有15.93%进入部属高校，但各省、市分配到的部属高校招生名额差异显著。有研究指出：2009年，北京大学在北京投放的招生指标是每万名考生66.8名，在天津10.2名，在上海4.8名，全国平均2.2名；在山东与河南分别1.1和1名；广东和安徽分别是0.68名和0.66名。不难发现，广东、安徽的考生进入北京大学的概率正好是北京考生的1/100。换言之，北京大学对广东和安徽考生设置的门槛比北京考生整整高100倍。与此"差距"相比还有更甚者，仍以2009年为例，复旦大学在上海投放的招生指标高达每万名考生117.1名，在浙江5.2名，在北京4.2名，全国平均2.2名，而在山东、山西、广东、河北、河南、内蒙古等10个省、区投放的指标在1名以下；上海考生进复旦大学的机会是全国平均的53倍，山东考生的150倍，河南考生的274倍，内蒙古考生的288倍（见表1）。[①] 可见，部属高校所在地考生的入学机会远远大于外地考生。

表1　2009年北京大学、复旦大学在主要省、市投放指标对比表

北京大学	省区	北京	天津	上海	安徽	广东	国均	最大比差
	指标（万名）	66.8	10.2	4.8	0.66	0.68	2.2	1/100
复旦大学	省区	上海	浙江	北京	河南	内蒙古	国均	最大比差
	指标（万名）	117.1	5.2	4.2	0.42	0.41	2.2	1/288

为消解"地方保护主义"，教育部近年也采取了一些措施。2008年，教育部会同国家发展和改革委员会启动了"支援中西部地区招生协作计划"，并不断加强对部属高校招生计划的引导和调控。据统计，"2008—2012年，协作计划从3.5万人逐年扩大到17万人，5年来，相当于在东部地区建设了68所专门面向中西部考生、每年招生2500人的公办普通高校。10年来，部属高校属地招生比例已从45%降到了25%"[②]，总体上达到了教育部提出的"部属高校属地招生比例一般不超过30%"的

---

① 张千帆、曲相霏：《大学招生与宪法平等：国际经验与中国问题》，南京：译林出版社，2011年，第1～3页。

② 汪大勇：《高考改革：让"独木桥"变"立交桥"》，《光明日报》2012年7月24日。

要求。但是，"从各省学生就读部属高校的入学机会指数（平均数为1）看，不同省（区、市）悬殊的状况依然存在，甚至加剧，入学机会指数的差异系数（标准差除以平均数的值）有逐年递增的趋势，入学机会指数的基尼系数也从2001年的0.226提高到2010年的0.298。从分省的入学机会指数变化情况看，北京、上海、天津的入学机会指数在2000年分别为1.75、1.61、1.51，到2010年，分别提高到3.64、3.73、2.84，西藏、青海、宁夏的入学机会指数也分别提高到2.70、1.82、1.72，但是河南、河北、安徽、内蒙古、广东、广西、云南、贵州、甘肃等省区的部属高校入学机会指数却一直在0.50～0.70的低点徘徊，提高幅度并不明显"[①]。

显然，部属高校高度人为化的地区名额分配制度，所造成的入学机会巨大的差异，对个人、社会乃至国家都将造成不良后果。首先，它阻止了大量不发达地区考生向发达地区流动。比如，北京考生上北京大学、清华大学的机会比外地考生均高30多倍。其次，它阻止了考生的横向流动，本地考生被人为地束缚在当地而不易于流动到外地大学。比如，2009年山东考生考入山东大学的机会至少是浙江考生的9倍、河南考生的18倍、广东考生的36倍。再次，由于部属高校的区域集聚化（如北京24所、上海8所，而河北、河南、广西等13个省、区则没有教育部直属高校），加剧了各地考生被部属高校录取的机会差异。最后，由于名额限制，部分专业在有些地方无法获得招生指标，这从根本上剥夺了某些考生进入特定高校学习特定专业的机会。[②] 因此，合理调整部属高校的名额分配规则，就显得十分迫切。

（二）高考分省定额制的问题成因

高考分省定额的问题成因极其复杂，既有历史原因，又有现实原因；既有考试发展的规律性内因，又有国家政治、经济及教育等发展性外因。但总体而言，主要是大学分布不均，投入分摊的共建办学模式以及基础教育发展失衡等。

---

① 谈松华、文东茅：《高校招生名额分配研究报告》，参见《考试招生制度改革专题调研报告汇编》（下），国家教育咨询委员会内部文稿，2011年，第511页。

② 张千帆、曲相霏：《大学招生与宪法平等：国际经验与中国问题》，南京：译林出版社，第344～345页。

1. 非均衡的大学分布

我国自清末新式高等学堂诞生以来，便存在高等教育机构分布不均的现象，虽曾在民国中后期一度出现过"扁平化结构分布格局"，但发展至今，尤以部属大学为代表的高水平大学的分布，早已转变为"金字塔结构分布格局"。据统计，当前全国共有高校2600多所，其中以教育部直属的75所最受瞩目，因为除中央美术学院和中央戏剧学院外，都进入了"985工程"或"211工程"大学行列，其分布情况如下：北京24所；上海8所；江苏、湖北各7所；陕西5所；四川4所；山东3所；广东、天津、重庆、湖南、辽宁、吉林各2所；浙江、黑龙江、安徽、甘肃、福建各1所；其余的河南、河北、江西、山西、青海、贵州、海南、云南、内蒙古、宁夏、新疆、西藏、广西13个省、区均为零所。也就是说，"占全国人口12.38%的河南、河北两省没有分配到1所直属高校，而从海南沿国境线往西一直上到内蒙古，除甘肃外，其他省均没有1所直属高校，但中国11.21%的人口聚居于此。经济发达省份同样饱受优秀教育资源分配不均之苦，在拥有教育部直属高校资源的18个省份里，人均资源最少的是广东、安徽和浙江三省，其高校占比仅为人口占比的0.3倍"[1]。当然，非教育部直属高校也有"985"或"211"类高水平大学，如中国科学技术大学、哈尔滨工业大学、北京航空航天大学、南京航空航天大学、国防科学技术大学、北京理工大学、中央民族大学等。而其他高校，诸如外交学院、国际关系学院、北京电子科技学院、中国人民公安大学、中国民用航空学院、中国民航飞行学院等虽未进入"985"或"211"大学行列，但在某些行业或专业领域也处于全国甚至国际领先地位。不过，就高校的综合影响力，特别是在高考招生过程中，还是以教育部直属高校的名额分配问题最受国人关注，也是人们批评高等教育资源分配不均，以及由此衍生的受人们诟病的高考不公与教育不公的聚焦点之一。[2]

---

[1] 刘海峰、李木洲：《教育部直属高校应分布至所有省区》，《高等教育研究》2012年第12期。

[2] 戴玉：《各省（市）教育部直属高校分布与人口分布对比》，《南风窗》2012年第18期。

2. 分摊共建式办学模式

1998 年以来，全国有 200 多所原部属大专院校下划到地方，实行中央和地方共建，并以地方为主的管理体制。而教育部保留的 38 所重点院校虽然都是中央直属，但在目前条件下其对地方的依赖性依然很大。这种财政上的依赖决定了这些院校必须在招生时向所在地倾斜。按教育部与部门及地方签署的协议，38 所重点大学中，除清华大学和北京大学 2 所"世界一流大学"的投资全部由中央政府负责外，其余的重点大学都由中央与地方联合共建。在 9 所"国内一流、国际知名高水平大学"中，视各地情况，中央和地方政府承担不同比例的经费投入。地方财政较多的省，按合同负担 50％ 的经费投入。譬如，按照当时的合同，浙江大学 3 年内应得的拨款经费总量为 14 亿元，其中 7 亿元为教育部拨款，7 亿元为浙江省拨款，双方各占 50％。中国科技大学 3 年内应得拨款经费总量为 9 亿元，其中 3 亿元为教育部拨款，3 亿元为中科院拨款，3 亿元为安徽省拨款。[①] 在这种省部共建、分摊投入的办学模式下，按照"谁投资，谁受益"的原则，各省（区、市）为发展区域经济，必然要求本地区的高校履行适当的义务，即通过人才培养，提供经济发展的智力支持。而在共建协议中，有的甚至明确规定增加本地区招生名额。当然，高校为获得更好的发展空间与资源，也必然寻求所在地政府的大力支持。因此，在这种双赢的利益格局中，高校招生地方化在所难免。正如复旦大学校长王生洪坦言："上海市对复旦的支持非常大，所以复旦在上海的招生人数相对要多一些，高校在一定的自主权限内，一般都会优先考虑高校所在地。"浙江大学校长潘云鹤也表示，"浙江大学在浙江省招生每年已经接近 70％，省里还不满意，还在给我们施加压力，希望把这个比例再提高一些。但他同时也认为，浙江省给了浙大很多经费、土地，帮助浙大建到这个规模，浙大为浙江省多培育一些学生也是应该的。"[②] 可见，省部共建、分摊投入的办学模式，在一定程度上是高校招生地方化的必然结果，是不合理的合理化安排之一。

---

① 戴廉、张冉燃：《如何看招生名额分配公平》，《瞭望新闻周刊》2006 年 6 月 5 日。

② 陈伟、李梅、李联国：《从高校招生"地方化"透视教育公平问题》，《商洛学院学报》2006 年第 3 期。

3. 经济水平决定的基础教育差距

由于政治、历史、地理及文化等多因素影响,我国东、中、西部的经济发展长期存在巨大差异。据《中国统计年鉴》的数据显示:"一五计划的第一年(1952年)贵州省的人均GDP为58元,而上海市为419元,两个区域间有7.22倍的差距。到2008年,这一差距则扩大为10.06倍。"①这种区域经济发展结构的严重失衡影响极为深广,最直接的莫过于导致区域间的教育发展水平产生巨大差异。据有关研究表明:东部基础教育的各项教育经费指标平均是中西部的1~2倍,在各项指标中,教育公用经费差距最大。由于近年来西部大开发战略的实施,西部教育的发展有所加快,而中部的差距又突现出来,有多项指标呈现"中部凹陷"现象。在人均教育经费差距方面,2001年,东部地区的平均值为619元,中部地区为264元,西部地区为282元。排名前三位(上海、北京、天津)的平均数是排名后三位(贵州、安徽、河南)的平均数的5.2倍。②还有研究指出,"从生均预算内教育经费来看,全国小学投入水平最高的地区是最低地区的6.86倍,初中为6.67倍。小学、初中投入最多的省份投入水平分别是全国平均水平的4.33倍、4.07倍,而投入最低的省份投入水平分别是全国平均水平的63%、61%。以北京、山西和甘肃三省市为例来看东、中、西部的差距,北京的小学生均预算内经费分别是山西和甘肃的3.53倍、4.13倍,初中预算内经费分别是山西、甘肃的4.14倍和4.32倍"。在高等教育区域差异方面,据《中国教育统计年鉴(2008)》的数据显示:"2007年全国有71.8%的高中毕业生升入大学,高等院校集中的北京这一比率为200.7%,天津为146.9%,上海为141.1%。而西部地区一些省份高中升学率还不到50%,如青海、宁夏、新疆这一比率分别为35.0%、45.1%和48.3%。"③此外,从历年高校招生来源计划的编制来看,也存在生源质量的政策偏向。1987年,《普通高等学校招生来源计划编制工作暂行规

① 金相郁、武鹏:《中国区域经济发展差距的趋势及其特征——基于GDP修正后的数据》,《南方经济研究》2010年第1期。

② 课题组(袁振国执笔):《缩小差距——中国教育政策的重大命题》,《北京师范大学学报》(社会科学版)2005年第3期。

③ 张艳华:《教育机会公平性失衡及其制度性原因研究》,《调研世界》2012年第56期。

定》明确指出："应贯彻择优的原则,在考生较多、质量较好的地区多安排一些名额。"[①]2006 年,教育部直属高校招生来源计划编制会议也提出:"要依法自主、科学、合理的决策,坚持以生源质量为主兼顾地区包括考虑少数民族地区平衡的原则。"[②]可见,各省(区、市)的生源质量是影响高校招生名额分配的一个重要指标。然而,生源质量是以基础教育为依托的,基础教育质量又与经济的投入密切相关。在全国东、中、西部的经济发展不平衡的背景下,各省(区、市)的基础教育投入差距甚大,并形成不均衡的省际基础教育发展格局,影响到各地区招生名额的分配,进而决定着各地考生在高等教育入学机会竞争中所处的地位。

三、高考分省定额制的调整

综上分析,各省(区、市)存在的高水平大学高考录取机会差异,表面上是由高考分省定额所造成的,但实质则是隐藏在高考分省定额制背后的优质高等教育资源分布不均、分摊共建大学办学模式以及基础教育发展存在较大差距等深层原因所致。或者可以说,很大程度上,分省定额这一自古实行的"善制",只不过是政治、经济、教育等现实因素发展不均衡而引起的高考不公的替罪羊,其本身非"恶制"也。因此,当前关于高考分省定额的改革,应认清两点:其一,若废除高考分省定额制,将进一步加剧各地的高考录取机会差距。换言之,在经济、教育等区域发展严重不均的历史阶段,高考分省定额必须坚持,以确保高考录取的相对区域公平。其二,仅改变高考分省定额规则,难以从根本上消除历史形成的各地高考录取差异。显然,在"不可废,只能改"的现实面前,应力图通过国家宏观调整逐步使其回归到一个相对公平的位置。

首先,从分省定额制的原本精神——维护公平出发,高考分省定额制的调整至少应遵循三大原则。一是国家利益最大化原则。一方面,人才,是第一资源,乃国之宝也。在越来越以人才之"优劣""多寡"决定国

---

① 杨学为:《高考文献》下(1977—1999),北京:高等教育出版社,2003 年,第 296 页。

② 李腾:《分省定额录取政策公平问题研究》,武汉:华中师范大学,2009 年,第 45 页。

家综合实力的时代背景下，利用有限的优质资源培养一定的高、精、尖人才，在某种程度上是国家的最大利益。另一方面，公平事关人心向背，稳定与发展是国家永恒的最大利益，因而应从全局着眼，合理分配国家的优质、次优及普通高等教育资源，采取分类式区别分配的办法，使之效益最大化。二是兼顾考试公平与区域公平的原则。考试公平就是以自由竞争为形式，注重考试结果的公平，强调分数至上；区域公平则以考试结果为参照，注重区域人才的培养与分布，强调地区平衡。尽管二者具有一定的内在矛盾性，但从千年科举由最初完全"凭才取士"发展到产生"逐路取人"的历史教训和经验来看，一方面，"考试公平和区域公平都只能是相对的"①；另一方面，为使存在经济、教育及文化等多重差异的国家保持统一与稳定，必须兼顾考试公平与区域公平。三是生源多样化原则。其又包含两个方面：一为生源的民族多样化。我国是一个拥有56个民族的大熔炉，从民族平等和民族融合的视野看，高校招生应坚定民族生源的多样化原则；二为生源的地区多样化。为促进地区间的人才交流与文化互补，高校招生应注重地区生源的多样化。事实上，同为多民族国家的美国，其大学招生便十分注重生源多样性，甚至用法律的方式规定生源的比例分割，它不仅利于不同文化甚至语言背景的学生相互交流与学习，更利于不同思维方式的学生彼此之间产生思想碰撞的火花，是多向思维和创新精神的重要源头。

其次，从高考的功能及其现实价值与影响来看，依据上述原则，针对高考分省定额制的现存问题，可采取分层调控的办法加以矫正。所谓分层调控，即根据高校的办学水平与层次采取不同的方式进行调控。鉴于当前的高考平均录取率已逼近80%，高考竞争的实质已转为对以"985工程"大学及"211工程"大学等为代表的优质高等教育资源的竞争，因而，高校招生名额的调控应以"985"为主，"211"次之，省属及其他高校再次之。具体而言，"985工程"大学的名额分配调控，应秉承精英办学的理念，在严格控制招生规模的同时，克服本地化招生倾向，把全国最优质的高等教育资源办成名副其实的全国性大学甚至世界性大学，主要通过自由竞争和划分一定比例的民族与地域性（含贫困区、山区及农

---

① 李木洲：《困境与出路："异地高考"问题剖论》，《湖北大学学报》（哲学社会科学版）2014年第1期。

村乃至国际生等)生源的方式分配招生名额。"211 工程"大学的名额调控，可以服务地方经济发展为导向，允许较高比例(不宜超过 40％)的地方化招生，但应注重生源多样性，最好按比例明确分割。省属重点及其他一般高等院校，则可完全以服务地方为主或以自身办学定位及生源情况，完全自主地分配招生名额。如此其利有三：一是确保国家优质高等教育资源的效益最大化，利于培养拔尖创新人才；二是以较优质的高等教育资源满足地方经济发展人才需求的同时，也较公平地满足广大考生的升学竞争需要；三是完全自主分配名额的省属及一般院校，利于高等院校的特色化与多元化发展，利于形成一个层次有致、类型鲜明、丰富多样的高等教育生态系统。

最后，需要强调是，由于各省(区、市)的高等教育资源分布与人口数量存在较大差异，对于北京、上海、江苏、湖北、陕西等优质高等教育资源特别集中与相对集中的省、市，应充分考虑生源多样性和区域公平问题，可由国家根据各省(区、市)的考生总量宏观调控，使之名额分配趋于相对合理，同时通过制度设计与资源调整逐渐促进高考录取机会的均等化。当然，要实现高考录取机会的均等化，调整名额分配只可治标，难以治本，关键还有待于经济高度发展推动并实现高等教育资源与基础教育资源的均衡化。

77、78 级大学生的命运与作为*

社会发展进程往往并非匀速推进，而往往会像波浪似的前进，时而湍急，时而舒缓。不同时代的大学生经历与命运也各不相同，有的大学生在学期间被卷入惊涛骇浪，有的大学生过得波澜不惊，因此有"幸运的一代""求职的一代"等说法。1977 级、1978 级大学生都于 1982 年毕业，至今已整整 30 年了。这一特殊的群体，参加过恢复高考时激动人心的考试竞争，在风云际会的时代成长，与中国改革开放的历程密切相关。

一、空前绝后的教育群体

在中国高等教育史上，1982 年是一个不同寻常的年份。这一年，恢复高考后的首批大学生 1977 级本科生于年初毕业。紧接着，夏天又有 1978 级大学生毕业，结果这一年有两届大学生毕业，同属于 1982 届。不过，与过去大学生通常以"届"来区别不同，自从 1977 级大学生以后，

* 本文发表于《光明日报》2012 年 7 月 25 日。

大学毕业生通常称"级"而不称"届"。

1977级、1978级大学生，是中国高等教育史上十分特殊的一个群体。1977年招生的专业较少，有不少专业是1978年才首次招生，于是这些1978级大学生也等于是这些专业的首批大学生，类同于1977级。还有许多专业1977年招生人数很少，如教育学专业1977年只有北京师范大学、东北师范大学、杭州大学等少数几个学校招生，法学专业只有北京大学等学校招生。到了1978年，许多大学扩大了招生专业。

1977年、1978年的高考，是录取率极低的高考。1966年停废高考，1977年9月决定恢复高考时，考虑在中断11年高考后，加上1977年应届高中毕业生，以及允许1978级高中生的优秀者提前报考，起初预计13个年级累积的考生有可能达到2000多万人，原定计划招生20万人，录取率是1%。后来不少省、市采取了地区初试，按计划录取数的2~5倍筛选出来，参加正式的高考，加上全国超过半数的青年根据自己的文化基础选择报考中专，结果1977年最后实际参加高考的人数为570万人。

后来，由邓小平提议，原国家计委、教育部决定扩大招生，经过扩招本科2.3万人，各类大专班4万人，共扩招6.3万人，扩招比例达29.3%，最后录取了27.8万人，按考生比例来算，是20.5∶1，录取率为4.9%。这是中国高考史上最低的录取率。1978年也有扩招的举措，610万人报考，起初计划招生29.3万人，考后仍有大批比较好的考生不能入学，经过扩招11万人，总共录取了40万人，录取率为6.6%。也就是说，当时包括了大专生的录取率，按现在多数省、市的高考录取线来比较，也都在本科重点线（一本线）以上。

因此，1977级、1978级大学生，是一个多数人经历过上山下乡磨炼的群体，是一个历经艰辛终于得到改变命运的机会的幸运的群体，是一个经历了最激烈的高考竞争后脱颖而出的群体，是一个大浪淘沙后特色鲜明的群体。

二、1977级、1978级大学生群体特征扫描

1977年的高考不仅在中国历史上是空前绝后的，而且在世界高等

教育史上也是绝无仅有的，由此，1977级、1978级大学生便注定成为一个很特殊的教育群体。大体分析，其群体特征主要有以下几点。

(一)年龄差异巨大，社会阅历丰富

以往丰富而复杂的学前经历，使这两届学生呈现多样化的特点。相比现在同一级大学生多数是一个年级的高中毕业生所构成，1977级、1978级大学生在上大学前几乎所有人的遭遇和生存状态都不一样，每一个同学都可以说出自己独特的高考故事。最大的已经30多岁，最小的只有15岁；有的人已经是几个孩子的家长，有的人连什么是恋爱都还没想过；有的人带薪学习，有的人拿助学金读书；有的人成熟练达，有的人年少气盛。这种差异化的班级集体，可以有更多的交流。

正如有的论者所说的："不会再有哪一届学生像1977级、1978级那样，年龄跨度极大，而且普遍具有底层生存经历。不会再有哪一届学生像1977级、1978级那样，亲眼看到天翻地覆的社会转变，并痛入骨髓地反思过那些曾经深信不疑的所谓神圣教条。不会再有哪一届学生像1977级、1978级那样，以近乎自虐的方式来读书学习。……这就注定了1977级、1978级要出人才。"在饱经沧桑之后，这一群体普遍个性坚定沉毅，较能吃苦。而他们在社会上摸爬滚打形成的坚毅的个性和练达的人情，也成为日后发展的重要因素。

(二)求知欲望强烈，学习格外刻苦

1977年、1978年的高考，由于备考时间很短，考生原有基础便显得格外重要。机遇总是偏爱有准备的头脑，"文化大革命"期间坚持读书者不全是最聪明者，更多的是喜欢读书者、有信念者。1977年、1978年考上大学者除了智力因素以外，更多的是非智力因素在起作用。过去，科举时代有"读书种子"之说，我看1977级、1978级大学生中也有部分属于"读书种子"。在"读书无用论"盛行的年代仍然坚持读书，在"知识越多越反动"的氛围中追求知识，在一般人理想破灭的时候追求理想，因为有信念，有爱好，或者就是天性喜欢读书。

另外，这两个年级大学生中，出身于知识分子家庭的比例也较大。郑若玲博士曾以厦门大学8821名学生记有家庭出身的档案作为有效样本作研究，从结果看出，1977级、1978级大学生中家庭出身于学界的比例达到25.38%和23.46%，在各个时期中是最高的两个年级，尤其

是与 1965 年的 6.2％、1976 年的 9.83％相比大大提高。而 1977 级出身于农民家庭的比例是 11.93％，1978 年是 11.27％，是各个时期中最低的比例，尤其是与 1965 年的 47.05％和 1976 年的 26.08％相比，更显格外悬殊。这在一定程度上说明，在书籍匮乏、社会普遍不重视教育的年代，家庭的影响起到较大作用。

而且，20 世纪 70 年代末 80 年代初，大学生普遍有一种"知识饥渴症"，尤其是 1977 级、1978 级大学生，非常珍惜来之不易的学习时光。当时人人会背诵"攻城不怕坚，攻书莫畏难。科学有险阻，苦战能过关"这首诗，大家都懂得要"将被四人帮损失的时间夺回来"的道理。这是一个在文化断裂的年代坚持学习的人所形成的群体，知识的饥饿感十分强烈。大学期间都努力抓住机会，给自己补课。这一群体中许多人的强烈求知欲，还延续到毕业后的很长时期。

（三）心态积极向上，敢于拼搏进取

恢复高考改变了以往许多人听天由命、前途由领导决定的观念，使广大知识青年知道可以通过自己的努力改变处境，让人们觉得有了盼头。经历过高考的成功，1977 级、1978 级大学生普遍带着一种积极向上的心态投入学习。当时还是物质高度匮乏的年代，粮票、布票、肉票、油票……许多生活必需品都凭票供应。但学生普遍有助学金，对未来充满希望和自信。在那个物质匮乏、精神亢奋的年代，对理想的追求远远高于对金钱的追求。科学的春天到来，冰封多年之后的解冻，造就一批富有理想的青年。他们知道"人生能有几回搏"，在激情燃烧的岁月，在大学绽放出青春的花朵。在校期间，他们经历了改革开放的思想解放运动，经历了"实践是检验真理的唯一标准"大讨论，大家开始接触西方马克思主义、弗洛伊德、存在主义、民主政治观念、邓丽君歌曲……并参与了人生观大讨论、伤痕文学的创作，等等。

命运之神对 1977 级、1978 级大学生也格外眷顾，历史给了他们非常好的机遇，他们中的多数人对邓小平、对国家和社会也有一颗感恩的心，具有报效祖国的使命感和责任心、为国家民族勇攀科学文化高峰的豪情壮志。在大学生被视为"天之骄子"的时代，1977 级、1978 级大学生相对较为乐观自信，许多人有一种"以天下为己任"的抱负和"天将降大任于斯人"的期待，并具有较强的忧患意识和爱国主义、集体主义和

英雄主义的观念。在特殊历史时期、在学期间形成的顽强拼搏、敢于批判、昂扬向上的精神特质，影响了他们的一生。

(四)知识不够完整，外语基础较差

"文化大革命"的十年，有多年教育基本中断，即使"复课闹革命"后，有几年语文课本中连唐诗宋词和西方文学作品都基本上被逐出，甚至以《工业基础知识》《农业基础知识》课程代替数、理、化课程。历史、地理课就根本没有开设，1977级、1978级大学生的历史、地理知识很多是靠准备高考的短时间内"恶补"的。英语教材学完26个字母后，背诵的少数单词包括了"贫下中农""资本家"这类现代英语中极少用到的词汇。

在"教育要与工农相结合"的宗旨下，除了短暂的"回潮"时期以外，每学期都"开门办学"，安排中学生学工、学农、学军。这一群体中的多数人，或在中学毕业后上山下乡，长期投入体力劳动，知识不成系统，有的甚至是残缺不全，尤其是外语水平，除少数同学外，普遍较差。或许勤能补拙，但有些知识和能力错过了最佳学习时间很难弥补。1977级、1978级大学生有许多出类拔萃者已做出许多贡献，但也有大量的人由于知识的缺陷和缺乏系统训练，加上毕业时年龄已大，注定只能做出一般业绩。

当然，以上所概括的只是1977级、1978级大学生的群体特征，并不全面，在67万余人的群体中，许多个体还有巨大的差异。但一般不排斥个别，个别不否定一般。本文只是作群体扫描和宏观概括，这一群体中的多数还是具有这些特征的。

三、群体的命运与作为

1977级、1978级大学生走出大学时，中国的改革开放正在紧锣密鼓之中，他们用青春年华和才智参与其中，他们见证了改革开放的整个过程。也正是改革开放的大潮，舞动着他们的人生奇迹。他们是改革开放的受惠者、推动者和维护者，其命运与改革开放息息相关，与国家时代命运高度重合。

20世纪80年代初，中国还是处于万物复苏、需才孔急的状况。甚至在1977级本科生读到三年级时，主管部门就曾在部分大学征求学生

的意见，问是否愿意提前毕业，读完三年或三年半就按本科毕业走上工作岗位。1980年夏到1982年春，1977年考录的27万本、专科大学生陆续毕业，成为改革开放后所选拔、培养的第一批优秀人才，为求才若渴的中国社会注入了一批新生力量。1982年夏，40万名1978级大学生也基本毕业。经过十年浩劫，各行各业人才出现断层，"青黄不接"严重。而十一年的耽误和积压人才，67万毕业生汇聚到一起喷涌出来，作为当时社会的稀缺人才，受到社会的普遍欢迎。他们毕业后，填补巨大的需才空缺。当时流行在大学生中的一个顺口溜叫作"金77，银78"，大学生把这个来之不易的求学机会比作金银一样珍贵。另一种说法是，后来因这两届学生成功率之高，被民间戏称为"金77，银78"。1977级、1978级大学生集合了13年内的青年中的精英，因而人才较为集中一些也就不足为奇。

相对其他同龄人而言，1977级、1978级大学生无疑是时代的幸运儿。考上大学，在当时是令人羡慕的大好事，"大学生"似乎是头上罩着光环的三个字。他们的工作和发展机遇特别好，作为与众不同的群体，起点普遍比其他同龄人高，后来发展也较快。30年后，无论是在政界、学界、商界，都有许多领军人物是1977级、1978级大学生。近年以来，随着各级、各地中高层党政领导班子中1977级、1978级大学生的增多，有人将之成为中国政坛的"77、78级现象"。

"77、78级现象"的出现在一定程度上属于自然更迭，也是特定时代的需要、特定时代的产物。当然，并不是所有1977级、1978级大学生都很成功，也存在许多默默无闻的平凡人。这就有如宋太宗所说的："朕欲博求俊彦于科场之中，非敢望拔十得五，止得一二，亦可为致治之具矣。"（《宋史·选举志》）宋太宗很明白科举所取之士不可能个个都成大器，只要有百分之一二十的人能成大才便算成功。高考所选拔的人才也类似，在一个群体里面，成才的比例远高于其他可比的对象，便可看出其特征和意义。

时势可以造英雄，英雄也可以造时势。历史时代与教育群体之间存在一种互动、互造的关系，1977级、1978级大学生也体现出一种时代与人物交互影响的关系。特定的时代造就了1977级、1978级大学生，恢复高考、招收优秀人才进高校深造，让他们具有了登上历史舞台施展抱负的机会，而 1977 级、1978 级大学生毕业后为后来国家的发展积蓄了足够的能量，也为改革开放和经济发展贡献出智慧和力量。历史不一定记得他们中单个人的功名与所为，但一定会记得这一群体的贡献与所为。1977 年恢复高考的重要意义，不仅仅是邓小平顺应时势的英明决断所赋予的，而且还是 1977 级、1978 级等恢复高考后考上大学的人才的作为与贡献体现出来的。

一个时代有一个时代的人物，一个时代有一个时代的产物，如唐代的诗与诗人，宋代的词与词人。相对于现在的大学生，他们的命运与经历颇有几分传奇的色彩。作为一个在特殊历史时期产生的特殊群体，1977 级、1978 级大学生的经历和道路不可复制，但其经验和精神却可以传承。通过几代人的努力，中国在接下来的 20 年或者更长一点的时间，可能将是一个科学和文化成果集中产出的时期，经过多年的磅礴郁积之后，终会有喷薄而出的一天。

江山代有人才出，各领风骚数百年。但在现代，即使是人才，大概也只能各领风骚数十年甚至三五年。1977 级、1978 级大学生都站在同一起跑线上，毕业后起点相同，经过多年的发展，终点却各不相同。不像一般大学生多为同龄人因而基本上同时退休，由于年龄差距很大，1977 级、1978 级的人才洪流，在一波"老三届"的人才洪峰消退之后，还将在中国历史舞台上持续上十年。

"百年能几何，三十已一世。"时间已经过一个世代的变换，1977级、1978 级大学生在中国改革开放历史上留下了深刻的印记，其影响和作为，相信还将在未来的岁月中更加显现出来。

下　篇
高教理论与历史

高等教育学：在学科与领域之间 *

高等教育学是一门学科吗？高等教育研究可以称为"学"吗？自从高等教育学创立伊始，就一直面对着一些人的疑问。20 多年之后，中国多数本土学者已认可高等教育学的学科性质，但不时还能听到部分对外国高等教育研究较了解的学者追问，认为外国只有高等教育研究，并没有什么"高等教育学"，高等教育只是一个研究领域而不能称之为学科。本文拟在简要回顾关于高等教育研究的学科与领域之争的基础上，梳理高等教育研究从问题、领域到学科的异同和发展，辨析中国语境下的"学"与"学科"，最后论述建立高等教育研究的中国学派。

一、高等教育研究：学科还是领域？

高等教育研究内容丰富、体系宏大，并牵涉到不同国家和不同文化环境。由于研究对象复

* 本文发表于《高等教育研究》2009 年第 11 期。

杂，其属性问题是"横看成岭侧成峰，远近高低各不同"，从不同的立场、不同的角度、不同的语境加以考察和论说，往往会见仁见智，得出不同的看法。

以往已有一些论文谈到高等教育研究的学科属性之争，将两种观点分为"学科论"与"领域论"。① 关于此问题，我认为大体可以将其概括为高等教育研究的"学科派"与"领域派"（或"非学科派"）。

"学科派"学者将高等教育研究作为一门学科来建设，试图建立独立建制的高等教育学学科，并认为我国的高等教育研究一开始便是作为一门学科来建制的。1983 年，国务院学位委员会颁布的学科专业目录将高等教育学确认为教育学的二级学科，使其作为一门新兴学科获得了行政上的合法化，即无论高等教育学在学理上能否成为一门真正的学科，首先它在事实上成为一门学科。1984 年，人民教育出版社和福建教育出版社联合出版了潘懋元先生主编的《高等教育学》一书，这是高等教育学在中国确立的主要标志之一。此后，随着高等教育学硕士点和博士点的设立与渐次增加，培养了一大批经过学科训练的高等教育学高级专门人才。1992 年以后，陆续召开了数届"高等教育学学科建设研讨会"，以及中国高教学会高等教育学专业委员会的成立，说明中国多数高等教育研究者皆认可高等教育学是一门相对独立的学科。多年来，中国已发表了大量关于高等教育学科建设的学术论文，于此不必详述。

"领域派"学者认为，高等教育只是作为一个多学科、跨学科的研究领域而存在，它并不是一个独立的学科。尤其是放眼世界，很少有什么国家将高等教育研究当作一个学科。此派学者主张运用多学科、跨学科的方法研究高等教育，以解决高等教育改革与发展中的实际问题为中心。2001 年，美国学者阿特巴赫在调查了国际高等教育研究与研究人员培养现状之后指出：高等教育研究是一个相对较新、尚未发展的领域。目前几乎无人会称高等教育是一个羽翼丰满的学术性学科，这是因为它既没有一个学科基础，也没有一个学术归属，它没有确立自己的方法论，也没有被广泛认可的理论，因此政策制定与管理人员不到高等教育研究界寻求帮助。"高等教育确实是一个跨学科研究领域。它将不会

---

① 李明忠：《高等教育的学科化研究与多学科研究》，《高等教育研究》2005 年第 10 期。

成为一个单独的科学学科。"①这个结论可以看成对 50 年来高等教育研究是不是一个学科的争论的一个总结，实际上这也是北美学术界的主流看法。我们也许不情愿接受高等教育研究将永远不会成为一个独立学科的看法，但必须接受它目前远非一个成熟学科的结论。② 在中国，"非学科派"学者多是对欧美高等教育研究相当了解的学者。

不同国家、不同领域的学者对学科的标准存在相当的分歧，缺乏公认的标准。中西方对不同知识体系是否成为一门学科的分歧反映了对学科标准认同的差异，同时也反映了中国对学科体系建设的追求和对学科研究范式的认同。这其中隐含了一个基本假设，即学科是一个知识体系或理论体系的最高阶段，学科或学科体系的形成是进行知识探讨的原动力和最终目的，是比专学或研究领域更高的一个研究阶段。③

"学科"的定义五花八门。"学科"一词，最早见于北宋欧阳修等人所修的《新唐书》中《儒学传序》："自杨绾、郑余庆、郑覃以大儒辅政，议优学科，先经谊，黜进士，后文辞……"④其本义为儒学的科目门类。《辞海》中对"学科"的解释为：学术的分类，即一定科学领域或一门科学的分类或教学的科目，即教学内容的基本单位。⑤ 学术界比较权威的定义是："以一定共性的客体为研究对象而形成的相对独立的知识体系或分支。"⑥成为一门独立的学科，其"准入"标准较为严格，一般要具备以下条件：特殊的研究对象、完整的理论体系、公认的专门术语、科学的方法论、代表性著作以及代表性的人物等。华勒斯坦认为，学科往往有不可渗透的边界，而领域则具有可渗透的边界："不可渗透的边界一般说来是紧密扣连汇聚的学科规训社群的要素，也是那个知识范围的稳定

---

① Philip G. Altbach. *Research and Training in Higher Education: The State of Art*, 2001. In Philip G. Altbach & David Endberg, *Higher Education, A World Inventory of Centers and Programs*, Phoenix: The Oryx Press, 2001, p. 2, p. 17.

② 赵炬明：《学科、课程、学位：美国关于高等教育专业研究生培养的争论及其启示》，《高等教育研究》2002 年第 4 期。

③ 覃红霞：《科举学研究：在学科与专学之间》，《中国地质大学学报》（社会科学版）2004 年第 3 期。

④ 《新唐书》卷一九八《儒学传》序。

⑤ 《辞海》（中），上海：上海辞书出版社，1979 年，第 2577 页。

⑥ 丁雅娴：《学科分类研究与应用》，北京：中国标准出版社，1994 年，第 38 页。

性和整合的指标。可渗透的边界伴随而来的是松散、分布广泛的学术群，亦标志更分散的、较不稳定的和相对开放的知识结构。"①

学科的分化与制度化对于 19 世纪以来知识和学术的发展，功不可没。但是"偏狭的学科分类，一方面框狭着知识朝向专业化和日益互相分割的方向发展，另一方面也可能促使接受这些学科训练的人，日益以学科内部的严格训练为借口，树立不必要的界限，以谋求巩固学科的专业地位"②。这样，学科壁垒、隔行如隔山的现象就出现了。而在各学科内部，为了追求学科的独立性，防止其他领域的扩充而影响到自身学科的利益，以学科本身的需要为出发点，关注学科体系的严谨、完整和包容性，关注概念、范畴的确定性以及概念与概念、范畴与范畴之间的逻辑关系，或者说试图建立起自己学科独有的学术话语就成为研究工作者的重要目的。这不仅偏离了知识研究的最初轨道和目的，也使得学科在学科中心研究范式的影响下，变得封闭、静止，从而成为束缚学科本身发展的力量。国外除了传统保留下来的古老学科以外，新兴的研究大都承认是一个研究领域，而不追求学科中心研究范式，更不要求它必须发展成一门学科。学科与专学或研究领域之间的差异，只代表知识发展中的不同方向，并没有研究层次上的高低之别。③

其实，不仅仅是高等教育研究存在学科属性之争，即使是高等教育学的上位学科教育学，也都一直存在"学科"与"领域"之争。有这样的说法："教育学不是一门学科，今天，即使是把教育视为一门学科的想法也会使人感到不安和难堪。教育学是一种次等学科（subdiscipline），把其他真正的学科共治一炉，所以在其他严谨的学术同侪眼中，根本不屑一顾。"④因此有的学者认为，教育学需要努力突破传统的学科局限，变

---

① 华勒斯坦：《学科·知识·权力》，刘健芝译，北京：生活·读书·新知三联书店，1999 年，第 22 页。

② 华勒斯坦：《学科·知识·权力》，刘健芝译，北京：生活·读书·新知三联书店，1999 年，第 15 页。

③ 覃红霞：《走向开放的科举学研究——兼论科举学学科与专学之争》，《厦门大学学报》（哲学社会科学版）2004 年第 3 期。

④ 霍斯金：《教育与学科规训制度的缘起》，参见华勒斯坦：《学科·知识·权力》，北京：生活·读书·新知三联书店，1999 年，第 43 页。

成一个多学科交流的领域，教育学正在从一门学科向一个研究领域转变。① 在许多国家和地区，在人文社会科学中，教育学是相对不被人们重视的学科。就中国而言，向来中国科学院或后来的中国社会科学院中都没有教育研究所，1955 年以前的中国科学院没有教育学的学部委员。1949 年以前的中央研究院没有教育学的院士，至今台湾的"中央研究院"也一样没有一个教育学的院士。或许在其他学科看来，教育学只有"准学科"的性质。

由于所有知识分子都接受过学校教育，对教育都有相当的体验和了解，且教育学中非经训练就读不懂的专业术语很少，对大多数教育学的论著都能一看就明白，似乎谁都可以写出教育方面的文章，因此给人的印象是，教育学基本上没有什么学科门槛。同样，作为一个研究领域，高等教育研究似乎成了一个任何大学教师或管理者都可以轻易进入的领域。在中国，无论是刚开始就读高等教育学的一年级硕士生，还是只发表过一篇高教研究文章的高校管理人员，都可以自认为是高等教育研究者。而没有学科畛域的高等教育研究，到底是优势还是问题？

二、从问题、领域到学科

西方的高等教育研究在近代已开始出现。1798 年，德国哲学家康德出版了《学部冲突》(*The Conflict of Faculties*)一书。1802 年至 1805 年，英国学者克里斯蒂·梅纳斯完成了专门论述高等教育发展历史的著作《世界高等教育产生与发展的历史》。1852 年，英国神学家纽曼(John H. Newman)出版了《大学的理想》。18 世纪末至 19 世纪，德国与英国陆续出版的一些高水平的高等教育研究的理论著作，说明西方的高等教育研究起步很早。20 世纪以后，西方的高等教育研究进入拓展和蓬勃发展的时期，高等教育研究课程进入大学，研究成果大量增加，多学科问题研究范式正式确立，高等教育研究逐渐形成专门的研究领域。②

---

① 王洪才：《教育学：学科还是领域》，《厦门大学学报》(哲学社会科学版)2006 年第 1 期。

② 李均：《中国高等教育研究史》，广州：广东高等教育出版社，2005 年，第 12～18 页。

古代东西方高等教育本是两个基本相互隔绝的不同的体系，在中国古代，也长期存在着传授当时历史条件下高深文化知识的高等教育。①到了清末，高等教育经过脱胎换骨的转型，从书院等典型的东方学府改换为西式大学，教学内容也从传统的人文知识为主的中学转换为兼重自然科学知识的西学。后来经过民国时期的发展壮大，中国高等教育走上了与世界高等教育接轨的道路。作为现代化"后发外生型"的国家，中国现代高等教育制度是从外国引进的。现代意义的高等教育研究也是从清末民初开始的，当时《中华教育界》《教育杂志》《东方杂志》等刊物上不时有水平相当高的论文，用今天的眼光来看，也完全属于高教研究的范围，如庄启1912年发表的《论大学学位及学凭之颁给》②、沈步洲1913年发表的《大学课程刍议》③等。至于蔡元培的一些论文和演说，现今从事高教研究的学者一般都了解一些。而且，与其他许多国家类似，早期的高等教育研究往往发端于大学院校史研究，民国时期的高等教育研究有不少是很有分量的高等教育史研究。由于当代中国的高等教育改革有些方面实际上只是回归到20世纪40年代以前的体制，因此民国时期一些高教研究论文从现在看来也还有价值，而且水平甚至不亚于当今许多高教研究论文。

然而，中国的高等教育研究在世界上独树一帜，经历了从一般的高等教育研究到高等教育学理论构建的过程。中国最初的高等教育研究通常是对一些高等教育问题的议论和建议，后来便有一些高等教育史或大学史的总结和回顾。随着高等教育研究论著的增多，实际上逐渐成为一个研究领域。虽然在高等教育学科形成以前，早就存在一般意义上的高等教育研究，但这些研究毕竟不够系统，只有正式提出"高等教育学"的

---

① 高等教育是一个历史的、相对的概念，是学校教育发展到一定阶段的产物。在不同的社会以及同一社会的不同历史阶段，由于社会生产力的发展水平不同，生产关系和政治制度不一样，高等教育也就表现出不同的形态或模式。广义的高等教育是指在一定的社会条件下，人们所能够受到的当时最高的终端教育，而严格意义或狭义的高等教育是指建立在初等和中等教育基础上的专门教育。狭义的高等教育到近代才产生，而广义的高等教育在古代早已存在。

② 庄启：《论大学学位及学凭之颁给》，《教育杂志》1912年第4卷第7号。

③ 沈步洲：《大学课程刍议》，《中华教育界》1913年3月号。

概念以后，中国的高等教育研究才走向理论化和系统化，并促使研究出现飞跃。[①]

中国的高等教育研究从问题、领域到学科的发展过程，体现出辩证唯物主义方法论的"历史与逻辑的统一"原则。历史的发展过程是第一性的，逻辑的理论概括是第二性的；逻辑的东西是从历史的东西概括抽象出来的。正如恩格斯所说："既然在历史上也像在它的文献的反映上一样，整个说来，发展也是从最简单的关系进到比较复杂的关系，……范畴出现的顺序同它们在逻辑发展中的顺序也是一样的。……历史从哪里开始，思想进程也应当从哪里开始，而思想进程的每一步发展不过是历史过程在抽象的、理论上前后一贯的形式上的反映。"[②]

鲁迅在《呐喊》中说过："地上本没有路，走的人多了，也便成了路。"[③]一门学科的形成也与此类似：世上本无所谓学，研究的人多了，便成了学。中国人向来有称学的习惯，往往将较重要的、研究得较多的对象称之为学，如古代研究《文选》有选学、研究《红楼梦》有红学、研究朱熹有朱子学，还有策学、汉学、宋学、闽学、关学、科举学之类。与西方语境不同，由于中国语言文字的特性，中国人比西方更常使用"学"的概念，包括学科的概念。西方作为一个研究领域的研究对象，在中文里头就可以称之为学科。中国的高等教育研究从 1984 年以后，形成了高等教育学，这是适应中国国情和语文习惯的结果，具有合理性和必然性。

不仅像高等教育学这样比较严整的分支学科，连中国传统文化领域的一些学问，如甲骨学、敦煌学、红学、科举学等也往往被人们称为学科。例如，李均认为，科举学与一般专学相比不仅具有更明显的学科特点，而且具有更强烈的现实性、更大的研究空间、更丰富的资源、更具持续发展的活力，"无论从科举学的演进历程和发展需要来看，还是从科举学本身的特点来看，21 世纪的科举学都应该成为一门相对独立的

[①] 刘海峰：《中国高等教育研究史》序，参见李均：《中国高等教育研究史》，广州：广东高等教育出版社，2005 年，序第 4～5 页。

[②] 《马克思恩格斯选集》第 2 卷，北京：人民出版社，1972 年，第 122 页。

[③] 鲁迅：《呐喊》，北京：人民文学出版社，1973 年，第 75 页。

学科"。① 中国语言文字中"学科"的概念也有广义和狭义之分，许多人习惯称为"学科"的研究对象往往并非严格意义上的学科。

与中文不同，英语中虽有 pedagogy 一词，也可以将其译为"教育学"，但它的本意或主要意思是更接近于中国的"教学法"或"教学"。真正与中国的"教育学"对应的，其实是 education。"高等教育学"若英译，一般也就是译为 higher education，或者再加上 study、research 之类。英语中看不到"higher pedagogy"的词组，只有 the pedagogy of higher education 或 higher Education Pedagogy 之类的组合。英语中以-ology 结尾的词代表严格意义的学科或成熟的学科，具有很强的科学性；而"学科（discipline）""研究领域（research field）""问题（issue）"的内在逻辑性和严密性则依次递减。实际上，中文里面传统学术领域中的"学"在英语中对应的是"研究（study）"而非"学科（discipline）"，更不是"科学（-ology）"的概念。

就语感而言，中文的"学问""专学"给人的印象较为松散、较为写意、较为柔性，不一定很成型，只要有不少人研究即可称之为"学问"或"专学"；而"学科"则有一种较为严密的逻辑体系、较为严整的内在结构和外显框架，较为刚性且基本成型，通常属于分科之学。

"学科"一词最早出现时与"科学"相关，因为"科学"最初也含有分科之学的意思，同时也与科举相关。再进一步探究，"科学"一词竟然也是从"科举之学"演变简化而来。在 19 世纪 60 年代，日本人从中国宋代用法中借来了术语"科学"。② 只是"科学"一词虽然脱胎于"科举之学"或"科目之学""分科举人之学"，但经过日本人的借用迁移之后，语义已发

---

① 李均：《从专学到学科："科举学"的应然求索》，《中国地质大学学报》（社会科学版）2003 年第 3 期。

② 艾尔曼：《从前现代的格致学到现代的科学》，参见《中国学术》第 2 辑，北京：商务印书馆，2000 年，第 37 页注①。艾尔曼根据西方和日本学者的研究，称该词的来源是宋代文人陈亮（1134—1194），"陈亮使用'科学'作为'科举之学'的简称。12 世纪这一用法在宋代是唯一的。而且我在我使用过的明清考试档案中也没有看到过任何类似的情况。"现在于陈亮的文集中已无法找到"科学"一词。我认为，在大量使用"科举之学"的情况下，既然"科举学"可以成为"科举之学"的省文，偶尔出现以"科学"为"科举之学"的省文也不足为奇。另外，上海辞书出版社 2000 年出版的《中国历史大辞典》2194页在"科学"条中有两种释义，第一种为"中国古代科举之学的简称"。

生变化，从"一科一学""分科之学"发展到一般专指自然方面的学问，用来对译英语中的 science 一词，与科举已没有什么关系了[①]，近代以来，中国人从日语中借用来的"科学"一词，语义与古代原生的"科学"一词也已不同。现在我们无论称"高等教育学"或"高等教育科学"，都是指教育学的分支学科，还是属于分科之学。

高等教育研究在美国等国家也从问题研究发展成为一个研究领域，但由于其语文习惯所决定，现在不被认为一个独立学科，我认为再怎么发展，将来也很难称之为独立学科。而从中国语境来看，从 1984 年以后，高等教育研究已有充分理由可以称为学科。在中国，高等教育学既是自成体系的学科，同时也是高度开放的研究领域。因此，可以说高等教育学处于学科与领域之间。

三、高教研究的中国学派

中国与西方对学科和高等教育研究的看法不同还与思维方式的差异有关。中国人对事物的认识顺序往往是从宏观到微观，而西方正好相反，如通讯地址的写法便是如此。在学术研究方面，中国人相对重体系的建构和概念的阐释，重思辨，重宏观；西方人相对重问题的研究和原因的分析，重实证，重微观。中国高等教育学的主要创建者潘懋元先生以及后来许多学者，多有较强烈的学科意识，所以才会出版许多以《高等教育学》为名的著作和教材。

应该承认，相对于其他国家和民族，中国人大概是受语言文字的影响，看来比较偏好称"学"或"学科"，似乎这样更加学术、更成体系。胡建华指出："以构建学科体系为目标指向的学科发展特殊性充分反映了我国学科制度、特别是社会科学学科制度的某些特点，即在学科发展的评价方面，习惯于用学科体系的有无作为判断一门学科是否成立（独立）的主要标准，习惯于用学科体系的完善与否作为判断一门学科水平的主

---

① 刘海峰：《科举学导论》，武汉：华中师范大学出版社，2005年，第 273～274 页。最新的研究成果可参见周程：《"科学"一词并非从日本引进》，《中国文化研究》2009 年夏之卷。

要尺度。由此，在学术界形成了一种构筑体系的偏好。"①

文化本来就是多元的、多样的，不必强求一律。不同的民族文化和语言，对一些学术问题自然会有不同的旨趣。历史上东西方是基本互为隔绝的不同文明体系，作为东方文明体系的中坚代表，中国在文字、法律、经典、艺术、教育组织形式、考试制度等许多方面，皆自成体系，中国传统文化包括古代高等教育制度曾强有力地影响过周边国家。从公元 7 世纪至 17 世纪的一千多年间，中国的物质文明和制度文明曾广泛地影响过朝鲜(韩国)、日本、琉球、越南等国家，东亚国家文化教育的"国际化"实际上便是中国化，以至形成了古代汉字文化圈或东亚科举文化圈。② 中国是一个文化大国，在近世以前，用中文记载的文献数量比任何别的文字的文献都要多。1840 年前后，有位西方学者就曾指出："中国现存的各种著作很可能比欧洲的著作多得多。"③1948 年 2 月，英国汉学家德和美在担任牛津大学汉学教授的就职演说《中国——人文学术之邦》中也谈道："至少到 1750 年为止，中国的书籍的数量超过世界其他所有国家的总和。"④中华文明是世界四大古代文明中唯一没有中断地持续下来的文明，在高等教育研究方面理应具有自己的特色，不必唯西方马首是瞻。

潘懋元、陈兴德认为，中国高等教育学科的自主创新的重要方面之一，便是重视学科建制，与西方高等教育的"问题研究"取向有明显不同。这是中国高等教育学科建设和西方高等教育学科建设的重要区别。中国的高等教育学在初创阶段便是以学科建制为特点的。在西方，高等教育研究历来被看作"问题研究"，至今未形成高等教育学科；苏联的高等学校教育学，也只限于高等学校的教育。中国高等教育研究则具有学

---

① 胡建华：《我国高等教育学学科发展的特殊性分析》，《教育研究》2003 年第 12 期。

② 刘海峰：《高等教育的国际化与本土化》，《中国高等教育》2001 年第 2 期。

③ China：Its Early History，Literature，and Language；Mistranslation of Chinese Official Documents；Causes of the Present War，*Westminster Review*，Vol. XXXIV，No. II，1840，p. 280.

④ 刘永：《牛津人的辉煌》，延吉：延边大学出版社，2001 年，第 453 页。费正清也持此观点，参见费正清：《美国与中国》，张理京译，北京：世界知识出版社，2000 年，第 42 页。

科指向的特点，体现了中国高等教育研究的本土化特点。从这个意义上说，中国的高等教育研究和西方的高等教育研究植根于各自不同的文化土壤，是两种不同类型的高等教育研究，彼此之间不存在"先进"和"落后"之分。"如果说，中国高等教育制度和理论早期主要是从西方引进而带有一定的依附性的话，那么，中国高等教育学科发展的历史证明，通过提升文化自觉，立足本国实际，大胆借鉴，不断超越，勇于创新，所走的完全是一条摆脱依附发展的道路。"①

高等教育学科在中国是一门正在逐渐走向成熟的学科，尽管它的部分分支学科和专题研究深受国外理论的影响，但中国高等教育学科和高等教育理论的主流始终带着浓厚的本土气息。如果说中国高等教育的发展之路是"自主与依附的抗争发展之路"，那么，中国高等教育研究的发展之路则是自主与借鉴发展之路，而不是在"借鉴与依附之间"。中国是一个文化大国，具有自己悠久的历史和独特的文化传统，作为高等教育的大国，不应沦为西方文化的附庸，高等教育研究更不应该依附发达国家或依附美国。作为一个日渐强盛的国家，中国过去在创建有别于西方的高等教育学方面已经走出自己的道路，未来也理应守望传统，创立学派，为世界高等教育研究做出我们独特的贡献。②

如果都是依附西方的思维和表达方式，那么中国就只能有教育研究领域而没有教育学科可言了。我们不要指望哪一天西方学者也发明出一个"高等教育学"的名称来，也不要期待有哪个美国学者将来会使用"高等教育学"的词语。即使西方永远不出现"高等教育学"的提法，中国的"高等教育学"也可以理直气壮地称为学科。中国高等教育研究者应增强使命感，促使中国高等教育研究的发展更加理性和自觉，进而建立一个更为开放自主的高等教育学科体系。当然，将高等教育学认定为学科，并不排斥它同时也是一个开放的研究领域，或者说是一个适用多学科和跨学科研究的领域。

中国高等教育已进入大众化阶段，在高等教育迅猛发展和体制转型

---

① 潘懋元、陈兴德：《依附、借鉴、创新？——中国高等教育学科建设之路》，《中国教育报》2004 年 9 月 3 日。

② 吴薇：《依附理论及其对中国高等教育研究的影响》，《大学·研究与评价》2008 年第 5 期。

的推动下，中国特色的高等教育体系逐渐凸显出来，高等教育研究取得了巨大的进步，成果层出不穷，人才辈出，且研究方法上与国际逐渐接轨，为中国高等教育学学派的建立提供了有利的条件。在已取得的重大研究进展的基础上，推进高等教育研究的国际化，相信会逐步形成中国特色高等教育学科理论学派，或可称为高等教育研究的中国学派。

一流大学建设中的公平与效率问题[*]

在幅员辽阔、人口众多，各地经济、文化和教育水平差异明显的中国，高等教育要在公平与效率两方面兼顾颇为不易。

自 2015 年 10 月国务院印发《统筹推进世界一流大学和一流学科建设总体方案》（以下简称《方案》）以来，一流大学与一流学科建设的问题已经成为高教界最热门的话题。什么是一流大学？《方案》讲的是"世界一流大学"。然而，对许多大学而言，首先要达到中国一流大学，才谈得上建设世界一流大学。从中国高等教育史来看，中国人所称的一流大学，其指称是不断变化的。在民国时期，国立大学基本上可以看作当时的一流大学。1949 年以后，很长时期内有"重点大学"之称，后来又在 1995 年出现"211 工程"大学、1998 年开始建设"985 工程"大学，不再使用"重点大学"的概念。而现在要淡化"985"和"211"，便用一流大学来慢慢替代。

在以往建设重点大学和现在建设一流大学的

---

* 本文发表于《探索与争鸣》2016 年第 7 期。

计划中，始终有一个公平与效率的问题。在公平与效率两个方面，过去的"211工程大学"在全国范围来说是公平与效率兼重，因为各个省、市、自治区至少有一所"211工程大学"，从布局上看还算公平。但从具体某个省来看，一个省的省属高校通常只设一所"211"高校，又是只重效率。"985工程"基本上可以说是重视效率不重公平，因为"985工程"就是追求建设世界一流大学，不考虑区域布局，基本上只重水平和效率。现在世界一流大学也以效率优先，是否能够兼顾公平很难说。

"211工程"和"985工程"的实施，大大提升了进入这两个工程建设计划高校的水平和实力。但是，因为一个省的省属高校通常只设一所"211"高校，原来与入选"211工程大学"水平接近的其他大学，当初未被选上，20年过去之后，"211工程大学"和非"211工程大学"的差距人为地被拉得很大。为了弥补缺失，提供更多的优质高等教育资源，近年来不少省份启动了"高水平大学"建设。

以东南地区的省份为例。2014年8月，福建省高水平大学建设正式启动，福州大学、福建师范大学、福建农林大学入选，省财政每年投入2.8亿元支持三校进行高水平大学建设。2014年11月，安徽省启动"地方高水平大学建设方案"，纳入的高校达14所，是各省高水平大学建设计划包含高校数最多的省份。广东省高水平大学计划，是指2015年起，广东将力争用5～10年时间，建成若干所具有较高水平和影响力的大学，培育一批在全国乃至全世界占有一席之地的特色重点学科。经过层层遴选，最终中山大学、华南理工大学、暨南大学、华南师范大学、华南农业大学、南方医科大学、广东工业大学7所高校入选。2015年4月，浙江省公布第一批重点建设高校名单，中国美术学院、浙江工业大学、浙江师范大学、宁波大学、杭州电子科技大学5所高校榜上有名，浙江省将加大财政投入，由省财政设立专项资金支持建设。2015年11月，在江西省教育与社会发展智库成立暨第一次专家咨询会议上，也在研议江西要重点建设若干所"有特色高水平大学"。

这些地方实施高水平大学建设计划，实际上是另外一种"一流大学"或"重点大学"建设，其动因之一，是部分弥补"211工程"只局限一所省属大学的不足，兼顾公平与效率，对增加优质高等教育资源、提升这些高校的办学实力和水平，具有重要的作用，值得肯定。

然而，在建设一流大学方面，除了"985""211"、高水平大学建设等工程或计划以外，还有一个非常重要的问题，是教育部直属高校的区域分布问题。教育部直属高校隶属于教育部，由中央财政直接投入，绝大部分都是"211"以上高校，基本上代表着中国的一流大学。但是，现实情况是，教育部直属高校分布很不均衡。

目前 75 所教育部直属高校分布为：北京 24 所；上海 8 所；江苏、湖北各 7 所；陕西 5 所；四川 4 所；山东 3 所；广东、天津、重庆、湖南、辽宁、吉林各 2 所；浙江、黑龙江、安徽、甘肃、福建各 1 所；其余的河南、河北、江西、山西、青海、贵州、海南、云南、内蒙古、宁夏、新疆、西藏、广西 13 省区均为 0 所。这种不均衡的分布状态急需改变，在无法或很难进行院校搬迁的情况下，进行增量改革，在没有教育部直属院校的 13 个省、区各设一所教育部直属院校，便是一种兼顾公平与效率的举措。

从历史角度考察，民国时期的国立大学最多共设过 32 所，其中上海 4 所，北京 3 所，江苏、天津、浙江各 2 所，吉林、辽宁、湖北、山西、陕西、四川、广西、广东、湖南、江西、重庆、安徽、山东、河南、贵州、甘肃、福建、云南、台湾各 1 所。民国时期国立大学虽在总量上不多，但在各省区的具体分布上基本呈现为"扁平化结构分布格局"，即大部分省区至少有一所国立大学，且未出现明显的两极分化现象。[1] 一直持续办学至今的多所非教育部直属高校，如西北大学、河南大学、山西大学、安徽大学、云南大学、广西大学、贵州大学等，在民国时期均是国立大学。

从国际与地区比较角度而言，东亚国家和地区在大部分区域设置"国立大学"的政策值得我们参考借鉴。继承民国时期国立大学分布较为均衡的传统，台湾地区至今仍较为注意高等教育资源的均衡化。1995 年，为提升台湾唯一没有海岸线的纯山区县南投县的高等教育水平，台湾教育主管部门专门在南投县建立了一所"国立暨南国际大学"。为使"国立大学"分布至所有县，实现"一县一国立大学"的目标，2010 年又在户籍人口不足 10 万、实际人口仅 5 万余人的金门县设立了一所"国立

---

① 刘海峰、李木洲：《教育部直属高校应分布至所有省区》，《高等教育研究》2012 年第 12 期。

金门大学",也由"中央财政"投入。日本的国立大学分布至所有县域,韩国的国立大学的区域分布也相当均衡,其中有争取各地选民支持的因素,但客观上促使国立大学的分布趋于均衡合理。可以说,只要有国立大学的国家和地区,都非常注重区域分布的均衡。

中国当今高度重视民生、民众高度重视公平,随着高等教育大众化,特别是普及化的时代到来,中央教育部对直属院校财政投入的不均衡状况急需改变。当然教育部直属院校不完全是一流大学,但基本上等同于一流大学,所以探讨一流大学,既要注重效益,也要注重公平,只重效益,无视公平,便成问题。

2012年8月,国家教育咨询委员会委员分两组到黑龙江漠河进行集中研讨,原教育部副部长,时任全国人大常委会委员、教科文卫专委会委员的吴启迪委员与笔者在同一个组,期间我们对在每一个省区建立一所教育部直属高校的问题进行了许多交流,观点所见略同。吴部长已经在全国人民代表大会上提出相关议案,笔者则从学术界发表论文来探讨建议,希望能形成合力,推动此事。2012年12月,《高等教育研究》2012年12期发表了笔者和李木洲合写的《教育部直属高校应分布至所有省区》一文,之后我们又专门研究了民国时期国立大学的设立与分布。[1] 从学术上将此问题进一步论说清楚,为在没有教育部直属高校的省区设立教育部直属高校这一重大决策提供理论依据。

高等教育不发达省、区的教育界领导和民众认识到优质高等教育的重要性,也不断向国家提出将省属重点大学纳入国家重点建设的希望和要求。2012年底,教育部、财政部启动"中西部高校综合实力提升工程"。2013年5月,教育部、发改委、财政部联合印发了《中西部高等教育振兴计划(2012—2020年)》,支持中西部高校提升综合实力,在没有教育部直属高校的省份和新疆生产建设兵团,"十二五"期间重点支持每个省份建设1所本区域内办学实力最强、办学水平最高,区域优势明显的地方高水平大学。对14所"一省一校",中央政府在财政和政策等方面给予各种支持。这是中央政府继省部共建政策、中西部高校基础能力提升工程之后推动中西部省属高校发展推出的又一重要举措。

---

① 李木洲、刘海峰:《民国时期国立大学的设立与分布》,《高等教育研究》2014年第4期。

近年来，按"一省一校"原则，重点建设 14 所高校的计划逐渐推进。除了中央财政给予稳定的经费支持外，下一步应考虑让这些高校的主要领导参加教育部召开的直属高校重要会议，使其逐步向教育部直属高校靠近。现在离认定这些高校为教育部直属高校只有一步之遥，剩下的主要就是观念和政策问题。目前这 13 个省区对设立教育部直属高校、迈向高等教育"国家队"的期望非常热切，决策部门应尽快明确提出"适时在 13 个省、区设立教育部直属高校"的政策。果如此，则功莫大焉。

"中西部高校综合实力提升工程"（一省一校）的实施，是均衡优质高等教育资源的重要步骤。应该说，中央政府对这 14 所大学的重点扶持，使这 14 所大学已经有点接近于教育部直属高校，这是考虑高等教育的效率方面。然而，支持在 13 个省、区和新疆生产建设兵团各建设 1 所高水平大学，在有的省份内又会形成新的不均衡。尤其是部分人口众多、有两所以上实力和水平较接近的大学的省份，选择一所大学作为"一省一校"，便与其他高校形成很大的落差，可能出现新的高等教育公平问题。

解决这个问题的办法，或是将人口及教育人口作为重要的资源配置要素，考虑不同省域的人口数量、在校生数、经济总量、历史地位等综合因素，向人口大省、教育人口大省进行倾斜，将来在个别省份增加一所重点支持的大学。另一个比较可行的办法，即在中央政府对"一省一校"财政上重点投入的情况下，有两所以上高水平大学的省份应将原来集中投入给"一校"的经费部分调拨给其他高水平大学，并在各方面的政策上对其他高水平大学给予平等的对待。这样兼顾公平与效率，才能使中国的高等教育良性发展。

大学排行榜时代的"两校互竞现象"*

大学已出现近千年，给大学排名只是近二十几年的事。随着各行各业时兴排名，大学也被人们作为排名的对象。由于大学在社会上的影响逐渐增大，人们对大学的关注也逐渐增加，大学排行榜成为民众十分感兴趣的一个话题，更是考生关注的对象。同时，著名大学普遍存在着一种"两校互竞现象"，也是一个值得关注却很少人作过探讨的问题。本文在提出"大学排行榜时代"概念的基础上，论述研究型大学中存在的"两校互竞现象"，分析大学排名中的两校互竞，最后讨论对待大学排行榜的态度。

一、大学排行榜时代

自从 1983 年《美国新闻与世界报道》发布"美国最佳大学排名"以来，世界上越来越多的国家开始出现大学排行榜。1993 年开始的英国泰晤士报（The Times）发布的"优秀大学指南（The

---

* 本文发表于《现代大学教育》2009 年第 6 期。

Good University Guide)"，1991 年开始的加拿大麦克林(*Maclean's*)杂志首先追随美国，发布加拿大第一次全国公立大学排名，德国高等教育发展中心(Center for Higher Education Development)与《明星周刊》1998 年开始发布的 CHE 大学排行榜，澳大利亚 Hobson's 公司 1991 年开始发布的"优秀大学指南(Good Universities Guides)"等，都较为著名。中国目前也有近 10 种大学排行。特别是 2003 年 6 月上海交通大学高等教育研究所开始发布"世界大学学术排行榜"以后，英国的《泰晤士报高等教育增刊》于 2004 年 12 月开始发布"世界大学排行榜"，以及陆续产生的区域大学排名，使得大学排名走向国际化。至今，世界各国各类大学排行已有 60 余个[1]，可以说逐渐进入了一个"大学排行榜时代"。随着经济全球化和高等教育国际化的趋势加速，各国大学的交流、比较和竞争都日益明显，每一所大学都必须将自己置身于国际舞台，进入国际大学排行榜时代也是大势所趋。

过去，大学之间的竞争是笼统的、模糊的，自进入大学排行榜时代以后，大学之间的比较开始量化，细微到具体名次和数字，各大学之间的竞争也更加突出，进入短兵相接的阶段。社会大众十分感兴趣而且考生高度关注，大学的领导人也不得不关注。它让人爱恨交加，排名靠前的大学窃喜，排名不如意的大学暗恨，但多数大学领导都不好公开表态。

大学排行榜利弊兼具。利的方面，一是能服务考生需求，因为大学排行榜是考生了解大学绩效的重要途径，排行榜的发布可以使学生和家长能够迅速判断各大学的差异和所处位置。二是促进大学寻找差距，刺激大学竞争。美国一些文理学院院长清楚地体认到，对于大学排名，任何的抗议都无法使它们立刻消失，因此转而希望监督排名者。"不论外界对大学排名的歧见有多大，《美国新闻与世界报道》大学排行对美国高等教育品质的提升的确有其一定的贡献。虽然其中隐藏了不少媒体商业利益与大学间彼此竞争的吊诡，但每年排名结果的公布，仍是促使美国各大学需战战兢兢面对其他大学可能竞争或超越的最大一股动力，因为

---

[1] http：//www. arwu. org/rank/2009/200902/Ranking% 20Resources/Ranking%20Resources-Revised. mht

没有一所大学愿意在此激烈的全国性游戏中败阵下来。"①三是能满足社会大众的好奇心。当今社会不仅流行歌曲、电影、畅销书、大企业有排行榜，连古代文学家和近代国学大师都被拿来排行，在这种流行浪潮中，大学自然会被拿来排行，因为可以满足人们的好奇心，具有强烈的社会需求。

大学排行榜是一把双刃剑，其弊端也很明显：其一是大学之间的竞争加剧后可能导致虚报资料。当大学排名引起社会高度重视时，美国各大学不得不承认其采用的指标必会影响其整体排名的总成绩。因此，当他们在给排名机构提供数据时，可能会为了提升学校的排名，而给予较有利于学校的甚至是不实的信息，以期待在排名上可以与其他学校竞争。这种竞争可能导致弄虚作假。

其二是出现"应榜办学"的现象。过于看重大学排行榜，也会造成许多问题。一些大学领导从大学排行榜中选择需要参照的指标，采取应对措施，榜上有的指标就高度重视。例如，有的国内排行榜注重经费，于是学校就给各院系分派完成科研经费的具体任务，以至于大家都"以经费论英雄"。类似于"应试教育"的提法，如果紧跟着大学排行榜走，就有可能变成"应榜办学"。榜上没有的指标逐渐不受重视，排行榜会减弱大学办出特色的动力，导致大学朝趋同的方向发展。有的学者认为，大学排行榜已经在扭曲大学的办学行为，影响大学工作的优先安排。②

其三是加大了大学和教师的压力。由于在核心刊物上的发文量是许多大学排行榜的重要指标，于是许多大学便集中导向在核心刊物上发表论文，尤其是在列入《科学引文索引》(SCI)、《工程引文索引》(EI)、《社会科学引文索引》(SSCI)与《中国社会科学引文索引》(CSSCI)、《台湾社会科学引文索引》(TSSCI)的刊物上发表论文。这些刊物的关键都在于最后一个字母"I"，即英文 index 的头一个字母。现在不少大学的管理部门也是陷入大学排行榜的迷思，已经是唯"I"马首是瞻，以在"I"刊物上发表论文来考核评价大学教师，搞得许多大学教师唯"I"是求，"哀"

① 侯永琪：《全球与各国大学排名研究》，台北：高等教育出版社，2007年，第110~111页。
② 王英杰：《大学排行——问题与对策》，《比较教育研究》2008年第10期。

声遍地，"哀"鸿遍野，"一地鸡毛"。

其四是进一步导致大学重理工、轻人文社会科学（详后）。

其五是强化英语霸权的趋势（详后），致使许多非英语国家的大学自我殖民化和被殖民化。

尽管面对排山倒海的批评浪潮，各种大学排行榜仍然年复一年地发布。正如《美国新闻与世界报道》"全美最佳大学"计划主持人罗伯特·摩尔斯（Robert Morse）对当今大学排名发展下的四点结论：①排名已成为一种必要的存在；②排名现在已是全球的现象；③排名将会持续以国家或地区为基础的方式进行；④排名已经在21世纪确定其在高等教育的应有位置——作为消费、评量、绩效、同侪评比所使用的一种工具，当然它也会被当作一项作为各校之间教育表现比较与目标订定的公开标杆。① 因此，笔者认为，在各行各业竞争都日益激烈的情况下，既然已经进入大学排行榜时代，就不可能退回到过去那种没有排名游戏的宽松办学时代。

二、研究型大学中的"两校互竞现象"

不同大学之间的合作是大学发展的重要因素，而竞争也是大学发展的重要动力之一。大学之间的竞争，既有一国之中不同大学之间的竞争，也有国与国之间大学的比较和竞争。在各种大学竞争关系中，特别引人注目并使人饶有兴趣的是在一国研究型大学中存在着的"两校互竞现象"。②

所谓"两校互竞现象"，是指实力和水平相当或接近的两所学校之间的竞争现象，是一个普遍存在于高等学校，尤其是研究型大学中的现象。一般高等学校甚至重点中学也存在"两校互竞现象"，但由于有一批同类或近似的院校在进行比较，因而不如研究型大学明显。由于研究型

---

① 侯永琪：《全球与各国大学排名研究》，台北：高等教育出版社，2007年，自序。

② 刘海峰：《研究型大学的历史与文化底蕴》，《清华大学教育研究》2008年第1期。

大学数量较少，且通常都很出名，因此只要一指出来，人们往往都知道这些研究型大学（或曰名牌大学）的竞争对手，"两校互竞现象"特别明显。由于势均力敌、难分伯仲，人们就更喜欢议论两校的长短。

从各国研究型大学来看，有些国家研究型大学很少，呈现一枝独秀的格局。而只要研究型大学多的国家或城市，往往就会出现"两校互竞现象"。世界上最著名的为哈佛与耶鲁之争、牛津与剑桥之争。哈佛与耶鲁之争不仅在学术声望和大学排名方面竞争，而且连两所大学的校训因为相似，也出现校训先后之争。还有如加州大学伯克利分校与洛杉矶分校之争，日本有东京大学与京都大学之争等。

牛津与剑桥之争是"两校互竞现象"中的突出例子。牛津大学与剑桥大学是英国高校中并峙的双峰，长期以来喜欢互争高下，从学术到体育各方面都进行竞争。1993年，我曾问一位毕业于牛津大学的学者是否熟悉剑桥，得到的回答是："对牛津人来说，是否熟悉剑桥一点都不重要。"言下之意只要熟悉牛津便可。两校之争由来已久，在两校关系最为紧张的时代，都互视对方为冤家对头，甚至连对方的校名都不愿提起，若实在避不开时，就称对方为"other place"，意为"另外那个地方"，当时牛津人和剑桥人都明白other place的特指含义。①

然而，两校毕竟有太多的相似之处，也有许多共同的语言。它们都十分敬重传统，追求卓越，认为悠久的历史传统是学府尊严的一部分。两校教师互聘远比聘其他大学的毕业生要多，在院士聚餐等仪式上穿着学袍等方面，往往将毕业于剑桥大学和牛津大学的院士与其他大学的毕业者区别开来。因此，两校虽然竞争了几个世纪，但也是一种同舟共济、互竞互荣的关系。

在中国许多地方，我们也可以看到著名的研究型大学在"捉对厮杀"的情况，如北京有清华大学对北京大学，上海有复旦大学对上海交通大学，天津有南开大学对天津大学，南京有南京大学对东南大学，武汉有武汉大学对华中科技大学，香港有香港大学对香港中文大学，台湾有在新竹的"清华大学"对交通大学。"既生瑜，何生亮？"两校在争取经费、

---

① 刘海峰：《牛津和剑桥大学的"两校互竞现象"》，《大学论坛》1994年第2期。

争夺优秀生源和师资、关注大学排名等各方面都展开激烈的竞争，关系紧张而又敏感，让一些研究型大学产生一种"瑜亮情结"。

当人们同时提到两所对家大学的时候，不少当事者还很在乎先后次序。例如，将牛津大学与剑桥大学并称时，是称"牛桥（Oxbridge）"还是称"剑津（Camford）"？在局外人看来不大要紧，但在牛津人和剑桥人看来却大有讲究，牛津人总是称之为"牛桥"，而不甘人后的剑桥人则称之为"剑津"。① 这类似于当今中国人将国内最好的两所大学并称的时候，是称"北大、清华"，还是称"清华、北大"？北大人一般用前者，清华人一般用后者。过去人们通常习惯用前者，现在有不少人喜欢用后者。

台湾的"清华大学"与交通大学之间有一条小路，"清华大学"师生将其命名为"清交小道"，而交通大学人则称其为"交清小道"。两校师生1969年开始的每年一度的校际体育、学艺对抗赛称为"梅竹赛"。关于这个比赛的名称，是"清交赛"还是"交清赛"？最后商定台湾"清华大学"有已故校长墓园的"梅园"，交大也有纪念已故校长凌鸿勋先生的"竹铭楼"，就以"梅竹赛"为名，这也象征了青梅竹马的青年感情。但是问题又来了，是称为"梅竹赛"？还是"竹梅赛"？于是当时议定由两校课外组主任以掷翻辅币的方式，正面是"梅"，反面是"竹"。结果台湾"清华大学"的张致一主任掷出了正面，从此这一比赛就定名为"梅竹赛"了。②

三、大学排名中的两校互竞

在大学排行榜时代，研究型大学之间的两校互竞进入白热化阶段。我们以上海交通大学的"世界大学学术排行榜"和英国《泰晤士报高等教育增刊》发布的"世界大学排行榜"为例，来看美国、英国、日本、荷兰几个国家最著名的互相竞争的两所大学的排名。（见表1）

---

① 金耀基：《剑桥语丝》，台北：商务印书馆，1983年，第48页。

② 洪同：《重回母校》，http：//tyhs. tsinghua. edu. cn/tyhs/serverpages/details/qhwhcontent. jsp？id＝600

表1 世界大学学术排行榜（上海交通大学）①

大学	2003 年	2004 年	2005 年	2006 年	2007 年	2008 年
哈佛大学	1	1	1	1	1	1
耶鲁大学	8	1	11	11	11	19
剑桥大学	5	3	2	2	4	4
牛津大学	9	8	10	10	10	10
东京大学	19	14	20	19	20	19
京都大学	30	21	22	22	22	23
乌特列支大学	40	39	41	40	42	47
莱顿大学	78	63	72	72	71	76

过去，在多数人心目中，哈佛大学与耶鲁大学、剑桥大学与牛津大学都是并驾齐驱的名牌大学，但是在上海交通大学的排行榜中，两校之间拉开了相当的差距。而在英国《泰晤士报高等教育增刊》发布的世界大学排行榜中，这些竞争中的两校之间的差距普遍较小。（见表2）

表2 世界大学排行榜（英国《泰晤士报高等教育增刊》）②

大学	2004 年	2005 年	2006 年	2007 年	2008 年	2009 年
哈佛大学	1	1	1	1	1	1
耶鲁大学	8	7	4	2	2	3
剑桥大学	6	3	2	2	2	2
牛津大学	5	4	3	2	4	5
东京大学	12	16	19	17	19	22
京都大学	29	31	29	25	25	25
乌特列支大学	120	120	95	89	67	70
莱顿大学	131	138	90	84	64	60

对于互竞的两校，往往对不利本校的排行榜采取不屑一顾或不置可否的态度。例如，2009年6月，笔者与一位牛津大学教育学系的教授交谈起大学排行榜的时候，他认为上海交通大学与英国《泰晤士报高等

---

① http：//www.arwu.org/rank2008/EN2008.htm
② http：//www.topuniversities.com/worlduniversityrankings

教育增刊》发布的世界大学排行榜都不科学，他相信的是英国《卫报》的排行，在该排行榜中，牛津大学超过剑桥大学而排名第一。2009 年 6 月，由英国《卫报》发表的 2010 年英国大学排名中，牛津大学再次蝉联桂冠。《卫报》发表的一年一度的大学排名，是学生们报考大学时的重要参考。在今年的评比中，牛津大学在教学质量、学生满意度和就业前景上均获得了高分。此外，牛津大学在每名学生身上的花费也位居所有学校之首。紧随牛津大学之后、名列第二的仍是剑桥大学。① 如果竞争中的两校实在找不到有利于本校的排行榜，往往得到的回答是要具体看什么学科而不能看综合排行。

在中国众多大学中，也存在着许多互相较劲的学校。在中国国内的多种大学排行榜中，人们关注的焦点往往是不同排行榜中这些著名大学的名次变化，而这些大学最看重的不仅是自身的位次，还有竞争对手在同一排行榜中的相对名次。这里我们来看中国四对"冤家"大学在世界大学排名中的名次。（见表 3）

表 3　世界大学学术排行（上海交通大学）②

大学	2003 年	2004 年	2005 年	2006 年	2007 年	2008 年
北京大学	251～300	202～301	203～300	201～300	203～304	201～302
清华大学	201～250	202～301	153～202	151～200	151～202	201～302
复旦大学	301～350	302～403	301～400	301～400	305～402	303～401
上海交通大学	401～450	404～502	301～400	201～300	203～304	201～302
香港大学	251～300	202～301	203～300	151～200	203～304	201～302
香港中文大学	301～350	202～301	203～300	201～300	203～304	201～302
台湾"清华大学"	401～450	302～401	301～400	301～400	305～402	303～401
台湾交通大学	451～500		401～500	401～500	305～402	303～401

在北京大学与清华大学的比较中，以科技见长的清华大学在上述排行榜中多数时候领先。而复旦大学与上海交通大学比较，在 2004 年以前是复旦大学占优，2005 年两校排名相同，2006 年以后便颠倒过来，

---

① 胡乐乐：《2010 年英国大学排名出炉　牛津再次蝉联桂冠》，《科学时报》2009 年 6 月 30 日。

② http://www.arwu.org/rank2008/EN2008.htm

复旦大学反而落后于上海交通大学了。这个排行榜看来很有利于上海交通大学自身，至少在最近几年的排位中领先于其宿敌复旦大学。不过，在英国《泰晤士报高等教育增刊》发布的世界大学排行榜中，上海交通大学始终还是落后于复旦大学，只是名次之间的差距有所缩小而已。（见表4）

表4　世界大学排行（英国《泰晤士报高等教育增刊》）①

大学	2004 年	2005 年	2006 年	2007 年	2008 年	2009 年
北京大学	17	15	14	36	50	52
清华大学	62	62	28	40	56	49
复旦大学	196	72	116	85	113	103
上海交通大学		169	179	163	144	153
香港大学	39	41	33	18	26	24
香港中文大学	84	51	50	38	42	46

在学术声望占评估指标 50％（同行评价占 40％，雇主评价占 10％）的世界大学排行榜中，以人文社会科学见长、招收较多国际学生的北京大学和复旦大学通常占先（2009 年北京大学与清华大学出现了逆转），而以理工科为主的清华大学、上海交通大学则明显落后。或许是受上海交通大学的"世界大学学术排行榜"的影响，最近两年北京大学和复旦大学的名次被拉低许多。而英联邦国家和地区大学普遍名次较高的世界大学排行榜（英国《泰晤士报高等教育增刊》），香港的两所大学排名相当靠前，且香港大学总是比香港中文大学领先不少也不足为奇了。

在中国国内较为流行的武书连等的"中国大学排行榜"和网大的"中国大学排行榜"中，向来是清华大学排名第一，北京大学屈居第二。但最近，在武汉大学中国科学评价研究中心发布的"2009 年中国一流大学竞争力排行榜"中，北京大学超过清华大学，排名第一。除了办学资源排第一以外，教学水平、科学研究、学校声誉三个方面，北京大学都排名第一。② 而在 2009 年 6 月人民大学发布的重视人文社会科学指标的大学排行榜，自然也是北京大学第一、清华大学第二。

① http://www.topuniversities.com/worlduniversityrankings. 因 200 名以后信息不全，本表未列台湾"清华大学"和台湾"交通大学"。

② 邱均平等：《中国大学评价的改进与完善——2009 年中国大学及学科专业评价的做法与结果分析》，《评价与管理》2009 年第1期。

四、尽信榜则不如无榜

五花八门的大学排行榜让人们看得眼花缭乱，莫衷一是。大学排行榜拉大了原来在人们心目中旗鼓相当的大学之间的差距，即使现在作学术声望的调查，往往最好的大学之间的差距也较小。

由于部分大学排行榜注重科研数量，特别的偏重自然科学方面的产出因素，因此以理工科见长的大学在排行榜中的位置往往占优。例如，在上海交通大学的"世界大学学术排行"中，在《自然》(Nature)和《科学》(Science)两种世界顶尖期刊上发表论文折合数占 20% 的权重①，获诺贝尔奖和菲尔兹奖的校友数占有 30% 的权重，而除经济学方面以外，该项获奖指标都属自然科学方面。但是，产生出一位国家最高领导人，其影响和重要性有时并不亚于获自然科学方面的奖项或在《自然》和《科学》上发表论文。例如，牛津大学培养的诺贝尔奖得主不如剑桥大学多，但以培养一大批政治领袖而著称，在牛津大学的校友中，有 5 位国王、25位英国首相，还有一大批其他国家的领导人。而剑桥大学孕育的首相有7 位。如果加上政治家等优秀校友的指标，这两所大学的差距就会明显缩小。因此，两校在英《泰晤士报高等教育增刊》世界大学排行榜上的差距，远不如在上海交通大学的排行榜上的大。中国大学排行榜上，北京大学与清华大学的差距，也受到偏重理工等硬指标的影响。《科学引文索引》(SCI)与《社会科学引文索引》(SSCI)也占到 20% 的权重，而 SS-CI 的论文数量根本无法与 SCI 相比，更何况 SSCI 主要以英语类刊物为多。②

虽然近年来上海交通大学的世界大学学术排行榜有所改进，例如，从 2005 年开始对文科的论文赋予较高的权重，2007 年 2 月公布了理

---

① 从 2004 年开始，该排行榜对纯文科大学，不考虑 Nature 和 Science 指标，其权重按比例分解到其他指标中。但多数大学并非纯文科大学，因此该项指标仍占极大权重。

② 2005 年，我曾受委托，对上海交通大学课题组的"世界大学学术排行榜"提供鉴定意见。在充分肯定该大学排行榜的价值的同时，也指出其不足有两点：一是明显的理工科思维，二是受英语霸权的局限。

学、工学、生命科学、临床医学、社会科学等按学科大类的世界大学排名，但因为强调以国际可比的科研成果和学术表现作为主要指标，强调排名数据来源的客观性和透明性，而各国人文社会科学的贡献较难比较，也很难有可公开检验的数据，因此，"世界大学学术排行榜"还是没有根本改变学术影响中理工科畸重的局限。而受英语霸权束缚的问题，在英语还在朝"准世界语"地位发展的情况下，看来也难以解决。我认为，即使欧盟不久后推出自己的大学评价与排名之后，也很难根本改变这一状况。

根据英、美等国的调查，多数大学领导不大喜欢排行榜。然而，无论大学喜欢或情愿与否，在当今世界，大学排行榜都是一个无法回避的现实存在。在有强烈社会需求的情况下，也无法阻止它的发布。因此，大学不必去迎合它、讨好它，也不一定要去反对它、否定它。大学过分重视大学排行榜不行，完全忽视大学排行榜也不行，因为在社会大众十分感兴趣和考生高度关注大学排行榜的情况下，并且大学排名的影响与作用日渐增大的情况下[①]，若大学的实力在各种大学排行榜中没有真实地反映出来，会对大学的学术声望造成持久的显性与隐性伤害。排行榜让大家了解大学的声望和学术表现，让各大学了解自身在所有大学中所处的相对地位，对大学有一定的促进或警惕功用。

要让大学忽略排行榜或无视其存在是不可能的，可是，如何才能解脱大学排行榜的迷思？一个办法是设法改进大学排名，如注重较为科学的学科排行。教育部学位与研究生教育发展中心所进行的一级学科排名，在现有各类排行中便得到大学最广泛的认同。因为学科排行比大学综合排行可信度更高，就像桃子与梨子比较，你说哪个好呢？本身不好比。不过，桃子和梨子又确实都属于水果这一大类，不同大学毕竟同属培养人才和进行科研的高等教育机构，综合排行也有一定的道理。

改进大学排行榜的另一个办法是增加人均的比重和进行分类排行。中国现有大学排行榜过于注重规模总量，诱导大学追求大而全，如果像

① Cheng Ying, Liu Niancai, The Influences and Applications of University Rangking — A Case Study of Academic Rangking of World Universities, *Higher Education Research and Evaluation*, Vol. 1, 2008, pp. 65-68.

"美国最好大学排行榜"那样重视人均指标，大学就会减少贪大求全的冲动。而分类排行，则能避免中央音乐学院、北京外交学院等非常好的特色大学在排行榜上总是靠后。然而，无论如何改进，大学排行榜都有其天然的局限性。因此对大学排行榜不能完全不信，也不可全信。对多数大学中人来说，大学排行榜真是一个"想说爱你不容易"的事物。看来，除了"尽信书则不如无书""尽信网则不如无网"的说法以外，还要再加上一句"尽信榜则不如无榜"。[①]

世界著名大学中的"两校互竞现象"，由来已久，但于今为烈，这与大学排行榜时代的到来有关。由于同一大学在不同的世界大学排行榜上的位次差异颇大，各所大学都有自己的特点与优势，一般都是各取所需，侧重宣传有利于本校的大学排行榜。例如，莱顿大学和北京大学喜欢"世界大学排行榜"(英国《泰晤士报高等教育增刊》)，乌特列支大学(University of Utrecht)和清华大学比较喜好上海交通大学的"世界大学学术排行榜"。其实，春兰秋菊，各有所长。各所大学都有自己的特点与优势，竞争中虽有某些负面影响，但不完全是坏事，"两校互竞现象"也可以促使各自学校发奋向上，努力争先，共创双赢。这些竞争中的研究型大学既是冤家，也可能是朋友，往往是竞争与合作并存。当有一个竞争参照系时，往往能促进或鞭策自己前进。这种两校之间的竞争只要适度，从竞争中获得压力和动力，也在一定程度上能够互相促进提高办学水平和知名度，保持崇高的学术地位。就像自然界中存在双子星一样，在群雄并起的大学生态中，两校互竞是一个出现概率很大的现象，或许还是一个必然现象。

---

① 刘海峰：《摆脱大学排行榜的迷思》，《中国教育报》2009 年 8月 31 日。

麻省理工："学院"其实是 "大学"*

有"世界理工大学之最"美誉的美国麻省理工学院，是世界顶尖大学之一。在中国，当提到学院不必都朝更名为大学方向努力时，许多人都会以"麻省理工学院"为例，认为称学院并非不能成为世界一流大学，称为"学院"不见得就比"大学"差。

不过，用麻省理工学院的校名来举证说明学院与大学没有什么区别，其实并不准确。因为"麻省理工学院"的英文名称为"Massachusetts Institute of Technology（简称 MIT）"，英文中的校名并不是 college 而是 institute 一词。麻省理工学院正确的翻译名应为马萨诸塞理工学院，但因为麻省理工学院的译名早在清朝时期便有，就将错就错用之。在北美洲，institute 是指（理工、工学、科技、技术或专科性的）学校、学院、大学。依每所学校的各方面学术环境情形的不同，翻译成中文就有所不同。

MIT（Massachusetts Institute of Technology）

---

* 本文发表于《中国高等教育》2014 年第 12 期。

依其学校之院系规模与学术环境，翻译成中文应该是"马萨诸塞理工大学"，只是大部分说中文的人已经习惯用麻省理工学院这个称呼，是约定俗成的用法。西方有不少著名的大学，坚定地守望传统，轻易不会更改校名，无论世界上 university 如何盛行，麻省理工学院就是一如既往地使用 institute 一词。

其实，英文中 university 与 institute 层次区别不严，但 university 与 college 则有明显的区分，university 是大学，college 是学院。而在中文语境里，"大学"与"学院"一般存在着分野，学院通常学科比较单一，大学则可能包含着若干个学院。

对独立学院升格为大学，中国历来有相关的限制和规定。民国时期对大学和学院具有严格的分野，1912 年《大学令》规定："大学以文、理二科为主；须符合下列条款之一方得名为大学：一、文、理二科并设者；二、文科兼法、商二科者；三、理科兼医、农、工三科或二科一科者。"1917 年的《修正大学令》及 1922 年的"新学制"进一步规定，可设立单科大学，由此形成国人兴办大学的热潮。1929 年的《大学组织法》规定大学分文、理、法、教育、农、工、商、医各学院，凡具备三学院以上者，始得称大学。到 1948 年《大学法》仍再规定须具备三院以上者始得称为大学。

经过 20 世纪 50 年代初的院系调整，单科性的高校基本上都用学院之名。但后来对大学与学院的区分一般没有严格的学科数量规定，因此"文化大革命"后出现了许多单科性大学。20 世纪 80 年代，许多学院改为大学，当时并没有十分严格的边界条件，也没有规定新办院校必须符合哪些条件方可以"大学"为校名，在部分地区，尤其是广东省的中心城市，还批准设立不少专科层次的"大学"，如佛山大学、嘉应大学、韶关大学、西江大学、惠州大学等。

到 20 世纪 90 年代中期以后，开始对院校设置进行规范，专科、本科学院、大学之间有了严格的分野。那些专科层次的"大学"后来在升格为本科时反而改称"学院"了，典型的例子为，1986 年成立的佛山大学，在 1995 年由国家教委批准和佛山农牧高等专科学校合并升格，组建了佛山科学技术学院，后来广东其他几所"大学"在专升本时也都"降格"成为"学院"。近两年来，河套大学、太原大学在由高等专科学校升为本科之后，也都改称学院。

新世纪以来，对高职高专学校、本科学院、大学的校名限定逐渐严格。尤其是 2006 年教育部发布"18 号文件"《普通本科学校设置暂行规定》以后，大学与学院已经是层次分明、等级森严。

办学规模方面，规定称为学院的，全日制在校生规模应在 5000 人以上；称为大学的，全日制在校生规模应在 8000 人以上，在校研究生数不低于全日制在校生总数 5％。学科与专业方面，称为学院的应拥有 1 个以上学科门类作为主要学科，称为大学的应拥有 3 个以上学科门类作为主要学科。师资队伍方面，称为学院的专任教师中具有研究生学历的教师数占专任教师总数的比例应不低于 30％，称为大学的专任教师中具有研究生学历的人员比例一般应超过 50％，其中具有博士学位的专任教师占专任教师总数的比例一般应超过 20％。

教学与科研水平方面，称为大学的学校应在近两届教学成果评选中至少有 2 个以上项目获得过国家级一、二等奖或省级一等奖。近 5 年来科研成果获得省部级以上（含省部级）奖励 20 项，其中至少应有 2 个国家级奖励；至少设有省部级以上（含省部级）重点实验室 2 个和重点学科 2 个；一般至少应具有 10 个硕士点，并且有 5 届以上硕士毕业生。而称为学院的则没有这方面的硬性要求。

从这些具体明确的规定中可以看出，一般想升格更名为大学的学院要完全达到这些条件并不容易，特别是科研成果至少要有 2 个国家级奖励最难，以文科为主的高校更无可能。目前是中国高等教育史上对学院和大学区分最为严格的时期，用"麻省理工学院"的校名为例来论证学院不比大学低，既不准确，也不合时宜。

高校院系所名称乱象背后的症结[*]

中国高等教育在不少方面往往陷入"一管就死，一放就乱"的怪圈，而且由来已久，从招生、学校更名、校史追溯，到院系所的设置和名称都是这样。目前高校更名要经过教育部或省级主管部门批准，高校本身没有更名的自由，但院校内部院系所的设置完全由高校自主，于是出现了许多乱象，亟须加以规范和治理。

高校院系所的组织构架与名称规范问题历经变化。20世纪80年代中期以前，中国高校的院系都需经教育主管部门批准才能建立，教育部直属院校设置院系所必须经过教育部批准，省属院校设置院系必须经过教育厅批准，而且通常还连带批准院系所机构编制数额。在严格的计划经济时代，高校很少有办学自主权，存在着统得过死的弊端。后来政策逐渐宽松，并发展到院系所的设置完全由高校自主决定。开始还好，大部分高校都能根据学科性质和学生或教师规模来设置系、所。到21世纪初，全国兴起了一股强劲的院系升

---

* 本文发表于《探索与争鸣》2015年第7期。

格风，多数大学的系、所都在几年内改换成了学院或研究院的名称。

　　笔者所服务的厦门大学教育研究院，是国内最早成立的高等教育专门研究机构，1978 年 5 月成立厦门大学高等教育研究室，1984 年经教育部批准改设为厦门大学高等教育科学研究所，还由教育部直接下达 20 名研究人员编制。经过 20 年的发展，到 2004 年 4 月改为研究院。在国内早期成立的同类研究机构中，厦门大学是最迟改称学院或研究院的。改为学院的原因主要还不是随大流，而是因为学科发展后的内在需要。原先只有高等教育学一个学科招生，到 2003 年，除了最早的高等教育学博士点以外，还有教育史、教育经济与管理、比较教育学等其他 5 个二级学科硕士点在招生，又设有教育学博士后流动站。原有的高等教育研究所名称已无法涵盖其他学科，且 2004 年专职教师已有近 30 名，于是才有改名之举。

　　发展是硬道理。许多大学经过多年的办学，因为规模扩大、学科扩展，将原有系、所逐步发展成为院，不足为奇。大学内部便可以决定成立院系所，体现高校办学自主权。但现在的问题是，有许多高校的院系所的设置太随意，有不少院系所有名无实，已经到了相当混乱的程度。

　　例如，现在有的高校中，有一个研究人员就称所的，仅三五个教师就改称学院或研究院的。极端的例子是，有的高校只有一个非专职教师就为其成立研究院，有的专科学校之下也成立名头很大的研究院或学院。应该有几个专职教师才能称为院系所？目前没有任何明文规定，可以说基本上处于没有章法的状态。我们大陆的民众曾经笃信"人有多大胆，地有多大产"，没有具体而可量化衡量的规定，有名无实的院系所只会越来越多。

　　台湾地区对院系设置的基本条件有明确的规定，值得我们参考。2009 年 6 月台湾地区发布的《大学总量发展规模与资源条件标准》，明确院系师资数量的基准：专任师资应达 7 人以上方能设系，设硕士班者专任师资应达 9 人以上，设博士班者专任师资应达 11 人以上。而对招收研究生的研究所的师资数量规定为：设硕士班且招生名额在 15 人以下者，专任师资应达 5 人以上；招生名额在 16 人以上者，专任师资应达 7 人以上。设博士班者，专任师资应达 7 人以上。如果设院，则专任教师应达 15 人以上。① 除法学院以外，通常要有 3 个以上的系才能成立学院。而且，不仅公立院校，连私立院校设立院系也需经教育主管部门核准。在台湾高等教育评鉴制度设计中，主要进行的是系所评鉴，也就是学科评鉴，这样的评估更具有可比性，而专家评鉴时其中最基本的是考察其专任教师是否足够，这样可以控制徒有虚名的院系所泛滥。

有关校院名称另一个更突出的问题是学院之下又设一级名为学院的机构。当今有越来越多的本科院校在学院底下再设学院，可以说多数本科学院已经在内部设立了众多的学院。还有的专科学校刚刚升格为本科学院，很快就将原来的系都升格为学院。甚至有专科层次的高职学院，内部也设有部分学院的。看到其他同类本科学院之下都设了十来个学院时，一些学院的领导往往也按捺不住升格的冲动，于是学院之下再设学院的做法蔓延开来，成为当今中国高等教育中的普遍现象。甚至有许多大学的民办独立学院之下，也设十来个学院，于是出现"某某大学某某学院经济学院"这样的名称，搞得局外人摸不着头脑，此院长与彼院长到底是不是一码事。为了区分，于是学校一级的院长就得称校长，校内不宜称院长，以免混淆视听。据说还有个别学院专门给全校各单位各部门下发了通知，对此做出了明确的规定。这真是典型的"中国特色"。

也有人认为，就像地方行政机构名称，市底下也有称市，只是大市、小市、直辖市之区别一样，学院底下再设学院也没有什么不妥。的确，直辖市、地级市、设区市、县级市之间，仅仅从城市名称看，没有什么不同。不过，城市命名是考虑其人口规模和经济总量等因素，大市小市之间一般不会引起混乱。而大学是一个独立的实体，国际上通行的做法，大学之下才称学院，没有看到哪所学院（college）之下再设学院（college）的。对"某某学院经济学院""某某学院外语学院"这样的单位名称，人们怎么看都觉得不顺。既然学院之下可以再设学院，以此类推，那么大学之下是否可以再设大学呢？如果"哈佛大学教育学院"改为"哈佛大学教育大学"的名称，相信谁看了都会觉得别扭，因此有不少境外学者对大陆学院底下又设学院感到很难理解。

---

① 《大学总量发展规模与资源条件标准》，2009 年 6 月 11 日台参字第 0980094299C 号令发布。参见《2010 高等教育法令选辑》，台北："教育部"编印，2010 年 8 月，第 70～71 页。

中国科学院、中国社会科学院、中国工程院的牌子已经够大，但以往它们下设的机构都是研究所，即使是好几十人的研究所一般也不改称为研究院，因为大家都知道研究院之下不宜再称研究院，否则会造成概念混乱。不过，据说现在中国科学院下面也开始出现了个别研究院名称的机构了。

出现高校院系所名称乱象的原因，或者说背后的症结，我认为主要有以下三点。

一是国人好大喜功的心态，或者说是虚荣心作怪。中国人自古以来就有好大喜功的毛病，尤其是当上领导以后，更容易出现这种问题。不仅是校内院系所名称出现乱象，如果可以任由学校自主决定校名，可想而知也会出现乱象，估计有很多高校会在短期内更改校名，绝大部分学院都会很快地更名为大学，而且总有好大喜功、心比天高的校长会想出"世界大学""全球大学"或"宇宙大学"这样响亮的校名。因此幸好现在高校没有自己更名的自由。正是因为好大喜功，才会不顾条件地纷纷设院。

二是从众心理导致。当看到其他高校系、所普遍改称院，其他本科学院又下设学院的时候，一些单位领导也守不住了，只好随大流、跟风。而且二级学术机构的名称有时也确实涉及利益的问题。例如，有的高校部分系、所更名为院，还有部分系、所保留原来的名称，但学校往往将院列为更重要的单位，系、所就变成低人一等、更少独立性的单位。而且确实也有许多一级学科的系升格为院之后，如人文学院中的文、史、哲系分立为不同学院，各自获得了更大的独立发展空间和资源，导致原来不一定想更名的系、所也只好跟着积极争取。在全国同类院校同一学科的系多数改为院之后，有些不更名的高校便会感到一定程度上被压缩了发展的空间，于是很难做到"众人皆醉我独醒"，只好从众。

三是体制性问题，也就是没有具体的章法。因为目前没有对院系所的规模有什么要求，基本上是放任自流，而高校在获得自主权的同时，往往会充分用足。要求高校自律，并不是一件容易做到的事。高校和系、所单位有更"高大上"的名称，对自身有好处，何乐而不为？人们必然会追求利益最大化，至于是否名不副实、名称是否混乱，都变成次要的问题，反正法不责众，何况根本就没有法。目前高校院系所名称这种完全没有章法的状态，自然会出现越来越多空有其名的院和叠床架屋的院。

就像道路交通需要制定规则，否则就会出现混乱一样，高校院系所的设置也应该名副其实，由教育主管部门制定基本的指导性文件，加以治理和规范。不然目前的乱象还会继续发展下去，而且可能越演越烈，这对高校在外界的形象和观感都不好。

由于国情不同，中国许多本科学院规模很大，动辄一两万学生，学科也相当齐全，因此往往二级学院的师生人数都不少，有的人感觉称学院更能包容得下。但受中文表达的影响，我觉得，无论如何学院之下又设学院总是不顺，还是称系为好，等学院更名为大学以后，再将系升格为学院更妥当一些。也可以考虑像日本的大学那样下设招收本科生的学部，总之是要与学院的名称有所区别。那些不招收学生的研究机构，若研究人员不多，应该称之为研究中心，因为研究中心一般可大可小，通常没有规模的限制。而院系所的设置条件，可以借鉴台湾地区的做法，限定要有起码的专任教师或研究人员数量，让高校设置院系所有法可依，有个基本的参照。

不过，我也认为，可以出台关于院系所设置基准的指导性文件，高校评估也可以有刚性的数量标准，但院系所设置还是没有必要回到由教育行政部门审批的老路上去。高校治理在放开与规制之间，应该找到一个平衡点或者合理区间。规范院系所的设置并不是要回到"一管就死"的状态，而是希望走向院系所设置名正言顺、有章可循的未来。

建议在 13 个省、区设立教育部直属高校[*]

为改变现今教育部直属高校分布极不均衡的格局，合理布局教育部直属高校，建议在目前没有教育部直属高校的 13 个省、区（或加新疆生产建设兵团，下同）各设 1 所教育部直属高校。

目前 75 所教育部直属高校分布为：北京 24 所；上海 8 所；江苏、湖北各 7 所；陕西 5 所；四川 4 所；山东 3 所；广东、天津、重庆、湖南、辽宁、吉林各 2 所；浙江、黑龙江、安徽、甘肃、福建各 1 所；其余的河南、河北、江西、山西、青海、贵州、海南、云南、内蒙古、宁夏、新疆、西藏、广西 13 省区均为 0 所。教育部直属高校在全国各省（市、区）分布不均衡有其历史、经济、地理、体制等原因，而长期以来高考录取采用分省定额的方式，导致许多部属高校在属地与外地的招生比例相当悬殊，不但引起了许多省、区民众的不满，也诱发了"高考移民"等不良现象。尽管在教育部的引导和规范下，教育部直属高校近年来已经逐渐减少了属地招生的比

＊ 本文发表于《教育决策咨询》2016 年总第 183 期。

例，但因为各省（市、区）教育部直属高校分布很不均衡，教育部直属高校在各省（市、区）招生的总数与当地人口总数的比例，各省（市、区）之间仍很悬殊。

从历史角度考察，民国时期的国立大学最多共设过 32 所，其中上海 4 所，北京 3 所，江苏、天津、浙江各 2 所，吉林、辽宁、湖北、山西、陕西、四川、广西、广东、湖南、江西、重庆、安徽、山东、河南、贵州、甘肃、福建、云南、台湾各 1 所。民国时期国立大学虽在总量上不多，但在各省、区的具体分布上基本呈现为"扁平化结构分布格局"，即大部分省、区至少有一所国立大学，且未出现明显的两极分化现象。一直持续办学至今的非教育部直属大学如西北大学、河南大学、山西大学、安徽大学、云南大学、广西大学、贵州大学等在民国时期均是国立大学。

我国大陆地区幅员辽阔，人口众多，人口最少的省、区也有 500 多万人，从道理上说应在每个省、区设立教育部直属高校。当今我国以教育部直属高校为代表的优质高等教育资源集中分布在东部沿海发达省、市，中西部内陆省（除湖北和陕西以外）、区则相当匮乏，大多处于中等偏下水平。显然，这种非均衡的优质高等教育资源分布状态，在事实上严重影响着高考资源的分配，以及国家人力资源结构的平衡。从长远考虑，要实现我国教育公平与高考公平，特别是国家西部大开发与中部崛起战略，必须逐步走向优质高等教育资源的均衡化。

但是教育部直属高校布局调整非常难。20 世纪 50 年代的院系调整之所以能够推行，跟通过强硬的行政手段推进有着密切关系，以现在的社会现实条件来看，已经很不容易进行学校整体搬迁了。因此，现今优质高等教育资源"再平衡"，主要应考虑另辟蹊径，最好并可行的办法就是在没有教育部直属高校的河南、河北、江西、山西、贵州、广西、海南、云南、内蒙古、宁夏、青海、新疆、西藏 13 个省、区各设 1 所教育部直属高校。

这一重大举措至少有三大利好：一是在微观上可以促进教育公平，尤其是高校招生考试公平，大大缓解区域间的高考竞争压力，减轻部属高校招生属地化造成的负面影响，直接满足部分省、区对优质高等教育资源的现实诉求；二是在中观上可以较快地相对平衡优质高等教育资源两极分化的现象，促进教育资源的均衡化与教育公共服务均等化进程，顺应民意，功在当代，利在千秋；三是在宏观上对促进国家整体教育水平的提升，特别是中西部人力资源开发，加快西部开发与中部崛起战略的实现，包括对增强 13 个省、区广大民众对中央政府的向心力、巩固多民族国家的统一都具有重大而深远的意义。

　　将教育部直属高校设置到所有省、区，具体实施可以有两种办法：其一是最好在认真筹划的基础上一步到位，一次性在 13 个省、区全部设立；其二是，如果考虑高校实际办学水平不同，不宜一次性全部设立，则可在将会分布至所有省、区的总体规划下，分期分批设立教育部直属高校，一些人口众多、已有"211 工程"大学实力较强的省、区，先期设立，其他省、区逐步设立，一般以分两批设立为宜。如果中央财政确有困难，也可借鉴建设"985 工程"和"211 工程"，以及省部共建大学的做法，由地方与中央分担经费，逐步过渡到主要或全部由中央财政投入。

教育学刊物级别：
不同高校评价与取舍的差异分析 *

在当今中国，发表学术论文是高等学校教师考核和晋升的最重要指标之一。各类刊物林林总总，五花八门，而高等学校尤其是本科院校最看重的还是核心刊物，包括南京大学中国社会科学研究评估中心研制的《中文社会科学引文索引》（CSSCI）刊物，以及北京大学图书馆等研制的《中文核心期刊目录》中的刊物。在各类中文核心期刊中，多数高校还分出各种级别，如按一类、二类，一级、二级，A类、B类，权威、核心刊物等来区分。虽然各高校对刊物的级别区分有共通之处，然而，不同高校对同属核心刊物的级别认定存在着许多差异。在高校教师和研究生中，大家经常议论在什么级别的刊物上发表论文最有用，在什么刊物上发表论文不顶用，已成为考察核心刊物学术地位的重要视角，但迄今没有人对这种现象作过系统梳理和学术探讨。本文以教育学刊物级别为例，采用实证研究方法，对不同高校对刊物的评价与取舍的差异进行分析。

---

* 本文发表于《教育研究》2015 年第 1 期，与程伟合作。

一、主要高校对教育学刊物级别的认定

对刊物进行分级是高等学校尤其是本科院校学术评价和科研管理的重要方式。我国刊物种类和数量庞大，各类刊物质量及刊载论文水平参差不齐。根据国家新闻出版广电总局公布的统计数据，2012 年全国共出版各类期刊 9867 种，仅文化、教育类期刊就有 1350 种①。依据武汉大学中国科学评价中心对刊物的分类标准，教育学学术期刊也有 213 种②。面对种类繁多、水平不一的刊物，多数高校科研管理部门为改进学术评价工作，提高科研管理效率，通常按照一定的标准，采用刊物分级的方式，对刊载论文的学术水平进行评价，据此作为本校职称评审、科研奖励、学位申请、项目申报等评估的重要依据。

各高校对中文学术刊物级别认定大致有以下两种做法。一是采用某一种、两种或两种以上国内权威机构遴选的核心期刊作为本校核心期刊目录，以此评价和考核本校发表论文的学术水平。部分高校采用南京大学中国社会科学研究评估中心研制的 CSSCI 来源期刊、北京大学图书馆研制的《中文核心期刊要目总览》、中国社会科学院文献信息中心研制的《中国人文社会科学核心期刊要览》等，不再将刊物具体分级。这类高校不多，以北京大学、中国人民大学为代表。③ 二是在参照上述各种中文核心期刊体系的基础上，由本校各学科单位按照一定的标准，对同属某一种或几种核心期刊体系提出并由学校统一定出各种级别，据此，对本校发表论文的学术水平实行分级评价与管理。这种做法因操作简便且可兼顾不同高校的实际情况，目前得到大多数高校科研管理部门的认可和采用。

为深入考察和分析采用后一种做法的高校对学术刊物级别的认定情况，找出影响这些高校决定刊物等级的取舍因素和规律，本文选取教育

---

① http://www.ppsc.gov.cn/tjsj/201309/t20130902_145159.html

② 邱均平、燕今伟、刘霞等：《中国学术期刊评价研究报告》(2013—2014)，《RCCSE 权威、核心期刊排行榜与指南》，北京：科学出版社，2013 年，第 55 页。

③ 《中国人民大学核心期刊目录(2011 修订)》说明："学校核心期刊不分级，各学院可根据学科特点及学术界公认的原则对本学院所涉相关学科核心期刊进行分级并报学校备案。"

学刊物为对象进行研究。由于 20 世纪 50 年代初高校院系调整后很长时期，只有师范院校才有教育学科，当今大多数师范院校也都有教育学科，且最强的教育学科还是在师范院校，因此本文按师范类与非师范类两类高校分别列表进行考察。笔者选取 28 所主要师范类高校（大多数是部属或省属师范大学）、32 所非师范类重点高校（均为"985 工程"或"211工程"高校），共计 60 所设有教育学科的高校作为研究对象。由于不同取样的高校对教育学刊物①等级划分及所定名称并不统一，如分为特类、一类、二类，最优、一级、二级，A 类、B 类、C 类，权威、核心刊物等，有的高校还在各类中再列出两档，不一而足。考虑到不同高校之间的可比性，本文按照各高校对教育学刊物实质性的等级次序，将其归为甲级、乙级、丙级三个高低不同的层次，高校排序依据 2012 年全国高校教育学一级学科评估排名。（见表 1、表 2）

表 1　师范类高校教育学刊物分类统计表

学校名称	刊物等级与名称		
	甲级刊物	乙级刊物	丙级刊物
北京师范大学	《教育研究》	《北京大学教育评论》《高等教育研究》《比较教育研究》《教师教育研究》《教育学报》《课程·教材·教法》《华东师范大学学报（教育科学版）》	
华东师范大学	《教育研究》	甲级之外的 CSSCI 来源期刊	
南京师范大学	《教育研究》《华东师范大学学报（教育科学版）》《教育研究与实验》	《高等教育研究》《电化教育研究》《比较教育研究》《教师教育研究》《教育发展研究》《教育学报》《课程·教材·教法》《中国特殊教育》《学前教育研究》《中国大学教学》《高等理科教育》	

---

①　本研究主要考察教育学一次文献的学术性刊物，所有二次检索类刊物均不列入本研究范畴。

学校名称	刊物等级与名称		
	甲级刊物	乙级刊物	丙级刊物
东北师范大学	《教育研究》《课程·教材·教法》	《学位与研究生教育》《中国大学教学》《高等教育研究》《教育理论与实践》《教育研究与实验》《教师教育研究》《教育发展研究》《中国电化教育》《电化教育研究》《中国教育学刊》《比较教育研究》	甲级和乙级之外的CSSCI来源期刊、扩展版来源期刊来源集刊中的教育学刊物
华中师范大学	《教育研究》	《课程·教材·教法》《教育发展研究》《中国教育学刊》《中国电化教育》	《华东师范大学学报（教育科学版）》《比较教育研究》《高等教育研究》《电化教育研究》《教育与经济》《教育研究与实验》《中国特殊教育》
首都师范大学	《教育研究》	《北大教育评论》《教育学报》《华东师范大学学报（教育科学版）》	
华南师范大学	《教育研究》	《北京大学教育评论》《高等教育研究》《电化教育研究》《开放教育研究》《中国电化教育》《比较教育研究》《华东师范大学学报（教育科学版）》《教育研究与实验》《教育发展研究》《课程·教材·教法》	甲级和乙级之外的CSSCI来源期刊、《外国教育研究》《人民教育》《基础教育参考》《中小学德育》《中小学教育》
上海师范大学	《教育研究》	《高等教育研究》《课程·教材·教法》	《中国教育学刊》《全球教育展望》《比较教育研究》《中国特殊教育》《现代教育技术》《教师教育研究》
陕西师范大学	《教育研究》《高等教育研究》《华东师范大学	甲级之外的CSSCI来源期刊刊目录中的教育学刊物	

学校名称	刊物等级与名称		
	甲级刊物	乙级刊物	丙级刊物
	学报（教育科学版）《电化教育研究》		
西北师范大学	《教育研究》《高等教育研究》	《课程·教材·教法》《清华大学教育研究》《比较教育研究》《教育与经济》《教师教育研究》《教育发展研究》	甲级和乙级之外的CSSCI来源期刊中的教育学刊物
山东师范大学	《教育研究》	CSSCI来源期刊和来源集刊中的教育学刊物	
辽宁师范大学	《教育研究》《中国教育学刊》《中国高等教育》《电化教育研究》《中国特殊教育》《学前教育研究》《比较教育研究》	《教育理论与实践》《全球教育展望》《中国高教研究》《高等教育研究》《华东师范大学学报（教育科学版）《教育学报》《学位与研究生教育》《教育与职业》《教育科学》《教育研究与实验》《教育评论》《教育与经济》《外国教育研究》《清华大学教育研究》	
沈阳师范大学	《教育研究》	《高等教育研究》《中国教育学刊》《华东师范大学学报（教育科学版）《比较教育研究》《教育研究与实验》《教师教育研究》	《课程·教材·教法》《中国高等教育》《全球教育展望》《外国教育研究》《外国中小学教育》《学前教育研究》《中国电化教育》《电化教育研究》《教育科学》《教育理论与实践》《教育评论》《教育与经济》《清华大学教育研究》《上海教育科研》《高等理科教育》《高等工程教育研究》《教育发展研究》《学位与研究生

学校名称	刊物等级与名称		
	甲级刊物	乙级刊物	丙级刊物
			教育》《中国大学教学》《江苏高教》《中国高教研究》《中国特殊教育》《中国职业技术教育》《教育与职业》
哈尔滨师范大学	《教育研究》	《中国教育学刊》《中国电化教育》《比较教育研究》《中国高教研究》《教育学报》《教师教育研究》《教育研究与实验》《中国特殊教育》《北京大学教育评论》《课程·教材·教法》	《理论与实践》《教育科学》《教育评论》《中国高等教育》《外国教育研究》《电化教育研究》《清华大学教育研究》《学前教育研究》《开放教育研究》《教育发展研究》《学位与研究生教育》《中国大学教学》《高等教育研究》《民族教育研究》
广西师范大学	《教育研究》《高等教育研究》《北京大学教育评论》《电化教育研究》	《中国电化教育》《清华大学教育研究》《华东师范大学学报（教育科学版）》《比较教育研究》《教育与经济》《教师教育研究》《开放教育研究》《教育发展研究》《教育研究与实验》	
杭州师范大学	《教育研究》	《高等教育研究》《比较教育研究》《教育发展研究》《高等工程教育研究》《中国高教研究》	
安徽师范大学	《教育研究》《高等教育研究》《中国教育学刊》《华东师范大学学报（教育科学版）》《比较	《教师教育研究》《教育研究与实验》《中国特殊教育》	

学校名称	刊物等级与名称		
	甲级刊物	乙级刊物	丙级刊物
	教育研究》《中国电化教育》《课程·教材·教法》《中国高教研究》		
重庆师范大学	《教育研究》	《电化教育研究》《中国教育学刊》《高等教育研究》《课程·教材·教法》《比较教育研究》《学前教育研究》《中国特殊教育》	《教育史研究》《教育理论与实践》《教育研究与实验》《教育评论》《外国教育研究》《华东师范大学学报（教育科学版）》《教师教育研究》《教育学报》
湖南师范大学	《教育研究》	《高等教育研究》《北京大学教育评论》《电化教育研究》《教师教育研究》《课程·教材·教法》《学前教育研究》《华东师范大学学报（教育科学版）》《比较教育研究》《中国教育学刊》	甲级和乙级之外的CSSCI来源刊物、扩展版来源期刊中认定的教育学刊物
福建师范大学	《教育研究》《高等教育研究》《课程·教材·教法》	《中国教育学刊》《教育研究与实验》《学前教育研究》《中国高教研究》《北京大学教育评论》《电化教育研究》《中国远程教育》《比较教育研究》《全球教育展望》《教育史研究》《教育发展研究》《中国成人教育》《中国职业技术教育》《中国特殊教育》《教育与经济》《教师教育研究》《教育学报》《教育理论与实践》《中国大学教学》《中国电化教育》	甲级和乙级之外的CSSCI来源期刊目录中的教育学刊物

学校名称	刊物等级与名称		
	甲级刊物	乙级刊物	丙级刊物
河南师范大学	《教育研究》《教师教育研究》	《中国教育学刊》《课程·教材·教法》《高等教育研究》《中国电化教育》《教育与经济》《教育理论与实践》《比较教育研究》《电化教育研究》	
天津师范大学	《教育研究》	《课程·教材·教法》《高等教育研究》	
四川师范大学	《教育研究》《华东师范大学学报（教育科学版）》	《中国教育学刊》《高等教育研究》《中国高等教育》《课程·教材·教法》《教育理论与实践》《教育评论》《比较教育研究》《教师教育研究》《教育与经济》《电化教育研究》《中国电化教育》	
浙江师范大学	《教育研究》	《北京大学教育评论》《高等教育研究》《电化教育研》《清华大学教育研究》《比较教育研究》《华东师范大学学报（教育科学版）》《教师教育研究》《教育发展研究》《课程·教材·教法》	甲等和乙等之外的 CSSI 来源期刊中的教育学刊物、《幼儿教育（教育科学版）》《学前教育研究》《中国职业技术教育》
河北师范大学	《教育研究》	《高等教育研究》《华东师范大学学报（教育科学版）》《比较教育研究》《教师教育研究》《课程·教材·教法》《北京大学教育评论》《全球教育展望》	《教育发展研究》《电化教育研究》《清华大学教育研究》《教育与经济》《中国电化教育》《教育科学研究》《教育理论与实践》《中国高等教育》《教育科学》《外国教育研究》《现代教育技术》《中国高教

学校名称	刊物等级与名称		
	甲级刊物	乙级刊物	丙级刊物
			研究》《现代大学教育》《中国教育学刊》《江苏高教》《教育学报》《高等工程教育研究》《教育科学研究》《学前教育研究》
江西师范大学	《教育研究》《高等教育研究》《课程·教材·教法》《电化教育研究》	甲级之外的 CSSCI 来源期刊和来源集刊	北大版中文核心期刊中的教育学刊
曲阜师范大学	《教育研究》《比较教育研究》《高等教育研究》《课程·教材·教法》《电化教育研究》《教育学报》《华东师范大学学报（教育科学版）》	甲级之外的 CSSCI 来源期刊中的教育学刊物	
山西师范大学	《教育研究》	《高等教育研究》《课程·教材·教法》《电化教育研究》	《比较教育研究》《教师教育研究》《中国教育学刊》《中国电化教育》《中国高等教育》《现代教育技术》《北京大学教育评论》《学位与研究生教育》《中国高教研究》《学前教育研究》《中国教育信息化》

表 2　非师范类高校教育学刊物分类统计表

学校名称	刊物等级与名称		
	甲级刊物	乙级刊物	丙级刊物
浙江大学	《教育研究》	《比较教育研究》《高等教育研究》《高等工程教育研究》《教育发展研究》	甲级和乙级之外的CSSCI来源期刊中的教育学刊物
厦门大学	《教育研究》《高等教育研究》	《北京大学教育评论》《比较教育研究》	甲级和乙级之外的CSSCI来源期刊和来源集刊中的教育学刊物
西南大学	《教育研究》	《高等教育研究》《中国教育学刊》《比较教育研究》《教育学报》《课程·教材·教法》《电化教育研究》	
清华大学	《教育研究》《高等教育研究》	《清华大学教育研究》《学位与研究生教育》	甲级和乙级之外的CSSCI来源期刊中的教育学刊物、北大版中文核心期刊中的教育学刊物
华中科技大学	《教育研究》《高等教育研究》《比较教育研究》《中国教育学刊》《高等工程研究》	《教学与研究》《学位与研究生教育》	《北京大学教育评论》《电化教育研究》《高教探索》《黑龙江高教研究》《江苏高教》《教育发展研究》《教育理论与实践》《教育评论》《教育研究与实验》《教育与经济》《清华大学教育研究》《现代大学教育》《现代教育科学（高教研究）》《中国高等教育》《中国高教研究》《中国远程教育》
苏州大学	《教育研究》《高等教育研究》	《北京大学教育评论》《电化教育研究》《华东师范大学学报（教育科学版）》《比较教育研究》《清华大学教育研究》《教师教育研究》《教育与经济》《教育	甲级和乙级之外的CSSCI来源期刊中的教育学刊物、《外国教育研究》《高教发展与评估》

学校名称	刊物等级与名称		
	甲级刊物	乙级刊物	丙级刊物
		理论与实践》《课程·教材·教法》	
复旦大学	《教育研究》《高等教育研究》《现代大学教育》《清华大学教育研究》	《上海教育科研》《中国教育学刊》《教育与经济》《教育评论》《外国教育研究》《中国高等教育》《教育发展研究》《江苏高教》《比较教育研究》《学位与研究生教育》《高等工程教育研究》《华东师范大学学报（教育科学版）》《高教探索教师教育研究》《现代教育科学（高教研究）》《中国高教研究》《复旦教育论坛》《北京大学教育评论》《全球教育展望》《中国大学教学》《课程·教材·教法》《新课程研究》	
上海交通大学	《教育研究》《高等教育研究》《中国高等教育》	甲级之外的 CSSCI 来源期刊中的教育学刊物	
同济大学	《教育研究》《比较教育研究》	《高等教育研究》《电化教育研究》《华东师范大学学报（教育科学版)》《中国大学教学》《教师教育研究》《教育与经济》《教育理论与实践》《教育发展研究》《学位与研究生教育》《外国教育研究》	
中山大学	《教育研究》	《高等教育研究》《中国高等教育》	甲级和乙级之外的 CSSCI 来源期刊中的教育学刊物
武汉大学	《教育研究》	《高等教育研究》《北京大学教育评论》	甲级和乙级之外的 CSSCI 来源期刊中的教育学刊物

学校名称	刊物等级与名称		
	甲级刊物	乙级刊物	丙级刊物
吉林大学	《教育研究》	《高等教育研究》《北京大学教育评论》《电化教育研究》《华东师范大学学报（教育科学版）》《比较教育研究》《清华大学教育研究》《教育与经济》《教育发展研究》《中国高等教育》	甲级和乙级之外的CSSCI来源期刊和来源集刊中的教育学刊物
中南大学	《教育研究》《高等教育研究》	《北京大学教育评论》《比较教育研究》《教育发展研究》《中国高教研究》	
重庆大学	《教育研究》《北京大学教育评论》	《高等教育研究》《电化教育研究》《比较教育研究》《教育与经济》《中国高等教育》《教师教育研究》《学位与研究生教育》《课程·教材·教法》	甲级和乙级之外的CSSCI来源期刊中的教育学刊物
兰州大学	《教育研究》《北京大学教育评论》《高等教育研究》《电化教育研究》《清华大学教育研究》《开放教育研究》《中国电化教育》	《比较教育研究》《华东师范大学学报（教育科学版）》《教育与经济》《高等工程教育研究》《中国高等教育》《教师教育研究》《教育研究与实验》《教育发展研究》《教育学报》《远程教育杂志》《中国高教研究》	甲级和乙级之外的CSSCI来源期刊中的教育学刊物
中国海洋大学	《教育研究》	《北京大学教育评论》《高等教育研究》《电化教育研究》	甲级和乙级之外的CSSCI来源期刊中的教育学刊物
大连理工大学	《教育研究》《高等教育研究》《中国高教研究》	《北京大学教育评论》《中国大学教学》《中国高等教育》《教育与经济》《教育发展研究》《清华大学教育研究》《华东师范大学学报（教育科学版）》《高等工程教育研究》《教育科学》	

302

学校名称	刊物等级与名称		
	甲级刊物	乙级刊物	丙级刊物
		《学位与研究生教育》《比较教育研究》《江苏高教》《现代大学教育》《外国教育研究》《国家教育行政学院学报》	
西北工业大学	《教育研究》	《北京大学教育评论》《高等教育研究》《清华大学教育研究》《比较教育研究》《中国高等教育》《教师教育研究》《中国高教研究》	甲级和乙级之外的CSSCI来源期刊中的教育学刊物
哈尔滨工业大学	《教育研究》《高等教育研究》《比较教育研究》《教学与研究》《中国高教研究》《中国高等教育》《中国大学教学》《学位与研究生教育》	《华东师范大学学报（教育科学版）》《北京大学教育评论》《清华大学教育研究》《外国教育研究》《中国教育学刊》	甲级和乙级之外的CSSCI来源期刊和扩展版来源期刊中的教育学刊物
华南理工大学	《教育研究》	《高等工程教育》《学位与研究生教育》《电化教育研究》《高等教育研究》《比较教育研究》《中国高等教育》	
北京交通大学	《中国高教研究》	甲级之外的CSSCI来源期刊目录中的教育学刊物	未进入CSSCI来源期刊的北大版中文核心期刊中的教育学刊物
上海财经大学	《教育研究》	甲级之外的CSSCI来源刊物中的教育学刊物	
西北大学	《教育研究》《中国高等教育》	甲级之外的CSSCI来源期刊中的教育学刊物	中国社会科学院《中国人文社会科学核心期刊要览》中的教育学刊物

续表

学校名称	刊物等级与名称		
	甲级刊物	乙级刊物	丙级刊物
福州大学	《教育研究》《高等教育研究》《北京大学教育评论》《高等工程教育研究》《教师教育研究》《教育发展研究》《清华大学教育研究》《学位与研究生教育》《中国大学教学》	甲级之外的 CSSCI 收录来源期刊和北大版中文核心期刊中的教育学刊物、《高等理科教育》《高校后勤研究》《教育财会研究》《研究生教育研究》《中国成人教育》	
南京农业大学	《教育研究》《高等教育研究》	《北京大学教育评论》《比较教育研究》《教学与研究》《教育发展研究》《教育科学》《教育研究与实验》《教育与经济》《高教探索》《中国高等教育》《中国高教研究》《清华大学教育研究》《全球教育展望》	《电化教育研究》《大学教育科学》《华东师范大学学报（教育科学版）》《教师教育研究》《教育学报》《研究生教育研究》《江苏高教》《开放教育研究》《外国教育研究》《现代大学教育》《中国电化教育》《中国特殊教育》
安徽大学	《教育研究》	《高等教育研究》《教学与研究》	甲级和乙级之外的 CSSCI 来源期刊中的教育学刊物
中南财经政法大学	《教育研究》	《高等教育研究》《中国高教研究》	甲级和乙级之外的 CSSCI 来源期刊中的教育学刊物
华中农业大学	《教育研究》《高等教育研究》《中国高教研究》《中国高等教育》	甲级之外的 CSSCI 来源刊物中的教育学刊物	
暨南大学	《教育研究》《高等教育研究》	甲级之外的 CSSCI 来源期刊、扩展版来源期刊中的教育学刊物	未进入 CSSCI 来源期刊的北大版中文核心期刊的教育学刊物

学校名称	刊物等级与名称		
	甲级刊物	乙级刊物	丙级刊物
四川农业大学	《教育研究》《中国高等教育》《学位与研究生教育》《中国远程教育》《中国教育信息化》	甲级之外的北大版中文核心期刊中的教育学刊物	
延边大学	《教育研究》	《高等教育研究》《北京大学教育评论》《电化教育研究》《华东师范大学学报(教育科学版)》《比较教育研究》《清华大学教育研究》《教育与经济》《教育发展研究》《中国高等教育》	
贵州大学	《教育研究》	《中国高等教育》《中国高教研究》	

通过比较分析这些高校对教育学刊物级别的认定情况，发现取样高校对教育学刊物的认定存在以下几个方面的特征。

其一，从总体上看，高校认可的教育学刊物呈现比较分散的分布状态。60所取样高校认可的甲、乙、丙三个等级的教育学刊物分别为26种、49种、55种，除去等级间相互重叠的刊物，一共有69种教育学刊物得到认可。其中，在甲级刊物中，有10种刊物仅仅被1所高校认定为最高级的刊物，被2所以上高校认可的刊物有16种；在乙级刊物中，仅被1所高校认可的刊物有12种，被2所以上高校认可的刊物有37种；在丙级刊物中，仅被1所高校认可的刊物达21种，被2所以上高校认可的刊物有34种。在此，我们仅将被2所及以上高校认可的教育学刊物列表(见表3)。取样高校认可的教育学刊物在等级内呈现比较分散的状态分布和等级间的重叠性，一方面说明教育学科的学术话语和规范性存在着相对弱一致性的特征，同时也印证了高校对教育学刊物级别认可存在着差异的论断。

表 3 被 2 所及以上高校认可的教育学刊物分类统计表

级别	刊物名称	高校数	刊物名称	高校数
甲级	《教育研究》	59	《高等教育研究》	22
	《中国高等教育》	7	《比较教育研究》	6
	《电化教育研究》	6	《华东师范大学学报（教育科学版）》	5
	《课程·教材·教法》	5	《北京大学教育评论》	4
	《中国高教研究》	4	《学位与研究生教育》	3
	《清华大学教育研究》	3	《中国教育学刊》	3
	《中国大学教学》	2	《高等工程教育研究》	2
	《中国电化教育》	2	《教师教育研究》	2
乙级	《高等教育研究》	29	《比较教育研究》	29
	《北京大学教育评论》	20	《课程·教材·教法》	19
	《教师教育研究》	19	《教育发展研究》	18
	《华东师范大学学报（教育科学版）》	17	《电化教育研究》	16
	《教育与经济》	15	《清华大学教育研究》	12
	《中国教育学刊》	12	《中国高等教育》	12
	《中国高教研究》	11	甲级之外的 CSSCI 来源期刊中的教育学期刊	11
	《教育研究与实验》	10	《学位与研究生教育》	9
	《中国电化教育》	8	《教育学报》	8
	《教育理论与实践》	7	《高等工程教育研究》	6
	《中国大学教学》	6	《外国教育研究》	5
	《中国特殊教育》	5	《全球教育展望》	5
	《学前教育研究》	4	《教学与研究》	3
	《教育科学》	3	《教育评论》	3
	《教育与职业》	2	甲级之外的 CSSCI 来源集刊中的教育学期刊	2
	《高教探索》	2	《高等理科教育》	2

级别	刊物名称	高校数	刊物名称	高校数
	《江苏高教》	2	北大中文核心期刊要目总览中的教育学期刊	2
	《远程教育杂志》	2	《开放教育研究》	2
	《中国成人教育》	2		
丙级	甲级和乙级之外的CSSCI来源期刊中的教育学期刊	20	《电化教育研究》	6
	《外国教育研究》	6	《中国高等教育》	5
	《学前教育研究》	5	《教育理论与实践》	5
	未进入CSSCI来源期刊的北大中文核心期刊教育学期刊	4	《中国电化教育》	4
	《中国特殊教育》	4	《教师教育研究》	4
	《中国高教研究》	4	《江苏高教》	4
	《清华大学教育研究》	4	《教育与经济》	4
	《教育评论》	4	《中国教育学刊》	3
	《比较教育研究》	3	《教育科学》	3
	甲级和乙级之外的CSSCI扩展版来源期刊	3	《华东师范大学学报（教育科学版)》	3
	《教育研究与实验》	3	《教育学报》	3
	《教育发展研究》	3	《学位与研究生教育》	3
	甲级和乙级之外的CSSCI来源集刊中的教育学期刊	3	《现代大学教育》	3
	《中国职业技术教育》	2	《开放教育研究》	2
	《中国大学教学》	2	《高等教育研究》	2
	《全球教育展望》	2	《高等工程教育研究》	2
	《北京大学教育评论》	2	《现代教育技术》	2

其二，从各等级内部来看，高校对部分教育学刊物的认可存在一定的集聚现象。这在被认定的教育学甲级和乙级刊物中表现得最为明显。由表3可知，在甲级刊物中，被取样高校集中认可的教育学刊物主要是《教育研究》和《高等教育研究》。其中，认可《教育研究》的高校最多，高

达 59 所，占取样高校的 98.33%，这充分说明《教育研究》是教育学刊物中最具影响的中文核心刊物。其次是《高等教育研究》，达到 22 所，占取样高校的 36.67%。而认可《中国高等教育》的高校仅有 7 所，其后的教育学刊物被认可的高校数逐渐减少。在丙级刊物中，得到认可最多的是除甲级和乙级之外的 CSSCI 来源期刊中的教育学期刊，高达 20 所，占取样高校的 1/3，而其他教育学刊物被认可的高校数则相对较少。并且从总体来看，69 种被认可的教育学刊物大多为 CSSCI 来源期刊或北京大学中文核心期刊。总之，高校认可的教育学刊物的来源总体上存在向南京大学中国社会科学研究评估中心和北京大学图书馆研制的中文核心期刊聚集的趋势，等级内存在向某几种权威刊物集聚的现象。

其三，从高校类型来看，师范类与非师范类高校总体上对教育学刊物认可存在一定的差异。这在高校认定的教育学刊物三个级别中均有所表现，其中，以甲级和乙级刊物表现得最为明显。从甲级刊物来看，师范类高校一般倾向于认可教育综合类、比较教育学类、教育技术学类等侧重基础教育研究的刊物作为最高级别，而非师范类高校则一般将高等教育学类刊物作为最高级别。在乙级刊物中，除了《高等教育研究》和《中国大学教学》在师范类高校中被认可的比例略高于在非师范类中被认可的比例，其他高等教育学类刊物凡在甲级中被非师范类高校认可的比例依然高于师范类高校，而师范类高校对教育学刊物类别的认可同甲级刊物中认可情况基本上是一致的。（见表 4）尤其需要指出的是，在最高级别刊物中有 10 种教育学刊物仅被 1 所高校认可，而这些高校的类型呈现出多样化的特征。（见表 5）这在一定程度上说明不同高校之间对教育学最高级别刊物的认可确实存在明显的差异。

表 4　不同类型高校认可的教育学刊物分类统计表

刊物名称	甲级刊物				乙级刊物			
	师范类高校数	占所在类型的比例	非师范类高校数	占所在类型的比例	师范类高校数	占所在类型的比例	非师范类高校数	占所在类型的比例
《中国高等教育》	1	3.57%	6	18.75%	1	3.57%	11	34.38%
《北京大学教育评论》	1	3.57%	3	9.38%	8	28.57%	12	37.50%

刊物名称	甲级刊物				乙级刊物			
	师范类高校数	占所在类型的比例	非师范类高校数	占所在类型的比例	师范类高校数	占所在类型的比例	非师范类高校数	占所在类型的比例
《中国高教研究》	0	0	4	12.50%	4	14.29%	7	21.88%
《学位与研究生教育》	0	0	3	9.38%	2	7.14%	7	21.88%
《清华大学教育研究》	0	0	3	9.38%	4	14.29%	8	25.00%
《高等工程教育研究》	0	0	2	6.25%	1	3.57%	5	15.63%
《现代大学教育》	0	0	1	3.13%	0	0	1	3.13%
《中国大学教学》	0	0	2	6.25%	3	10.71%	3	9.38%
《高等教育研究》	7	25%	15	46.88%	16	57.14%	13	40.63%
《华东师范大学学报(教育科学版)》	5	17.86%	0	0	9	32.14%	8	25.00%
《中国教育学刊》	2	7.14%	1	3.13%	9	32.14%	3	9.38%
《课程·教材·教法》	5	17.86%	0	0	15	53.5%	4	12.50%
《电化教育研究》	5	17.86%	1	3.13%	10	35.71%	7	21.88%
《比较教育研究》	3	10.71%	3	9.38%	1	3.57%	13	40.63%
《中国特殊教育》	1	3.57%	0	0	5	17.85%	0	0
《中国电化教育》	1	3.57%	1	3.13%	8	28.57%	0	0

续表

刊物名称	甲级刊物				乙级刊物			
	师范类高校数	占所在类型的比例	非师范类高校数	占所在类型的比例	师范类高校数	占所在类型的比例	非师范类高校数	占所在类型的比例
《教育研究与实验》	1	3.57%	0	0	8	28.57%	2	6.25%
《学前教育研究》	1	3.57%	0	0	4	14.29%	0	0
《教师教育研究》	1	3.57%	1	3.13%	13	46.43%	6	18.75%
《教育学报》	1	3.57%	0	0	6	21.43%	2	6.25%
《教育研究与实验》	1	3.57%	0	0	5	17.86%	2	6.25%
《教学与研究》	0	0	1	3.13%	0	0	3	9.38%
《中国远程教育》	0	0	1	3.13%	1	3.57%	1	3.13%
《开放教育研究》	0	0	1	3.13%	2	7.14%	0	0
《教育发展研究》	0	0	1	3.13%	9	32.14%	9	28.13%

表5　甲级刊物中仅被1所高校认可的教育学刊物

刊物名称	学校名称	刊物名称	学校名称
《中国特殊教育》	辽宁师范大学	《开放教育研究》	兰州大学
《教育学报》	曲阜师范大学	《教育研究与实验》	南京师范大学
《中国远程教育》	华中农业大学	《现代大学教育》	复旦大学
《教学与研究》	哈尔滨工业大学	《学前教育研究》	辽宁师范大学
《中国教育信息化》	华中农业大学	《教育发展研究》	福州大学

二、影响高校决定刊物级别的取舍因素

通过以上分析，发现高校对教育学刊物级别认定存在着某些共性和差异。为进一步分析影响高校决定刊物级别的取舍因素，尝试性地揭示高校对学术刊物认可的机制和特征，以便对当前高校内部学术评价制度的合理性与合法性依据做出分析和判断，本文在此就影响高校决定刊物级别的一些关键性因素进行分析与考察。

（一）高校刊物级别认定与刊物主办单位和刊名的关系分析

迄今为止，我国职能部门虽然并未按照刊物主办单位的级别对学术刊物进行定级，但学术期刊主办单位在国际国内的学术地位，在很大程度上决定其主办的学术期刊的水平和档次。[①] 从上述高校对教育学刊物的认可情况来看，在甲级刊物中被 3 所及以上高校认可的刊物，主办单位通常为教育研究某一领域的权威机构，这些机构一般是中国教育科学研究院、国家一级教育学会或教育研究实力雄厚的科研院校。比如，几乎被取样高校公认的教育学权威刊物《教育研究》，主办单位即为中国教育科学研究院，居于第二位的《高等教育研究》，主办单位是中国高等教育学会高等教育专业委员会和华中科技大学。其后的 10 种教育学刊物，3 种是国家一级教育学会主办，2 种是国家一级教育学会和名牌或重点师范类大学联合主办，3 种为中国名牌大学或名牌师范大学主办，2 种为教育类权威出版机构主办。（见表 6）

表 6　甲级中被 3 所及以上高校认可的教育学刊物主办单位表

刊物名称	主办单位	高校数
《教育研究》	中央教育科学研究院	59
《高等教育研究》	华中科技大学、中国高等教育学会高等教育专业委员会	22
《中国高等教育》	中国教育报刊社	7
《比较教育研究》	北京师范大学（兼作中国比较教育学会会刊）	6
《电化教育研究》	中国电化教育研究会、西北师范大学	6
《华东师范大学学报（教育科学版）》	华东师范大学	5
《课程·教材·教法》	人民教育出版社课程教材研究所	5

---

① 尹玉吉：《学术期刊级别划分问题探讨》，《中国人民大学学报》1994 年第 4 期。

刊物名称	主办单位	高校数
《北京大学教育评论》	北京大学	4
《中国高教研究》	中国高等教育学会	4
《中国教育学刊》	中国教育学会	3
《学位与研究生教育》	国务院学位委员会	3
《清华大学教育研究》	清华大学	3

权威的教育研究或出版机构由于聚集了一批高水平的专家学者和编辑人才，决定了刊物的高水平。比如，中国教育科学研究院主办的《教育研究》，可以说是该研究机构学术影响和编辑水平的集中反映。《教育研究》杂志创办于 1979 年，是我国改革开放后创办的第一份教育理论刊物，作为全国独一无二的教育学最高刊物，吸引了国内优秀学者的代表性论文。从影响因子来看，《教育研究》遥遥领先于其他教育学类的刊物。在中国教育学界，很少有一流学者从未在《教育研究》发表过学术论文的，或者反过来说，从未在《教育研究》发表过学术论文的人很难成为一流学者。[1] 这也是《教育研究》能够成为教育学最高学术刊物并为国内高校普遍认可的重要原因。此外，从表 6 来看，有些教育学刊物的名称直接采用教育学一级学科、某二级学科或某一研究领域的名称，譬如，《教育研究》《高等教育研究》《比较教育研究》《电化教育研究》《学位与研究生教育》等。由于主办单位的权威性和国家规定刊名的排他性，这些刊物的命名从某种意义上讲，已经表明并有助于它们成为这一学科或领域的权威学术刊物。加上这些刊物大多是国家一级教育学会主办的会刊，对多数高校确定其为高级别刊物产生了较大的影响。

（二）高校刊物级别认定与刊物载发数量与质量间的相关性分析

从理论上讲，刊物之所以能够得到高校认可并被认定为不同的级别，依据的应该主要是刊物载发论文的质量和数量。目前衡量和评价刊物质量与水平的指标很多，在此，我们仅选取最有可能影响高校决定刊物级别的几个关键指标，以此检验和分析高校刊物级别认定与刊物质量

---

① 刘海峰：《倾听教育研究之花开放的声音》，《中国教育报》2012 年 3 月 9 日。

间是否存在一致性。这里主要考察如下五个变量：来源刊物的载文量
（2013 年来源刊物刊载的全部论文数）、总被引用频次（某刊物自创刊以
来所刊载的全部论文在统计当年被引用的总次数）、影响因子（某刊物前
两年刊载的论文在评价当年的被引用次数除以该刊物在前两年内刊载的
论文总数）、机构分布数（某刊物论文的作者所涉及的机构数）、基金论
文比（某刊物中各类基金资助的论文占全部论文的比例）。

通过对刊物被高校认定数与上述五个变量间的相关性分析，分析结
果显示，刊物被高校认可数与刊物总被引用频次及影响因子间存在显著
相关，这种显著相关性在三个等级中都存在，其关联程度随着等级由低
而高依次递增。但刊物被高校认可数与来源刊物载文量、机构分布数、
基金论文比间基本没有相关性，甚至在丙级刊物中被高校认可数与基金
论文比间存在负相关。（见表 7）

表 7　高校刊物级别认定与学术期刊评价不同变量间的相关分析

等级	变量	载文量	总被引用频次	影响因子	机构分布数	基金论文比
甲级	被高校认定数	0.231	0.602**	0.493**	0.117	−0.035
		0.246	0.001	0.009	0.562	0.863
乙级	被高校认定数	−0.179	0.323*	0.479**	−0.221	0.072
		0.206	0.040	0.001	0.165	0.654
丙级	被高校认定数	−0.074	0.296*	0.297*	−0.138	−0.341*
		0.627	0.044	0.045	0.355	0.019

注：* 表示 $p < 0.05$，** 表示 $p < 0.01$。

数据来源：总被引用频次、机构分布数、基金论文比的数据源于北京万方数据股份有限
公司编著的《2012 年版中国科技期刊引证报告（扩展版）》（北京：科学技术文献出版社，2012
年）。载文量、影响因子的数据根据中国知网学术出版网络出版总库最新数据收集而得。

刊物总被引用频次和影响因子是衡量刊物质量国际通行的重要评价
指标[1]，上述结果表明，影响高校决定刊物级别的主要因素是刊物的质
量和学术水平，并不是刊载论文的数量，而刊物作者的机构来源和基金
论文所占比例与被高校认定数量间的非显著性，说明它们并不是高校决

---

① 北京万方数据股份有限公司：《2012 年版中国科技期刊引证
报告（扩展版）》，北京：科学技术文献出版社，2012 年。

定刊物级别显著性的影响变量。

为进一步考察高校对最高级别刊物的认可情况，本文对选取的六个变量进行彼此间的相关性分析。研究结果显示，刊物的载文量虽与总被引用频次和机构分布数两个绝对统计量间存在显著相关性，但与刊物的影响因子和基金论文比两个相对统计量间基本没有相关性，甚至载文量与基金论文间存在负相关。（见表8）

表8　高校对最高级别刊物认可与学术期刊评价不同变量间的相关系数矩阵

变量	被高校认定数	载文量	总被引用频次	影响因子	机构分布数	基金论文比
被高校认定数	1	0.231	0.602**	0.493**	0.117	-0.035
		0.246	0.001	0.009	0.562	0.863
载文量	0.231	1	0.739**	-0.154	0.749**	-0.416*
	0.246		0.000	0.442	0.000	0.031
总被引用频次	0.602**	0.739**	1	0.458*	0.546**	-0.184
	0.001	0.000		0.016	0.003	0.357
影响因子	0.493**	-0.154	0.458*	1	-0.149	0.275
	0.009	0.442	0.016		0.460	0.165
机构分布数	0.117	0.749**	0.546**	-0.149	1	-0.376
	0.562	0.000	0.003	0.460		0.053
基金论文比	-0.035	-0.416*	-0.184	0.275	-0.376	1
	0.863	0.031	0.357	0.165	0.053	

注：* 表示 $p < 0.05$，** 表示 $p < 0.01$。

数据来源：同表7。

这说明刊物质量的高低并不依赖刊载论文的数量，相反载文量过多的期刊其质量反而得不到保障。而刊物被高校认可数与影响因子间存在显著相关，说明高校对刊物的认可主要依赖刊物的质量与学术水平，而与总被引用频次存在显著相关性，主要是因为办刊历史较长的刊物累加的引用频次相对来说较多，学术声誉因此而较高，对高校刊物的认可产生一定影响。

（三）高校刊物级别认定与本校优势学科的关系分析

从上述高校对教育学刊物认可和级别认定情况来看，高校认定的教育学刊物总体上呈现比较分散的状态分布，类型不同的高校对学科分支不同的教育学刊物认可亦存在一定差异。造成这种状况的原因固然复杂，然而不同高校学科设置的不同尤其是本校优势学科的差异，应是影响高校刊物认可与级别认定的又一重要因素。为检验这一假设，本文重点考察和分析取样高校对教育学最高级别刊物的认可情况。通过比较分析，发现具有教育学一级学科国家重点学科、优势学科众多的北京师范大学与华东师范大学，以及部分大学刊物认可与本校优势学科间没有明显的相关性，但也有 11 所师范类高校和 15 所非师范类高校刊物认可与本校优势学科间存在一定的相关性。当然下表中不少高校的优势学科在全国不见得具有优势，只是相对本校教育学其他二级学科而言具有优势，或者属于本校相对比较强的学科。（见表 9）

表 9　不同高校认定的甲级刊物与本校教育学优势学科的关系

高校类型	学校名称	刊物名称	本校优势学科
师范类	南京师范大学	《教育研究》《华东师范大学学报（教育科学版）》《教育研究与实验》	教育学原理、学前教育学、课程教学论
	东北师范大学	《教育研究》《课程·教材·教法》	教育学原理、课程与教学论
	陕西师范大学	《教育研究》《高等教育研究》《华东师范大学学报（教育科学版）》《电化教育研究》	教育学原理、课程与教学论、教育史
	辽宁师范大学	《教育研究》《中国教育学刊》《中国高等教育》《电化教育研究》《中国特殊教育》《学前教育研究》《比较教育研究》	教育原理、比较教育学、学前教育学、教育经济与管理
	广西师范大学	《教育研究》《高等教育研究》《北京大学教育评论》《电化教育研究》	教育学原理、课程与教学论、高等教育学、教育技术学
	安徽师范大学	《教育研究》《高等教育研究》《中国教育学刊》《华东师范大学学报（教育科学版）》《比较教育研究》《中国电化教育》《课程·教材·教法》《中国高教研究》	教育学原理、课程与教学论、高等教育学、教育技术学、教育史
	福建师范大学	《教育研究》《高等教育研究》《课程·教材·教法》	教育史、课程与教学论、比较教育学

高校类型	学校名称	刊物名称	本校优势学科
	河南师范大学	《教育研究》《教师教育研究》	教育学原理、课程教学论、教育经济与管理、教育技术学
	四川师范大学	《教育研究》《华东师范大学学报（教育科学版）》	教育学原理、课程与教学论
	江西师范大学	《教育研究》《高等教育研究》《课程·教材·教法》	教育学原理、教育史、课程与教学论、教育经济与管理、基础教育学
	曲阜师范大学	《教育研究》《比较教育研究》《高等教育研究》《课程·教材·教法》《电化教育研究》《教育学报》《华东师范大学学报（教育科学版）》	教育学原理、高等教育学、课程与教学论、比较教育学、职业技术教育学、教育史、教育经济与管理
非师范类	厦门大学	《教育研究》《高等教育研究》	高等教育学、教育史、教育经济与管理
	清华大学	《教育研究》《高等教育研究》	高等教育学、教育经济与管理
	华中科技大学	《教育研究》《高等教育研究》《比较教育研究》《中国教育学刊》《高等工程研究》	高等教育学、教育经济与管理
	苏州大学	《教育研究》《高等教育研究》	高等教育学、教育经济与管理
	复旦大学	《教育研究》《高等教育研究》《现代大学教育》《清华大学教育研究》	高等教育学、教育经济与管理
	上海交通大学	《教育研究》《高等教育研究》《中国高等教育》	高等教育学、教育经济与管理
	中南大学	《教育研究》《高等教育研究》	高等教育学
	重庆大学	《教育研究》《北京大学教育评论》	高等教育学

高校类型	学校名称	刊物名称	本校优势学科
	兰州大学	《教育研究》《高等教育研究》《北京大学教育评论》《电化教育研究》《清华大学教育研究》《开放教育研究》《中国电化教育》	高等教育学、教育技术学
	大连理工大学	《教育研究》《高等教育研究》《中国高教研究》	教育经济与管理、高等教育学
	哈尔滨工业大学	《教育研究》《高等教育研究》《比较教育研究》《教学与研究》《中国高教研究》《中国高等教育》《中国大学教学》《学位与研究生教育》	高等教育学、教育经济与管理
	西北大学	《教育研究》《中国高等教育》	高等教育学
	福州大学	《教育研究》《高等教育研究》《北京大学教育评论》《高等工程教育研究》《教师教育研究》《教育发展研究》《清华大学教育研究》《学位与研究生教育》《中国大学教学》《教育经济与管理》	
	华中农业大学	《教育研究》《高等教育研究》《中国高教研究》《中国高等教育》	经济与管理
	暨南大学	《教育研究》《高等教育研究》	经济与管理

注：高校排序同表 1 和表 2（依据 2012 年全国高校教育学一级学科评估排名）。

从高校类型来看，如前所述，除《教育研究》外，师范类高校一般倾向于认可教育综合类、比较教育学类、教育技术学类等侧重基础教育研究的刊物作为最高级别，非师范类高校一般将高等教育学类刊物作为最高级别。从表 9 可以看出，总体上师范类高校本校优势学科以教育学原理、课程与教学论、教育技术学等基础教育学科为主，非师范类高校优势学科主要以高等教育学为主，师范类和非师范类高校的优势学科与认可刊物间总体上存在相对的一致性。

从个体的高校来看，可以看出在一些影响因子基本相同的刊物中，不同高校选择的甲级刊物，往往与该校较为优势的二级学科相关。如表 9 所列，这些高校大都将与本校优势学科相应的教育学刊物认定为最高级别。虽然有些学科从表面上看似乎与所定刊物并不一致，但这些学科的具体研究方向确与所定刊物存在高度相关。比如，福州大学和暨南大学设置的教育经济与管理学科，研究方向分别为高等教育管理和高校人力资源管理、现代大学治理和高等教育经济，据此，不难解释为何这两高校所定的甲级刊物多为高等教育学类。此外，学院办学定位和重点发展方向与刊物关注的研究领域的一致性也是影响高校刊物级别认定的主要因素。比如，河南师范大学将《教师教育研究》认定为甲级刊物，看似与该校优势学科无关，但该校教育学的教学与研究机构名称即为教师与教育发展学院，教师教育是该院的特色所在和重点发展方向。由此言之，本校优势学科和学院重点发展方向是影响高校刊物级别认定的又一关键性因素。

此外，部分学院与刊物的关系远近亲疏也是影响高校刊物级别认定的因素之一。在调查中，我们也了解到，有的高校之所以选择某一教育学刊物作为甲级刊物，一方面是由于该刊物关注的研究领域与该校教育学院领导的研究方向相对一致，长期以来，该院领导与该刊关系较为密切，或者历任院领导与该刊负责人关系较好，院里师生在该刊发表论文的机会相对较多，选择该刊作为甲级类刊物对本学科或本院在全校考核评比中有利。另一方面，有些教育学刊物本身就是某所高校或者某一学院负责主办，将其认定为最高级别刊物，自然对本学科或本院更加有利。由此可见，学术刊物与高校研究机构的熟稔关系以及办刊定位与学院领导研究方向的相对一致性，也是影响高校刊物认可和级别认定的一个重要因素。

三、结论与讨论

通过以上系统梳理和实证分析，可以得出以下几点结论。

第一，高校刊物认可和级别认定存在着某些共性和差异，具体表现为：经过历史的积淀和学科共同体的努力，《教育研究》已经成为中国教育学界公认的最优学术期刊，在教育学科中具有崇高的地位。本文考察的 60 多高校中，有 59 所将《教育研究》作为最高级别刊物，其中有 29 所将其作为唯一的最高级别刊物。除此之外，各教育学刊物在刊物等级内呈现比较分散的状态分布和在等级间存在重叠性，在师范类和非师范类高校间存在一定的差异性，在各刊物等级内部存在一定的集聚现象。

第二，高校刊物认可和级别认定与刊物主办单位的权威性和机构声誉间存在一定的相关性，上述被 3 所及以上高校认定的最高级别的教育学刊物，其主办单位通常为教育研究或教育出版领域内颇具实力的机构；直接采用教育学一级学科、某二级学科或某研究领域名称的刊物，通常是权威教育研究或出版机构主办的刊物，刊名的排他性一定程度上表明并有助于这些刊物成为该学科或领域的权威刊物，对高校决定刊物级别并获得认可产生了较大影响。

第三，高校刊物认可和级别认定与刊物总被引用频次和影响因子间存在显著相关，并且这种关联程度随刊物的等级由低而高依次递增，但与刊物载文量间基本没有相关性，这表明影响高校决定刊物级别的主要因素是刊物的质量，而非刊载论文的数量。刊物载文量与影响因子和基金论文比间的非显著相关，也表明刊物质量的高低并不依赖刊载论文的数量；高校刊物认可与机构分布数、基金论文比间基本没有相关性，这说明刊物作者机构分布的广度、论文被基金支助与否并未构成高校刊物认可和级别认定显著性的影响因素。

第四，高校学科设置和优势学科的不同对影响高校刊物认可与级别认定有突出的影响，高校一般将与本校较为优势的二级学科和重点发展方向一致的刊物认定为最高级别。总体表现为，师范类高校的优势学科主要为教育学原理、课程与教学论、教育技术学等基础教育学科，一般将教育综合类、比较教育学类、教育技术学类等侧重基础教育研究的刊物认定为最高级别，非师范类高校的学科设置和优势学科主要为高等教育学类，一般将高等教育学类刊物认定为最高级别。

第五，高校一般倾向于认可与其有熟稔关系或办刊定位与学院领导研究方向相对一致性的刊物，主要缘于学院现任或历任领导与某刊物关系较为密切，或者与该刊负责人关系较好，或者有些刊物本身就是某学院负责主办，院里师生在该刊发表论文机会相对较多，因而对高校刊物认定和级别认定产生的影响较大。

基于以上研究结论，不难发现，在最高级别刊物中被高校认可较多的刊物一般是权威机构主办的刊物，这些刊物在高校中获得声誉和同行认可，表面上看似乎来源于主办单位的权威性，但实际上与这些刊物本身的学术影响力高度相关。高校对刊物的主观定性评价与刊物质量的客观数据间存在相对的一致性本身验证了这一点，并且这种一致程度因刊物等级增高而增强，这说明高校对刊物质量的认可具有一定的信度和效度。由于刊物影响力和论文影响力之间存在相互作用的一面[1]，因此，目前高校采用"以刊评文"的做法并非如有些学者所说的那样一无是处。这种做法虽存在不少弊端：主要的问题是高水平刊物并不能确保刊载的每篇论文都是高水平，主张实行同行评价。其实即使实行同行评议，且不说要投入大量人力和物力，实际上也不能排除专家意见中的人情因素，同样也难以确保评出的论文均为高水平的文章。[2] 但因刊物评价能够做到有据可依且相对客观公正，加上边界清晰，操作简便，管理效率较高，目前得到多数高校科研管理部门的认可和应用有一定的合理性。

高校刊物认可频次与刊物的载文量、论文作者机构分布数、基金论文比间基本没有相关性，这说明这三个变量对高校刊物认可和级别认定并未造成显著性的影响，而载文量与影响因子和基金论文比间的非显著相关，也表明刊物质量的高低并不依赖刊载论文的数量。因此我们建议：高水平学术刊物主办单位在编辑过程中不必力图压缩字数以节省版面刊载过多的论文；在决定论文发表时应以论文的学术水平为圭臬，而不必过多考虑论文作者单位的学术声誉和论文是否得到基金项目的支助。

不可否认，造成高校对刊物评价与取舍差异的因素除刊物质量外，还主要受高校学科设置尤其是本校优势学科、学院重点发展方向，以及人际关系等因素的影响。从保持和促进本校优势学科和学院特色发展的角度，不同高校将与本校优势学科和重点发展方向相应的刊物类型作为该校最高级别刊物的自利行为，本身无可厚非，甚至在一定程度上还起到保护学术研究和学科发展不受外界干预和控制的作用，至少在已经过于趋同的中国高校生态中，这种差异还可以保持高校维持一定程度的多

---

① 程郁缀、刘曙光：《论文质量、期刊质量与期刊影响力》，
《陕西师范大学学报》(哲学社会科学版)2010年第5期。
② 石新中：《学术评价、学术期刊与诚信制度》，《首都师范大学学报》(社会科学版)2012年第3期。

样化的合理存在。然而就长远发展而言，高校过度的自利倾向有其潜在的消极作用，比如，部分高校从人际关系的角度出发认定质量和学术水平相对不是很高的刊物作为最高级别刊物，这种行为如果长期持续，将会影响该校学科发展和研究水平的提高，并导致该院学术影响力下降。因此，充分认识并逐渐淡化人际关系因素在高校刊物评价与取舍中的影响，才能真正起到引导与促进本校学科和学术发展的作用。

尽管受各高校教育学的优势学科和具体学院选择尺度不同的因素影响，对教育学刊物的定级会出现见仁见智的评价和选择，这种高校刊物定级的结果并不能完全代表学术共同体的评价，但客观上已成为衡量刊物水平的重要尺度，也可以为考察教育学刊物的学术地位和影响力提供重要的参考。因为高校同一学科对本学科学术刊物的分级取舍是典型的同行评价，涉及教师晋升职称、考核聘任和研究生评奖、毕业等切身利益，是刚性的制度化评价，比人们平常口头议论学术刊物的水平高低更有可信度，因此对评价教育学刊物的学术声望具有指标性意义。

可持续发展与人文教育[*]

可持续发展这一新的发展观的核心内容是社会经济的发展不仅要考虑当代人的需要，而且要顾及子孙后代的发展需要。用一个中国成语来说，便是社会经济发展要"瞻前顾后"。所谓瞻前，即任何发展都要面向未来，具有远见和前瞻性；所谓顾后，即各种生产和开发都应功在当代，利及后人，不应"杀鸡取蛋"，吃子孙饭。要在高等教育中培养可持续发展这一新思想，为经济与社会的可持续发展服务，我们一方面应继续重视科学教育，使大学生对资源、环境、人口等问题具有科学的、清醒的认识，掌握高效先进的科学技术；另一方面则应加强人文教育，使大学生对人与人、人与自然、人与社会等关系形成一种全面的、理性的价值观和世界观。

当代中国大学应加强人文素质教育已基本成为高等教育界的共识，这里所要谈的是人文教育对可持续发展也有重要的意义。要实现可持续发展，不仅需要经济与生态环境的优化，而且需要

---

[*] 本文发表于《高等教育研究》1997年第3期。

社会人文环境优化。为此，我们必须实现价值观念的转型，抛弃技术万能和片面追求经济增长、人类中心主义、物质享乐主义的价值观，构建一种尊重他人、关照后人、公平对待自然的全新的文明观和价值观。而要养成这种充满人文理性的文明观和价值观，离不开人文素质教育。自然科学是一个知识体系，侧重于教人求真；人文学科既是一个知识体系，又是一个价值体系、伦理体系，更多地教人求善与美。人文学科教人如何做人，能够为学生启示方向、陶冶情操，帮助他们认识自身、认识世界、认识个人对社会和子孙后代的责任。

人文教育的主要内容为文学、历史和哲学知识。通过学习和研究人文学科知识，可以体味、陶融人文精神，熏陶出一种人文素养、人文关怀和人文追求。而养成一种宁静致远、淡泊无私的人文精神和气质与可持续发展思想是互相契合的。可持续发展要求人类走"有节制"的发展道路，即要节制生育、节制贪婪、节制无限的物欲追求、节制物质消费，反对"今朝有酒今朝醉，明日无钱明日愁"的及时行乐的颓废生活观，反对急功近利、重物质享受轻精神生活的人生态度。人文教育有助于人们培养理性思维，注重精神文明，避免沦为"经济动物"或"科技奴隶"。可持续发展强调要有整体观念、持续观念和道德观念，用整体观点和整体战略把生态系统、社会系统和经济系统的矛盾和利益加以整合使之持续发展，把未来的可持续发展作为当代发展的前提来看待；它要求尊重自然规律，以宽阔的胸襟关怀大自然，担负起爱护大自然的道德责任，树立人与自然共生共荣的自然平等观；它要求建立实现全球共同利益的代内平等和实现社会未来利益的代际平等的人类平等观，人不应为了自己的发展而无限制地掠夺自然，也不应为了自己的发展而无限制地侵夺后代的权益。这种平等的观念需要人类不断提高道德水平。而人文教育在一定程度上可以培养人们的整体观念、长远眼光，提高人们的道德水平和精神境界。

文学具有惩恶扬善的作用。所谓"《诗》三百，一言以蔽之，曰：'思无邪'"，便是指文学具有教化劝善的功用。文学的熏陶可使人们加深对人生的意义、生命的价值的认识。历史是人类发展经验的总结，读史使人明智，可以培养一种从长远的观点看问题的"历史感"和历史思维，使人们对人类社会发展的前景有较深邃的远见，即所谓"告诸往而知来者"。哲学则是关于世界观、方法论的学问，是辩证的、全面的理性思维。对人类生存方式的科学认识，往往有赖于哲学的探讨，尤其是有关人与人、人与自然、人与社会的共存关系的观念的转变，更需作哲理思辨。这些人文知识对可持续发展观念的形成和张扬皆有重要的作用。中国人文传统中的某些积极方面，如注重和谐精神、集体意识、为后代积功积德的观念等，在今天我们实现可持续发展战略中有一定的意义；对"天人合一""人无远虑，必有近忧""前人栽树，后人乘凉"等格言也可以赋予现代的解释。

凡事预则立，不预则废。现在人们已意识到资源危机、环境污染、生态失衡等问题仅仅依靠科技的力量不可能完全解决，还需要加强精神文明建设，提高人的综合素质和道德水平。面临世纪转换和千年之交的转折关头，瞻前顾后，未雨绸缪，在高校中普遍实施人文素质教育，提高大学生的人文素养，培养全面发展的、具有健全人格的专业人才，为国家实现可持续发展战略目标做出贡献，是面向 21 世纪高等教育的神圣使命。

大学章程与教授治学在历史记忆中准确重构[*]

现代大学制度是当今中国高等教育界讨论的热门话题，尤其是其中的大学章程建设和教授治学问题，更是受到高度关注。在谈起这两个问题的时候，不少人都会提起历史上有过的大学章程和教授治学。确实，梳理清末和民国时期的高等教育史，我们就会发现，自从西学东渐，引进西方大学制度之后，中国的大学曾普遍立有章程，并实行过教授治学。只是大学章程与教授治学的历史，不仅需要追忆，还需准确复原和解读。毕竟，当今建设现代大学制度不是简单的回归或恢复，而需要重建或重构。

一、高校办学首重章程

大学章程是建设现代大学制度的重点。作为各所大学的"大学法"或"大学宪章"，大学章程应规定大学与政府的关系，体现举办者的意愿，并对大学相关各方具有约束力。

＊ 本文发表于《光明日报》2014 年 2 月 11 日。

中国近代高等教育是伴随着大学章程一同起始的。在西学东渐的大潮中，中国高等教育经历了脱胎换骨的转型，传统的书院和官学，日渐被西式学堂所替代。清朝引进近代教育之后，各学堂普遍立有章程。例如，1862 年恭亲王等奏请设立中国第一所近代高等学校京师同文馆的奏折，便附有《新设同文馆章程》。1866 年左宗棠上《详议创设船政学堂章程购器募匠折》，从奏折题目中就可以看出以章程为重。1895 年，盛宣怀奏《拟设天津中西学堂章程禀（附章程、功课）》，是现存高校中校史最长的天津大学的创校文献，也是首重章程。至于 1898 年梁启超草拟的《总理衙门筹议京师大学堂章程》，更是规定了京师大学堂从办学方针到学堂功课、学生入学等各个方面。这些晚清时期的重要高校都是先有章程而后才办学。

到 20 世纪初，1902 年颁布的《钦定学堂章程》和 1904 年颁布的《奏定学堂章程》，标志着中国近代学制的诞生，这两部开创性的法规都是以"章程"为名的全国性学校教育法。此后，一直到清末，无论是创设法政学堂、高等实业学堂、优级师范学堂，还是设立存古学堂、财政学堂、陆军学堂等，都离不开章程。连许多中等教育层次的学校都立有章程，如厦门英华书院便有《厦门鼓浪屿英华书院章程》。"章程"是清末教育中出现频率最高的词语之一，无论何种《中国近代教育史资料汇编》，"章程"二字都触目皆是。可以说，"章程"是清末高等教育的关键词。

民国时期，以法、令、规程代替"章程"，全国性的法规通常用法、令、规程，而具体一所高校则通常用"规程"，各高校也普遍制定有各自的规程，实际上就是我们现在所说的大学章程。当然，有的大学章程名称略有不同。例如，创办于 1921 年 4 月的厦门大学，1921 年 3 月在上海《民国日报》上发表的《厦门大学大纲》，就是章程性质的纲领性文件，对办学目的、经费、董事会、评议会、委员会、组织系统等都作了规定。到 20 世纪 30 年代，该文件名称演变成《厦门大学组织大纲》，内容大同小异。由此可见民国时期大学章程之一斑。

20 世纪 50 年代初，经过学习苏联，进行大规模的院系调整和改造，高等学校办学方式经历了转轨，高校通常已经没有了章程的概念。1998 年的《高等教育法》规定申请设立高等学校应当向审批机关提交章程、章程的修改应当报原审批机关核准等内容。但在相当长的时期内，多数已经设立多年的高等学校并没有自己的章程。如今，我们重提制定大学章程，并且在国家教育体制改革领导办公室的指导下，有26所大学在进行"推动建立健全大学章程，完善高等学校内部治理结构"的改革试点。

只是我们应该注意，大学章程具有严肃性和约束力，权威性的大学章程通常不应仅仅由高校本身来制定，还应有其他利益相关方的介入。学术决策权是大学章程的核心，如果还是高度行政化的办学体制，大学章程就可能只是成为一种"看上去很美"的具文。

制定出一部好看的大学章程很容易，制定出一部好用的大学章程很不容易。仅仅为了完成主管部门布置的任务写出几千字的章程条文来并不难，而要制定出具有效力和长远生命力的大学章程来则很难，这需要各方面的努力和协商，对条文规定字斟句酌，且制定出来后认真遵守，才能达到建立健全大学章程的初衷。

二、从教授治校到教授治学

在谈论现代大学制度的时候，人们往往热衷于议论"教授治校"，而且西方大学中多数都有教授会，民国时期大学也有教授会，实行过教授治校。确实，民国时期一些著名大学如蔡元培主政时期的北京大学、梅贻琦主政时期的清华大学和抗战时期的西南联合大学等都设有教授会组织，教授会在学术发展、大学管理方面发挥过重要作用。但是，民国时期并不是一直实行教授治校，而是有过起伏进退，且不同大学差别很大，并非普遍实行，即使同一大学在不同时期也颇不相同。

民国时期的"教授治校"制度主要表现在设置评议会和教授会。1912年民国刚建立，由担任教育总长的蔡元培主持颁布的《大学令》规定，大学设评议会和教授会。评议会以各科学长及各科教授互选若干人为会员，大学校长可随时召集评议会，自为议长。评议会审议的事项包括：各学科之设置及废止、讲座之种类、大学内部规则、审查大学院生成绩及请授学位者之合格与否、教育总长及大学校长咨询事件。凡关于高等教育事项，评议会如有意见，得建议于教育总长。教授会以教授为会员，学长可随时召集教授会，自为议长。教授会审议的事项为：学科课程、学术考试事项、审查大学院生属于该科之成绩、审查提出论文请授学位者之合格与否、教育总长与大学校长咨询事件。

由此可见，民国初年的《大学法》所规定的评议会，决定的事项较宏观较重要，评议会实际上还是由校长主导，而教授会所审议或"治理"的事项则较具体，还是由担任议长的学长（相当于当今的系主任或院长）主导。

《大学令》从法令上将西方大学教授会制度引进中国。但是，到1917年9月，在教育部公布《修正大学令》中，只有大学设评议会的条款，却没有了教授会的条款。而1917年12月，由蔡元培任校长的北京大学评议会却议决各科设教授会。教授会会员从教授、讲师中产生，教授会主任由会员公举，任期二年。1919年改门设系后，改称各系教授会。各系系主任由教授会投票选举。教授会负责规划本系的教学工作，如课程设置、教科书的采择、教授法的改良、学生选科的指导及学生成绩考核等。

蔡元培曾说过"我希望本校以诸教授为各种办事机关的中心点"，建立了以评议会、教授会制度为核心的教授治校体系。不过，在蔡元培离开北京大学后，《国立北京大学评议会规则》和《国立北京大学学科教授会组织法》实际上也逐渐成了一纸空文。

1929年颁布的《大学组织法》，以校长领导下的校务会议、院务会议及系务会议三级管理体制，取代民国初年《大学令》中的评议会和教授会。1930年，蒋梦麟正式执掌北大，提出"教授治学、学生求学、职员治事、校长治校"的十六字方针，这更切合大学的管理实际，也是在当时国民政府加强对大学控制的时代背景下出现的变化。

从民国初年政局动荡时的"教授治校"，演变为政府稳定之后的"教授治学、校长治校"，既体现出大学管理发展的内在逻辑，也体现出高等教育发展受政治、经济和文化制约的规律，这与民国时期学分制演变为学年学分制遵循的是同一逻辑。

三、历史可以追慕，却无法复制

大学章程建设和教授治学在20世纪前半期早已出现并实行过，只是在20世纪后半期有过中断。因此，在一定意义上，当今一些高等教育改革实际上是部分回归到历史上曾经存在过的高教体制。只是时过境迁之后，当今建设现代大学制度不是简单的回归或恢复，而需要重建或重构。

现在有许多人十分追慕怀想民国时期的大学或高等学校，津津乐道当时的教授会如何民主如何以学术为本。不错，当时大学是比较自由，在社会动荡和民族危亡的时代，多数大学教师都能安贫乐道，认真向学，且许多教授具有知识分子的风骨，教师群体素质总体较高。但是，也不要将民国时期大学和大学教师的水平想象得太高了。因为即使是民国时期的大学或高等学校，也是鱼龙混杂，也有类似于钱钟书在《围城》中所描写的"克莱登大学"毕业的教师。

历史是一个巨大而无形的筛子，通过书写、诉说和演绎，往往只留下特别值得记住的东西。经过时代和社会的变迁，隐恶扬善，现今人们对民国时期大学的记忆多数集中在一些著名大师和校长身上，不断重复一些学术佳话，再加上一定程度的放大，结果往往使当代人忽视了当时大学也一样存在着许多默默无闻的普通教师，当时也有一些学店或"野鸡大学"。民国时期的教授会也不是普遍设立的，主要是在部分大学、部分时期实行得较好而已。

过去的大学是高度精英化的，大学教师总人数不多，教授人数更少。现在教授人数众多，水平更是参差不齐，平均素养与民国时期的教授不同，更难实行教授治校。随着时代的变迁和高等教育规模扩张，现在多数的大学已经变成规模巨大的十分复杂的机构，要实行教授治校是非常困难了。

比较可行的是探索教授治学的有效途径，充分发挥教授在教学、学术研究和学校管理中的作用。更重要的是在大学中真正形成尊重学术、尊重学术自由的氛围，营造宽松的学术环境，让管理干部真正为教学科研服务。

蔡元培是在清末民初中国社会面临"数千年未有之大变局"的时代出现的特殊人物，作为进士登科翰林出身的科举精英，通过留学德国实现了现代转型，在风云际会的民国初年高等教育舞台上留下了许多佳话，谱写了一段高等教育传奇。然而，蔡元培的抱负只能在20世纪20年代得以施展，即使是三四十年代也无法复制，更不用说出现在当代。20

世纪三四十年代胡适任北京大学校长后，就不能像民国初年的蔡元培那样大展宏图。

历史可以追慕，却无法复制。时势造就了蔡元培那样的英雄，蔡元培这位政界与高教界的英雄也造就了时势。因此，不用慨叹"世上已无蔡元培"，因为已经不可能有了，那是特定历史时期出现的特定历史人物。

英国高等教育家阿什比在《科技发达时代的大学教育》一书中说过一句名言："任何类型的大学都是遗传与环境的产物。"目前中国大学受环境的影响较大，而遗传的因素受到较多的限制。重构现代大学制度，我们不仅要考虑环境的制约因素，还需更多地发掘中国历史上大学的遗传基因，在新的历史条件下，充分利用宝贵的历史资源，参考中国高等教育史上曾经出现过的值得借鉴的制度和做法，建立健全中国特色现代大学制度。

如果大学章程能够很好地建立，教授治学能够普遍实行，就有望使"现行大学制度"或"现今大学制度"真正变成"现代大学制度"。

历史需要诉说：
西北联大的命运与意义 *

具有历史意义的事物即使被埋没多年，但到了一定的时候，还是会被人发掘出来，不至于完全被遗忘。西北联合大学（以下简称西北联大）便是这类一度几乎被历史湮没，但今天却很有必要重新加以发掘和认识的高等教育机构。

抗战时期存在的西南联合大学，至今仍声名显赫，为人们津津乐道。但与之同时诞生的西北联合大学，命运却大不相同，相当长时期以来不仅一般人多没听说过，甚至许多高教研究界的人士都不知其名。然而，随着 2012 年举办首届"西北联大与中国高等教育发展论坛"，以及报刊上发表许多有关西北联大的文章之后，埋藏在历史深处的西北联大的教育记忆被重新唤醒。打开尘封的历史，刮垢磨光，人们发现西北联大自有其独特的历史价值在。本文首先简要论述抗战时期的联合大学体制，继而分析首次全国统一招考时的西北联大和南郑（今汉中）考区，最后论述西北

* 本文发表于《高等教育研究》2013 年第 9 期。

联大的独特命运与历史意义。

一、抗战时期的联合大学体制

西北联大要放在当时特定历史时期和整个联大体制的背景下来考察，才能更加明晰地看出其特点与意义。

"七七"卢沟桥事变后，中华民族处于生死存亡的危急关头。1937年9月10日，国民政府教育部发布第16696号令："以北京大学、清华大学、南开大学和中央研究院的师资设备为基干，成立长沙临时大学。以北平大学、北平师范大学、北洋工学院和北平研究院等院校为基干，设立西安临时大学。"①后来，长沙临时大学改为西南联合大学。1938年4月3日，教育部下发了国民政府行政院第350次会议通过的《平津沪地区专科以上学校整理方案》（以下简称《方案》），令国立西安临时大学改名为西北联合大学。该《方案》规定："国立北平大学、国立北平师范大学及国立北洋工学院，现为发展西北高等教育，提高边省文化起见，拟令该校院逐渐向西北陕甘一带移布，并改称国立西北联合大学。院系仍旧，经费自民国二十七年一月份起由国立北平大学、国立北平师范大学、国立北洋工学院各原校院经费各支四成为国立西北联大经费。"②于是，西北联大经过艰难跋涉，翻越秦岭，迁到南郑（今汉中），西北联大各学院分布在南郑城区和城固县等地办学。

1938年7月，教育部指令北洋工学院、北平大学工学院、东北大学工学院、私立焦作工学院合组为西北工学院；西北联大农学院则迁往陕西武功，与当地西北农林专科学校合并，改组成立西北农学院。教育学院改称为师范学院。1939年8月，西北联合大学改称为国立西北大学，共有文理学院、法商学院、师范学院、医学院4个学院。不久，师范学院和医学院又相继分别独立为西北师范学院和西北医学院。文理、

---

① 教育部：《第16696号令》（1937年9月10日），《西安临大校刊》1937年第1期。

② 西北大学西北联大研究所：《西北联大史料汇编》，西安：西北大学出版社，2012年，第8页。

法商学院组成西北大学。1940年，西北师范学院开始逐渐迁往兰州，成为现今西北师范大学的前身。

与当代出现的不少以"联合大学"为名的高校不同，抗日战争时期出现的联合大学，体制独特，特色鲜明。当今的联合大学多是实质性的联合，有校长、副校长。抗战时期的联合大学则是"统分结合"的联合，其体制类似于联邦制的大学，或者类似于独联体的大学。例如，西南联合大学，当时在全国高等学校的名册上，已看不到原来的北京大学、清华大学、南开大学，仅有西南联合大学。但原有的三校在西南联合大学之下，还保持一定的格局，只是三校越到后来界限越趋向于模糊。

抗战时期最著名的联合大学是西南联合大学，其次是西北联合大学，另外还有一所更被人们遗忘的联合大学是1942年1月才筹备的东南联合大学。该校在福建建阳，由暨南大学、交通大学、同济大学、复旦大学等30多所公立、私立专科以上学校联合组成。但是到1942年12月，国民政府行政院又决定东南联合大学归并到其他大学。因此东南大学筹建才一年，命途比西北联合大学更为多舛①，但其体制与西南、西北两个联合大学类同。

这种联大体制最高决策机构是校务委员会，由组建前各校校长出任常委。西南联大校务委员会是权力管理机构，西南联大有3位校长担任校务委员会主席：张伯苓、蒋梦麟、梅贻琦。前两位老教育家为了支持校长负责制一元化领导，公推年轻的梅贻琦校长主持校务，他们两位退居二线，留守重庆，从国民政府教育部方面谋求对西南联合大学的实力支持。西安临时大学也不设校长，指定徐诵明、李蒸、李书田、陈剑翛4人为常委，由常委商决校务。西北联大沿袭西安临时大学制度，由校务委员会、常委商决校务，后来即使有校长，但地位仍不高于常委。这在现存的1939年颁发的西北联合大学毕业证书上，常委在前的排序上

---

① 此外，还有一些教会大学在西迁的过程中也自动联合办学，如华西协和大学接纳了金陵大学、金陵女子文理学院、齐鲁大学、燕京大学四所教会大学，华西坝上出现了"五大学"联合办学的情况，但与联合大学体制还是有所不同。

可以看出来。西北联大及其各学校主要是精神上的统一。在临时大学和联合大学期间，虽然西北联大有形式上的统一，但各院校还相对独立地组织教学活动。学生毕业时，发给的毕业证上，都有原有学校公章。1937 年至 1939 年，西北联大毕业学生 660 余人，仍发给原校证书。[①]

抗战时期的联合大学有共同的校训、校歌、校徽。例如，西南联大的校训是"刚毅坚卓"，校歌是冯友兰作词、张清常作曲的《满江红》。1938 年 10 月 19 日西北联大第四十五次校常委会议决议，以"公诚勤朴"为校训，并聘请黎锦熙教授撰写校歌歌词。因此，对外界而言，联合大学是一所大学；但对内而言，组建联合大学的各校还是有一定的分野，其体制就如西北联大校歌开头的四个字——"并序连黉"。

在西北联合大学分立为五校以后，虽然学校的独立性得到加强，但西北联大各子体之间还保持密切联系。最先分出的西北工学院与西北大学在近两年的时间共有一位校长。西北师范学院虽然在 1939 年 8 月名义上分出，但直到 1944 年 11 月完全迁兰州前，一直在城固与西北大学合班上课，90％以上的教授合聘，共用图书馆等教育资源。西北医学院1946 年 8 月复与西北大学合并回迁西安。五校联合招生、联办先修班、联办社会教育、联合创建西北学会，甚至联合争取权益，对外共同发声。西北联大"公诚勤朴"的校训为大多数学校所承续，或直接继承（如西北大学），或演为"公诚勇毅"（西北工业大学）、"诚朴勇毅"（西北农林科技大学）。[②] 直到 1945 年、1946 年，国民政府教育部命令国立西北大学分批为西北联大二十七年度、二十八年度两届各院系 160 余名毕业生（借读生、转学生）换发毕业证，这些毕业证书同时加盖有西北联大四常委徐诵明、李蒸、李书田、陈剑翛的签章，学生所在学院的院长签章，以及国立西北大学校长刘季洪签章和教育部核审章，[③] 表明分出各院校

---

① 西北大学西北联大研究所：《西北联大史料汇编》，西安：西北大学出版社，2012 年，第 9 页。

② 西北大学西北联大研究所：《西北联大史料汇编》，西安：西北大学出版社，2012 年，第 7 页。

③ 编者：《西北联大学生毕业证书教部验印发还一部待领》，《国立西北大学校刊》1947 年（复刊 29），第 12～13 页。

在更名七八年后，仍有精神上的联系。这种特殊时期形成的统分结合的联合办学体制值得深入研究。

二、首次全国统一招考时的西北联大

抗战时期高校大规模内迁，包括实行全国统一招生考试，是与政府"平时作战时看，战时作平时看"，大力保存和发展高等教育的方针密切相关的。组建西北联合大学，只是当时高等学校和知识精英战略大转移的一个部分。

现在对西北联大的研究，主要依靠留存下来的《西北联大校刊》等资料，包括新近出版的《西北联大史料汇编》等，多数是关于西北联大及其子体高校的具体史料。这里则从很少被人注意到的全国性的资料中，来考察西北联大的相关史实。

为适应战时需要，提高大学程度，国民政府教育部 1938 年起实行国立各院校统一招生，颁布《国立各院校统一招生办法大纲》《国立各院校统一招生命题及评分标准的规定》，教育部设统一招生委员会，在武昌、长沙、吉安、广州、桂林、贵阳、重庆、昆明、南郑、延平、永康等地设立了 12 个招生区，各区按照规定标准命题，分科评卷，成绩送教育部，由部决定各处录取学生人数。该年参加统一招生的院校有 22 所。1939 年改由教育部统一命题、统一考试，参加的院校增至 28 所，1940 年扩大到省立大学和独立学院，共有 41 所高校参加统一招考。后因抗战形势紧急，交通困难，1941 年被迫中止了统一招生。统一招生考试只实行了 3 年，但就是在这 3 年中的头一年统考，也就是在 1938 年 8 月，正好是西北联大与刚分立出的西北工学院、西北农学院同时存在的那一年，为我们留下了难得的有关西北联大和南郑（现汉中市）考区的宝贵史料，可以从一个侧面对西北联大及其子体院校与其他国立大学作一比较考察。

完成 1938 年首次全国统一招生之后，统一招生委员会编写有《教育部二十七年度国立各院校统一招生委员会报告》，相当全面而详细地记录了该次招考筹备经过、办理概况、各项章则、各项简要统计等，弥足珍贵。该报告办理概况"解释有关招生各项法规"部分，专门提到的第一个问题"解释各招生处可否设分处"、第四个问题"解释清寒及服务证明可否补缴"、第七个问题"有北京字样证书准否报名"，都是专门以西北联大和南郑考区的事例为例。

由于西北联大设在南郑，使相当僻远、交通不便的南郑成为一个高等教育的重镇，也因此在1938年以后的几年，全国统一招生都在南郑设立专门的考区。在首次统一招考筹备过程中，"国立西北联大电询，关于陕西省教育厅请于西安设招考分处一节，可否，请核覆。经电复，毋庸设招生分处"①。全国统一招生委员会否定了陕西省教育厅请于省会西安设招考分处的要求，维持只在南郑设陕西省唯一的统考地点的格局，同时说明南郑在当时的高等教育方面具有特殊地位。以此示例，全国其他11个考区也不设招生分处。全国统一招生委员会在解释有关招生各项法规方面还提到："南郑招生委员会，电询清寒及服务证明书可否补缴，经电复，清寒证明书及服务证明书可于录取后补缴。""南郑招生委员会，电询有北京字样证书准否报名，经电复，有'北京'字样证书，如非伪组织验印或发给者，应准报名。有疑问时，可于报名单注明。"②说明当时有一些北京沦陷区来南郑报考的学生，从中也可见南郑招生委员会是一个积极而认真工作的招生委员会。也正是因为在南郑设立考区，使原先默默无闻的南郑成为全国著名的一个地区。

《教育部二十七年度国立各院校统一招生委员会报告》（以下简称《报告》）有关招生考试的统计数据特别珍贵。先看报考人数与录取人数的比较表。（见表1）

---

① 《教育部二十七年度国立各院校统一招生委员会报告》，中国第二历史档案馆藏国民政府教育部档案全宗号五、案卷号5836。参见杨学为：《中国考试史文献集成》第七卷，北京：高等教育出版社，2003年，第209页。

② 《教育部二十七年度国立各院校统一招生委员会报告》，中国第二历史档案馆藏国民政府教育部档案全宗号五、案卷号5836。参见杨学为：《中国考试史文献集成》第七卷，北京：高等教育出版社，2003年，第209页。

表1　1938年统一招生应考生与录取生之资格表[①]

类别 人数 考区	应考人数			录取人数		
	中等学校毕业	同等学力	合计	中等学校毕业	同等学力	合计
重庆	1776	323[②]	2099	991	111	1102
武昌	494	69	563	248	27	275
长沙	1244	297	1541	644	71	715
吉安	256	44	300	128	14	142
广州	2268	280	2548	1074	86	1160
桂林	292	47	339	147	17	164
贵阳	286	50	336	162	18	180
昆明	481	94	575	222	24	246
成都	1325[③]	481	1806	790	93	883
南郑	466	67	533	290	31	321
延平	253	35	288	151	9	160
永康	165	26	191	102	10	112
总计	9306	1813	11119	4949[④]	511	5460

上表所列11119人是各考区总计实际应考人数。根据该《报告》所记，各考区开始的报名总人数为12008人，各考区都多于应考人数，如

---

① 《教育部二十七年度国立各院校统一招生委员会报告》，中国第二历史档案馆藏国民政府教育部档案全宗号五，案卷号5836。参见杨学为：《中国考试史文献集成》第七卷，北京：高等教育出版社，2003年，第222页。

② 原表数字为"332"，与该录栏重庆中等学校毕业应考人数"1776"相加不是合计栏中的"2099"，而是2108。重新统计应考人数合计列，总计"11119"无误，而同等学力列，按重庆栏"332"的数字，总计当为1822，衍出9人。由此推算，重庆同等学力应考人数"332"当为"323"之误。若以323加1776计算，则重庆应考人数正与合计栏2099相符，且与同等学力总计人数1813相符。

③ 原表数字为"1324"，不确。当为"1325"人，加上成都考区同等学力481人，才与合计的1806相符，且与各考区中等学校毕业总计9306人相符。

④ 原表数字为"4947"，不确。当为"4949"人，才是各考区录取人数中等学校毕业人数的总计数，加上同等学力的511人，才是总计与合计栏横竖相加的5460人。

南郑区应考人数是 533 名，但起初的报名人数是 572 名。以各考区中等学校毕业应考者的录取率相比较，南郑考区 466 名中等学校毕业应考，录取了 290 人，百分比为 62.33％，录取率为各考区最高。

该《报告》还记载："应考与录取人数之比较：应考生一万一千一百一十九人，录取生五千四百六十人，其录取百分比为四九·一一。就试区比较，以南郑百分比为最高，计六○·一二。永康次之，为五八·六四。以昆明为最少，计为四二·七八。"①由此看来，抗战时期汉中地区虽然交通不便，但偏僻的南郑考区表现却相当突出，录取率最高。

再看首次全国统一招考各高校录取情况。（见表 2）

表 2 1938 年统一招生分发各院校考试录取及免试保送人数表②

院校名称	录取人数	免试保送人数	合 计
国立中央大学	697	74	771
国立西南联大	662	52	714
国立西北联大	416	6③	422
国立武汉大学	341	37	378
国立中山大学	754	4	758
国立同济大学	20	0	20
国立浙江大学	547	17	564
国立四川大学	327	22	349
国立湖南大学	155	26	181
国立云南大学	211	15	226
国立东北大学	117	12	129

---

① 《教育部二十七年度国立各院校统一招生委员会报告》，中国第二历史档案馆藏国民政府教育部档案全宗号五，案卷号 5836。参见杨学为：《中国考试史文献集成》第七卷，北京：高等教育出版社，2003 年，第 214 页。

② 《教育部二十七年度国立各院校统一招生委员会报告》，中国第二历史档案馆藏国民政府教育部档案全宗号五，案卷号 5836。参见杨学为：《中国考试史文献集成》第七卷，北京：高等教育出版社，2003 年，第 218～219 页。

③ 国立西北联大免试保送的 6 人，都是从国立陕西中学免试升学的 6 人而来。

院校名称	录取人数	免试保送人数	合　计
国立厦门大学	82	0	82
国立中正医学院	67	3	70
国立贵阳医学院	57	2	59
国立交通大学 唐山工程学院	163	15	178
国立西北工学院	247	52	299
国立西北农学院	254	0	254
国立师范学院①	177	2	179
国立江苏医学院	79	0	79
四川省立重庆大学	241	6	247
广西省立广西大学	116	0	116
总　计	5730	345	6075

上表中西北联大录取 422 人，已经不算少，若加上刚刚分立的西北工学院 299 人、西北农学院 254 人，总数达 975 人。在高等教育高度精英化的民国时期，这已经是一个很大的数字。由此可见，西北联大及其子体院校对西北高等教育的发展做出过相当大的贡献。表 2 基本上是按大学重要程度排序，也可见当时西北联大的地位仅次于中央大学和西南联大。

1938 年度统一招生试题由各考区聘请委员会命拟，虽有教育部订命题标准，但题目各区不同，评阅更难一致，因此 1939 年改为由教育部统一命题，并设 15 个考区。然而，因为交通不便的关系，仍无法集中一处评阅试卷，于是改由所在地国立大学或国立学院负责。"其所在地无国立大学者，送至附近区评阅，如兰州、镇平两区归南郑区阅

---

①　国立师范学院系 1938 年夏国民政府教育部在湖南溆浦成立的一所国立师范院校，与后来从西北联大独立出来的西北师范学院没有联系。

卷。"①仅此一例,便可见在 1939 年的时候,因为有西北联大的存在,南郑仍然是西北地区的高等教育中心。实际上包括整个抗战时期,南郑(今汉中)都是西北地区的高等教育中心。

三、西北联大的独特命运与历史意义

抗战时期高校内迁,对中国高等教育布局的均衡化起过重要的作用。根据《第二次中国教育年鉴》和《第三次中国教育年鉴》记载,民国时期全国最多共设过国立大学 32 所,其中北京 3 所,上海 4 所,江苏、天津、浙江各 2 所,吉林、辽宁、湖北、山西、陕西、四川、广西、广东、湖南、江西、重庆、安徽、山东、河南、贵州、甘肃、福建、云南、台湾各 1 所。② 抗战时期新设或改为国立的大学有东北大学、厦门大学、湖南大学(1937)、云南大学(1938)、西北大学、广西大学(1939)、中正大学(1940)、复旦大学、河南大学、贵州大学(1942)、山西大学、英士大学(1943)、重庆大学(1944)13 所,抗战胜利当年和次年新设或改为国立的大学就有台湾大学(1945)、北洋大学、南开大学、长春大学、安徽大学、兰州大学(1946)6 所。抗战时期高校内迁导致国立大学分布相对均衡化。抗战胜利复员后,一些国立学院改为国立大学,或由私立大学改为国立大学,如北洋大学、南开大学、安徽大学、台湾大学等。若加上国立的独立学院,抗战时期的高校内迁与胜利后的复员,对中国高等教育布局的均衡化的作用就更大。其中三所高校内迁组建西北联合大学并促进西北高等教育发展,就是抗战时期高校内迁导致国立大学分布相对均衡化的一个典型案例。

西南联合大学在当今中国赫赫有名,而与之同时诞生的西北联合大学以往却较少人知道。其原因,我以为主要有以下五个方面。

第一,联合建校母体不同。西南联大是由北京大学、清华大学和南开大学等当时中国最好的 3 所大学组建而成,这 3 所大学原来都已声名

---

① 教育部教育年鉴编纂委员会:《第二次中国教育年鉴》第五编《高等教育》第一章《概述》所载《专科以上学校历年招生概况》"二十八年度",上海:商务印书馆,1948 年,第 533 页。
② 刘海峰、李木洲:《教育部直属院校应分布至所有省区》,《高等教育研究》2012 年第 12 期。

卓著。相比之下，西北联大是在几所专门性大学的基础上建立，原有的基础不一样。虽然西北联大也会聚了全国大批著名的学者教授，如语言文字学家黎锦熙，文学家许寿裳，哲学家李达，政治活动家许德珩、罗章龙，翻译家曹靖华，历史学家侯外庐等人。但跟西南联大壮观的人才名单相比，毕竟还略逊一筹。

第二，西北联大存在时间偏短。西南联大从 1938 年 5 月 4 日开始上课，至 1946 年 5 月 4 日结束，西南联大在滇办学整整 8 年，若加上长沙临时大学，时间长达近 9 年。而西北联合大学连同西安临时大学一起只有不到两年的时间，完整的"联合大学"只有从 1938 年 4 月改名西北联合大学到 1938 年 7 月分立西北工学院、西北农学院的 4 个月时间，因而不可能做出像存在八九年之久的西南联大那样的成就来。真正以西北联大名义毕业的学生只有一两届，人数不多，而其他分立后非以"西北联大"名义的院校师生相对西南联大的而言，对联大比较少认同感。

第三，西北联大受政治影响较大。由于当时的西北联大所在地——西安、汉中等地距离解放区延安较近，时有学潮，国民党政府担心大学受共产党的影响，对西北联大严加控制，最终在成立不久又将其拆散，重组为四所专门性学院。加上组建的部分高校领导人不够和谐，内部也有分立的想法，更是促进了解散的进程。西南联大比较具有学术自由的风气，国民党政府也想方设法加以控制，但当时的昆明远离政治中心，且西南联大内部比较团结，因此得以长期保存下来。

第四，历史容易将同类事件中相对次要的部分遗忘。历史就像一位老练的编辑，往往突出同类事件中最重要的部分，次要的部分或者被舍去，或者有意无意被遗忘。在西南联合大学成就辉煌、占据人们历史记忆的情况下，很少人会去注意抗战期间还有西北联合大学。[①] 其实，抗战时期另外一所同样被人们遗忘的东南联合大学，筹备或存在的时间更短，所以现今更少人知晓。

第五，以往对西北联大的历史重视和发掘不够。西南联合大学之所以广为人知，原因之一就是后来复原的北大、清华、南开三校有许多人回忆西南联大历史，出版了大量论著，津津乐道当年的办学故事，或者

---

① 刘海峰：《西北联合大学的命运》，《中国教育报》2012 年 5 月 7 日。

深入分析历史细节，不断重复一些学术佳话，于是西南联大的历史显得更加辉煌。在人们追慕怀想的过程中，有些历史得到一定程度的放大，出现了顾颉刚所指出的"层累历史"的现象。而西北联大的历史以往或者认为不重要，或者讳莫如深，基本上被忽视，也没有人系统整理过基本的史料，很少人研究，更少人宣传，因而基本上被大众遗忘。

历史需要回顾，需要复原，需要书写，同时也需要诉说，需要演绎，或许还需要层累。今天人们将目光重新投注到西北联大历史的时候，发觉西北联大也有其历史价值和现实意义。多出一些史料集，多出一些回忆录，多发表一些文章，西北联大的历史便会部分回到当代人的视野中来。

确实，就严格意义的西北联大名称存在时间很短，不过一年多，似乎是昙花一现。但西北联大的名称停用，并不意味着西北联大的实体消失，而是分立发展。当时改组西北联大的一个原因是使各分立的学院"各化成为西北自身所有、永久存在的高等教育机关"。① 抗战胜利后，1946年，西北大学由汉中迁往西安。西北工学院则在抗战胜利后迁至咸阳，后再迁往西安，即现在的西北工业大学。与西南联大抗战胜利后几乎全部北归不同，西北联大的子体除北平师范大学、北洋工学院迁回原址复校外，留下了西北大学、西北工学院、西北医学院、西北农学院、西北师范学院等国立西北五校。目前中国有十来所大学的历史与西北联大相关，西北联大在西北高等教育史上留下了浓墨重彩的一笔。因此，现在人们开始认识到，西北联大在中国近现代高等教育史上具有重大历史意义和现实意义，它是中国高等学校区域分布由"点""线"布局向"面"的布局演化的重要转折，将高等教育制度系统地传入西北，奠定了西北高等教育的基础。它从知识、思想、文化等方面促进了西部地区的社会进步，为战后中国西北建设奠定了思想文化基础，为21世纪的西部大开发蓄积了宝贵的人力资本。②

衡量一个机构或生命的价值不仅在于时间长度，还在于其生存宽度

---

① 西北大学西北联大研究所：《西北联大史料汇编》，西安：西北大学出版社，2012年，第3页。
② 姚远：《国立西北联合大学的历史意义》，《西北大学学报》（哲学社会科学版）2012年第3期。

与生长高度，尤其在于是否薪火相传，生命得到延续和光大。中国高等教育史上有许多高等学校没能存续下来，民国时期曾经出现后来又消失的高等学校比存留下来的还更多，有不少已经消失的高校仍值得研究。虽然西北联大存在时间不长，且不如西南联大著名，但她在中国近现代高等教育史上也具有重要的历史意义，并且具有特别的现实意义。西北联大的组建构成抗战时期高校内迁的重要组成部分，打破了西北地区高等教育长期落后的状态，西北联大是中国高等学校布局由沿海向西北扩展的重要环节和载体，是 20 世纪 50 年代高校西迁的先导，是当今西部大开发的文化、教育和历史资源之一。

同时应该认识到，与西南联大相比，西北联大命运不佳，有其自身内在原因，是显得略微逊色，但也正是由于与西南联大相比较，或者至少在校名、组建时间和体制等方面可以和西南联大相提并论，西北联大才更容易引起当今人们的兴趣和关注。

意大利历史学家克罗齐说过："一切历史都是当代史。"①西北联大留下了巨大的教育遗产，还有宝贵的精神财富，在当代还有其独特的价值。抗战时期绝大多数高校师生都有一种爱国自强奋发向上的精神，西北联大也是如此。这虽然不是西北联大所独有的，但在抗战艰苦的条件下卓绝奋斗，弦歌不绝，在西北高等教育历史上留下了可歌可泣的一页，也在中国高等教育发展史上留下了光辉的篇章。西北联大与中国高等教育，特别是与西北高等教育的发展有着密切的关系。今天，人们敬始追远，回顾西北高等教育的发展历程、考虑均衡全国高等教育布局的时候，自然会追溯到西北联大的历史。相信再度走入国人视野的西北联大，必将在中国高等教育史上占有一席之地。

---

① 克罗齐：《一切历史都是当代史》，《世界哲学》2002 年第 6 期。

美国深泉学院:
世界高等教育的奇迹[*]

在当今世界上,美国是高等教育的"超级大国",不仅高校众多,而且世界一流大学也最多。大凡要想建设世界一流大学的国家,基本上都是以美国的名牌大学为追赶的目标或效仿的榜样。谈起美国的高等学校,中国人往往津津乐道哈佛大学、耶鲁大学、普林斯顿大学等顶尖大学或常春藤大学,或者关注加州大学伯克利分校和洛杉矶分校等著名公立大学,很少会注意美国还有一些规模很小的高校。其实,美国不仅有许多大而强的著名大学和规模超大的公立巨型大学,也有一些小而美的"迷你"高校,而地处美国加州荒漠山谷中的"深泉学院(Deep Springs College)",便是其中最特立独行的一个。这所办了 98 年还保持 26 个在校生的两年制学院,无论是从其规模、体制,还是从理念、教学方式来看,都可以说是世界上最独特的高校之一。

---

* 本文发表于《江苏高教》2016 年第 1 期。

一、一所特立独行的"牛仔"高校

深泉学院开始走入一般中国人的视野是在 2010 年年初，当时中国的许多媒体都转载了一篇文章，开头便说：据加拿大媒体 1 月 16 日报道，在美国加州的沙漠山谷中，有一个名叫深泉学院（或译"幽泉学院"）的牛校，它每年只招 13 名大学生，而且清一色只招男生。每位学生只需自己买书和日用品，学费、生活费均由学校提供，学生得到的各种资助每年达到 5 万美元。虽然它的学制只有短短两年，可是其录取率甚至比哈佛还要低。许多媒体的报道用这类标题：《美国"幽泉学院"：学费生活费全免 门槛比哈佛高》《深泉学院——美国最特立独行的大学》《美沙漠牛校：幽泉学院仅 26 学生 录取率低于哈佛》《比哈佛还"牛"的高校》《"幽泉学院"让哈佛逊色》等。我所在的城市厦门出版的《海峡导报》用的是这样的标题：《美"沙漠牛校"门槛比哈佛高》。

2011 年，南京外国语学校应届毕业生万欣被深泉学院录取，引起中国媒体的热议，结果该生并未去深泉学院报到，而是到宾夕法尼亚大学就读。2014 年 5 月初，因为又有一名重庆高中毕业生彭书涵被深泉学院录取，深泉学院再度受到中国媒体的围观，许多媒体和网民都表现出对深泉学院的赞叹。一个中国学生被一所外国大学录取便成为全国性的新闻，总有其内在的原因。

建于 1917 年的深泉学院坐落在美国荒漠山谷，有点与世隔绝，交通非常不便，从洛杉矶搭上"灰狗"长途巴士，须经过六个多小时的长途跋涉，穿过孤独的荒野公路，才到达一个小城市毕晓普（Bishop）。之后就没有公共交通工具，只有开专车走一个多小时弯弯曲曲上上下下的山路，才能到达深泉学院。该校地处加州紧邻内华达州的死谷附近，在白山（White Mountains）旁边，在深深的荒漠里面，方圆上百公里不见人烟。

深泉学院创始人、电力大亨卢西恩·卢修斯·纳恩认为，物质世界充满罪恶，要学生们远离物欲横流的世界，真正的伟人要能倾听"荒漠的声音"，因此把学校选在全美国最难到达的地方。"孤独（Isolation Policy）"，就是建校和治校的宗旨之一。创始人立下的办学使命或校规都体现在该校人人都会阅读的"灰宝书(Little Grey Book)"中。在纳恩的"灰宝书"里，他明确说深泉人到深泉学院学习的目的并不是要去追求物质上的成功，而是要将他们的一生投入为社会服务当中去。纳恩的语录现在放在深泉学院的首页："荒漠有着深邃的性格。他有一个声音。只有倾听，你才能听见，而不是在为了物质的挣扎和喧嚣中听见。先生们，为了什么，你们才来到这旷野？不是为了传统的学术训练，亦不是为了田园牧歌的生活；不是为了在商业中成功或是在职业的道路上追求个人的利益。你们来，是为了准备好用你们的生命去服务，心中要明白，过人的能力和高贵的信念是对你们的期望。"①

其办学宗旨或校训为："劳动，学习，自我管理。"劳动是深泉学院学生都要从事的主要活动之一，每名学生一周要干20小时的活，过去的学生从烹饪、耕种、放牧、洗碗、清理下水道，到喂马、骑马、开拖拉机、开汽车拉货、打树桩、修接电线，甚至杀鸡、宰牛，所有这些西部牛仔的活计每个学生都要轮做一遍，现在多了一些选择性，机会一律平等，大家都得到锻炼。通常是上午上课，下午劳动，晚上上课或讨论、开会。

所有深泉学生会在两年中学习一些通识课程，以哲学、历史、文学、数学方面的课程为主，这里禁酒、禁毒品，没有晚会，允许抽烟，近几年刚接入互联网。但是学生投票决定只有个别地方允许有网络信号，可供学习用，其他地方均无网络，就是为了维护"孤立政策"的办学传统，尽量避免外界干扰。在当今世界，深泉学院不是高等教育的主流，它提倡清心寡欲，有点保留中世纪大学或隐士的味道。但学生们的课业一点不轻松，一学期要学完三门到四门课程。由于深泉学院每堂课都是讨论式的，教授与学生比例都很低，而且人文学科科目较多，对学生而言挑战性很高。学校注重培养学生的领导力和从无到有的创造和主动性，公共演说是必修课，两年中每个学生都要在整个社区成员面前演讲。

该校最有特点的是学生们的自我管理。学校的一切日常管理都由学生们自己负责，做出民主决策，包括学校开什么课程、任免教授、雇佣

---

① http://www.deepsprings.edu/

哪位老师和校工、下一年度新生录取、是否允许访问者的进入……都由学生会参与，而且决定权很大。因为学生自治程度非常高，学生会议很多，1989年到深泉学院就读的中国学生刘海云曾有一句名言在该校流传："深泉的学生会议比我的社会主义祖国的会还更多。"①

不过，对于是否向女生开放的问题，情况比较复杂。早些年的学生投票多是反对招收女生，但近年来投票结果出现了改变，应该向女生开放现在已经是深泉学院绝大多数人的共识。是否招收女生不是由学生会决定，而是由学校信托人或董事会决定的。最近几年的投票结果都是90％以上赞成招收女生，主要的论点就是现代社会必须崇尚男女平等的原则，要让女生有同等接受如此独特和优秀的教育。董事会数度要准备实施开始招收女生，但是每一次都被两名左右的董事用诉讼的形式阻止并搁浅，现在还在一步一步地打官司。反对者的主要论点就是他们坚持创始人纳恩的"灰宝书"和信托纸上白纸黑字就是写的只招收男生，若招收女生就违反了该校早已定下的"大学章程"。赞成者的论点是要与时俱进，不能永远将女生排除在外。因此，现在深泉学院的招生网页上最后写道："很遗憾，2016年招生不接受女生申请。"

这所特立独行的牛仔式大学，近似于一座自给自足的繁忙的农庄，是许多优秀学生的乌托邦，同时也成为美国高等教育实验的成功典范。统计数据表明，在过去10年里，16％的"深泉学院"学生转学到了哈佛大学，13％转学到芝加哥大学，7％转到耶鲁大学，7％转到布朗大学。其他转学的学校还有哥伦比亚大学、加州大学伯克利分校、康奈尔大学、斯坦福大学乃至牛津大学等名校。

深泉学院的教育与任何其他高校都不同，其招生过程非常严格。据深泉学院2015年11月的网页介绍，每年会接到180～250份的入学申请，决定录取哪些申请者成为每年学院最重要也是最困难的任务。② 一方面，要求申请者美国"高考（SAT）"取得高分（接近或等同于常春藤大学）、撰写10篇左右的自述文章，现在申请表分成了两个阶段，不同阶段有不同的文章的要求，有些人没有通过第一阶段的就不用写第二阶段

---

① 佘峥：《中国首位"深泉哥"来自厦大》，《厦门日报》2014年5月10日。

② http：//www.deepsprings.edu/admissions/

的小论文了。另一方面，一般还要求申请者到该校区进行3～4天的生活、劳动和面试，这期间，申请者要展示好奇心、坚定的劳动信念，以及清晰的沟通能力，再观察他们的反应，并认为其确实优秀且双方都判断合适到该校学习后，才有可能被录取。由于深泉学院每年招收新生的绝对数目实在太少，所以也就很挑。但是深泉不是传统意义上的学术型大学，其录取学生的标准也和其他传统的大学不一样。深泉学院录取申请人几乎100％都是由学生决定，而不是由老师。高年级的学生由于经验比较丰富，对深泉学院的传统与精髓也掌握较深，发言权是比较大一些。但是也有很出色的一年级学生，说服力也很强，这都会影响到学生是否被录取的决定。

二、中国人印象中的深泉学院

本来深泉学院长期静默地在荒漠中的一小块绿洲中坚持办学，不为大多数中国人所知晓。然而，近年来，当中国人知道原来美国竟然有这么一所牛仔式的大学长期存在时，感到十分好奇和有兴趣，媒体也出现了集体围观，深泉学院在许多中国人的印象中也经历了跌宕起伏。

过去也曾有加拿大和英国等国的人曾到深泉学院作过采访，也都有过报道，但许多国家的人都没有中国人对深泉学院有兴趣。近年来，考上哈佛大学、耶鲁大学已经不会成为全国性的新闻，因为每年都有几名到十几名中国学生被这些世界顶尖大学录取。而近几年每当有一个高中生被美国深泉学院录取，都会引起国人的广泛关注。

自1917年创办至今，深泉学院曾向7名中国学生发出过录取通知书，其中仅有4名中国大陆学生在此就读，有不少学生是从其他四年制大学转而申请就读深泉学院的。1989年入学的刘海云是深泉学院第一个来自中国的学生，曾就读于厦门大学外语系，大学三年级时申请深泉学院。2006年，曾是苏州中学科少班的学生、北京语言大学的学生李栋被深泉录取，后在美国布朗大学攻读硕士学位。2007年，甘肃的常思远成为当年唯一招收的国际学生，在深泉学院学习了2年后，顺利转入了哈佛大学。2011年，南京外国语学校的万欣考取了深泉学院，但他最终选择了宾夕法尼亚大学，不过因为他太喜欢深泉，第二年又来面试，由于准备得没有第一年充分而没有被录取。而 2014 年入学的重庆南开中学的彭书涵目前正在深泉学院就读。这里也有来自台湾地区和香港地区的学生，2010 年，一位台湾地区学生放弃耶鲁大学前往深泉学院；2011 年，来自香港地区的高中毕业生卢卡斯（Lucas Tse）放弃牛津大学就读深泉学院。① 前几位去深泉学院就读的中国留学生并没有多少人知晓，而进入互联网发达时代之后，2011 年的万欣开始被广泛关注，到 2014 年的彭书涵，更是暴得大名，并被媒体称之为"深泉哥"。

2014 年 5 月，在媒体热炒深泉学院之后，也有些文章"还原被神化的深泉学院"，对深泉学院冷嘲热讽，或者说这所学院只相当于大学预科，只是大专，不过是一所两年制的社区大学或文理学院，拿的是副学士学位，"名不见经传"，或者说其"录取率甚至比哈佛还要低"是招生宣传，师资并不雄厚且有不少是兼职，学校破破烂烂连网络信号都没有，还在人迹罕至的沙漠山谷中。在美国，这样规模不一的个性化学院并不少见，深泉学院的不同之处，可能就在于它的"封闭"和"落伍"。如果去的话，学不到什么东西云云。

其实，深泉学院本身从来没有作过虚假宣传，追求名气从来就不是深泉的目的。深泉也从来没有主动去炒作，它已经坚强地维持它基本一致的本色 98 年，中国学生申请与不申请，都不会影响深泉的存在与发展。该校 2014 年 6 月在网页上写明，每年从 100 至 200 名申请者中，最少录取 11 名，最多录取不过 15 名，多数年份录取 13 名男生，历年的录取率在 6% ～15%。全校学生一直保持在 26 人左右。该校的使命本来就不是追求办成研究型大学，在大学排行榜中自然也很难看到其位置，在一些习惯于"应榜办学"者的眼中，自然不入法眼。然而，深泉学院的办学理念和学生的素质能力，得到真正了解该校的人的普遍赞誉，这也是为什么该校有很大比例毕业生能转入哈佛大学、耶鲁大学等世界顶尖大学继续深造的原因。

而且，多数深泉学院的美国学生都是中产阶级以上家庭出身，其中不乏富二代或官二代，当年刘海云的室友便是美国总统肯尼迪时代的国务卿的孙子。若没有坚强的意志和远大的抱负，那些家境优越的青年不

---

① 高峰：《揭秘美国深泉学院 一年只招十几人》，《环球人物》2014 年第 14 期。

可能自愿去那么偏远的地方"洋插队"，经受那样艰苦的磨炼和考验的。几乎所有人都不是为了那个副学士的文凭去深泉学院的，所有人去深泉学院都是为了有深泉独特的经历。在中国首位"深泉哥"刘海云看来，深泉学院的生活确实就像一场"上山下乡"，两年的牧场式学习生涯，最大的收获便是拥有了在面对问题时能独立解决问题的能力，"它很特别，很低调，压力也很大，很锻炼人，如果想进去，要做好吃苦的心理准备"[①]。

方舟子认为"深泉不要说跟哈佛比，跟威廉姆斯、阿默斯特、威斯利这些顶尖通识学院也没法相提并论"[②]。而刘海云指出：那些常规学校没有办法和深泉的惨烈学习、生活和劳动程度相比。通识课程在常规大学，包括顶尖大学，学生人数都是几十人甚至几百个学生对一个老师，一学期下来学生几乎都没有机会和老师说过一句话，那学习质量如何与就坐在你面对面三四个人围着一张会议桌的教授相比？而且，本科生与教授有没有机会交往？有没有能在一个良好的平台和环境里交往？有没有特殊的共同经历可以把师生永远的绑在一起？深泉学院的教授不只是老师，因为环境使然，他们更成为与学生三餐在一起吃饭的朋友，很多都和一家人一样。深泉的确就是一个真实存在的乌托邦。当时短期任教的教师中，教国际关系学的有英国驻联合国大使和法国驻联合国大使。和他们长时期的近距离接触的机会，是任何其他学校都很难得的。他本人得益于深泉的经历，因为在两年时间里，大家住在一起，三餐一起吃饭，共同学习，共同劳动，共同开会，共同批阅学生申请书，共同骑马远足等，其中结下的"革命情谊"，是任何其他地方都无法比拟的。因此刘海云说："如果人生再来一次，我会毫不犹豫地选择申请深泉。"[③]

正如有的论者所说的："当初为了吸引眼球把人家捧上天，现在了解点真相又觉得不过如此，舆论经常如此。不过，无论是神化还是褒贬，都是在拿国内的教育制度和大学标准来以己度人，其实未必是看问

---

①　戴敏、简伟雄：《从龙岩家庭走出的"深泉哥"》，《海峡都市报》2014年5月23日。

②　方舟子：《美国深泉学院的真相》，http://smfang.blogchina.com/2185112.html

③　黄昊旻：《深泉学院的中国人》，《博客天下》2014年6月15日。

题的正确态度。深泉学院以区区几十人的规模，坚守百年，赢得了世界范围内的声誉，获得包括中国在内的优秀学生青睐，不是没有缘由的。"①确实，深泉学院既没有一些中国媒体所说的那么牛，也没有一些论者说的那么差。作为一所两年制的文理学院，深泉学院实行的却是典型的精英教育，因此特别注重培养学生的领导力与演讲能力。近百年来，其毕业生总共也只有一千多名，但大多卓有成就。这是全世界规模最小的高校，是一所特立独行的"牛仔"高校，这样一个"迷你学院"，生动地体现出美国高等教育的多样化。② 这么独特的办学方式，异常小的规模，能够98年坚持不变地办学，无疑是世界高等教育史上的奇迹。

三、守望传统　贵在坚持

深泉学院之所以引起中国人的特别兴趣，吸引中国人视听，原因之一是因为中国也曾经有过某种形式上类似的高校。近现代乡村建设运动中，我们也有过陶行知创办的晓庄师范、晏阳初发起的乡村学校运动等，但早已不见踪影。过去我们也有不少半工半读的高校，甚至校名就直接叫"劳动大学""工人大学"，而且全国所有学校都提倡"教育要与生产劳动相结合"，提倡要培养劳动观念。但这些高校都是某种运动的产物，一阵风地办起，一般都很短命，或者昙花一现，或者有始无终。几十年过去之后，这些短期高校都已不见痕迹。假如当年的晓庄师范能够持续不断地办到现在，一定是个奇迹。可惜的是，历经多次关停并转的中国高校，有多少曾经出现的小规模的高校早不见了踪影？

越小的办学规模，其生均支出往往越大。深泉学院每年的运营成本大概200万美元左右，主要靠校友捐款。③ 学生在校期间过的是近乎我们过去吃大锅饭的生活，或者说"共产主义"的生活。这样朝夕相处两年下来，同学之间结下深厚友情。毕业后对母校充满感情，也都乐于为母校捐输。像深泉学院这样的"迷你"学院要能够经久不衰坚持下来，必须

---

① 铁永功：《假如在中国办一所深泉学院》，《新华每日电讯》2014年5月23日。
② 刘海峰：《深泉学院给国内教育的启示》，《光明日报》2014年5月28日。
③ 卢卢：《走进深泉学院》，《中国新闻周刊》2014年5月18日。

具备几个条件，即坚定的信念、稳定的基金、校友的捐款、对校规或创办人的办学宗旨（该校的大学章程）的坚守，还有就是大学自治的环境。

的确，"假如要在中国办一所深泉学院，财力、师资、生源、选址都不是问题，最缺的可能就是容许这类学校存在的教育生态和制度环境。比如，无论是公办还是私立，都要先看你这个学校是什么规模和层级，大专还是本科？学科师资是否齐备？是否通过评估验收？如果没有这些，就不能获得国家承认的学历，不被现有教育体系接纳。社会评价不同的大学，也遵循整齐划一的标准，本科专科、普通重点等级森严，泾渭分明，大学都像一个模子刻出来的，都向着一个共同的目标拼命把自己做大做强。这种环境下，是没有深泉学院这种'奇葩'学校生存空间的"[1]。经过一番围观，现在深泉学院在中国的知名度很可能已经超过了在美国的知名度，其原因还是由于深泉学院的办学模式能够引起中国人的共鸣和反思。

地处沙漠绿洲的深泉学院孤独地守望传统，属于世界高等学校中的另类。这样一所"小而美"的学院，有如荒漠甘泉，滋养着一届届学生，让人们感受到清新的气息，也让我们认识到高等学校还可以这样办。她坚定不移地守望传统，学生彻底的半工半读，这真是"教育要与生产劳动相结合"的典型。[2] 过去我们提倡的"培养劳动观念""自己动手、丰衣足食""不怕脏、不怕累"等，现在已离中国的大学生越来越远，甚至连有些工科大学生的实习，也流于形式。在这种情况下，现在中国人知道深泉学院真正实行"教育与生产劳动相结合"，而且一以贯之，98 年如一日地坚持下来，就是不改创始人纳恩的办学初衷，实在难能可贵，让人不得不慨叹。

深泉学院是美国教育史上一个大胆而特别的教育改革实验，并且成功地维持了将近一百年。它的教育理念至今仍然是先进和具有现实意义的。纳恩作为西部水电站等多个企业的创始人和管理人，经常被招不到能够很好胜任实际工作的大学毕业生而困扰。所以他才亲自培养人，并

---

[1] 铁永功：《假如在中国办一所深泉学院》，《新华每日电讯》2014 年 5 月 23 日。
[2] 刘海峰：《深泉学院：世界高校中的另类》，《科学时报》2010 年 1 月 31 日。

一直在他的企业里开设大学课程，并鼓励大家从实践中寻找真理。他放弃企业后全身投入创办深泉学院的教育实验，20世纪初叶，美国同时也有其他类似的半工半读的学院，但是都没有深泉这样的生命力。深泉也经历过很大的起伏，有些阶段因为大量学生辍学或者其他原因，几乎濒临灭绝。但是深泉还是顽强地存活下来，将在2017年迎来百年校庆。

笔者曾对中国首位"深泉哥"刘海云进行深度访谈。刘海云指出，深泉学院办学理念的灵魂在于培养具有毕生为社会服务（life of service）的毕业生，创始人纳恩并没有明确定义什么才是为社会服务的人生，但是普遍的共识就是为人民服务，改良人类社会，促进人文进步。整个学校并没有意识形态，也没有任何宗教倾向，并不是教会学校，也没有神学课。在深泉人看来，在此后的职业生涯中投身于美国的政界，当然算是典型服务的人生，但是教师、工程师、律师，甚至一个锁匠，都算是投身服务的人生，但是那些以金钱为目的的，如对冲基金、炒股等，就不被典型的"深泉哲学"所崇尚。

有论者指出，在专注求变和大而全的喧嚣中，大学不只千楼一面，而且学科设置、教学风格也基本实现了百校一面。能够在"百年孤独"中，以"小而强"的顽固面目示人，不肯有些许改变。如果有什么可以归纳的话，除了特色之外，这就是大学自信。深泉学院俨然大学中的隐士，最可贵的莫过于其"深潜功夫"。[1] 当我们还在谈论或向往"教授治校"的时候，深泉学院早已经是"学生治校"。该校对学生的锻炼和全方位的培养在全世界上都是少见的。深泉对中国教育的价值，在于对"做与学"的重新审视，以及对传统和价值观的坚守。

行百里者半九十。深泉学院不负创办者提出的使命，近百年坚定不移地守望传统，顽强办学，为世界高等教育树立了一个绝无仅有的"小而美"的典型，不仅值得我们敬佩，而且对普遍追求大而全的中国大学来说，确实具有启示意义。

---

[1] 严辉文：《深泉学院最可贵的是"深潜"功夫》，央视网评，2014年5月7日。

后 记

在当代中国，教育家多，教育学家少。无论是大学还是中小学教师，只要做到相当出名的时候，往往就被称之为"教育家"，因此我们看到许许多多校长以及各学科的著名教授都成为"教育家"。另一方面，全国从事教育研究的人很多，教育学界做出成就的学者也不少，但是却很少人成为"教育学家"。

与有的学科经常称某位学者为"某某学家"不同，中国教育学界很少称中青年学者为"教育学家"，即使是上了年纪的教育学专家，也较少被称之为教育学家。在教育学界，一般都只称"教育学者"，似乎有一条不成文的规定，使用"教育学家"的头衔是很慎重的。我觉得教育学界这个传统还是好的，即比较严格，中国教育学大概是最少称"学家"的学科之一。因此，这次被北京师范大学出版社选入《当代中国教育学家文库》，便感到难能可贵。

成名不易，成家更难。从高标准来说，成为某某"学家"应该要能够"成一家之言"，也就是要开宗立派，或者其学术要有独门的贡献，自成体系。做学问贵在自成体系，因为注重体系、有宏大构思，所做的每一项工作都构成总体目标的一部分，就像由众多石块垒成高大的金字塔一样。而没有总体计划所进行的研究，最终的结果就如一堆乱石，或者只建成许多平凡的建筑，形不成巍峨的大厦。自 1984 年硕士毕业到厦门大学高教研究所任教以来，我在教育学界已经行走了 32 年，研究方向主要集中在科举、高考与高等教育三个领域。特别是提出并推动形成了科举学这一专学，并为理性认识高考制度、稳步推进高考改革出谋划策，贡献了自己的力量。经过多年的努力，我从一个"善鼓瑟而立于竽门者"，到被北京师范大学和华东师范大学的教育学重要同行所认可和接纳，令人欣慰。只是我有自知之明，自己离真正成"家"还有很长的路要走。

无论是国内还是国外，多数从事社会科学研究的人都会感觉到，和其他人文社科相比，教育学确实地位还不够高，或者成熟度还不够，毕竟诞生时间较迟，算是比较年轻，不像有些老学科和传统学科。教育学科经常被一些传统学科如文史哲或者一些社会科学老牌学科的学者认为没有明确的学科边界，因此不大被看重。其他的人文社会学科，经济学科是"帝国学科"，从业人员最多，也最成熟，所以才会有设诺贝尔经济学奖的情况。社会学和法学也很庞大，而且国际上也是高度重视。在国外有些人认为教育学是二等学科，有的甚至称之为次等学科。中国在20 世纪 30 年代，也出现过一些重量级的人物把教育学科说得没有什么必要，影响到有些大学对教育学科要么撤销，要么缩小，一些大学刚成立不久的教育学院又改回教育学系。民国时期的"中央研究院"就没有教育研究所，新中国成立后的中国科学院和后来的社科院也没有教育研究所，中央教科所是独立的，其他如财政部下面还有财经研究所，但社科院里面仍然有经济所，就是没有教育学所。台湾地区现在的"中央研究院"延续民国时期的体制，也是没有教育研究所。从民国时期到台湾延续下来这么长时间，从来没有一个教育学的中研院院士或者学部委员。台湾地区不像大陆地区有学术中断和受动乱的影响，他们一直延续下来，而且也受到欧美的影响，按理说学术传承很清晰，积累很丰厚，可是教育学和其他学科相比就是比不上，可能人们认为教育学科做出来的成果和其他学科比还是有一点差距。

　　当然，我们身在教育学界的人都知道教育学科非常重要，毕竟教育学是关于培养人的活动的学科，中国的教育问题十分重大而复杂，教育研究大有用武之地，教育学科会有很光明的未来。教育学界的学者或者"学家"们，只要励精图治，共同奋斗，做出成就，就能逐渐提高教育学的学科地位。就我自己而言，也将持之以恒，产出更多的学术精品，让成果说话，用事实说话，争取做一个让其他强势学科的大牌教授不敢小看教育学科的学者。

2016 年 8 月 31 日
刘海峰